新文科 · 数字经济系列教材

数字贸易学

佟家栋　周　燕　侯欣裕
谢娟娟　彭支伟　编　著

中国教育出版传媒集团
高等教育出版社 · 北京

内容简介

自20世纪90年代中期以来，随着大数据、互联网、人工智能等信息技术快速发展，数据要素成为经济生产中新的要素，数字经济在经济实践发展中居于重要地位，数字经济生产方式成为经济中崭新的生产方式，数字贸易也相应有了巨大的发展。由于数据要素的加入，贸易的动因、贸易的内容、贸易的结构等发生了很多变化。数字经济和数字贸易的发展对国际经济与贸易领域的教学内容也提出了与时俱进的要求。

本书以数字技术和数字经济发展为背景，从理论、实证和政策三方面对数字贸易进行系统和全面的分析，介绍了数字贸易发展的最新现象，讲授了数字贸易基础理论与实证研究，分析了数字贸易政策和各国治理实践。

本书可作为普通高等学校经济学、国际经济与贸易、数字经济相关专业本科教学阶段使用的教材，也可作为对数字经济发展有兴趣的读者重要的参考读本。

图书在版编目（CIP）数据

数字贸易学 / 佟家栋等编著. --北京：高等教育出版社，2025.9. -- ISBN 978-7-04-064290-2

Ⅰ. F740.4

中国国家版本馆 CIP 数据核字第 20251LC319 号

数字贸易学
SHUZI MAOYIXUE

策划编辑 李欣航　　责任编辑 黄 茜　　封面设计 姜 磊　　版式设计 李彩丽
责任绘图 裴一丹　　责任校对 张 然　　责任印制 赵 佳

出版发行 高等教育出版社
社　　址 北京市西城区德外大街4号
邮政编码 100120
印　　刷 辽宁虎驰科技传媒有限公司
开　　本 787mm×1092mm 1/16
印　　张 19.5
字　　数 410千字
购书热线 010-58581118
咨询电话 400-810-0598

网　　址 http://www.hep.edu.cn
　　　　 http://www.hep.com.cn
网上订购 http://www.hepmall.com.cn
　　　　 http://www.hepmall.com
　　　　 http://www.hepmall.cn

版　　次 2025年9月第1版
印　　次 2025年9月第1次印刷
定　　价 52.00元

物 料 号 64290-00

前　言

过去三十年，信息与通信技术（ICT）快速发展深刻影响着全球经济和社会的发展。国际贸易也因此而改变，包括贸易的参与者、对象、交易方式及交易的平台都与传统贸易有所不同。新技术使每一个个体都能够直接或间接参与生产和贸易环节，使货物、服务和技术贸易的种类和内容空前丰富、范围逐步扩大，交易的方式也不局限于传统的跨境货物流动，在线数据流动在贸易中的比重越来越大。

全球生产和贸易因此呈现出三大新特点：第一，机器人和人工智能大规模应用；第二，各行业对于信息和通信技术的使用越来越多，制造业呈现出服务化转型；第三，数字技术的应用简化了国与国之间数字贸易的海关程序，降低了通信和物流成本，电子商务更加普遍，从而减少了国际贸易的地理距离感，有效地降低了贸易的整体成本。

数字贸易是数字技术赋能、以数据流动为关键牵引、以现代信息网络为重要载体、以数字平台为有力支撑的国际贸易新形态。据统计，2021 年全球跨境数字服务贸易规模达 38 610.8 亿美元，同比增长 14.3%，在服务贸易中的占比达到 63.6%，在服务贸易中的主导地位日益稳固。中国的数字贸易在过去的二十年里取得了长足发展。中国的电子商务从 20 世纪 90 年代末 B2B 开始，到 2000 年时 C2C 交易快速增长，2015 年后互联网应用、物流、移动通信快速发展使得电子商务市场进一步成熟。在此过程中，政府、企业和每一个消费者都发挥了重要的作用。中国已经成为全球大规模电子商务市场之一，跨境电商也快速发展。作为全球制造业中心，中国数字技术在制造业领域的应用也处于全球领先地位。中国数字服务贸易规模由 2015 年的 2 000 亿美元增长到 2020 年的 2 947.6 亿美元，增长 47.4%，占服务贸易的比重从 30.6%增长至 44.5%。

数字贸易学是关于贸易的理论、政策、政策与实证分析的数字经济学的分支科学。数字经济是继农业经济、工业经济后以数据要素为标志要素的数字经济生产方式。它借助数字技术、信息和通信技术对数据进行收集、筛选、整理、加工、分析得到数字化的信息、知识和智能，形成数据要素，即凝结在数字商品和数字服务中的智慧,是一种逐步延伸人类劳动,甚至超越人类脑力劳动的智慧体。数据要素作为新的生产要素,与土地、劳动力、资本、技术原有生产要素相结合,以现代信息网络为载体,产生可交易的数字产品和数字服务,形成新的生产、分配、交换、流通和消费的经济运行全过程。

自20世纪90年代中期以来,由于大数据、互联网、人工智能等信息技术的发展,数据要素成为与土地、劳动力、资本、技术相并列的第五种生产要素,进而通过数字产业化和产业数字化将数字经济逐步渗透到传统工业经济的各个方面。由于数据要素在生产、分配、交换、流通和消费过程中的特殊贡献,社会生产方式由农业经济、工业经济逐步过渡到数字经济生产方式,数字贸易有了巨大的发展。

数字贸易的发展对传统的经济、国际经济、国际贸易理论和政策构成了新的挑战。第一,传统的自由贸易理论在数据要素加入后,比较优势理论发生了变化。要素成本不再限于物质或劳动力成本的付出,还包括了新的信息、知识和智能的付出,因此生产函数中加入新的内容要素,在确定的最小成本条件下,生产出了新的产品和服务。如数据要素在整个柯布-道格拉斯生产函数中作出了哪些贡献?如何测度这些贡献,并形成数据要素密集型产品?数字服务在实现了部分的供给和需求的空间分离,数字服务可以以可复制的产品形式,形成类制成品(如音像制品、游戏制品、设计方案等),各国之间在没有要素流动条件下,无形的数据要素怎样测度它的使用国家和地区?等等。

第二,在不完全竞争条件下,数据要素与其他要素的差别在于,无限趋近于零的规模成本在很大程度上使其他投资者很难进入该产业。因此,在此情况下,国际分工只有在存在差异产品情况下才能够进入市场。在新贸易市场结构下,数字企业或数字产业的异质化特征更加突出。生产效率的差别不是来自机械技术的使用,而在于蕴藏在信息、知识和智能中的数据要素的密集使用。因此,在数据要素参与商品生产和服务的过程之后,国际贸易的基本理论应该有一个新的动力表达,生产率表达和贸易结构、贸易利益分配的表达。

第三,在数字贸易条件下,国际贸易借助现代信息网络、大数据、人工智能、互联网,乃至机器深度学习,改变了国际贸易市场结构。在暂时不考虑贸易政策的情况下,生产者和消费者之间联系更紧密、更精准,流通、运输的渠道更加便捷合理,流动成本更低,交易成本减到了必要水平。从整个世界来讲,如果没有政府贸易政策障碍,国际贸易将会接近实现资源和产品的最佳配置。

第四,在数字贸易条件下,各国的对外贸易政策更加倾向于自由贸易。在数字贸易条件下,由于数字产品和服务的生产和提供可以按照数据要素的特点展开,当一国对某种数字产品或服务征收进口关税时,企业可以通过将数字产品或服务分割的方式,绕过关税壁垒,从而使关税壁垒近于失效。因而在国际数字贸易条件下,一国更倾向于实施自由贸易政策,而不是保护贸易政策。

第五,数字贸易更有助于全球各个国家实现经济增长和经济发展。从国际贸易发展的历史和机制看,国际贸易带动了各国经济的增长和发展。历史上,大宗商品的国际贸易,推动了发展中国家借助资源和劳动密集型产品出口积累资金,提高了居民的收入水平,获取了先进的生产技术;在工业化时代,国际贸易推动了制成品贸易和部分服务贸易的发展。如今在数字贸易时代,数字贸易不仅实现了数字的产业化,也实现了传统产业的数字化,从而使国际贸易的产品和服务的范围扩大、生产效率提高、交易成本下降、供给和需求的匹配度更高,提高了全球资源的最优配置。进而带动了全球经济的增长和商品、资本、劳动力、技术、数据要素的自由流动,使国际贸易展现出对经济发展和经济增长的巨大带动力。

基于上述五个方面的原因,有必要专门写一本总结和阐述数字贸易学的教科书,以便适应社会经济发展的需要,培养数字经济时代数字贸易领域具有数字经济综合素养的专业型人才。

本教材是在南开大学有了数字经济本科专业以及数字经济专业硕士、数字经济博士点的基础上,为满足这类人才培养的需要而编写的。全书主要包括四个部分,共 13 章。第一部分为数字贸易发展和本教材内容及逻辑的背景介绍,包括第一章和第二章。其中第一章为导论,第二章为数据要素与数字比较优势。第二部分为数字贸易理论基础,包括第三章至第六章。其中第三章和第四章分别对数字货物贸易和数字服务贸易的概念、内容和发展概况进行详细分析,同时也对世界数字货物贸易和数字服务贸易的发展概况提供基本事实特征回顾。第五章和第六章则从信息成本的角度,从理论上分析信息技术和互联网等数字化革命带给贸易的影响。第三部分包括第七章到第九章,主要对数字贸易的福利效应、流量、动态进一步进行理论和实证分析。其中第七章对数字贸易的福利效应展开分析,第八章着重探讨数字贸易的流量。第九章则从动态角度分析数字贸易,重点阐述了数字贸易发展的影响因素、数字贸易的平台和渠道、数字贸易发展的模式。第四部分由

第十章到第十三章组成。第十章主要讲述传统贸易政策与数字贸易条件下的贸易政策的异同；第十一章重点讨论当前数字贸易面临的政策壁垒和限制措施。第十二章强调各国对数字贸易的管理。事实上，伴随数字贸易发展的形成，目前仍未形成统一的数字贸易政策和治理。不同国家、不同区域、不同产业也存在数字贸易政策和规则方面的差异，全球数字贸易治理仍任重而道远。第十三章对这些方面进行了分析。

本教材由佟家栋教授和彭支伟副教授负责编写导论和统稿，周燕副教授负责第二章至第六章的编写，侯欣裕副教授负责第七章至第九章的编写，谢娟娟教授负责第十章至第十三章的编写。我们希望这本具有探索性的教材成为开辟数字经济新专业、新学科领域的抛砖引玉、开创未来之作，以推动数字经济这一交叉学科的发展。

本书作者

2025 年 3 月于南开园

目录

第一章

导论

数字贸易是借助现代信息技术与信息网络平台等数字网络技术开展的、以获取经济利益为目的的商品与服务的交换活动。这种数字产品与服务的交易活动以数字技术突破为前提,以数字经济发展为基础,并随着数字化产品和服务生产的发展,依靠数字信息技术和数字网络平台的不断拓展而发展。数字贸易活动不仅改变和提升了产品与服务的生产与交易效率,也继而改变了传统产业生产和贸易的形式,在一定程度上形成了新的数字贸易活动相关产业。而在数字贸易活动中,不同国家、产业和企业的比较优势也在数字经济发展中得到塑造和重构,并对参加数字国际贸易活动的企业、国家从数字经济发展和数字贸易活动中的获益和经济增长产生深远影响。

第一节　数字贸易的概念和特征

一、数字贸易的概念及其发展

数字贸易是伴随数字经济的产生和发展逐步发展壮大起来的。在这个过程中,不同研究和国际组织对于国际数字贸易的概念有着不同的界定,并随着数字贸易活动的发展,人们对数字经济、数字贸易认识的不断提升而不断深化。

美国作为数字技术发展和数字经济发展比较早的国家,较先对数字贸易进行了相关的研究和定义。2012 年美国经济分析局(BEA)发布的《数字化服务贸易的趋势》研究报告对数字服务贸易进行了定义,其具体指因为信息通信技术进步而实现的跨境服务贸易。此时的数字贸易基于"窄口径"定义,基本上指跨境服务贸易。2013 年和 2014 年美国国际贸易委员会(USITC)先后发布《美国与全球经济中的数字贸易 Ⅰ》与《美国与全球经济中的数字贸易Ⅱ》报告,认为数字贸易指"通过互联网和互联网技术在订购、生产和递送产品和服务中心发挥作用的国内商务或国际贸易活动"。即数字贸易就是借助互联网实现的商品和服务的交易活动。它包括所有线上销售的商品和服务。2017 年美国贸易代表办公室(USTR)发布《数字贸易的主要障碍》报告,认为数字贸易不仅包括个人消费品在互联网上的销售和在线服务的提供,还包括实现全球价值链的数据流、实现智能制造的服务以及相关其他应用。

联合国贸易和发展会议(UNCTAD,简称联合国贸发会议)也在 2015 年对数字贸易的概念进行了界定,认为数字贸易是对电子商务的拓展,具体指通过计算机网络进行的购买和销售,并且同时包含实物商品以及数字产品和服务。2021 年联合国贸发会议在《数字经济报告 2021》中对数字贸易的概念进行了拓展,强调了数据信息流对世界经济的意义,认为数据信息流应该被包括在数字贸易内。

经济合作与发展组织(OECD)认为,到目前为止,数字贸易没有一个统一的定义。比较趋近一致的定义是包含数字信息在内的商品和服务的交易活动。这种交易活动可能是通过线上的,也可以是物理性的商品和服务的交易活动。该交易活动过程可以是消费者、企业或政府参与的活动。就是说,所有的数字贸易活动都是由数字技术驱动的。但并非所有的数字贸易活动的全过程都是借助数字技术实现的。比如,线上购买一本书,其交货方式是从实体商店拿书。这仍然是一种数字贸易活动,或借助数字技术所完成的商品或服务的交易活动。显然,经济合作与发展组织更关注交易活动中借助了数字信息技术,从而使产品和服务的提供者和消费者更迅速、准确地实现对接,并完成供求交易的过程。

国际上较为通行和一致的概念由经济合作与发展组织、世界贸易组织(WTO)和国际货币基金组织(IMF)于 2020 年共同发布的《数字贸易测度手册》(Handbook on Measuring Digital Trade)提出,从而比较权威地界定了数字贸易的"宽口径"内涵和测度框架。上述国际组织共同认为,数字贸易由"以数字方式订购"和"以数字方式交付"两大模式组成。即数字贸易指以信息与通信技术(ICT)为技术条件,以数字方式订购或交付的实物商品贸易或服务贸易。虽然在现有研究中仍然尚未形成统一的数字贸易概念界定及其相关分类标准,但 OECD、WTO 和 IMF 的联合报告所提出的定义基本为后续关于数字贸易的理论研究和测度提供了理论基础和统计依据。部分数字贸易的概念界定如表 1-1 所示。

表 1-1 数字贸易的概念界定

时间、研究机构/个人、题目	定义
2012 年,美国经济分析局,《数字化服务贸易的趋势》	数字服务贸易:因为信息通信技术进步而实现的跨境服务贸易
2014 年,美国国际贸易委员会,《美国与全球经济中的数字贸易Ⅱ》	数字贸易指,通过互联网和互联网技术在订购、生产和递送产品和服务中心发挥作用的国内商务或国际贸易活动
2017 年,美国贸易代表办公室,《数字贸易的主要障碍》	数字贸易不仅包括个人消费品在互联网上的销售和在线服务的提供,还包括实现全球价值链的数据流、实现智能制造的服务以及相关其他应用
2018 年,世界贸易组织,《世界贸易报告 2018》	数字贸易是以互联网技术使用为基础的商品贸易和服务贸易
2020 年,经济合作发展组织、世界贸易组织及国际货币基金组织,《数字贸易测算手册》	所有以数字化方式订购和以数字方式交付的交易

资料来源:根据公开资料整理。

国内最早提出“数字贸易”概念的是熊励等(2010),他们将数字贸易概括为一种基于互联网的数字交换技术,供求双方提供交互所需的信息,实现以数字化信息为贸易对象的商业模式。该定义所界定的范畴也比较窄。随着对数字贸易认识的加深,国内学者开始从宽泛视角理解和阐述数字贸易的内涵。2019 年,中国信息通信研究院(CAICT)在其发表的《数字贸易发展与影响白皮书(2019 年)》中定义了数字贸易。随后在其 2022 年的报告中进一步明确为“数字贸易是数字技术赋能、以数据流动为关键牵引、以现代信息网络为重要载体、以数字平台为有力支撑的国际贸易新形态,是贸易模式的一种革命性变化,其内涵不断发展丰富”。

对于数字贸易的内涵,国内学者也提出了一些相应的见解。罗响(2020)认为,理解数字化贸易需要关注三个内核。第一是数字化,数字化令贸易交流方式更精准。第二是贸易成本,只有交易才会产生价值,数字贸易让交易成本更低。第三是数字贸易规则。该学者将国际数字贸易的三个基本要素进行了分解,即数字贸易是在一定国际规则之下开展的以数据为基本要素、以营利为目的、以互联网平台为媒介的商品和服务的交换活动。何海峰(2020)认为,最早的贸易是商品,商品后面是服务,到今天的数字化时代,贸易作为一个产业也在经历产业的数字化,产业的数字化就是传统贸易从方式、对象、形式上赋能升级。李鸣涛(2017)则将数字贸易定义到相对窄的层面。如今,越来越多的是传统货物交易的服务化,服务贸易也在实体化,这“两化”之后就是数字化驱动。未来,在把握数字贸易规则时更应该依据数字贸易,通过数据的流动、支撑,提升产业业态活力。他更关注国际数字贸易的产品化或服务化。当然也强调必须有规则,即国际服务贸易必须在一定的市场经济原则下展开。齐志平(2020)认为数字贸易是必然趋势,在贸易环节中更多连接上游生产厂家和下游消费者、终端生产企业,如果中间没有数字化打通,整个产业链条中的服务效率、上下游的信息互通会出现断裂。他更强调国际数字贸易中借助数字技术所实现的新的贸易渠道的建设或新业态的产生。

与国际数字贸易的定义相联系,如何在实践中对国际数字贸易进行统计也一直备受各国政策制定者和相关领域研究人员的关注。由于缺少国际公认的数字贸易概念框架,因此各国的数字贸易和电子商务监管也存在一定的差异性,对日新月异的部分数字贸易也难以进行有效监管和统计,这为数字贸易的统计带来较大的障碍。

对数字贸易概念的界定从窄口径向宽口径不断发展,相应地,在关于数字贸易的实践研究中也形成了两种数字贸易测度方法:一种是基于数字贸易窄口径概念,由美国商务专家格立姆(A. N. Grimm)提出的“格立姆测度法”;另一种来自 OECD、WTO 和 IMF 共同发布的《数字贸易测度手册》,其中根据宽口径概念框架提出了目前比较可行的测度数字贸易的一般方法,被称为“OECD-WTO-IMF 测度法”。国内学者贾怀勤(2018)等也提出了数字贸易的“二元三环”概念架构,构建了测度数字贸易规模的指标体系,开发了以“实际数字交付比率”为关键的数字贸易测度法。目前,关于数字贸易测度的研究仍然处于起步阶段,但随着新的贸易当事国和国际数字经济测度经验不断积累,数字贸易测度方法也将不断更新和细化。

因此,在数字经济和数字贸易发展实践尚无统一的数字贸易概念界定和相关分类标准以及相关统计数据的情况下,学者们一方面针对某一产业如数字音乐、软件产业、数字出版等领域的数字贸易竞争力进行分析,另一方面通过构建数字贸易指标体系或与美国等发达国家的竞争力进行比较分析的方法进行更加科学深入的研究。

上述所有的定义有一个共同的核心,就是借助信息技术和互联网所开展的商品和服务贸易。因此,我们认为,数字贸易是借助现代信息技术、信息网络平台等数字网络技术开展的以获取经济利益为目的的商品和服务交易活动。

综上,随着数字贸易在全球价值链中地位的凸显,关于数字贸易的研究日趋多样化,其研究成果丰富了国际贸易理论并为促进数字贸易的扩大发展提供了重要的理论及实践依据。但是,国际上尚无统一的数字贸易概念及相关统计标准,制约了一些现有数字贸易的相关研究,也制约着今后关于不同国家、地区之间的数字贸易发展比较等相关研究。

二、数字贸易的特征

与传统的商品和服务贸易不同,数字贸易有三个重要的特征。

一是贸易方式数字化。数字贸易是以信息技术发展为基础拓展出的新贸易形式。伴随互联网的发展,数字信息可以通过互联网进行传播。人们不再仅仅依靠纸质媒介、声光媒介来传播信息,互联网将所有的信息传递方式都包括进来,超越了其他信息传播的容量、速度和质量。互联网几乎可以以信息发生同步的速度传播信息,以画面发生同步的速度传播画面及其活动。人们的经济联系或活动也更多地突破了地理空间约束,借助互联网可以相互提供商品的供给与需求的信息,可以展示或演示商品和服务的模样或功能,可以提供设计的图纸样本或相关的科学论证,可以通过设计方案传输,并由接受方实现 3D 打印的方式传递样品,还可以提供和搜索到人们感兴趣的多种商品和服务的信息等。不仅如此,借助网络系统,可以进行议价沟通,甚至组织商品或服务的拍卖,而这种拍卖可以得到充分竞争下的价格。因为,在这样的市场平台上,不仅存在大量的购买者,也有大量的同质产品和服务的提供者。因此,产品价格的形成比之过去的商场,或商业中心更具有完全竞争的特点。所有这些活动,都是借助数字化的平台开展的贸易活动。人们不再线下购物,而是浏览各类商品销售或服务的网络平台。贸易方式逐步走向数字化。

二是贸易对象数字化。伴随大数据、人工智能和互联网的发展,信息技术逐步成为人们经济活动的重要媒介,为经济社会带来了新的产品和新的产业。信息技术,包括信息的收集、筛选、加工、整理和制成数字产品的全过程不断拓展,信息技术不仅成为各类信息的载体,也成为数字企业所提供的产品和服务的一部分。比如,音像制品、游戏产品、产品设计图纸和方案等都成为依托数字技术形成的新产品。数字技术不仅被应用于新产品,而且被广泛地运用到传统产业中。例如，农业中运用数字技术测算最佳的种子播种数量，适时地进行水利灌溉、施肥、喷洒农药。在工业部门大量使用人工智能，一些劳动由机器人来完成。人工智能支配下的机械所具有的动作连贯、规范且无疲劳的特征使其优于人类，特别是在反复进行的规定动作的劳动及其在感应下的相互配合，比起人类更精确，更有效率。在生产链方面，原材料、半成品、零部件的供应与需求依靠大数据及精准管理的模式也会大大降低生产链链接的成本。在资源配置方面，零工经济使生产要素在全局范围内有效调配，使资源能够得到无缝式的充分使用，减少了转场或衔接上的资源浪费。总之，贸易对象融入了更多的数字因素，进而使贸易对象更加数字化了。

三是贸易媒介或货币数字化。伴随科学技术的发展，替代纸质货币的电子货币在不同的国家逐步被使用。一些机构运用区块链技术，推广数字货币或类货币。尽管数字货币在国际数字贸易中尚未得到广泛使用，但是货币的数字化成为一种发展趋势。人们预测，数字货币在国际经济交往中的运用已经为期不远，各个国家、学者对数字货币及其相应的金融监管课题的研究也正在进行。

第二节　数字经济发展和数字贸易研究

一、数字化对生产方式的影响

数字经济是以数据为主要生产要素，与土地、劳动力、资本、技术传统生产要素相结合所形成的产品和服务。而数据要素是继前面四种生产要素之后的第五种生产要素。它的产生，使社会经济生产方式由农业经济、工业经济逐步过渡到新的生产方式——数字经济。数据要素的价值作为数字产品和服务的重要组成部分，扮演着重要的角色，具有一定的特殊性。

数字产品和数据要素的价值是超出单纯的物理性原材料限制的智能活动的凝结。以智能手机为例，智能手机原材料的消耗是基础，但手机的价值远远高于原材料的消耗价值和生产手机的资本消耗的价值。数字产品的价值也远远超出劳动者装配手机所消耗的劳动。智能活动所能创造的价值是多重软件的集合，多种信息的加工运算能力的凝集，多种信息分辨和处理能力的集结。从而可以看到，数据要素在数字产品和服务的形成中扮演着重要的角色，形成了独立和全要素生产率概念下的价值贡献。

这种价值贡献量是在数字产品和服务所有要素投入中，扣除劳动付出的价值、资本的折旧价值、土地消耗的价值、全要素生产率中其他要素贡献之后，数据要素创造的价值及其由于数据要素加入所形成的对全要素生产率的增加部分。可表示为：

$$V_d = TC-(aT+bL+cK+TFP(T,L,K)) \tag{1.1}$$

式中：V_d 表示数字产品或服务在该产品或服务中所构成的价值部分；TC 表示生产该产品的总收入或总价值；T、L、K 分别表示数据要素投入、劳动要素投入和资本要素投入；a、b、c

表示三种要素分别的投入系数；*TFP* 表示考虑了数据要素投入的全要素生产率。

这个价格部分在数字产品和服务的生产中占有重要的地位。

相应地，数字经济中的数字产品分成三类。第一类产品为纯粹的数字产品，比如，音像制品、技术设计方案、会议安排方案等。第二类产品为数字技术产业化产品。这类产品主要包括：信息通信产业如电子信息设备制造业、电信业、软件和信息技术服务业等生产的产品，以及数字技术迅猛发展所产生的新兴行业，如大数据、云计算、物联网等产业创造的大量有形产品或服务。第三类产品为数字在传统工业中的逐步应用所形成的产品或服务。主要包括：将互联网、大数据、云计算、人工智能等数字技术与传统产业相结合所带来的产出增加和效率提升后形成的新的产品和服务。在农业领域，包括农业生产、运营、管理的数字化，农产品配送的网络化等；在工业领域，包括工业互联网、智能制造等；在服务业领域，包括新零售、智慧物流、电子支付、在线旅游、在线教育和共享经济等。

数字产品的生产和数字服务的提供不仅实现了生产方式的跃升，还带来了交换方式的改变。借助大数据和互联网技术，企业搜寻产品的市场需求、消费者对特定产品的需要，确定产品改进的方向。借助人工智能等算力和算法的应用，企业提供产品改进方案、筛选可供选择的方法、模拟可能的应用效能等。从需求的角度看，消费者根据自己的需要或设想，运用互联网平台，搜寻自己需要的或设想的数字产品或服务，进而形成了数字产品或服务的供求场景。对于新产品，市场价格可以通过线上平台和线上竞争而形成。

数字贸易下商品和服务的交换克服了市场的物理障碍和地理障碍。数字贸易的市场可以是传统的线下市场，也可以是跨越地理限制的线上市场。数字商品的贸易中，尽管实物商品仍然需要实际的产品运输或配送，但是，借助网络平台，在电子商务合同的约束下，数字产品和数字服务可以瞬间被传到远在异国他乡的需求方或消费者手中。

因此，跨国界的数字贸易成为数字经济下的新贸易方式。这种国际贸易的特点包括以营利为目的，借助互联网提供数字产品、数字服务，跨国界交换。自 20 世纪 90 年代以来逐步开展起来的跨境电子商务是国际数字贸易的起点。它的表现形式是，借助互联网系统开展跨境的线上市场供应和线上市场需求搜寻。如果说过去的贸易是 B2B（供应商到销售商）的，在跨境电子商务那里，B2C（供应商到消费者）成为跨境电子商务的主导形式。新的跨境电子商务省去了传统贸易的中间环节，大大节省了交易成本。同时，生产商直接与消费者或需求者联系，有助于生产商更好地了解市场。利用大数据技术，生产商能够更好地把握市场需要，并根据市场需求的变化调整商品生产的质量、层次。消费者也能够借助互联网平台提供的竞争性产品，广泛搜寻更能够接近自身需要的产品，从而使消费者的福利水平得到更大的满足。从经济学角度看，就是消费者福利水平在跨境电子商务贸易形式下得以提高，消费者的无差异曲线会向右上方移动。

2020 年以来，全球蔓延性新冠病毒感染限制了商人与企业的跨境谈判，限制了人们面对面的线下沟通，但是国家之间的经贸合作仍然是未间断的。国际贸易、国际分工和相互依赖关系的延续，促进了国际数字贸易的发展，尽管人们可能需要考虑全球价值链的重组，但国际数字贸易提供了继续保持国际生产链、国际价值链、国际贸易的新选择。近些年，借助互联网平台形成的国际数字贸易贸易额不断攀升。据统计，中国的电子商务交易额从 2017 年的 29 万亿元增长至 2021 年的 42 万亿元。其中，跨境电子商务合作空间不断拓展，跨境电商进出口总额达 1.98 万亿元，同比增长 15%，超过同期的国际贸易增长速度。

二、数字经济发展对贸易理论的影响和挑战

数字经济和数据要素的发展带来生产和贸易方式的改变，也对贸易理论发展产生深刻的影响。主要体现在以下四个方面。

第一，贸易动因是否因为数字化和数字经济发展而产生变化。如前所述，伴随信息技术、大数据、人工智能、互联网等方面迅速发展，数据作为一种新的生产要素进入商品和服务的生产领域。一方面，数据要素对经济生产方式的冲击如同工业革命对传统农业社会经济结构所形成的冲击，数据要素在数字经济生产方式中开始扮演着新兴主导角色。那么，传统由各国要素禀赋所形成的国际贸易动因，或者由规模经济所带来的国际贸易动因在数字化经济中是否发生改变？进一步地，各国的比较优势和竞争优势是否会发生改变？数据要素的生产率优势、数据要素的成本优势、数据要素在与其他生产要素结合中的全要素生产率优势成为各国在不同产品生产上竞争的核心。因而，在商品的竞争力上，数据要素优势比较强的国家、产业、企业就能够在国际商场竞争中占据比较优势，并获得更大的销售市场。另一方面，数字技术可能又有利于高科技中小企业的发展，从而不断打断先行者优势和既有企业、产业和国家的垄断地位。数字经济条件下，科学技术的发展可能从某个软件、某类机器人或者某个数字平台开始，并在很短时间内因为互联网效应而形成新的产品、产业甚至行业规范。创新在数字经济时代的效应被进一步放大，而在创新上止步不前的企业和产品则更快地被淘汰。因此，在数字经济条件下，企业之间、国家之间的竞争核心是数字技术不断创新，竞争力不再表现为单纯的资本数量、企业规模大小，更多的是数据要素基础上的技术创新。而国家、产业和企业层面的算力、算法、互联网等数字基础设施则共同为数字创新提供了支撑。

第二，数字贸易的内容和模式发生的变化。在工业化贸易条件下，各国在国际贸易中的地位取决于它们产品或服务生产的比较优势，从而形成相对比较固定的国际分工。在动态分析中，各国的比较优势会伴随着技术进步、要素积累、需求的转变与升级而发生变化。在数字经济条件下，一方面是贸易的内容可能发生变化。例如传统工业经济下跨国医疗只能采取医生或者患者出境医疗方式，而在当前可以实现在线跨国远程医疗。另一方面是贸易模式的变化。以前由专业化贸易公司进行进出口然后进入超市、商场的产品，在当前消费者可以通过在线平台一键检索、在线订购并完成交易。因此，在数字经济发展

和形成的过程中,多种贸易模式将共存:国际数字贸易与传统国际贸易并存;传统产品和服务的国际贸易,传统产品和服务与数字产品和服务之间的国际贸易,以及存在数字产品和服务之间的国际贸易并存。使产品和服务贸易的共存是交易活动由传统工业经济向数字经济转型的基本形态。这里的一个重要的共同点是,交易活动不管是传统的,还是数字经济下的,都融入或借助了互联网和跨境电子商务的某些元素,以便提高国际贸易的效率,降低贸易的成本。

第三,数字贸易的利益分配变化。一般而言,贸易会使得参加贸易的双方获利,但也存在某些意料之外的情况,一国可能因贸易条件极度恶化而在贸易中形成“贫困化增长”或陷入“比较优势陷阱”。那么,国际数字贸易的发展会如何影响各国参与贸易的利益分配?可以合理预期,参加数字贸易的国家、产业或企业都会从中获得利益,具备数字比较优势的国家可能受益更多。同时数字贸易会极大地推动参加者再投资并扩大数字产品和服务的生产。一些尚未融入数字经济、数字贸易的国家或企业,其在贸易中所获得的绝对利益可能规模较小,甚至与数字贸易大国之间的差距不断扩大,由此数字经济可能带来“强者恒强”的局面。数字技术先进的国家与落后的国家之间存在着“数字鸿沟”或数据要素优势,乃至数字经济发展水平的差异。对于那些数字技术落后的国家而言,它们总体上不具备竞争优势,甚至还会长期停留在非数字贸易发展的阶段,会陷入数字发展滞后的困境。

第四,国际数字贸易治理与政策的变化。国际数字贸易环境并不是一个完全自由放任的环境,各国会从自身利益出发提出相应的数字贸易政策。传统国际贸易中,政策制定具备坚实的理论基础,同时,世界贸易组织等国际组织和各国双边、多边贸易政策也为各国贸易治理做了长久的协调和努力。然而,数字贸易的福利分析、数字贸易的流量分析、数字贸易的动态分析等目前尚未形成系统性和一致性的研究体系,各国对数字贸易内涵界定、对数字贸易的测度和对数字贸易的治理正在形成中。在国际数字贸易治理体系建设过程中,总体上各国都支持国际数字贸易的发展。然而,在涉及数字贸易治理协定签署的问题上,各国都或多或少地关注本国数字贸易利益的保障与激励。目前,各国数字贸易政策的主要分歧在于数据监管和网络平台管理方面政策之间的协调。在数字产品和服务贸易政策方面,多数国家均对数字产品和服务贸易自由化采取积极态度。各国既有走向自由化的动力和愿望,也有保护自身利益的追求。各国也在积极支持数字贸易自由的前提下,寻求有效的治理规则和政策。可以说到目前为止,国际数字贸易的全球性协定尚未形成,数字贸易规则还在探讨之中,国际数字贸易治理仍亟待理论和实证的研究基础进一步夯实,国际数字贸易治理体系也需要进一步建设。

伴随中国数字经济的发展,特别是国际电子商务的发展,中国的数字贸易有了长足的发展,参与制定国际数字贸易规则、规制,并与已经形成的相关国际规则接轨成为当前形势下中国数字贸易发展的关键。

三、本书的主要内容

本书将基于当前数字经济和数字贸易的发展,着眼于数字化对贸易动因、贸易模式和贸易利益的影响,探讨各国数字贸易治理,为同学们了解数字贸易基本理论和当前较为重要的实证研究、分析和了解各国数字贸易治理提供一本基础性教材。本书包括四个部分,共13章。

第一部分为数字贸易发展和本教材内容及逻辑的背景介绍,包括第一章及第二章。第一章对数字贸易的概念进行初步界定,并介绍数字经济发展对生产贸易方式和贸易理论带来的影响和挑战。第二章则对数字经济的发展历程进行初步回顾,并对数据要素发展和数字比较优势进行简要介绍。

第二部分为数字贸易理论基础,主要包括第三章至第六章。其中第三章和第四章分别对数字货物贸易和数字服务贸易的概念、内容和发展概况进行详细分析,同时也对世界数字货物贸易和数字服务贸易的发展概况提供基本事实特征回顾。第五章和第六章则从信息成本的角度,从理论上分析信息技术和互联网等数字化革命带给贸易的影响。其中第五章从生产者搜索角度进行分析,第六章则从消费者搜索角度进行分析。数字化时代下的消费者搜索主要通过数字交易平台进行,因此第六章介绍数字交易平台。

第三部分主要包括第七章到第九章,主要阐述数字贸易的政策理论、数字贸易发展实证分析路径,以便从中得出数字贸易发展的影响因素、数字贸易的平台和渠道、数字贸易发展的模式。

第四部分由第十章到第十三章组成,主要阐述伴随数字贸易发展而形成,但尚不统一的数字贸易政策和治理。在此,主要概括不同国家、不同区域、不同集团数字贸易政策和规则、规制。也特别强调,不同国家旨在建立国际统一的数字贸易秩序所作的努力和艰难探索。总之,像传统的有形商品贸易和服务贸易一样,要想有一个顺畅的、公平的、开放的数字贸易市场,各国的政策及政策协调、各国的治理及国际治理都是必需的。

本章小结

数字贸易伴随数字经济的产生和发展逐步发展。根据经济合作与发展组织(OECD)、世界贸易组织(WTO)和国际货币基金组织(IMF)的研究,数字贸易由“以数字方式订购”和“以数字方式交付”两大模式组成。本书认为,数字贸易指以信息与通信技术(ICT)为技术条件、以数字方式订购或交付的实物商品贸易或服务贸易。

数字贸易有三个重要的特征。第一是贸易方式数字化。以信息技术发展为基础,数字贸易拓展出与传统贸易不同的新贸易方式。第二是贸易对象数字化。信息技术还为经济社会带来了新的产品和新的产业,也构成新的贸易内容。第三是贸易媒介或货币数字化。替代纸质货币的数字货币在不同的国家逐步被使用。

随着数字技术发展,数据要素成为新的生产要素。社会经济生产方式逐步过渡到数字经济阶段,并从贸易动因、贸易内容和模式、贸易利益分配和贸易政策及治理四个方面深刻影响着贸易理论和政策研究。

关键术语

数字化　数字经济　数字贸易　数据要素　贸易动因　贸易模式　贸易政策　数字贸易治理

思考题

1. 什么是数字贸易?
2. 数字贸易和电子商务有什么相同点和不同点?
3. 数字贸易的重要特征包括哪些?
4. 数字贸易对国际贸易的方式和内容带来哪些影响?
5. 你认为国际数字贸易理论和传统贸易理论会有哪些差异? 为什么?

即测即评

第二章

数据要素与数字比较优势

数字技术发展对贸易活动产生了重要影响。数字化订购或者交付带来贸易的便利，使得在传统贸易方式下难以进行的跨境交易活动在数字化技术发展支持下迅猛发展。但数字化对经济和贸易的影响并不限于贸易便利化。信息和数字技术以技术革命的形式推动了各行业的发展，数据本身甚至以生产要素的形式参与现代化生产与分工，自研发和生产阶段就已经开始影响贸易。从这个意义上讲，数字技术的发展和数字经济的发展，同样也在改变国家和地区、行业和企业的传统比较优势，从而深刻改变国际贸易的动因与格局。换言之，从广义的角度看，数据要素参与到生产分工过程中，也是数字贸易研究和探讨的基本内容和出发点。本章从这个角度出发，对数据要素的本质和数字比较优势的演化进行阐述与分析。

第一节　数字经济与数据要素

一、信息技术发展与数据要素

信息技术发展引发经济和贸易的数字化发展。在这个过程中，生产者生产数据、消费数据、传播技术数据。根据国际电信联盟统计，2023 年全球有 54 亿人使用互联网，高收入国家 89%的人口已有 5G 网络覆盖。① 2020 年至 2022 年的新冠疫情导致越来越多的活动在互联网上进行，对互联网流量形成了巨大影响。在此背景下，2020 年全球互联网带宽提高了 35%，也是 2013 年以来增幅最大的一年。每月的全球数据流量预计将从 2020 年的 230 艾②字节激增到 2026 年的 780 艾字节。③ 而随着数字化技术的发展，数据信息在经济中的作用不断增大。数据的使用在每个部门都很普遍，这要归功于它们的多功能性，其中最典型的用途包括产品创新、提高产品或服务质量、电子商务，以及精准需求匹配和潜在消费者识别等。甚至有学者和国际媒体认为，“世界上最有价值的资源不再是

---

① 引自 International Telecommunication Union, Facts and Figures, 2023.

② UNCTAD, Digital Economy Report 2021.

③ 1 艾 = 10^{18}。

石油,而是数据”。

虽然数据在不断发展的数字经济中至关重要,但截至目前,国际组织和相关研究并未就“数据”这一概念达成共识。而我们也尚未开始深入剖析“数字化”这一概念。在对数字贸易进行深入分析之前,有必要对此进行阐述。根据 Kernighan(2013)的定义,数据指通过硬件及软件收集、存储和处理的,并通过通信系统传送到各地的全部信息。① 从技术的角度理解,一般认为,数据(Data)是关于事实、观察、分析等的结果,在计算机时代则特指能够以二进制信息单元 0、1 的形式表示、储存和传输的信息。但是从概念上对“数据”进行分析,需要认识到数据在经济中的重要意义,实质上可以从三个角度来看,或者说数字化由如下三个方面共同构成。②

一是信息的数字化表示。例如传统上用来存储文字、信息、图像、音乐和视频音乐等不同类型信息的机制是错综复杂的。长期以来书籍是纸质存储媒介,图像、音乐信息则可以采用感光或者磁化材料等。而现在无论上述信息或内容曾经的表达或存储介质如何,它们都已被一种统一的机制取代。简而言之,信息的不同模拟表示形式被统一的二进制数字化形式取代。数字化成为经济发展有史以来最具兼容性和简洁性的信息储存和表达手段,也开始迅速替代了日常生活中几乎所有其他的信息存储和传输方式,无论是已经流传数千年之久的纸质书籍,还是 20 世纪才开始进入到人类生活的相机胶片、CD 唱片。数字化使得人类社会的生产和生活面目一新。仅 1G 的数字存储,可以容纳 1 000 本 50 万字的书籍、约 200 首音乐。更重要的是,书籍和音乐的传统存储介质迥异,却在数字化时代得到统一。信息存储技术进展如表 2-1 所示。

表 2-1 信息存储技术进展

发明	储存或传输介质	出现时期(年)	出现国家(地区)
楔形文字	泥板、石头	约公元前 4000 年	苏美尔
甲骨文	龟甲兽骨	约公元前 1600 年	中国
书籍/造纸术	纸	公元 105 年	中国
电报	无线电波	1837 年	英国、美国
电话	有线电流	1875 年	美国
计算机	半导体、磁盘等	1946 年	美国
互联网	光信号、无线电	1969 年	美国

二是数字信息采用数字计算机设备进行处理。数字计算机已经替代了模拟信息处理设备,成为现今人类生活实践中的通用信息处理设备。数字化时代的算力和数据量都以惊人的速度发展。以大型商用计算机的算力和最新的 CPU 算力为例,最新的 AMD 的

① 柯林汉:《世界是数字的》,李松峰、徐建刚译,北京:人民邮电出版社,2013 年,第 8 页。
② 柯林汉:《世界是数字的》,李松峰、徐建刚译,北京:人民邮电出版社,2013 年,第 4-5 页。

3990X CPU,单精度浮点性能达到了 8 098G FLOPS(8 万亿 FLOPS),双精度浮点性能则为 4 016G FLOPS(4 万亿 FLOPS)。[①] 在 1993 年,世界上前 500 台的超级计算机算力总和为 1.1T FLOPS,也就是说 AMD 的 3990X CPU 的算力比当时世界上所有超级计算机算力的总和还多。与此同时,智能手机实际上已经具备一台小型计算机算力——其算力能与十年前的便携式计算机相媲美,成为重要的数据终端,采集、处理并传递大量的数据信息。根据摩尔定律,计算机算力大约每两年翻一番。[②] 计算机产业的进步如表 2-2 所示。

表 2-2 计算机产业的进步

技术进步或发明	出现时间(年)	发明者
二进制	1679	莱布尼茨
布尔代数	1847	乔治・布尔
二进制继电器计算机(Model K)	1937	贝尔实验室(乔治・斯蒂比兹)
冯・诺依曼体系结构	1945	冯・诺依曼等
图灵测试	1950	图灵
晶体管计算机	1954	贝尔实验室
集成电路	1958	德州仪器(杰克・基尔比)、仙童半导体(罗伯特・诺伊斯)
微处理器(Intel 4004)	1971	Intel
结构化查询语言(SQL)	1974	IBM(Donald D.Chamberlin 等)

资料来源:根据公开资料整理。

三是通用数字网络。互联网把数字信息与数字计算机设备连接在一起,人们通过计算机或者智能手机可以进行任何数字活动,包括收发邮件、搜索、社交、购物、网上银行交易等各种在线消费、娱乐和服务活动。对于中国居民而言,由于城乡网络基础设施和智能手机的普及,已经可以做到“无现金的生活”。数字化、数字设备、数字网络共同构成数字经济三要素,改变了经济生活的基本面貌。互联网发展历程如表 2-3 所示。

上述三个方面对于经济的数字化或者数字经济的发展缺一不可。但是需要注意到两点。第一,数字化并非短短几十年间的技术进步,其发展过程也非线性。如表 2-2 所示,如果把 1679 年数学家莱布尼茨发明二进制作为起点,计算机及相应的数字化历经了三百多年的发展过程。这个过程是包括数学、物理学、材料学和工程学在内的全领域科学发明和技术进步的累积。而人工智能则是数百年间技术进步的最新产物,并随着大量数据进

---

① FLOPS 指每秒浮点运算次数,即每秒所执行的浮点运算次数。TFLOPS 为每秒万亿(10^12)次浮点运算,GFLOPS 指每秒十亿(10^9)次浮点运算。

② 计算机算力可以粗略用处理器的晶体管数量代表。也有观点认为是 18 个月。

入应用创新场景而自2018年开始取得突破性进展。[1] 随着图像识别、自然语言对话、智能驾驶等技术日臻成熟并得到广泛应用,政府、资本和企业对人工智能行业进行了大规模支持和投入。AI+医疗、AI+智能家居、AI+汽车、AI+教育、AI+创业等实际落地。第二,上述三个层面在数字经济的不同发展阶段所起到的作用迥异。初期数字化设备和数字网络基础设施的建设至关重要,但随着在发达经济体和部分新兴发展中经济体数字基础设施的完善和数字化设备的普及,数据信息对经济增长进程起到主要推动作用,成为数字经济发展的最关键要素之一,也成为现代经济增长的生产要素。以数字经济为主营业务的公司已经占领当前全球公司排行榜的前列位置(见表2-4)。

表2-3 互联网发展历程

互联网进展	时间(年)	国家/发明人/公司
ARPANET	1969	美国
电子邮件	1971	美国,Ray Tomlinson
思科多协议路由器	1984	美国,思科
万维网协议	1989	美国,Tim Berners-Lee
中国互联网络信息中心	1995	中国
搜索引擎	1998	谷歌(Google)
支付宝	2003	阿里巴巴
社交媒体	2004	脸谱(Facebook)
智能手机	2007	苹果(Apple)
微信	2010	腾讯

资料来源:根据公开资料整理。

表2-4 2023年全球市值前十企业 单位:十亿美元

排名	公司名称	国家/地区	部门	市值
1	苹果 (Apple)	美国	信息技术	2 609
2	微软 (Microsoft)	美国	信息技术	2 146
3	沙特阿拉伯国家石油公司 (Saudi Arabian Oil Company)	沙特阿拉伯	能源	1 893

① 2018年在媒体中被普遍称为人工智能(AI)应用元年。

续表

排名	公司名称	国家/地区	部门	市值
4	字母表(谷歌母公司) Alphabet	美国	通信服务	1 330
5	亚马逊 (Amazon)	美国	非必需消费品	1 058
6	英伟达 (NVIDIA)	美国	信息技术	685
7	伯克希尔—哈撒韦 (Berkshire Hathaway)	美国	金融	676
8	特斯拉 (Tesla)	美国	非必需消费品	659
9	META(原脸谱) (Meta Platform)	美国	通信服务	550
10	维萨 (Visa)	美国	金融	464

资料来源:普华永道。

二、数据要素的本质与特征

在数字经济发展过程中,数据成为了数字经济的关键要素,也成为了生产要素的一种。传统的生产要素包括土地、劳动力与资本,但随着技术极大地改变了社会生产的组织形式、规模和质量,技术成为生产中的第四个要素。而在当代经济发展过程中,数据对生产要素的组织方式同样产生革新性变化,并且数据本身成为相对独立产业,数据背景下生产、流通、交换、消费过程的深度和广度都发生深刻改变,从而使得数据要素成为生产要素的一种,可以认为它是社会生产和经济发展过程中的第五个生产要素(佟家栋、张千,2022)。从现代经济中要素的重要性来看,也有学者提出新的三要素经济模型,即生产中的本质要素为劳动力、资本和数据要素(Moyano 和 Schmedders,2018);或者注重考虑数据作为资本的特征,可以视作"数据资本"(徐翔、赵墨非,2020)。

当把数据作为一种生产要素,需要注意到数据要素既具备传统生产要素的重要特征,同时也具备与传统生产要素不同的特征。与传统生产要素相类似的是,数据对生产活动产生影响并促进经济增长,这也是可以将其归结为生产要素的最本质特征。与此同时,数据要素在与其他生产要素结合的过程中也会进一步累积并扩大数据要素自身的规模,创造更大的价值。从这个意义上看,数据在传统生产要素中最具备资本的特征,因此这也是学者提出“数据资本”的重要原因。但是我们更需要注意到数据作为要素具备以下显著不同于传统生产要素的特征。

第一,数据是无形的,具有非竞争性和有限排他性。同样的数据可以在不同时空供很多人使用,这是数据与传统生产要素的本质区别。传统生产要素无论是土地、资本和劳动力,都具备竞争性和排他性特征,得以通过市场经济中“看不见的手”进行要素的有效配置,通过价格与竞争机制来达到市场均衡。同样,有形产品一般也具备竞争性和排他性特征,与生产要素的竞争性和排他性共同构成市场经济有效的本质基础。而一旦商品和服务出现非竞争性和非排他性,则容易产生“市场失灵”,可能需要进行事前干预或者事前的所有权法律界定,以进行有效配置。数据的排他性则根据使用条件和技术法律手段来确定,可以在一定程度上限制访问从而导致数据信息具备一定程度的排他性。但是,数据也同样容易泄露并完全丧失排他性。

第二,数据具备鲜明的外部性特征。数据的外部性特征来自数据的社会维度。换言之,从个人用户获取的数据不仅包含个人维度的信息,还包含其他具有类似特征或行为的个人信息,以及个人同外部世界的某种联系。同时,很多数据的产生以人类社会的网络和连接为前提。例如,一个资产交易的价格信息生成依赖于市场买卖双方同时存在。只有买方和卖方之间的交互才能生成交易及其相关数据。因此,数据的使用及价值在经济上具备显著的外部性和网络效应特征,导致所有数据产生的总价值往往大于所有单个数据价值的总和,特别是在与其他补充数据相结合的情况下。数据量越大,往往创造的价值越大。因此在许多情况下,只有产生大量数据,数据聚合或者数据平台才具备应用价值,而数据的外部性特征又使得数据平台容易具有从数据中获益的垄断地位。这给数据信息保护和数字经济背景下的垄断监管带来一定的挑战。

第三,数据属于不可替代或替代性较低的要素。数据本身的概念非常广泛,所有以数字化记载的信息都可以称为数据,包括数字化的知识技术、数字化的地理信息、数字化的历史事件记载,以及非常重要的消费者的个体数据信息。当数据被作为生产要素进入到生产过程中时,数据要素与资本和土地的重要差别在于它是不可替代的。数据要素的价值在于其独特性,而非与其他数据信息的共性。① 换言之,在投资过程中,从某家银行借得的资金完全可替代并无本质差异,但是数据之间却存在极大的差异且无法替代。针对某一生产过程的技术细节数据,完全不可以被其他技术数据替代;面向年轻女性消费者群体所获取的消费者偏好和支付能力等数据,也很难被其他随机获取的消费者数据替代。因此,虽然在部分研究中数据被视作“数据资本”,但其与传统生产要素中的资本存在重要差异。类似地,在所有可能应用于商业场景的有价值数据中,个体消费数据、个体健康数据、个人与公司财务数据、地理道路信息车流数据等数据无论其应用于哪一个具体领域,各领域之间的数据完全无法替代,而在细分领域内部,不同场景的应用数据之间也无法替代。

① 当然,数据的应用价值又依赖于其他数据的应用,即存在外部网络效应。

第四,数据的生产和增长速度较快。数据的积累速度远超土地、劳动力以及资本的产生和扩张速度。数据要素不仅成为数字技术发展的结果,其本身也促进数字技术发展并进一步带来数据的海量扩张,形成“大数据”。大数据(Big Data),或称巨量资料,指所涉及的资料量规模巨大到无法通过主流软件工具在合理时间内完成搜索、管理与处理的数据信息流,具备海量数据规模、快速数据流转、多样数据类型和价值密度低四大特征。[①]很显然,我们不会在传统经济要素中使用“大土地”或者“大资本”这样的概念。而从数据走向大数据不仅是量变,也引起了产业的质变。神经网络、机器学习以大数据为基础,迎来了人工智能行业(Artificial Intelligence,AI)的蓬勃发展。图 2-1 表示了摩尔定律的计算机算力发展,可以发现技术领域的发展速率同经济发展中的常见指标量级差异较大。而数据的发展则呈现出更快的增长速度。1994 年,世界第一个网络搜索引擎检索到 110 000 个网页和可通过网络访问的文档索引。到 1997 年 11 月,搜索引擎已经能够检索 1 亿个 Web 文档。截至 2023 年 6 月,全世界仅网站达到 11.06 亿个,通过这些网站能检索到的文档量级已难以准确统计。现阶段海量数据已经具备明显的技术创新价值,这也是数据要素不断被加入生产过程之中的关键所在。

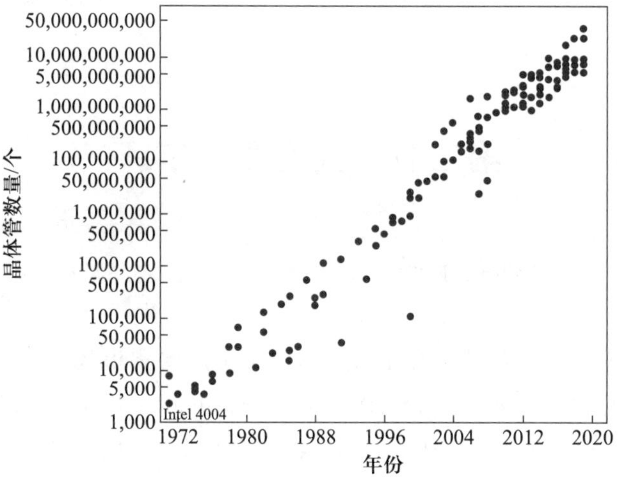

图 2-1　摩尔定律[②]

第五,数据随时间变化。实践中的数据或指标也在随时间变化,如企业拥有传统生产要素的存量、商品的价格等,这些指标可以总体视为一段时间内较为固定的变量;另一些变量则以高频变化并且变化本身成为研究重点,如金融市场的价格。而数据信息包括上述一切变量本身。股票和外汇的价格随时间变化,本身意味着股票和外汇的价格信息随时变化。与天气相关的信息也会随时变化。这使得对于数据的分析和评估,也不同于传统生产要素。与时间变化的另一个重要特征是新数据对旧数据的价值替代。对于土地和

① 麦肯锡研究院:《大数据:创新、竞争和生产力的下一个前沿》2011 年。

② 李威、詹姆斯·麦肯齐:《摩尔定律或将触碰物理和经济边界》,《世界科学》2023 年第 12 期。

资本,土地的价值取决于面积、地理位置等与时间独立的因素,资本依赖于资本量同时具备时间价值;数据信息的价值具有高度的波动性和不确定性,可能随着新数据的出现立即丧失所有价值。

第六,数据信息交易存在较大的障碍。数据的隐私性和不可替代性,以及外部性,使得数据信息的定价和交易较为复杂,很难在市场机制中形成交易,这也是其与土地、资本和劳动力等传统生产要素的重要区别。事实上,可能仅有少量数据可以交易,绝大部分数据信息目前并未在市场上真正实现公开交易,而各数据平台或者组织倾向于仅使用公共数据或使用其组织内生成的数据。以消费者个体数据为例,虽然数据的隐私问题可以在技术上通过个体维度的匿名处理来进行规避,但这是一个烦琐的过程,并且成本高昂,而一旦数据泄露又会带来复杂的法律问题。① 因此,数据无法安全透明地交易,存在数据市场失灵。

数据要素所具备的上述特征,使得对数据要素的研究十分关键。然而,在现有市场活动中捕捉数据要素的价值比较困难,量化数据本身及其开放和共享带来的价值仍然具有挑战性。而数据的使用方式也是影响数据价值的关键因素。因此,如果不能够充分估计数据要素对社会经济的贡献,就很难充分认识数字经济时代的到来对现代经济的超常贡献。

第二节 数据要素市场

一、数据中介平台和数据市场

由于数据的特殊性质,数据目前并未形成传统生产要素市场或者商品市场。从当前经济发展阶段来看,数字交易平台(Digital Intermediation Platforms, DIP)和社交平台(Social Platform)等数字信息平台是主要的数据信息集散地,也以某种形式构建了比较特殊的数据市场。例如美国 Facebook、谷歌和亚马逊,中国的京东、腾讯和阿里巴巴等。上述平台稳步增长的用户群带来了海量的个人数据,产生了数据的收集和数据的商业应用。个人数据既包括个人基本信息,如位置、地址、联系方式等数据,也包括消费信息,如购买力、需求偏好等信息,还包括其社会信息,如朋友关系、政治观点,甚至生活中多方面的各种信息(见图 2-2)。而这些数字交易平台或者社交平台成为数据市场中的数据中介。

① 2006 年 8 月 4 日,美国在线(AOL)公司用于研究目的发布了一个包括 65 万个用户在 3 个月内的 2 000 万条搜索信息的数据包,其中的用户名以随机码进行替代。但是其搜索信息包含的特定词组仍然引发了用户信息泄密并导致法律诉讼。

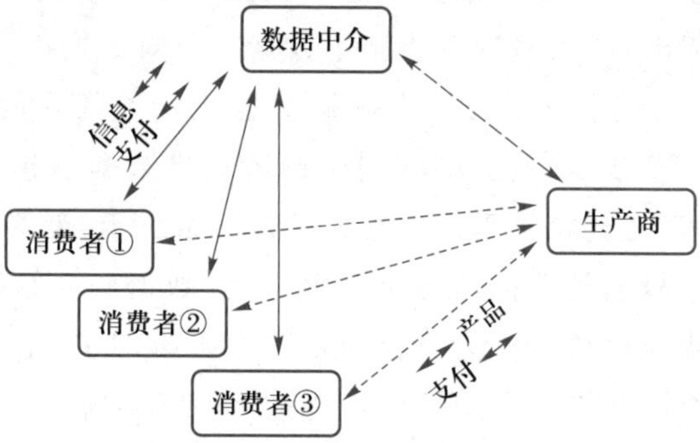

图 2-2　数据市场和数据中介

资料来源:Dirk Bergemann,Alessandro Bonatti,Tan Gan,"The Economics of Social Data," *The Rand Journal of Economics*, vol.53,no.2,2022,pp.263-296. 有改动。

在广义范畴上,数据中介是一个宽泛的概念,涵盖了帮助促成数据从数据源到数据用户之间流动的所有中间者。根据这一界定,所有数据交易平台、社交媒体平台、数据商、数据经纪人、数字经济中介服务商等都属于数据中介。典型的数据交易平台模式下,消费者向数据中介提供个体信息,数据中介从个体消费者那里获得关于他们偏好的信息,并在产品市场上转售信息,生产商利用消费者信息进行广告和宣传并完成销售活动。在获得信息的情形下,企业和消费者可以根据需求数据调整自己的选择,比如企业可以进行价格歧视,消费者根据其他消费者的偏好调整自己的支付意愿。在消费者向数据中介提供信息的过程中,消费者可能通过向数据中介分享信息获得一定的货币报酬,也可能不通过数据分享获得任何直接报酬,而是获得包括信息分享在内的平台服务。在狭义范畴上,通常意义上的数据中介指数字交易平台,不同群体通过该平台进行商业交易的同时进行信息数据交换,也是各项研究重点分析的对象。①

在数据中介情形下,数字平台从个体消费者那里收集的数据不仅包括消费者个体信息,同时还包括消费者数据的另一重要特征即社会维度,也即其他与该特定消费者具有类似特征或行为的个人信息。数据的社会性质产生了数据外部性,其符号和量级在先验上并不明确。相反,数据外部性的符号和大小取决于数据的结构和所获得信息的使用。而数据中介在获得消费者数据后,其分享给生产者的方式多样,包括为这些公司向潜在消费者提供即时和准确的定向广告推送,向行业和生产者提供数据商业分析,甚至以某种形式提供基础数据供生产商或其他数据中介进行研究并得以商业应用。

在这个以数据中介为核心的数据市场中,典型交易流程可以总结为以下步骤。第一步,数据中介向每个消费者提供数据信息交易条件,或者说数据信息流入条件。每个数据平台的数据市场由单一数据中介(数据平台)运行,因此数据平台实质上在该数据市场中具备垄断地位,数据中介在数据市场的起点决定如何从每个消费者那里收集可用信息,以

① 第六章将专门分析数字交易平台。

及如何与其他消费者和生产者共享这些信息。数据中介对数据信息收集（数据信息流入）和供应（数据信息流出）的策略制定依赖于数据中介对数据市场的预判，同时也随数据平台运行而进行修正。在数据平台提出数据信息流入条件后，消费者则决定接受或拒绝数据中介的条件。第二步，数据中介向生产者提出数据信息的供应条款即数据信息流出条件。同样，生产者选择接受或拒绝该条件。第三步，消费者观察并根据接受的数据信息流入条件的信号上传数据信息至数据平台，数据中介在数据信息流入的同时进行数据信息供应。供应对象包括消费者和生产者。第四步，生产者基于获得的信息为作出购买决策的每个消费者设定产品价格，消费者基于对自身、信息市场和产品市场的观察决定是否购买产品。在产品交易达成的情形下，数据市场和产品市场同时达到均衡。①

数据中介在这个过程中起到重要的桥梁作用。其功能或者说需要考虑并向消费者和生产商给出的条件包括两个重要内容。第一是信息或数据的流入流出策略。信息策略可以简单地分为完全数据共享和匿名数据共享。在完全数据共享条件下，消费者提供包括个人信息特征在内的完整信息给数据中介，而在匿名数据共享情形下只提供部分需求信息给数据中介，但是对个人信息进行匿名。在极端完全无信息情况下，数据中介平台不收集任何消费者信息，对产品进行统一定价，广告进行无差别统一推送。同样，在数据信息流出的考虑中，数据中介也可以采用完全数据信息流出、部分数据信息流出的信息供应方式。第二是数据信息的定价策略。定价条款也同时面向消费者和生产者。大型的数据平台必须在用户——包括消费者和生产者使用平台前充分考虑到信息提供策略的细节并提供定价条款。实践中许多数据中介为消费者提供免费服务而不是通过支付货币报酬来换取个人数据，并在消费者开立账户之前提供详细的“服务条款”说明供消费者阅读签署。消费者同意即接受数据中介所制定的信息收集和定价（或服务）条件。对于生产者，数据交易平台一般会采取收费策略。数字交易平台的收费方式可能包括固定平台使用费、定向广告收费、浮动销售比例收费或者入门费和销售比例收费的组合收费策略，社交平台则向广告购买者（对应于交易平台中的生产商）进行收费。对于所有类别的数字中介平台而言，定向广告收费都是其重要的收入来源，而这正是生产商或者广告商为信息的价值进行的支付。

当消费者提供给垄断数据中介所有个人信息即完全信息共享时，垄断中介的最优选择是将完全信息出售给生产者，从而使得生产者对消费者进行个体歧视性定价。这也是符合经验直觉的结果。此时消费者剩余减少，生产者剩余提升，并使得数据中介利润最大化。在特定的数据信息和产品市场环境中，上述渠道的影响存在差异，对于社会总的福利影响是不确定的。消费者提供信息导致自身消费者福利减少的结果是减少数据分享，而

① 单个数据平台的垄断数据中介是简化情形。在实际经济中各数据平台之间存在竞争，也存在不止一个数据中介的多边数据平台。

数据的外部性则进一步导致消费者数据信息的应用价值极大降低，从而导致数据市场无效。而完全无信息情形，实际上就已经不再属于数字经济的范畴，而是回到了传统商业领域中的情形，比如线下固定场所超市。①

很显然，在当前蓬勃发展的数字交易平台或者社交平台经济实践中，理论推导中的数据市场无效并没有成为普遍情形，使得经济商业模式退回到线下消费市场。实践中的数字交易平台更多采用对消费者个体身份进行适当匿名，然后再出售给生产商的策略。消费者个人隐私在这种情形下得到一定的保护，生产者无法准确了解消费者的完全信息，因此不会提供个性化的价格，而是根据市场需求的实际信息进行定向广告和制定商品或服务可变价格。理论模型推导也可以证明，该策略是比完全信息分享更为有效的信息和定价策略（Bergemann 等，2022）。②

同样针对数据外部性和消费者隐私及消费者福利的保护问题，Posner 和 Weyl（2018）则提出另一种可能的解决方法，即建立消费者团体或工会与垄断性数据中介进行讨价还价，以促进消费者利益的保护，并对数据外部性内部化。但很显然，这种情形在现实中基于消费者地理、行业、收入等存在较大的差异，很难实现。

总而言之，数据要素市场在现实中正在不断发展，也是研究的最新领域。各项研究能达成的共识是，在大型数据中介平台情形下，随着数据来源的增加，每个消费者对大数据的价值贡献正在缩小。因此，数据市场存在“数据隐私悖论”，即仅仅小额的货币激励会显著影响受试者放弃其个人数据隐私的意愿。数据外部性的存在为数据隐私悖论提供了解释（Athey、Catalini 和 Tucker，2017）。③ 首先，获取个人数据的成本可能大大低于信息对平台的价值。其次，尽管消费者信息中许多信息都表现出正外部性，但很少能阻止平台将数据用于实际上对消费者有害的营利用途。而立法者也越来越意识到数据要素市场的重要性及数据信息外部性的影响，加强了此领域的监管。

二、从数据中介到数据合作

数据隐私悖论为数据市场交易带来了难题。数据中介和数据使用者希望从数据中获取价值，却可能涉及个人数据隐私并使消费者福利受损。但是对个人数据隐私进行过度保护，又会使得数据失去使用价值，影响数据要素的形成和数据要素对经济发展的作用。在这样的情形下，为了实现数据的合规、高效、安全共享，解决数据市场中隐私或市场无效问题，数据交换或数据合作社在经济实践中出现。④

---

① 当然，传统经济模式的超市开设前也会设法对所在消费者信息和需求情形进行了解。

② Dirk Bergemann，Alessandro Bonatti，Tan Gan，“The Economics of Social Data，” *The Rand Journal of Economics*，vol. 53，no.2，2022，pp.263-296.

③ Susan Athey，Christian Catalini，Catherine Tucker，“The Digital Privacy Paradox：Small Money，Small Costs，Small Talk，” NBER Working Paper Series，w23488，2017.

④ José Parra Moyano，Karl Schmedders，Alex Pentland，“What Managers Need to Know About Data Exchanges，” *MIT Sloan Management Review*，vol.61，no.4，2020，pp.39-44.

数据交换是指由平台收集、整理和汇总不同来源的数据,在进行脱敏处理后允许第三方从这些数据中获得有效信息。考虑到数据作为生产要素的具体特征,数据交换使基于聚合数据的结构化使用成为可能。此外,由于它们聚合自许多不同代理的数据,因此它们提供了算法产生价值所需的数据量。数据合作社通常由基金会、私人公司或用户自发社群进行管理和运营。它们对用户自愿共享的数据进行结构化处理、汇总分析和匿名化,让第三方公司在这些数据上运行算法,以收取费用,从而产生价值。反过来,第三方公司为了获得数据的使用权,要么支付费用给数据提供者,要么为数据合作社参与者提供更好的服务以免除费用。诸如 OPAL 和 X-Road 之类的数据合作社借助区块链技术实现透明的社区治理结构,有助于促进数据提供方放心地共享数据。数据交换的最终目标是基于所有组织都可以平等访问聚合数据,实现透明、高效和持续的数据交换并从中实现价值。

虽然对如何建立数据交换的建议可能彼此不同,但它们都有某些共同的特征。第一,它们直接或间接地假设数据是不可替代的,因此有必要对数据进行定制分析。第二,它们假设平台的用户和公司的客户有权拥有它们生成的数据的数字副本,并且该副本可以由第三方(交易所)托管。

目前,OPAL(Open Algorithms,开放算法)①计划实现数据交易和交换的标准。OPAL 定义了三个过程,以实现在不侵犯个人数据隐私的情况下分析和使用数据:首先,算法进入数据所在的环境。通过这样做,数据始终安全地保存在其原始存储库中。对此存储库的访问由存储库所有者控制。其次,仅返回聚合答案或"安全答案"。运行的算法是公开的,以便专家可以研究和审查它们是否"安全"。最后,数据始终处于加密状态。技术进步允许将数据始终保持在加密状态,即使算法执行过程中,也不会对数据解密,从而整个计算过程不会看到原始数据。

数据交换带来重要的经济影响。首先,社会将拥有新的开源数据源,并将其用于商业应用和研究。组织将能够利用它们尚未产生的数据来为自己生成相关的见解。数据超越了产生数据的平台边界,并为其他商业应用和研究应用(例如银行、公司、医院、大学、政府)提供具有价值的数据流。这意味着数据将走出当前存储的数据孤岛,成为可以在经济中自由流动并产生价值的要素。其次,掌握大量数据信息的商业金融部门可以转变其业务战略,并通过将自身纳入数据交换将这些数据货币化。最后,加速创新。所有行业特别是数字化行业中的现有企业将不得不面对新的挑战和新的竞争对手。经济数字化以前,初创企业和小规模企业即使拥有较好的商业创意、较充分的资金和较强的人力团队,可能也很难与老牌行业巨头竞争,因为其缺乏实际从业经验所形成的大量数据,并阻碍其与现有企业竞争。但随着数据交换的实施,这些初创企业和小规模企业可以获得与现有企业相同的数据生产要素,从而开展商业应用研究并可能从创新中获得成功。Jetzek 等

---

① 一项非营利性社会技术创新项目,由来自麻省理工学院媒体实验室、伦敦帝国理工学院、奥兰治大学、世界经济论坛和 Data-Pop Alliance 的合作伙伴于 2017 年创立,旨在构建一个安全利用私人组织大数据要素的框架。OPAL 的目标是以不侵犯个人数据隐私的方式提供广泛的数据供分析。此类交换的标准是 OPAL4 计划。

(2012)认为,开放数据会通过信息共享机制和市场机制产生可持续的价值,信息共享有利于提升信息透明度和决策质量,同时开放的数据在市场上也可以成为商品和服务的重要组成部分,为社会创造价值。

目前运营中的数据合作社有 DSpark、Data Republic、Ocean Protocol、Dawex 和 Enigma 等。以 Ocean Protocol 为例,它收集来自个人、各类组织的数据,甚至收集其他数据合作社的数据,提供给第三方公司使用并因此获利,同时它还支付给数据提供方费用。例如,从汽车制造商那里收集的驾驶数据可用于帮助改进自动驾驶汽车软件的设计;从人力资源部门收集的有关员工对工作场所满意度的数据,可用于帮助设计更好的福利计划和职业发展计划。由总部位于新加坡的非营利基金会管理的 Ocean Protocol 已经与罗氏和联合利华等公司合作。Data Republic 使用类似的手段来收集和共享数据价值,目前澳大利亚、新西兰、美国和新加坡的银行、航空公司和政府都在使用它的数据。

从这个意义上来讲,当数据从数据中介走向数据合作的模式,以 OPAL 方式来实现数据价值时,数据成为真正的生产要素,并对经济发展尤其是企业创新带来前所未有的影响。我们在现实中已经可以看到,现代经济中,创新企业可以在很短的时间创立并成功,达到现有企业的规模甚至实现超越,这在大规模线下生产线的传统工业组织架构中是很难见到的现象,也正是数据要素进入生产实践有别于传统生产要素的重要结果。可以说传统生产要素需要同技术进步相结合以推动生产力的革命性发展,而数据要素本身就是技术进步,并进一步推动了创新和生产力发展。

第三节 数字比较优势

一、数字比较优势的概念

与数据要素紧密相连的概念是数据要素比较优势。比较优势概念和分析框架始于李嘉图(1817)。当一国在生产某类产品(行业)的机会成本低于外国时,可以认为该国在该类产品(行业)生产上具备比较优势。比较优势的来源包括要素禀赋、要素的生产率,同时也包括规模经济。经过后续研究的系列发展,比较优势概念仍然是解释当今国际贸易现象的主要基础理论。根据比较优势理论,一国会专业化生产与出口该国具备比较优势即相对生产成本较低的产品,进口该国不具备比较优势即相对生产成本较高的产品。赫克歇尔-俄林模型(1933)根据各国的要素禀赋差异对比较优势理论进行了拓展并提出了系统的两个国家、两种生产要素、两种产品贸易模型,推导出了传统比较优势分析框架下的系列重要定理。在不存在要素密集度逆转等前提下,劳动丰裕经济体将密集生产并出口劳动密集型产品,资本(技术)丰裕经济体将密集生产并出口资本(技术)密集型产品。在自由贸易情况下,最终各国的商品价格趋同并导致各国相同要素的报酬趋同。

当把李嘉图模型或者赫尔歇尔-俄林模型的各项理论假设前提条件放松，引入贸易成本、规模经济、产品的不同生产阶段和中间品、跨国公司存在和要素跨国流动时，比较优势仍然是非常重要的贸易基础之一，在不同经济实践中因各种因素交织作用，最终决定了世界经济中各国的生产模式和贸易模式。在这样的生产模式和贸易模式中，国际贸易的形式始终是货物在一个国家生产，通过陆路或海路运输到另一个国家。国际贸易的货物无论是由一国的本土企业生产，还是由跨国公司在该国的子公司生产，货物都是从生产地即出口国被运往进口国即消费国。换言之，从另一个角度来考虑，国际贸易是企业、行业和国家寻求产品的成本最低生产点的过程，同时也是各国、行业和企业充分利用自身要素禀赋或者技术优势以把某项产品生产成本降至最低的过程。

经过关税及贸易总协定和世界贸易组织半个多世纪的努力，全球贸易成本大幅度下降。世界贸易随贸易成本下降、全球经济增长和发展中经济体不断发展，已经成为全球GDP 增长的重要引擎。而在国际贸易日新月异的发展进程中，比较优势始终在对国际贸易现象和国际贸易流量的解释中居于重要地位，是国际经济学领域解释国际贸易的根本性基础。

数字贸易作为近年来随着信息技术发展而发展的领域，虽然其概念仍然在不同的学者研究和国际组织界定中存在分歧，但普遍认为，数字化经济会对各国比较优势带来深远的改变。因此，伴随着信息技术和互联网技术的发展，数据要素的形成方式、数据要素与数字比较优势二者的关系以及数字贸易背景下的比较优势格局的变化成为研究领域的起点问题。一个非常自然的问题是：数字贸易能否采用传统比较优势框架来进行解释？研究者对此存在不同看法。

部分研究者认为，数字化的技术发展仅仅属于促进贸易成本变化或者技术变化的因素之一，并不能改变比较优势本身。当前的国际贸易和比较优势仍然需要用各国的要素禀赋、规模经济和技术能力等因素来解释。换言之，当国际贸易形式没有发生本质改变时，出口国相对于进口国的比较优势仍然没有改变。而数字化的服务流动和信息流动是一种特殊的交易，甚至与比较优势无关，因此并不能用传统比较优势来解释。[①] 但是我们认为，数据要素仍然可以用传统比较优势来解释，并且数据要素本身可以影响比较优势的形成和比较优势格局。

第一，数字化和信息技术的改变虽然是技术进步的一部分，却给经济发展和国际贸易带来实质性的改变。对市场经济中的人类经济活动进行追溯可以发现，熟能生巧而带来劳动生产率的进步在生产实践活动中总会发生，但工业革命中的技术进步和劳动分工却彻底改变了生产方式和组织模式。与此类似，互联网信息技术的发展已经对经济实践中的生产与组织方式带来革新性变化，今后可能还会起到更为重要的作用。因此，数字化不仅带来交易成本的降低，而且会更多带来经济和贸易模式的改变，并且成为生产要素的一部分。从这个角度来评估数字化带给经济的作用更为全面和准确。

---

① Alan V.Deardorff, "Comparative Advantage in Digital Trade," University of Michigan, Discussion Paper No. 664.

第二,数据一旦成为生产要素的一部分,就会成为决定比较优势的重要影响因素。前两节均已分析,数据同土地、劳动力、资本和技术一起,成为新经济的生产要素。数据带来的信息技术的改变不仅仅是交易成本的一部分,也不能只把数据归结为技术。例如,人脸识别技术、汽车自动驾驶技术、人工智能技术依赖于大量消费者和城市交通的数据集,这样的数据集或者技术发展的基础,不等同于技术本身。而显然,数据构成了技术发展的前提,正如农业文明的发展依赖于土地的丰裕。

第三,数字技术产业化和传统产业数字化正在成为数字化经济的重要组成部分。以数据生成、采集、存储、加工、分析、服务为主的大数据产业正在各国形成。根据联合国贸发会议的统计,美国和中国分别作为发达经济体和新兴发展中经济体已经在大数据产业方面取得了重要的发展成绩。以大数据产业为基础,无论是商品生产,还是国际贸易中的产品贸易、服务贸易,都可能因为数据和数据产业而受益。具备丰裕数据要素、数据产业相对规模较大的国家将形成数字比较优势,而数据要素相对稀缺、数据产业相对落后的国家将不具备数字比较优势。数字比较优势也能相应地解释数字货物贸易和数字服务贸易。

在界定数据要素的基础上可以界定数字比较优势。当一国在某行业数据要素的形成上具备相对成本优势,或者利用数据要素进行该行业生产时具备相对成本优势,可以认为该国在该行业具备数字比较优势。与传统比较优势的来源类似,数字比较优势的产生可以来自要素禀赋,也可以来自规模经济。

要素禀赋不同会导致数据要素比较优势的产生。例如,人口相对多的国家本身就提供了关于人类生物特征、消费偏好、生活习惯等大量数据,从而使得基于人类个体特征的数据的获取相对成本较低,外部网络效应较大,从而使利于该类数据进行生产和服务的行业产生数字比较优势。相应地,地理因素、气候环境因素、当前产业聚集状况等既定要素禀赋的分布差异导致了各国、各行业数字比较优势的差异。

同样,规模经济也导致数字比较优势的产生。在初始要素禀赋类似的国家,会因为产业分布的差异导致在不同行业的数据要素和数据要素利用上产生规模经济的差异,并因此形成基于规模经济的数字比较优势。规模经济产生的数字比较优势与要素禀赋导致的数字比较优势相互联系,又有区别。规模经济产生的数字比较优势来自产业发展之后。例如,一国某城市的道路复杂、居民众多,这可以因要素禀赋构成在相应交通信息产业的数字比较优势,但是当某公司以该城市数据进行训练自动驾驶研究后,基于该城市交通情况的自动驾驶测试数据及校对随着其发展过程和累计规模增大,会形成自动驾驶行业的数字比较优势。如果不展开该产业的研究和发展,那么即使是居民众多、路况复杂的地区,也无法形成自动驾驶行业的数字比较优势。表 2-5 为联合国贸发会议总结的数字经济构成及影响。从表中可以发现,企业、消费、跨国公司或跨国数字平台和政府共同成为数字经济的构成要素,并会进一步影响劳动生产率、增长和贸易。

表 2-5 经济数字化的影响

数字经济构成	对经济参与者的影响				对整体经济的影响
	个人(用户/消费者/雇员)	中小企业	跨国企业/数字平台	政府	
数字部门	ICT 基础设施带来新工作岗位 电信和 ICT 领域带来新就业机会	经济包容性和溢出 云服务提供商竞争加剧	投资机会	吸引投资 税收收入	增长、生产率和附加值提高 创造就业机会 技术投资和技术传播 复杂的贸易影响
数字经济	数字服务领域新工作岗位 新形式的数字工作岗位	数字生态系统的新机遇 来自外国数字公司的竞争加剧	数据驱动的商业模式 基于平台的商业模式 共享经济的新机遇	经济活动增加带来更多税收 产品数字化可能负面影响海关收入	更高的增长、投资、生产力和附加值 就业机会的创造/损失 数字公司的区域聚集 复杂的贸易影响 市场集中度影响
数字化经济	各行业的 ICT 新岗位 对新技能的需求 服务效率提升 数字化失业或转型 工作条件恶化风险 消费者选择空间增多及消费便利性提升 消费价格下降	平台支持的市场准入 交易成本降低 竞争加剧风险 自动化带来的机会流失 服务提供中的新角色 数字化企业的新商机	数据驱动模式出现 生产率和质量提升 数据货币化的机会 数字平台的竞争优势 市场控制力提升 引领不同行业的数字化	电子政务提升服务效率 海关自动化带来收入增加 对税收收入的影响不明确 实现数字驱动的可持续发展目标机会	价值链效率提升和增长 生产率提高 创新影响 挤出效应 中低技能工作被替代 不平等加剧 复杂的贸易影响 结构性影响

资料来源:UNCATD,Digital Economy Report 2019,有改编。

当然,数字要素比较优势与传统比较优势也存在一定的差异。与传统自然资源可以以较低成本进行利用和加工不同,对于数据要素的采集和利用对初始数字基础设施的要求较高,因此造成各国在数字比较优势上的差异可能更大,较不发达经济体在数字基础设施不具备的情况下,可能不具备任何数字比较优势。同时,基于规模经济的数字比较优势可能更容易受到产业政策的干预与影响,这也是各国政府纷纷对数字技术相关产业进行国家层面干预与支持的重要原因。

二、发达经济体的数字比较优势概况

前文分析了当数据作为生产要素时，数据产业和数据技术发展能形成并影响一国的比较优势格局。在当前世界大数据产业发展过程中，以美国为代表的发达经济体在数据产业方面积累了大量的经验，可以说具备数字比较优势，其比较优势体现在信息与通信技术（ICT）行业发展以及电子商务发展和数字交易平台发展等各个具体方面。

图 2-3 为全球信息与通信技术行业增加值总额前十经济体。从图中可以发现，美国和中国（发展中经济体）在全球 ICT 行业发展中处于领先地位，同时进入前十位经济体的发展中经济体还有印度、中国台湾地区，其他均为发达经济体。除了中国和印度以外，发展中经济体 ICT 行业发展仍处于较为落后的水平。

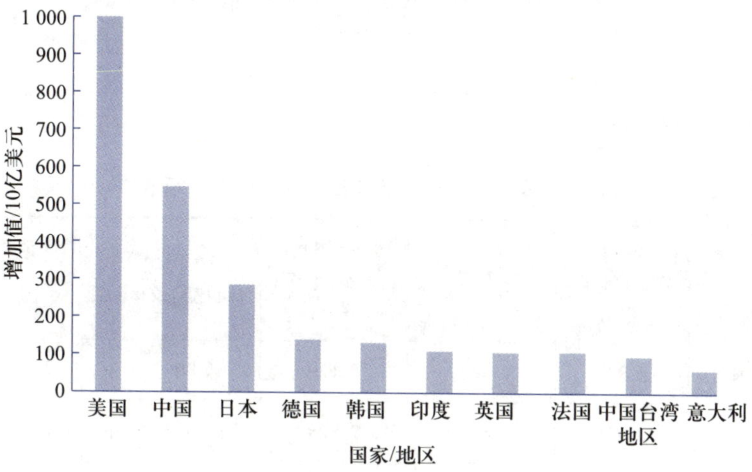

图 2-3 全球 ICT 行业增加值前十位经济体

资料来源：UNCTAD，Digital Economy Report 2019.

信息与通信技术所带来的创新活动对发达经济体的劳动生产率增长起到了重要的推动作用，也进一步加强了发达经济体的数字经济比较优势。以美国情况为例，近年来，虽然美国高科技直接投入仅占总投入的 5%左右，但其对美国劳动生产率增长的贡献超过 1/3。美国劳动生产率增长在 20 世纪 70 年代初放缓，并在整个 90 年代中期保持相对较低的水平，但在 1996—2006 年迎来了复苏，这在很大程度上归因于信息与通信技术所带来的创新活动。1996 年 7 月，美国国家科学技术委员会发布的《利国技术》报告就提出“到 20 世纪末，信息将成为经济系统中最重要的商品”，并在 90 年代实现投资信息与通信技术总额占全球 40%。这一数据足以说明美国生产率的飙升和信息与通信技术投资的增加有关。Oliner 等人（2007）通过增长核算发现，ICT 是劳动生产率复苏的关键因素。Jorgenson 等人（2004）分析得出结论：“2000 年的经济增长的很大一部分可以追溯到生产信息技术或最密集使用 IT 设备和软件的经济部门。”图 2-4 中简明回顾了美国劳动生产率的发展，从中可以发现 20 世纪

90 年代中期以来其劳动生产率出现了快速上升。

同时,发达经济体的服务业和电子商务发展始终在经济结构中居于重要地位。电子商务发展情况也同样说明了这一点。2017 年,美国的电子商务销售总额占其 GDP 份额达到 46%,日本、韩国超过 50%,前十位经济体电商销售总额占全世界电商销售总额的 67%,如表 2-6 所示。

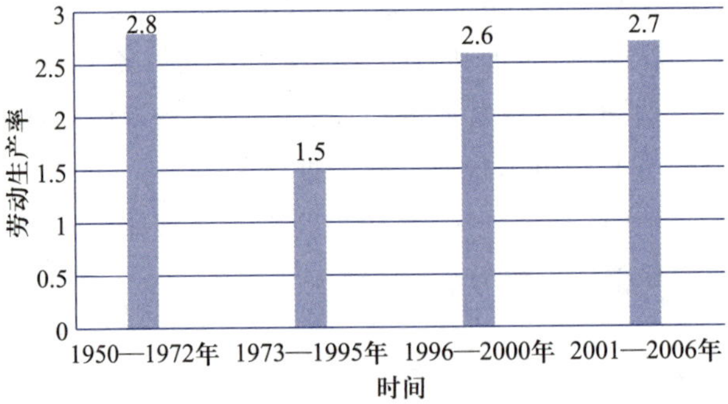

图 2-4 美国劳动生产率的年均变化

资料来源:美国劳工统计局(BLS)。

表 2-6 2017 年电子商务销售额排名前十位经济体

排名	国家	电商销售总额/十亿美元	电商占 GDP 比重/%	B2B 销售总额/十亿美元	B2B 占电商比重/%	B2C 销售总额/十亿美元	人均电商支出/美元
1	美国	8 883	46	8 129	90	753	3 851
2	日本	2 975	61	2 828	95	147	3 248
3	中国	1 931	16	869	49	1 062	2 574
4	德国	1 503	41	1 414	92	88	1 668
5	韩国	1 290	84	1 220	95	69	2 983
6	英国	755	29	548	74	206	4 658
7	法国	734	28	642	87	92	2 577
8	加拿大	512	31	452	90	60	3 130
9	印度	400	15	369	91	31	1 130
10	意大利	333	17	310	93	23	1 493
以上合计		19 316	36	16 782	87	2 533	2 904
世界		29 367		25 516		3 851	

资料来源:UNCTAD,Digital Economy Report 2019.

电商的发展离不开电商平台或数字交易平台。表 2-7 为全球十大电商网站的基本情况。其中美国亚马逊(Amazon)、易趣(eBay)等电商平台是电子商品行业的开拓者,迄今也是很有影响力的平台,亚马逊更是多个国家在线购物的首选平台。阿里巴巴(Alibaba)和京东(JD)则是中国消费者非常欢迎的网购平台,其影响力也已经拓展至海外。同时,金融数字化的发展也与互联网订购交易的发展相互促进,成为数字化订购与交易的重要推力,反过来又影响到消费与生活的各个方面,促进了金融数字化的进一步发展。

表 2-7 全球十大跨境电商

排名	公司简称	英文简称	总部所在地
1	沃尔玛	Walmart	美国
2	亚马逊	Amazon	美国
3	家得宝	Home Depot	美国
4	阿里巴巴	Alibaba	中国
5	京东	JD	中国
6	塔吉特	Target	美国
7	百思买	Bestbuy	美国
8	酷澎	Coupang	韩国
9	欧图	Otto	德国
10	乐天	Rakuten	日本

资料来源:上海社会科学院、渣打银行等,《2023 跨境电子商务发展报告》,2023 年 11 月。

三、发展中经济体的数字经济发展概况

在当前世界经济和贸易体系中,发展中经济体的发展仍然非常不平衡,且未能充分从国际经济体系中受益。其中信息化作为重要的技术进步,虽然在其经济发展中起到了重要的作用,但仅有中国、印度等发展中经济体的 ICT 行业和数字经济取得了较快的发展。

数字基础设施是数据要素和数字比较优势的关键。从发展中经济体互联网的经济发展程度来看,数据基础设施发展程度迥异,造成数据要素和数字经济的发展与发达经济体存在“数字鸿沟”。最不发达国家使用互联网的人口占比仅 20%,而且下载速度较慢,上网资费较高。同时,上网目的也存在差异。例如,在发达经济体每 10 个互联网用户中就有 8 个在网上购物,使得数字技术与生产、消费密切联系,成为经济发展的重要环节。而在许多最不发达国家,网上购物的比例不到 1/10。此外,在国家内部,农村与城市之间在网络使用上同样存在明显的鸿沟。在最不发达国家,网络使用者的性别鸿沟也很大。表 2-8 介绍了不同类型经济体中的个体参与互联网活动的比例。

表 2-8 不同类型经济体中的个体参与互联网活动的比例

互联网活动	发达经济体	转型经济体	发展中经济体		
			非洲	亚洲	拉丁美洲
网上银行	62.3	14.9	9.8	34.8	11.6
发送或接收电子邮件	84.9	44.8	46.6	59.7	52.4
拨打电话(通过互联网/互联网语音协议)	56.9	71.0	47.6	63.2	73.4
阅读或下载在线报纸或杂志	76.4	41.5	38.6	46.0	30.3
获取商品服务的信息	83.9	50.9	30.6	68.0	51.8
从一般政府组织获取信息	55.1	11.1	17.6	20.9	23.2
与一般政府组织互动	54.5	5.7	12.1	25.6	10.7
购买或订购商品或服务	53.9	18.2	14.6	29.1	13.1
寻求健康信息	62.4	37.5	24.3	47.1	41.1
通过网站预约保健医生	16.4	3.9	4.0	7.6	3.1
参与社交网络	70.4	70.7	86.3	87.2	79.0
在聊天或社交网站上访问或发表意见	13.9	11.6	45.1	26.5	26.0
销售商品或服务	16.8	7.0	3.5	6.4	9.3
使用与旅行和住宿相关的服务	55.0	5.7	7.5	25.2	28.4
参加在线课程	8.1	4.5	17.5	15.9	28.5
咨询维基百科或在线百科网站	23.8	14.6	17.2	13.2	31.4
收听网络广播	61.2	17.0	13.3	20.9	11.2
观看网络电视	41.1	8.8	30.2	33.1	18.1
传输或下载影音文件	57.4	52.9	64.2	66.4	50.8
下载软件或应用程序	19.0	5.5	62.8	41.0	20.7
寻找工作或发送/提交工作申请	17.4	9.8	14.3	19.9	16.6
参与专业网络	21.0	3.6	5.9	6.4	0.7
将自己/用户创建的内容上传到网站	38.8	33.4	12.7	21.3	35.6
参与在线咨询或投票	9.8	3.5	5.5	8.1	N/A
使用互联网上的存储空间来保存文档	38.7	15.0	17.5	20.8	21.7
使用通过互联网运行的软件来编辑文档	28.0	4.3	6.1	11.7	4.0

注:数据根据 ITU World Telecommunication/ICT Indicators database 测算。
资料来源:UNCTAD, Digital Economy Report 2021.

相对落后的互联网基础设施和数字经济的较低参与度使得发展中经济体的数字经济发展总体处于较低水平,甚至不一定从数字经济的发展中受益。数字经济除了对商品和服务方式的颠覆性转变外,还会对全球生产网络和价值链产生重要的影响。

如果把全球生产链简单地分为上游环节、中间制造组装环节和下游服务于消费者环节,数字经济会使得全球价值链向两头转移,而不利于中间制造组装环节,并最终实现上游环节和下游环节生产和服务的增加值提升,降低中间环节增加值。发展中国家往往利用其廉价劳动力优势吸引全球价值链中间制造组装环节,因此会处于相对不利地位(见图 2-5)。

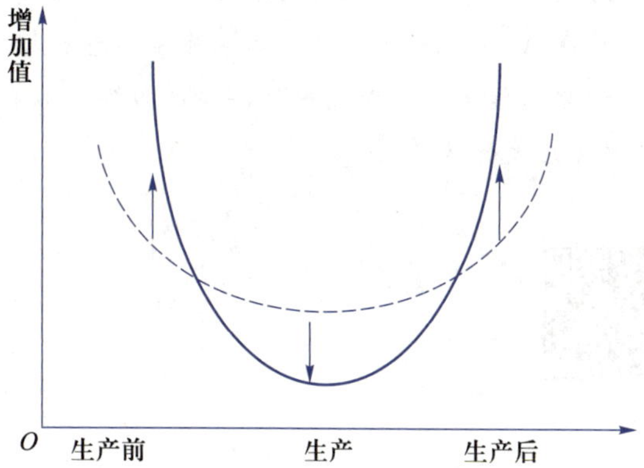

图 2-5 数字经济中的微笑曲线

资料来源:UNCTAD,Digital Economy Report 2019.

本章小结

数据是数字经济和数字贸易发展的基础。数据指通过硬件及软件收集、存储和处理的,并通过通信系统传送到各地的全部信息。数字化由信息的数字化表示、数字计算机设备、通用数字网络共同构成。

数据作为要素具备显著不同于传统生产要素的特征。① 数据是无形的,具有非竞争性和有限排他性。② 数据具备鲜明的外部性特征。③ 数据属于不可替代或替代性较低的要素。④ 数据的生产和增长速度较快。⑤ 数据随时间变化。⑥ 数据信息交易存在较大的障碍并存在“数据隐私悖论”。

由于数据的特殊性质,数据目前并未形成传统生产要素市场或者商品市场。数字交易平台和社交平台等数字信息平台是主要的数据信息集散地,也以某种形式构建了比较特殊的数据市场,即数据中介。为了解决数据市场中隐私或市场无效问题,数据交换或数据合作是当前经济出现的新交易方式。

数据要素仍然可以用传统比较优势来解释,并且数据要素本身可以影响数字比较优势的形成和比较优势格局。发达经济体目前处于数字基础设施和数字经济发展的领先位置,发展中经济体的数字经济发展仍然较为落后。

关键术语

数据　数字化　数据要素　数字交易平台　数据中介　数据市场
数据隐私悖论　数据合作　数字经济　数字比较优势

思考题

1. 如何看待数字经济的发展历程？是否应该把计算机普及和互联网使用看作数字经济发展的起点？

2. 从经济意义上看，数据具备什么特征？数据作为生产要素与传统生产要素存在什么区别？

3. 数据分享和使用中存在什么难题？这会带来什么影响？

4. OPAL 如何使用数据？你认为该构想未来是否会在全世界推广？

5. 发达经济体和发展中经济体的数字比较优势有何差异？是否存在“数字后发优势”？

即测即评

第三章 数字货物贸易

货物贸易指实物商品所发生的贸易,数字货物贸易则指采用数字化手段订购或交付的货物贸易。在当前实践中,数字货物贸易则仅指数字化订购情形下的货物贸易。数字货物贸易既有普通货物贸易的一般特征,也具备一定的特殊性。本章对数字货物贸易的内涵、本质、测度和发展情况进行介绍和分析。

第一节 数字货物贸易的概念与特征

一、数字货物贸易的概念与类型

对数字货物贸易详细探讨之前有必要先回顾货物和货物贸易的概念。货物通常指实物商品,货物贸易也相应指实物商品的国际贸易活动。根据联合国对国民收支账户(SNA)中各项统计概念的定义,货物是指"具有实物形态并存在需求的生产性物品,其所有权可确立并可通过市场交易从一个所有者转移至另一个所有者"。联合国《国际货物贸易统计手册》沿袭了这一定义,同时对货物的内涵进行了适当扩张,即货物还包括"以实物形式存储的知识性产品"。各国及其他国际组织对货物贸易的定义基本与联合国的定义保持一致。而数字货物贸易则属于货物贸易中的一种范畴,即采用数字化手段订购或交付的货物贸易。换言之,数字货物贸易可以理解为订购或交易方式数字化的货物贸易。同时需要注意到,在当前货物贸易实践情形下,数字货物贸易实际上仅指数字化订购,即通过计算机网络采用专门为接收或下订单而设计的方法进行订购和交易的货物贸易。一旦交易标的本身以数字化方式进行提供,那么在实践中实际上只能纳入数字化服务贸易进行统计。值得注意的是,数字化这一定义涵盖通过 Web、外联网或通过电子数据交换(EDI)订购的服务,并不包括通过电话、传真,甚至不包括传统一对一方式(例如电子邮件)发出的订单。

根据上述定义,OECD、WTO 和 IMF(2020)归纳了数字货物贸易的七种类型,如表 3-1 所示。从贸易方式上看,所有的数字货物贸易均满足数字化订购同时全部不以数字化形式交付,因此七种类型之间的区别有两点。第一,是否由数字在线平台(Digital Intermediation Platforms,DIP)进行订购支持①;第二,贸易双方的类型是企业还是消费者。

根据定义和表 3-1 中所述的七种数字货物贸易类型,各国和国际组织也在试图界定并统计数字化货物贸易的交易情况。但在实践中对此进行测度和统计存在一定的难度。对于数字交易平台的交易较为直接和简明,但对于非交易平台产生的数字货物贸易,海关等监管统计部门往往较难直接确认所交付货物是否属于数字化订购和交易,因而很难将其同传统货物贸易进行区分。

表 3-1 数字货物贸易类型

数字贸易方式			贸易双方关系	贸易内容	贸易案例
数字化订购	数字交易平台	数字化交付			
是	否	否	B2B	A 国企业直接从 B 国供应商处购买产品	某企业通过 EDI 购买生产组件
是	否	否	B2C	A 国消费者直接从 B 国某供应商处购买最终消费品	消费者通过公司网站订购一件衣服
是	是	否	B2B	A 国企业通过位于 A 国、B 国或第三国的数字交易平台从 B 国供应商处购买产品	企业通过 eBay 订购另一家公司销售的办公家具
是	是	否	B2B	A 国企业通过位于 B 国的数字交易平台从 A 国某供应商处购买产品	企业通过非本国数字交易平台 DIP 订购本国企业生产的计算机*
是	是	否	B2C	A 国消费者通过位于 A 国、B 国或第三国的数字交易平台从 B 国某供应商处购买最终消费品	消费者通过亚马逊购买一本书
是	是	否	C2C	A 国消费者通过位于 A 国、B 国或第三国的数字交易平台从 B 国某消费者处购买最终消费品	消费者通过 eBay 购买二手物品
是	是	否	C2C	A 国消费者通过位于 B 国的数字交易平台从 A 国消费者处购买最终消费品	消费者通过非本国数字交易平台 DIP 购买本国消费者的二手 iPhone*

注:* 表示此时仅数字平台向供应商或销售者提供的中介服务计入数字贸易。

资料来源:OECD,WTO,IMF. Handbook on Measuring Digital Trade,2020.

① 本书第六章对数字交易平台进行详细分析。

二、数字货物贸易的特征

由上述定义可以看出，数字货物贸易首先具备货物贸易的普遍属性，又区别于一般货物贸易的特殊属性。货物贸易在属性和交易成本方面具备的重要特征，数字货物贸易也同样具备。第一，货物涉及的实物商品具备实体形式，可以方便消费者在购买商品之前就商品进行实际观察，明确商品的用途、质量和属性，最终确定是否就商品进行交易。第二，货物贸易便于储存和运输，其生产和使用可以是不同的时间和空间，方便其所有权进行转移。而也正因为货物贸易的有形性特点和所有权转移环节的明确特征，海关对货物贸易得以很好地进行统计和监管，便于政府和学者了解货物贸易状况，为政策制定和理论研究提供了详尽的数据基础。第三，货物在消费上具备竞争性和排他性特征，使得货物一旦被消费者购买，消费者对其有明确的所有权，而对其他消费者同时享用该商品的可能性进行了排除。因此，市场机制在货物贸易交易中成本较低，而货物贸易也成为人类社会经济活动实践中历史最为悠久的一种贸易方式，在当今也是各国经济往来中最重要的一种贸易方式。这是货物贸易区别于服务贸易或者技术贸易的重要特征。

货物贸易所具备的标的有形性、运输便利性、统计便捷性，数字货物贸易也都同时具备，因为数字货物贸易的最终交付标的仍然是传统货物标的。因此，数字货物贸易的交付产品也同样具有具体和有形的产品特征，易于进行交付、储存和运输（包括跨境运输），同时在交付环境容易明确所有权的转移，从一国或地区的国境或关境进入另一国或地区的国境或关境时也十分便于官方或相关统计机构进行统计。

同时，数字货物贸易又特指采用数字化手段进行订购或者交付。这个定义有两个层面的内涵：第一，强调订购交付交易环节的数字化。货物贸易发展到高度专业化、高度成熟化、高度全球化的今天，生产环节和消费环节可以高度分离，因此如何达成交易是贸易得以发生的关键，也是经济统计的关键。因此，数字化的订购和交付，包括利用数字交易平台寻求交易方、利用数字化手段完成支付、利用数字化方式或者平台完成或者确认所有权的转移。第二，需要区别于生产制造过程中的数字化。数字货物贸易成为货物贸易中一个重要而相对独立的概念，它必须区别于一般性的货物贸易。在计算机及互联网技术发展至渗透进制造行业的今天，一种产品的生产和制造过程从最初设想、具体构思、设计制造、进行实验到量产制造等各环节均可能采用以现代化计算机、移动通信和互联网为基础的工作平台和工厂环境，因此在这些环节中涉及的数字化手段或者数字化设备使用，主要表现为数字技术问题，因而不属于我们的讨论范畴。

第二节　数字技术对数字货物贸易发展的影响

虽然数字货物贸易在实际统计中较难进行明确的界定，在各国和国际组织的定义中也存在差异，甚至部分早期对数字贸易的研究并不包括数字货物贸易而主要指数字服务贸易,但各项研究和国际组织也都形成共识,即数字技术发展和经济数字化极大地改变了货物生产、订购和交付的各个环节,因此也极大地推动了数字货物贸易的发展。数字技术对数字货物贸易的推动可以大致归结为间接效应和直接效应两种机制。这里首先分析间接效应。

一、数字技术推动数字货物贸易的间接效应

数字技术推动数字货物贸易的间接效应是指随着数字技术广泛应用,货物从设计、生产到运输和仓储的各个非直接交易环节都因数字技术的发展受到推动,最终扩大了数字货物贸易的规模。虽然相较于容易通过信息与通信技术(ICT)实现储存和传输的服务贸易和技术贸易,货物贸易因其发源于制造业的实体性质,难以直接演变为数字产品,但数字技术以间接方式推动了货物贸易的发展。具体有以下三种推动效应。

第一,数字技术发展整体提升了制造业劳动生产率和创新活动,从而有力推动了产品创新、产品生产和产品交易。这个推动机制又具体包括以下几方面:① 信息与通信技术(ICT)等数字技术的快速发展,使得产品制造业广泛使用的通信类基础设施成本、计算机使用成本、数字化生产线成本以及互联网沟通成本等都大幅度降低,因此带来上述成本占制造业总成本的比重大幅下降,并因此提升了制造业生产和一国经济的总劳动生产率。② 数字技术本身作为高科技的重要组成部分,有效促进了新产品与新设计的出现,使得产品生产过程不断创新,3D 打印、机器人、机器视觉化生产等创新活动进入新一轮高潮,甚至创新的方式都在被改变,从而有力推动了制造业的创新与发展。③ 数字化还使生产企业通过在管理技术、商业模式、工作流程和人力资源实践方面实现数字化,快速推动了企业无形资本的积累和品牌创新,这也为企业进一步提升其商誉和增强产品竞争力提供了重要的推动力。在管理、服务和品牌上的无形资产投资规模和最终带来的影响往往超过计算机通信等直接投资的规模,从而实际上产生了一个乘数作用。据 Brynjolfsson 等(2002)估计,数字化的无形资产投入在美国公司资产中的规模已经超过 1 万亿美元。上述数字技术发展带来的推动作用不局限于某个制造业,而最终对制造业和国家整体经济作出重要贡献。

第二,数字技术能有效推动消费者通过互联网了解产品的特性、质量,降低了远距离运输和跨境运输所带给货物贸易的信息不对称程度,即使该种货物交易并没有直接通过数字化手段进行订购与交付。直觉上对该渠道也很容易理解。即使货物贸易具备交易的便捷性、消费的排他性和竞争性,但很多远距离交易和使用性能也仍然无法做到所见即所得,因此信息不对称和柠檬市场对货物贸易仍然带来一定的影响。但互联网技术和数字化经济的发展极大降低了产品交易中的信息壁垒,消费者可以利用互联网、自媒体、视频平台分享产品信息和使用心得,从而降低货物贸易的交易成本,推动货物贸易的发展。①

---

① 这里的互联网平台是非直接交易平台,例如 Facebook、TikTok、微博、微信朋友圈与小红书等。

该促进作用无论在境内数字货物贸易还是在跨境数字贸易中都存在。

第三,数字技术能提升运输、仓储和交易的便捷性,可以通过降低交易成本促进数字货物贸易的发展。各方面研究指出,数字技术可降低货物贸易成本,优化跨境贸易方式,从而使货物贸易的运输、仓储和交易等各方面的成本降低。例如,在运输方面,数字技术带来的车载 GPS 导航系统在节约运输成本方面发挥了重要作用。在仓储方面,人工智能(AI)算法和机器人技术通过优化存储和分销网络进一步降低了库存成本。在物流方面,智慧物流配送中心的设立,促进跨境物流提速,平衡了物流成本和仓储费用。在路线方面,大数据优化跨境路线,科学分解路段,将物流运输线路与人力资源进行精准匹配,进一步降低了企业的物流运输支出。此外,数字化海关程序优化了质检环节,简化海关手续,进一步降低了货物贸易的通关成本,数字技术实现了跨国贸易间的标准互认,解决了贸易壁垒带来的货物查验缓慢问题。这些都使得数字时代的货物贸易更加便捷高效,也间接促进了数字货物贸易的发展。以中国互联网电商京东为例,因为数字化订购平台的竞争,京东的货物物流体系的响应速度和物流质量不仅领先于国内同行,也引领全球。

二、数字技术推动数字货物贸易的直接效应

数字技术推动数字货物贸易的直接效应是指数字技术通过直接推动货物贸易的订购与交付而推动了数字货物贸易的发展。根据其概念也可容易将直接效应归结为促进货物贸易订购和促进货物贸易的数字化交易两个具体影响机制。

首先是促进货物贸易订购。货物贸易的交易特别是跨境贸易交易的交易成本是不容忽视的重要影响因素,而经济实践发展中为了降低货物贸易成本的创新方式不断推陈出新。而交易订购平台是其中最重要的一种手段。最早的现代博览会是由英国于 1851 年举办的万国工业博览会。1851 年 5 月 1 日至 10 月 11 日,英国在伦敦海德公园举办了一场以世界工业科技为主题的博览会,这也是现代工业文明以来的第一场世界工业展览会。虽然该博览会促进了多大规模的货物交易并没有很确切的统计,但无疑成为各国促进商品生产和贸易的重要手段,并延续至今。创办于 1957 年 4 月 25 日的中国进出口商品交易会(The China Import and Export Fair,简称广交会)则对中国制成品出口迅速发展起到了重要的推动作用。每年春、秋两季在广州举办的广交会由商务部和广东省人民政府联合主办,中国对外贸易中心承办,是中国历史最长、层次最高、规模最大、商品种类最全、到会采购商最多且分布国别地区最广、成交效果最好的综合性国际贸易盛会,被誉为“中国第一展”。截至 2025 年 6 月,广交会已举办 137 届。2018 年 11 月 4 日,中国国际进口博览会(China International Import Expo,简称进博会)是全世界第一个以进口为主题的国家级展会,由商务部和上海市人民政府主办,中国国际进口博览局、国家会展中心(上海)承办。在当前贸易保护主义抬头,各国新重商主义政策开始增加的背景下,其对推动世界自由贸易、维护世界多边贸易规则、增强全世界经济和贸易发展信心起到了重要作用。

在数字技术和数字经济的推动下，数字化的互联网信息技术平台则以更低的成本、更广的参与者、更快的沟通响应等优点迅速崛起，直接推动了数字货物贸易的发展，并在交易金额规模上大幅度超越了传统博览会和进出口交易博览会。从本质上，互联网订购包括企业与企业之间的网络订购（以 B2B 为主），也包括企业向消费者进行销售（以 B2C 为主），但个体消费者更熟知的是后者，其交易金额规模和影响力相较前者也更大。

电商平台的发展也促使跨境数字货物贸易蓬勃发展。当企业利用跨境电商平台将商品销售到海外市场时就形成了数字化交易的国际货物贸易。一些国家的电商巨头也纷纷开展了跨境电商业务。随着互联网和物流行业不断发展，跨境电商规模不断扩大。例如，中国阿里巴巴旗下的跨境电商平台“阿里巴巴国际站”和“天猫国际”，以及京东旗下的“JD 全球购”，都在海外市场取得了一定的市场份额。

其次是促进货物贸易的数字化交易。数字货物贸易仍然属于传统货物贸易的形式，除了少数可以电子化的知识文化产品内容（例如书籍、唱片等）可以进行数字化并以数据流进行传播（这时从范畴上会进入到另一类数字贸易分类，即数据和信息本身的交易）以外，绝大多数并不能将货物数字化，变成数据在互联网传播。但是数字化交易仍然在数字技术的推动下发展。首先就是对于货物贸易中所有权转移环节的数字化服务。注意这里并不是数字技术进步使得运输和仓储等更为便利和先进，而是同数字化订购和支付密不可分的交易确认等环节采用数字化进行。所有权转移的确认就区别于前文所提到的间接效应。例如淘宝网实行的支付宝预付、消费者网络确认收货等系统，是直接以消费者在网络平台“确认收货”完成法律意义的所有权转移。此时的货物贸易则归属于数字货物贸易。当然，目前在交付环节实行数字化辅助确认一般同数字化订购与支付联系在一起，作为数字化订购的后续流程不可分割。数字化辅助交付和数字化订购交易紧密结合在一起，实际上使消费者的订购和商品的转移跨越了时空，因此也推动了后期交易在消费者权益保护方面取得历史性进步。例如，国家工商总局（现国家市场监督管理总局）颁布《网络交易管理办法》（自 2014 年 3 月 15 日起施行），其规定网购商品 7 天内可无理由退货，这为中国消费者的购物体验和权益保护作出了重要指导。

最后，在互联网信息技术等数字化手段和新材料技术发展的共同推动下，工业 4.0 将制造业推到了新的发展阶段。3D 打印的出现使数字货物贸易的数字化交付成为可能。3D 打印属于工业领域的新突破，是一种以数字模型文件为基础，运用粉末状金属或塑料等可黏合材料，通过逐层打印的方式来制造物体的技术。3D 打印通常是采用数字技术材料打印机来实现的。常在模具制造、工业设计等领域被用于制造模型，后逐渐用于一些产品的直接制造，已经有使用这种技术打印而成的零部件。该技术在珠宝、鞋类、工业设计、建筑、工程和施工（AEC）、汽车，航空航天、牙科和医疗产业、教育、地理信息系统、土木工程以及其他领域都有应用。2019 年 1 月 14 日，美国加州大学圣迭戈分校首次利用快速 3D 打印技术，制造出模仿中枢神经系统结构的脊髓支架，成功帮助大鼠恢复了运动功能。2020 年 5 月 5 日，中国首飞成功的长征五号 B 运载火箭上，搭载着 3D 打印机。这是中国首次太空 3D 打印实验，也是国际上第一次在太空中开展连续纤维增强复合材料的 3D 打印实验。在3D打印的情况下,虽然货物最终仍然是传统货物的实体形态,但它最终没有经过实体货物的运输、仓储和传统跨境交付,而是通过A国端的线上指令实现B国端的产品,以数字化交付的形式完成了产品的生产和消费。数字化交付以数字化制造为前提。随着技术进步,3D打印的应用空间会越来越广阔,也成为数字货物贸易的重要形式。

当然,需要注意的是,从数字化交付过程来定义数字货物贸易会遇到一定的界定难题。例如数字化交付的书籍、音乐实际上可以归结为数据信息本身的贸易;数字化3D打印既可以被看作"3D打印服务"的数字服务贸易,也可以视其为"3D打印数据技术"的数据贸易。正如导论中所指出的,数字贸易的概念、界定和统计随着数字贸易实践领域日新月异的发展而改变,因此在准确甄别和界定上存在一定的难度。我们仍然将同实体形态紧密相连的3D打印归结为数字货物贸易;将数字化的产品(例如数字音乐)、重要数据信息(例如消费者信息、消费者偏好等特征)、以数字化形式存储的技术诀窍转移归结为数据信息贸易;将归属于世界贸易组织《服务贸易总协定》中所界定的数字化的咨询与服务,包括工程、教育、金融等各领域的数字化服务界定为数字服务贸易。

第三节　数字货物贸易的发展

一、世界数字货物贸易发展概况

对世界数字货物贸易的统计仍然是一个难题。联合国贸易和发展会议(2019)对2017年世界数字货物贸易出口(B2C)进行了一个统计,前十大数字货物贸易经济体分别为美国、中国、英国、日本、德国、法国、加拿大、意大利、韩国和荷兰。其中仅有中国属于发展中经济体。前十大经济体数字货物贸易(B2C)之和占到了世界总额的65.8%(见表3-2)。

表3-2　跨境货物贸易销售额估计:2017年前十大数字货物贸易经济体

排名	经济体	跨境B2C销售/十亿美元	占商品出口的份额/%	占B2C销售的份额/%
1	美国	102	6.6	13.5
2	中国	79	3.5	7.5
3	英国	31	7	15
4	日本	18	2.6	12.2
5	德国	15	1	17.1
6	法国	10	1.8	10.6
7	加拿大	8	1.8	12.7
8	意大利	4	0.7	16.2

续表

排名	经济体	跨境 B2C 销售/十亿美元	占商品出口的份额/%	占 B2C 销售的份额/%
9	韩国	3	0.5	3.8
10	荷兰	1	0.2	5
前十总计		271	3	10.7
世界		412	2.3	10.7

注:跨境销售的统计口径为 B2C。
资料来源:UNCTAD,Digital Economy Report 2019.

二、发达经济体数字货物贸易发展

发达经济体作为数字经济发展的前沿经济体,其数字货物贸易也随着互联网和 ICT 的发展而不断推进。从其间接渠道来看,数字经济推动了制造业的科研专业化和研发效率提升;促进了全球生产网络向数字化转变并改变了直接投资活动、外包活动和全球价值链;企业的生产与组织运行模式也因为数字化决策发生了深刻改变,从而间接地推进了制造业发展和数字货物贸易发展。从其直接渠道看,数字经济时代推动了发达经济体跨国公司的全球生产网络与贸易网络形成,并通过数字交易平台的发展推动了其数字货物贸易发展。

第一,数字经济时代推动了发达经济体制造业的科研专业化和研发活动效率提升。基于内生增长模型考虑全球经济中的研发活动和知识创造问题。在已有的以国际贸易为主要特征的内生增长模型中,企业的研发成本往往很高,发达经济体为研发活动的重要活动地区,同时存在着影响这些成本变化的外部因素。最终企业沿着水平多元化、种类多样化和质量提升的路径进行主动研发活动,AI、机器人、大型计算中心、云计算等先进技术不断发展,从而促进经济中的技术水平提升和经济增长。南方国家可能对北方国家的技术进行模仿,但模仿的成功概率和对均衡的影响是不确定的。其中比较重要的一个性质是研发活动和知识生产具有外部规模经济特征的性质,数字经济则能给研发和创新活动带来“爆炸式增长”,进一步增强发达经济体在研发创新活动上的比较优势。美国硅谷的经验表明,人工智能的发展最终会集中在某几个地区,知识创造的外部性、地理聚集带来的行业外部规模经济、需求方的“本土市场效应”(Homemarket Effects)以及上下游的联系和科研工作者的汇集与交流最终促成了硅谷成为互联网技术进步的世界中心。

大量实证研究也表明,发达经济体制造行业和企业因为数字化技术的推动而获得了技术或者劳动生产率提升。数字化可以优化制造业生产过程,提高技术的使用效率,加快制造业技术变革和货物贸易的智能化发展。Stiroh(2002)发现,更多使用 ICT 的行业往往更有效率。这种相关性也存在于个别公司的层面。到 20 世纪 90 年代初,开始发现公司层面的分析证据,表明计算机对公司的生产力水平有实质性的影响。Brynjolfsson 和 Hitt(2000)利用 1988—1992 年 300 多家大型企业的数据,估计了 ICT 库存对企业劳动生产率的影响,图 3-1 直观表明了这一关系。相对于行业平均水平的 ICT 存量越多,生产率也相对行业水平越高,实证结果也支持了这一结论。事实上,获取输入数据的能力,无论是通过数字化还是非数字化途径,都可能是提高生产规模的一个重要因素。此外,Brynjolfsson 和 Hitt(2000)表明使用更多 ICT 的公司往往比其同行业竞争对手拥有更高的生产率水平和更快的生产率增长。Bloom 等(2007)发现,美国企业善于开展使 ICT 价值最大化的管理实践。

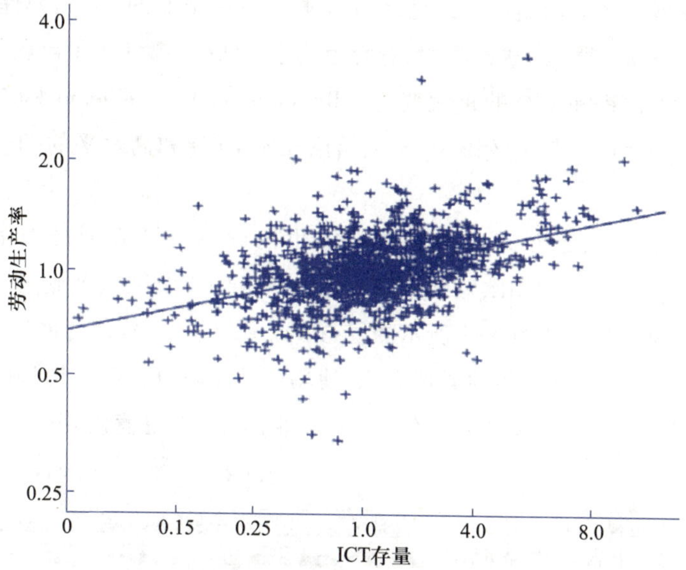

图 3-1 美国大公司劳动生产率与 ICT 存量(1988—1992 年)

注:生产率和 ICT 存量是相对于行业均值测度的。

资料来源:Erik Brynjolfsson, Lorin M. Hitt, "Beyond Computation: Information Technology, Organizational Transformation and Business Performance," The Journal of Economic Perspectives, vol.14, no.4, 2000, pp.23-48.

第二,数字经济时代推动发达经济体的全球生产网络进一步发展为数字化全球生产网络。而数字化全球价值网络对跨国公司直接投资、外包活动都产生了重要影响,也深刻塑造了全球生产价值链和国际数字货物贸易。数字化和 ICT 的变革通过降低信息沟通成本、增加共享数字信息等各种渠道对于全球价值链整合、跨国公司的内部化活动起到了促进作用。数字技术的发展促成了"模块化生产网络"的形成和发展。模块化生产网络是以产品的可模块化为前提,通过编码化信息的交流与传递,并利用契约,将生产和组装模块的企业连接起来,形成开放式网络生产体系。[1] 模块化生产网络的重要案例即外包活动,其在南北贸易和国际经济学中也已得到大量研究。但越来越多的研究表明,数字技术的发展是改变公司生产决策结构并带来模块化生产网络的关键。模块化生产网络依赖于企业间的规范化联系和一站式供应商中的通用制造能力,因此对数字技术应用有较高的要求。它首先出现在以苹果(Apple)为代表的电子制造业行业。但随着互联网技术的发

① 柯颖:《模块化生产网络:一种新产业组织形态研究》,北京:经济科学出版社,2009.

展，其他许多行业也在发生类似的变化，如服装和鞋类、玩具、数据处理、海上石油钻井、家居和照明、半导体制造、食品加工、汽车零部件、酿造、企业网络和制药生产。在全球化背景下，模块化生产网络成为各国产业转型和比较优势演进的重要部分。

第三，数字驱动决策改变了企业的生产与组织运行模式，进一步推动发达经济体的企业劳动生产率创新。数字驱动决策（Data Drived Decision-making，DDD）是指公司跟踪并使用数据来指导公司生产和管理决策。数字驱动决策是信息技术的产物，而在实践中也促进了企业的发展。企业的组织管理体系可以被认为是企业的“信息处理器”，但是随着计算机计算能力越来越强大，数据收集、存储和分析的成本都发生了巨大变化，从而导致企业组织中一系列过程和系统的重大变化。Brynjolfsson E、Mcelheran K（2016）研究数据驱动决策在美国的使用及其绩效影响，研究结论表明 DDD 和高水平的 IT 资本、熟练劳动力的使用相互促进。

第四，从企业来看，近年来的数字化技术也的确提升了企业的线上销售的比例。González 和 Ferencz（2018）利用欧盟统计局欧盟内企业间以及欧盟企业向世界其他地区进行电子销售的份额绘制出如图 3-2 所示的柱形图。图 3-2 中数值为欧盟 28 国各部门平均值的百分比。2011 与 2015 年的数据表明，使用电子工具进行跨境销售的公司数量几乎在所有行业都在增长。在诸如“机动车”等制造业部门，欧盟境内跨境销售的公司数量

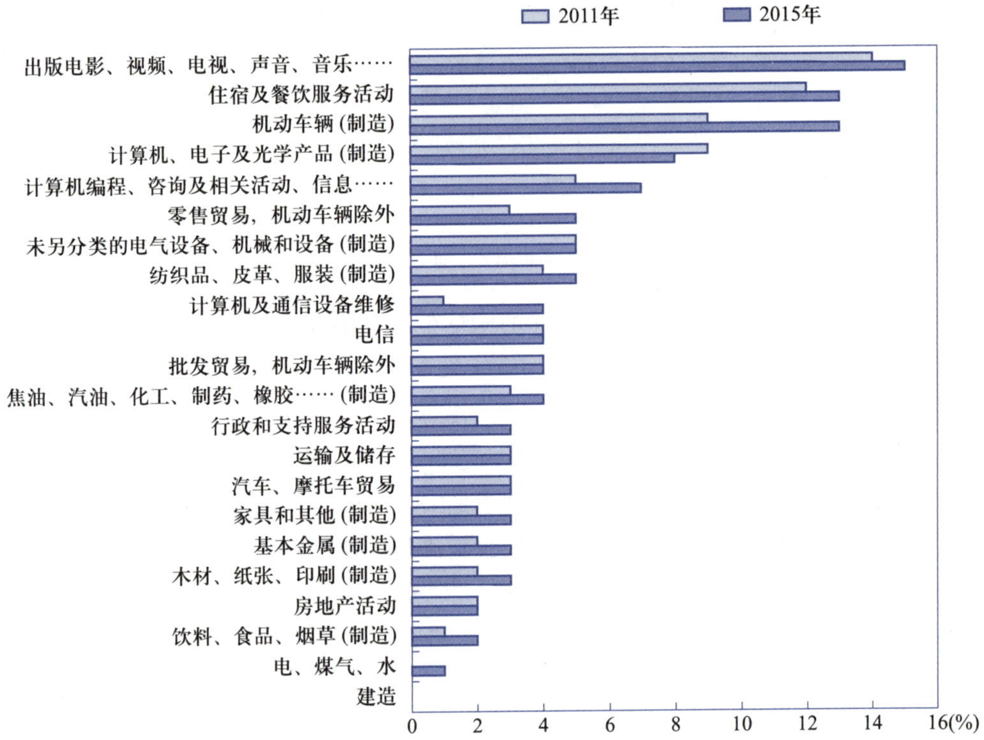

图 3-2 跨境电子销售企业占各部门企业的百分比（2011 年与 2015 年）

资料来源：González J L，Ferencz J，“Digital Trade and Market Openness，”OECD Trade Policy Papers 217，OECD Publishing，2018.

从 2011 年的 9%增长到 2015 年的 13%。这一时期唯一出现下滑的行业是计算机、电子及光学产品(制造)。就服务部门而言,高增长部门往往同时属于可能实现数字交付的部门,如视听内容提供商或计算机编程。这些数据显示了欧盟企业从事跨境在线销售的倾向,但也为了解其他各国和全世界经济中的数字货物贸易情况提供了一个可供参考的窗口。随着未来可供分析的数据增加,对于数字货物贸易的了解和研究也将逐渐丰富与完整。

本章小结

货物通常指有形实物商品,货物贸易也相应指实物商品的国际贸易。货物贸易所具备的标的有形性、运输便利性、统计便捷性,数字货物贸易也都同时具备。数字货物贸易的最终交付标的仍然是传统货物标的。数字货物贸易指订购或交易方式数字化的货物贸易。在当前货物贸易实践情形下,数字货物贸易实际上仅指数字化订购,具体包括七种类型,区别在于是否由数字在线平台进行订购支持,以及贸易双方的类型是企业还是消费者。

数字技术对数字货物贸易的推动可以大致归结为间接效应和直接效应两种机制。间接效应主要包括劳动生产率提升、通过信息改善并影响需求、通过信息技术改善运输仓储便捷性。直接效应主要包括促进货物贸易订购和促进货物贸易交易。

对国际数字货物贸易进行准确统计存在较大难度。根据目前统计,美国、中国、英国等国属于数字货物贸易发展大国。

关键术语

货物贸易　数字货物贸易　数字交易平台　数字化订购　数字化交付

思考题

1. 数字化对货物贸易产生了什么影响?是否改变了货物贸易的传统交易方式?

2. 在货物生产阶段采用计算机互联网技术是否计入数字货物贸易?为什么?

3. 人工智能(AI)会彻底改变当前国际货物贸易的方式和格局吗?如何看待 AI 对货物贸易产生的影响?

4. 简述当前世界数字货物贸易发展概况。

即测即评

第四章

数字服务贸易

服务因其便于被数字化储存、传输和交付的特征，使得服务贸易数字化比货物贸易数字化获得了更为迅猛的发展，对传统服务贸易的供应方式也带来了重要的影响。本章将对数字服务贸易的概念与内涵进行界定，并对世界数字服务贸易的发展概况进行介绍。

第一节　数字服务贸易的概念与特征

一、数字服务贸易的概念与类型

（一）数字服务贸易的概念

数字服务贸易属于服务贸易的一种。服务较难进行具体明确的定义。根据《国际服务贸易统计手册》，服务包括各种与有形商品相区别的无形产品和活动，是指“不能脱离生产活动单独进行交易，而是定制的一种异质性产出，一般是由生产者按照消费者的需要所进行的某种与生产相联系的活动，当生产完成时，服务也已经提供给消费者”。服务活动的实例有批发、零售、修理、餐饮、运输、邮电、电信、金融、保险、房地产租赁、计算机软件服务、销售和其他商业支持，还包括政府、教育、保健、社会卫生、音像、娱乐、文化以及个人和家政等各种活动。上述服务在生产者和消费者之间的转移即为服务贸易。

与数字货物贸易的定义类似，数字服务贸易是指以数字化手段订购或交付的服务贸易。上述贸易活动可以在一国国境内发生，也可以跨境产生。跨境产生的数字化服务贸易即为数字服务贸易或者跨境数字服务贸易。其与普通服务贸易的区别在于销售或购买通过专门数字化方式来进行。数字化订购同数字货物贸易一致，需要利用专门为此目的设计的计算机网络或平台进行订购交易。实体货物产品本身不能被数字化，但很多服务可以被数字化。因此有必要对服务贸易的数字化交付进行进一步明确。数字化交付的服务贸易是利用专门为此目的设计的计算机网络，以电子格式远程传送的国际服务交易。

（二）数字服务贸易的类型

由于服务贸易的范畴比较广泛，涉及多种不同的商业和消费活动，因此，数字服务贸易的类型也比较多。《服务贸易总协定》(GATS)界定了四种国际服务的供应模式,即跨境供应(Cross-border Supply)、境外消费(Consumption Abroad)、商业存在(Commercial Presence)、自然人流动(Presence of a Natural Person)。跨境供应指服务贸易涉及出口国向进口国消费者的跨境销售服务,例如一个中国人通过网络从瑞士保险公司购买一份保险。境外消费涉及另一国国民在出口国的消费服务,例如一名中国游客在法国理发。商业存在指外国服务提供商在服务进口国建立分支机构并提供服务,例如外国银行或律师事务所在中国境内开设分支机构。自然人流动指外国居民到服务进口国提供服务,例如外国建筑设计师到中国提供建筑设计咨询服务。当上述四种模式在订购或交付环节以数字化方式产生,则相应成为数字服务贸易的具体类型。

数字化跨境供应和数字化境外消费非常容易理解。传统服务供应或者需要通过传统的运输方式实际交付信息,或者需要购买者或提供者旅行到当地。但是随着信息和通信技术(ICT)的发展,企业和消费者可以越来越多地使用互联网购买服务。例如中国消费者通过亚马逊网站(Amazon)跨境购买美国出版的 Kindle 电子书,这是典型的数字化跨境供应。同样,传统模式下中国游客前往法国旅游的实体消费才会产生境外消费,但是在互联网模式下,一个中国公民可以在数字世界中通过互联网报名参加法国虚拟提供的建筑参观与讲解,甚至参加某旅游风俗地组织的虚拟特色烹饪课程,从而产生数字化境外消费。[①] 在数字化国际货物贸易的情形中,由于货物作为实体产品的不可数字化,实际上数字货物贸易仅属于货物贸易的一部分。但是在服务贸易提供方式下,跨境供应和境外消费两种类型则不再局限于传统服务贸易的形式或者仅属于传统服务贸易的一部分,而是在数字化的情形下对服务贸易的活动形式、空间范围进行了拓展。可以想象一位从不参加实际出境旅游的消费者完全可以通过数字旅游参观各国博物馆。通过互联网,出国旅游和消费的能力已经从人口中相对较小的比例(拥有护照和金融手段),扩大到每一个拥有互联网接入的公民。消费者访问国外网站购买商品和服务就像他们亲自出国旅行一样(Azmeh、Foster 和 Echavarri,2020)。虽然大多数商品仍然必须通过实物交付,但有许多服务可以在网上以相对较小的成本完成即时交付,并且范围不局限在国内,已涉及全球范围。因此,数字服务贸易最主要的特征就是依赖于 ICT 与离岸提供,即通过 ICT 网络远程交付。

对于商业存在模式而言,数字化则属于对传统服务贸易的数字化,也能在一定程度上拓展传统服务贸易。对于商业存在情形,一旦商业存在提供的是数字化服务产品,例如一国在他国境内设立数据相关的基础设施(如数据中心、互联网交换点(IXP)、互联网服务器),那么数据基础设施及其安装和维护活动则构成数字化的商业存在(Marel,2020)。证明了数据中心和安全互联网服务器的普及程度构成了数据相关服务出口国相对优势的外生和独立来源。

对于自然人流动而言,跨境数字服务贸易也可以在数字化的技术发展支持下,对传统

① 这种模式从数字化内容上也可以看作跨境供应,但因其主要活动归结为旅游,因此仍属于数字化境外消费。

自然人流动进行极大的拓展。Head 等(2009)指出未来服务贸易的一个发展趋势是“离岸服务”,指一家公司可以用居住在外国的工人的服务(离岸)直接取代国内工人的服务。外国工人可以通过通信技术在线访问国内生产商的工厂来提供服务,以取代其过境来提供服务。

根据上述定义,OECD、WTO 和 IMF(2020)归纳了数字服务贸易的具体类型。由于数字服务贸易既可以数字化订购,也可以数字化交付,同时可以通过企业网站订购或者通过数字交易平台订购,因此数字服务贸易所涉及的类型比数字货物贸易更为复杂,具体包括如表 4-1 所示的十三种类型。

表 4-1　数字服务贸易类型

数字贸易方式			贸易双方关系	贸易内容	贸易案例
数字化订购	数字平台	数字化交付			
是	否	否	B2B	A 国企业直接向 B 国供应商在线购买线下交付服务	企业通过公司网站购买运输服务
是	否	否	B2C	A 国消费者直接从 B 国某供应商在线购买线下交付服务	消费者通过酒店网站订购酒店住宿服务
是	是	否	B2B	A 国企业通过位于 A 国、B 国或第三国的数字交易平台从 B 国供应商在线购买线下交付服务	企业通过网站订购标准化维修服务
是	是	否	B2C	A 国消费者通过位于 A 国、B 国或第三国的数字交易平台从 B 国某供应商处购买线下交付服务	游客通过 Uber 购买交通服务
是	是	否	C2C	A 国消费者通过位于 A 国、B 国或第三国的数字交易平台从 B 国消费者处购买线下交付服务	消费者通过 Airbnb 购买民宿住宿服务
是	是	否	C2C	A 国消费者通过位于 B 国的数字交易平台向本国某消费者购买线下交付服务	消费者通过 Uber 购买本国居民提供的交通服务*
是	否	是	B2B	A 国企业直接向 B 国供应商在线购买数字化交付服务	企业购买标准化计算机服务
是	否	是	B2C	A 国消费者直接从 B 国某供应商在线购买数字化交付服务	消费者通过网站订购人寿保险服务
是	是	是	B2B	A 国企业通过位于 A 国、B 国或第三国的数字交易平台从 B 国供应商在线购买数字化交付服务	企业通过图形设计网站平台购买 Logo 设计服务

续表

数字贸易方式			贸易双方关系	贸易内容	贸易案例
数字化订购	数字平台	数字化交付			
是	是	是	B2C	A 国消费者通过位于 A 国、B 国或第三国的数字交易平台从 B 国供应商在线购买数字化交付服务	消费者通过网站平台购买数字音乐服务
是	是	是	C2C	A 国消费者通过位于 A 国、B 国或第三国的数字交易平台从 B 国某供应商购买数字化交付服务	消费者通过 Ravelry 平台网站向另一消费者订购针织设计
否	否	是	B2B	A 国企业直接向 B 国供应商线下购买数字化交付服务	企业购买定制咨询服务或者业务流程外包
否	否	是	B2C	A 国消费者直接从 B 国某供应商线下购买数字化交付服务	留学生线下直接购买在线讲座教育服务

注：* 表示此时仅数字交易平台向供应商或销售者提供的中介服务计入国际数字服务贸易。
资料来源：OECD, WTO, IMF. Handbook on Measuring Digital Trade, 2020.

从更一般的服务贸易内容来看，数字服务贸易则包括如表 4-2 所示内容。第一是数字化保险和养老服务。保险公司越来越多地转向数字网络进行通信和交付产品。数字化订购与交付在保险行业中的重要性日益增加。第二是数字化金融服务。国际银行业务日益数字化，从普通金融业务看，无论客户是访问信息、管理账户、支付账单还是转移资金，越来越多地在专门的网络平台进行。而投资活动（例如在股市或共同基金中跨境进行投资或买卖股票）对网络订购和交易的依赖程度也越来越高。第三是数字化知识产权服务，包括专利、商标、版权、工业流程和设计以及特许权。数字通信的进步使得跨境共享原理图和设计变得更加容易。第四是数字化电信、计算机、信息服务。数字化电信、计算机、信息服务类别可以说是各项服务贸易类别中最数字化的。电话、视频会议、电子邮件和语音邮件本身是以数字化进行传输的活动。因此，这一类别的跨境服务贸易基本上都可归结为数字化国际服务贸易。第五是数字化其他商业服务。这是数字服务贸易的最大类别，包括大量的服务种类。其中一些服务种类，如法律服务或建筑服务等其他行业可能大量使用数字资源。法律服务、咨询报告以及建筑或工程设计可以轻松地数字化，并通过互联网传输给世界各地的客户。广告服务也随着数字化技术的发展而改变形式，实际上已经进入了数字化的时代：更多消费者是通过互联网平台而不是传统报纸或者电视来阅读广告。第六是数字化旅游服务，虚拟现实等技术也使得新型数字化旅游不断发展，通过网络和三维可视化技术等手段为无法到现场的消费者提供了旅游服务。Nicholson J R（2016）认为，数字服务贸易的具体类型中除了运输、文物保护、废品处理等极其特殊的项目不能以数字化方式进行，其他几乎所有服务贸易类型均可以采取数字化的方式进行。

表 4-2 国际数字服务贸易的内容

数字化服务贸易类型	具体内容
数字化保险和养老服务	数字化人寿保险、养老保险、再保险等
数字化金融服务	国际汇兑、国际资产与投资管理
数字化知识产权服务	
数字化电信、计算机、信息服务	
数字化其他商业服务	研究和发展服务，专业和管理咨询服务，建筑、工程、科学和其他技术服务，视听及有关服务，教育服务
数字化旅游服务	虚拟旅游

二、数字服务贸易的特征

理解数字服务贸易的概念包括几个方面。首先需要注意到该概念同时包括订购和交付。服务不同于一般有形商品贸易，一般情形下传统服务的生产环节同消费环节不可分离，但是在数字化的界定情形中，服务本身的部分内容可以被数字化，并脱离于服务购买方而存在。同时，服务的订购和交付环节可以分离并在不同环节采取数字化手段。例如网上银行服务和移动通信服务是以数字方式交付给家庭的，但是这些数字化服务在提供之前可能是在分支机构内通过传统订购方式进行非数字化订购的，比如通过签署传统印刷文本合同，如果只考虑将数字化订购的服务纳入定义，这些交易则会被排除。

同样，部分传统服务内容可能是通过数字化方式订购的，但是仍然是以传统方式进行服务的，这样的情形也应该被归属为数字服务贸易。例如在网络旅游平台订购酒店、租车和旅游服务，在交易生效后到实体店进行服务消费。从某种意义上，越来越多的数字服务贸易属于这个类型。

其次，需要区分订购或交付的数字化与上游生产环节的数字化。即数字服务贸易必须是数字化订购或者交易，或者通过专门的数字化平台进行交易。与前文分析数字货物贸易类似，服务贸易的生产与消费过程中可能涉及一些互联网通信和计算机技术的使用，但除非专门的数字化交易或交付，则不应该被计入数字服务贸易。很多数字化跨境服务虽然在提供服务这一具体环节（例如租车）仍然同传统方式一样，但显然数字化订购平台实质性地对该领域服务进行了革新，那么也应该计入数字服务贸易。

经济合作与发展组织（OECD）和国际货币基金组织（IMF）对 70 多个国家进行了数字服务贸易的订购和交付环节的调查。被调查者多数认为，当一项贸易交易通过离线订购流程完成，但后续订单是通过数字化订购系统完成时，则仅有后续订单应被视为电子商务或数字贸易(80%同意);数字化订购的商品和服务贸易不应包括使用数字签名的线下交易(86%同意);商品和服务的数字化订购贸易应涵盖 App 在线购买(100%同意);数字化订购的商品和服务贸易应包括通过在线投标平台进行的交易(95%同意)。

三、数字服务贸易发展的影响因素

数字服务贸易的模式多种多样,在不同供应模式下都随着数字技术快速发展而快速发展,数字化已经广泛地应用到服务贸易各个领域,数字服务贸易在服务贸易中占比也快速提高。从影响因素上分析,国际数字服务贸易的推动力相较于国际数字货物贸易更为直接,因此其发展规模更大且发展速度更快。

一是数字技术带来服务供应模式的重大转变。数字化交付是服务贸易区别于货物贸易的最重要特征。新的数据网络、数字工具和平台使服务提供商能够转变服务供应模式,并以更低的成本进行信息搜索,从而将其客户群扩展到国界之外,这是经济数字带给国际贸易的共同转变。但是对于服务贸易而言,可以通过数字化交付(DDS)或可通过信息和通信技术(ICT)网络交付的内容非常广泛,包括 ICT 服务本身、销售和营销服务、保险和金融服务、专业服务、后台服务、研究与发展(R&D)、教育和培训服务等(联合国贸发会议,2015b)。因此,以万维网中的公司网站为链接,或以亚马逊、阿里巴巴和 eBay 等各种在线市场平台为中间平台,各种规模的服务提供商都可以接触全球的潜在客户和供应商,并完成服务交付。

服务供应数字化的显著影响是使服务供应的构成发生了重要变化(见表 4-3)。根据《服务贸易总协定》(GATS),服务供应包括四种模式,即跨境供应、境外消费、商业存在和自然人流动。在数字化以前,商业存在一直是服务供应的主导模式,在 2005—2017 年占国际商业服务贸易的近 60%(Wettstein 等,2019)。然而,近年来供应模式数字化极大地推动了模式 1 即跨境供应的发展和相应占比。

表 4-3 数字化与服务贸易供应模式改变

数字技术和工具(除了 ICT)	案例	供应模式转换
数字(电子商务)平台:电子商务平台、数据处理工具、区块链、虚拟助手	亚马逊、阿里巴巴、Booking、Airbnb 客户服务虚拟助理,人工智能在汽车行业的融合	从模式 3 到模式 1
视频编码和流媒体: 视频会议、在线教育、市场资讯	大规模开放在线课程(MOOC) 在线农业推广和市场信息服务	从模式 4/模式 2 到模式 1
人工智能、机器人:远程医疗	医疗服务中的人工智能机器人	从模式 2/模式 4 到模式 1

首先，数字平台可以使跨境营销和交易比以前更有效率和成本效益，导致模式1（跨境供应）服务的流量显著增加。数字平台可能简化消费者的住宿搜索和预订流程，这可能鼓励更多的海外消费。此外，数字化减少了提供某些服务对实体存在的需求。过去由消费国的子公司提供的服务可以通过在线平台或数字工具从服务提供者所在国家跨境提供。这一趋势可能反映在近年来全球外国直接投资的下降趋势中。其次，视频编码和流媒体技术可能鼓励特定服务从物理交付转向数字交付。这可能导致模式4（自然人流动）服务或模式2（境外消费）服务向模式1（跨境供应）服务的转变。例如，视频会议服务可用性的提高减少了专家或专业人士前往消费者所在地直接向消费者提供模式4服务的需要。视频会议服务现在被广泛用于商务会议、教育培训和其他社交目的。对视频会议需求的急剧增长导致一些提供此类服务的公司蓬勃发展。最后，人工智能、机器人技术和第五代（5G）技术的进步对医疗服务产生了重大影响。例如，机器人手术可以减少对医疗旅游（境外消费）或跨境外科医生（自然人流动）的需求。

二是需求方面的影响。虽然供应模式改变是数字服务贸易快速发展的主导因素，但数字技术允许消费者以更低的成本获得更多种类和选择的服务，也带来了需求端的改变。它还提供便利以及定制个性化服务。线上服务减少了中间成本，消费者可以更快地获得服务从而进一步受益。

三是产业发展的影响。生产价值链中的生产者服务数字化可以提升制造业部门和农业部门的劳动生产率，从而促进技术进步和劳动生产率提升，最终带来经济增长。这会进一步使得经济结构在长期内偏向服务业发展，并进一步促进数字服务贸易的发展。

第二节 数字服务贸易发展概况

一、服务贸易总体发展概况

在数字服务贸易的各项影响因素推动下，数字服务贸易的发展较为迅速，近年来发展规模和发展速度超过传统线下服务贸易的发展（见图4-1）。根据世界贸易组织（WTO）与联合国贸易和发展会议（UNCTAD）的统计，世界服务贸易出口构成近年来发生了较大的变化。在1985年，运输服务和旅游服务是服务贸易的主要部分，随着时间的推移，运输、旅游和金融服务的份额下降，而电子、通信和其他服务的份额迅速上升。服务贸易增长构成已转向以电子、通信相关的数字服务贸易为主。

2014年以来，与货物贸易出口和线下普通服务出口相比，数字化交付服务的出口更具增长趋势。而在受新冠病毒影响而导致交通、运输等传统服务贸易和货物贸易大幅度下滑的情形下，数字服务贸易出口更具稳定性（见图4-2）。

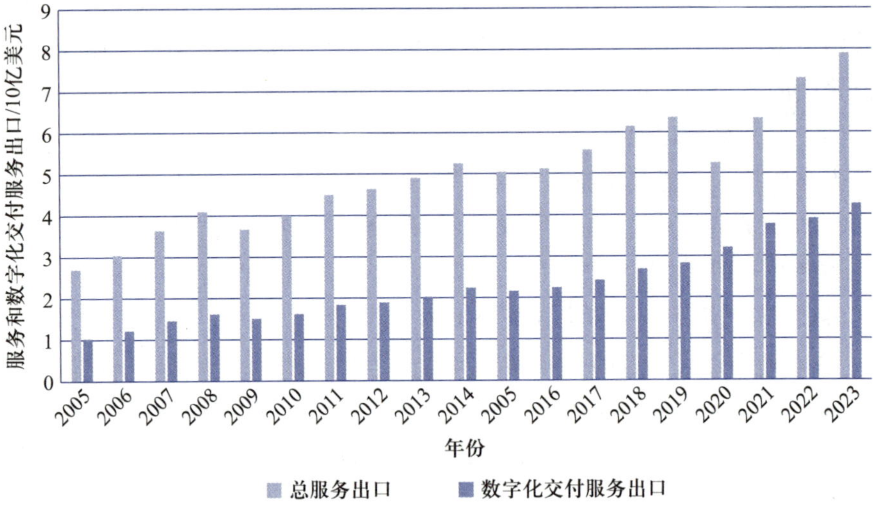

图 4-1 2005—2023 年世界服务和数字化交付服务出口

数据来源:根据世界贸易组织(WTO)各年度统计整理。

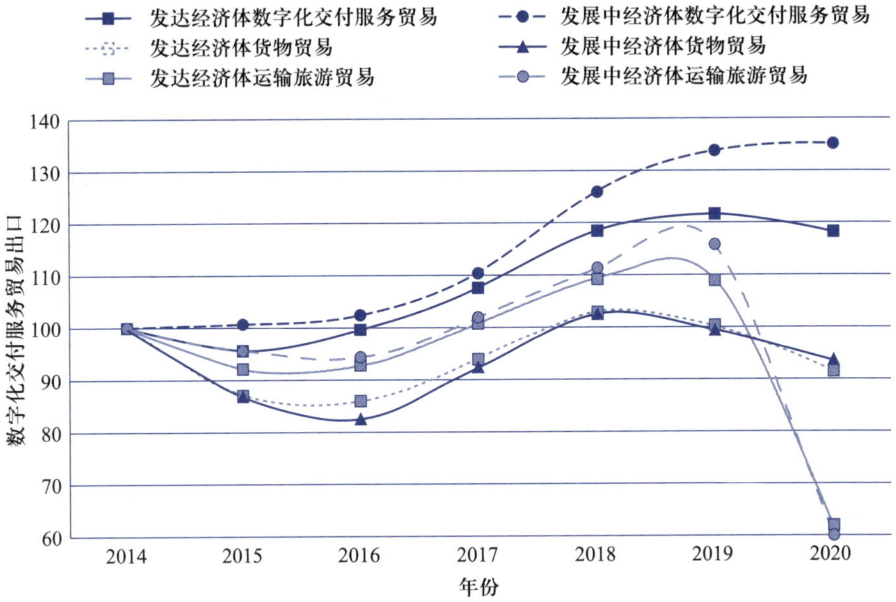

图 4-2 不同经济体数字化交付服务贸易出口(2014—2020 年)

注:纵轴为相对金额指数(2014=100)。

资料来源:引自 UNCTAD,The evolving landscape of digital trade in services,2022.

同时值得关注的是,近年来,不仅发达经济体的数字服务贸易获得了快速发展,发展中经济体的数字服务贸易也获得了更快的发展。表 4-4 列出了世界各地区 2005 年和 2018 年数字服务贸易发展情况,从中可以看出发展中经济体虽然总体规模仍然较小,但取得了年复合增长率 11%的快速发展。

表 4-4 2005 年和 2018 年按地区和发展水平划分的数字化交付服务出口

单位：百万美元

地区	2005 年	2018 年	2005—2018 年复合增长率/%
世界	1 179 430	2 931 400	7
发达经济体	989 320	2 232 100	6
发展中经济体	178 030	659 870	11
非洲	10 860	26 790	7
亚洲和大洋洲	145 150	575 920	11
东亚	97 130	341 570	10
南亚	39 260	140 310	10
东南亚	37 310	161 330	12
西亚	25 340	73 860	9
拉丁美洲和加勒比地区	22 030	57 160	8
转型经济体	12 080	39 430	10
最不发达国家	2 100	7 460	10

资料来源：联合国贸发会议统计数据。

二、经济体数字服务贸易发展概况

从数字服务贸易的国别情况发展看，美国、欧盟等发达经济体仍然是全球主要的数字服务贸易出口经济体，美国数字服务贸易占全球总额的 17%左右。美国在云计算、人工智能、软件开发等领域处于领先地位。欧盟成员国之间针对数字服务（包括云计算、电子商务、在线支付等）已经展开了深入的合作，数字服务贸易规模逐年增长，已成为欧盟经济增长的新动力。欧盟数字服务贸易包括电子商务、云计算、数据分析等领域。并且欧盟正在推动数字单一市场计划，以促进数字服务贸易和数字经济发展。中国和印度数字服务贸易占全球总额约 4%，中国在电子商务、移动支付、数字娱乐等领域表现突出。印度数字服务贸易则在软件开发、IT 服务外包、云计算、人工智能等领域表现突出。印度是全球最大的 IT 服务外包市场之一，印度企业通过互联网提供各种 IT 服务，如软件开发、数据处理等。印度 IT 服务外包市场规模庞大，吸引了许多国际企业前来合作。2015—2019 年全球数字服务贸易前 20 经济体如表 4-5 所示。

表 4-5 2015—2019 年全球数字服务贸易前 20 经济体

排行	经济体	份额/%	排行	经济体	份额/%
1	美国	17.3	11	卢森堡	3.3
2	英国	10	12	瑞士	2.9
3	德国	6.6	13	比利时	2.5
4	爱尔兰	5.9	14	加拿大	1.8
5	荷兰	5.3	15	瑞典	1.7
6	法国	5	16	意大利	1.6
7	印度	4.5	17	西班牙	1.6
8	中国	4	18	中国香港地区	1.4
9	日本	3.6	19	韩国	1.3
10	新加坡	3.4	20	以色列	1.1

从美国数字服务贸易发展情况来看，美国数字服务贸易进出口金额近年来持续增加。同时，数字服务贸易占美国的出口比例大幅度高于美国相应进口的比例，也说明美国在数字服务贸易出口上占据比较优势。① 2023 年美国数字化服务贸易顺差 2 667 亿美元多。具体各类型服务进出口可参见表 4-6。

表 4-6 美国数字化服务贸易进出口 单位：百万美元

类型	2000 年	2004 年	2008 年	2012 年	2016 年	2020 年	2023 年
数字化交付服务出口	128 625	173 752	298 614	385 075	447 716	532 364	655 539
保险服务	3 631	7 314	13 491	15 978	16 663	20 023	24 985
金融服务	29 192	42 767	79 897	105 419	117 249	150 838	175 461
知识产权服务	43 476	56 943	89 672	107 869	112 981	115 936	134 442
电信、计算机和信息服务	12 250	15 009	23 892	33 522	43 122	56 071	70 629
其他数字化交付服务	30 948	40 587	76 336	102 117	134 839	169 117	219 926
数字化个人文化和娱乐服务	9 128	11 132	15 327	20 169	22 863	20 379	30 096
数字化交付服务进口	75 660	112 974	199 378	231 523	266 402	312 597	388 753
保险服务	11 284	29 089	58 444	58 747	52 790	57 743	64 607
金融服务	16 445	19 043	29 519	28 736	33 142	45 696	62 691

① 因为受新冠病毒冲击造成普通服务贸易进出口减少，2020 年美国数字服务贸易进口比例突然增加。

续表

类型	2000 年	2004 年	2008 年	2012 年	2016 年	2020 年	2023 年
知识产权服务	16 139	22 818	27 764	35 061	41 974	45 025	47 537
电信、计算机和信息服务	14 128	16 382	26 138	33 285	39 720	43 612	60 142
其他数字化交付服务	16 137	23 593	53 385	69 378	87 759	97 541	122 909
数字化个人文化和娱乐服务	1 526	2 049	4 129	6 315	11 016	22 979	30 867
数字化交付服务差额	52 966	60 777	99 236	153 552	181 314	219 767	266 786

资料来源：美国经济分析局（BEA）。

本章小结

服务包括各种与有形商品相区别的无形产品和活动。国际服务包括四种供应模式，即跨境供应、境外消费、商业存在、自然人流动。数字服务贸易是指以数字化手段订购或交付的服务贸易，具体包括十三种类型。

数字服务贸易具有不同于传统服务贸易的重要特征。在供应模式上，服务贸易则主要增长于跨境供应领域，并因为数字化引起其他三种供应模式向跨境供应模式转移。

近年来，数字服务贸易发展迅速，其模式也发生重大转变。运输、旅游和金融服务的份额下降，而电子、通信和其他服务的份额迅速上升。美国、英国、德国、中国等经济体是数字服务贸易出口大国。

关键术语

服务贸易　数字服务贸易　跨境供应　境外消费　商业存在　自然人流动

思考题

1. 数字化对服务贸易产生了什么影响？
2. 数字服务贸易和数字货物贸易的共同点和不同点有哪些？
3. 谈谈数字化如何影响了服务贸易跨境供应模式。
4. 在服务提供阶段采用计算机互联网技术应否计入数字服务贸易？为什么？
5. AI 会彻底改变当前国际服务贸易的方式和格局吗？如何看待对服务贸易产生的影响？

即测即评

第五章 信息成本、生产者搜寻与贸易

信息壁垒是影响经济和贸易的重要因素，互联网等信息技术则通过减少信息壁垒对经济和贸易产生了重要的影响。然而，信息摩擦在传统国际贸易理论对贸易成本的分析中被忽略。本章从生产者搜寻的角度出发，对信息摩擦在国际贸易网络和国际生产网络达成中的影响机制进行理论阐述，并进一步探讨数字化通过降低信息成本带给贸易和生产的革新性影响。

第一节 信息成本与贸易概述

一、信息与贸易的发展

贸易如何达成是贸易理论研究的核心问题。在传统贸易模型中，影响贸易和贸易量的因素主要被归因于贸易成本。贸易成本既包括固定成本（例如贸易网络的建立成本、贸易壁垒存在带来的成本），又包括可变成本（例如运费、运输损耗等贸易过程中的冰山成本）。信息因素则往往被传统理论忽略或者被假定为完全信息，并不在模型中进行讨论。

事实上，贸易是买者与卖者之间相互寻找并匹配的过程，随着以信息技术为核心的高新技术革命的深化，各类信息通过全球网络在参加贸易的国家、地区、团体和个体之间流动，在贸易达成与发展过程中发挥着越来越重要的作用。电子商务带来贸易运作方式的巨大变化；信息化和数字化深远影响了各国各行业的比较优势，甚至信息内容本身也成为可贸易的商品。

考虑到信息因素在贸易发展过程中发挥着越来越重要的作用，需要将其放入贸易模型的讨论要素之中。一旦把信息作为重要的考虑因素（甚至成为比较优势本身），那么随着信息技术的发展所产生的信息成本降低和资源因信息而优化配置，对贸易格局也都将产生重要的影响。虽然从狭义上来讲，因为信息技术进步所引发的贸易不一定全部归结于数字贸易，但数字贸易是信息技术进步所带来的直接结果，且与其他信息技术间接推动的贸易发展密切相关。

从贸易的发展过程来看,贸易发展经历了两次里程碑式分离(Baldwin,2013)。[①] 第一次分离是现代化工业生产带来的生产与消费的分离,贸易从互通有无的有限消费品贸易阶段进入到大规模工业制成品的贸易阶段。工业革命和国际贸易的发展实现生产和消费的跨国界分离,生产成本、运输成本和协调成本都在这个过程中逐渐下降,消费者则从来自国外的和价格具有竞争力的产品中获益。这些里程碑式的进展与贸易壁垒下降密切相关。这一时期的贸易主要涉及最终产品,贸易政策主要关注市场准入,以确保能够从最终产品贸易中获益。这次分离实际上带来了市场的全球化。同时这个阶段也并未随着经济全球化和贸易自由化而结束。

第二次分离为生产阶段的分离。第二次分离将全球化的节点从贸易阶段转移到生产阶段,带来了生产全球化。贸易成本降低、技术进步与跨国公司的快速发展使得生产的不同阶段布局于具备不同要素禀赋的国家和经济体,从而使经济全球化进入到全球产业链和垂直分工体系,生产也更加专业化并促进生产率的进一步提升。

信息与通信技术(ICT)发展在第二次分离和生产全球化中起到了重要作用,甚至可以说全球价值链的深度分工和密切协作与 ICT 的进步密不可分。一方面,ICT 的发展减少了协调成本,改变了跨空间的协作方式,使大规模的工业组织从不同阶段上进行拆分成为可能,全球生产链中的企业(无论是参与者还是组织者)更容易协调不同生产阶段以完成本阶段的生产。另一方面,ICT 的发展使得企业的劳动者更容易受到专业技能培训并提升劳动生产率。

从某种意义上看,上述两次分离和生产分工与贸易的迅猛发展意味着"距离的消失"。在国际经济学的分析框架中,边界和距离始终是重要变量。在要素比例模型中,如果空间分离没有提高贸易成本,那么自由贸易的结果会更加趋近于要素价格均等化。而在规模经济导致的贸易模型中,距离效应的大小也同样会决定产业聚集和国际产业链分工的选址。但是随着贸易成本的下降,距离效应似乎变得越来越不重要。一方面,经济实践中的贸易和分工,越来越多地采取跨越国境的方式;另一方面,随着理论分析和实证研究的推进,引力模型对距离效应的解释力和估计在逐渐增强。

与此同时,在相关引力模型的研究中仍然无法得出"距离消失"的结论,或者说,并没有得出距离对贸易量的影响会随着时间的推移而逐渐减小的结论。Brun(2002)[②]研究表明,当样本被分为低收入和高收入国家时,双边贸易对距离的弹性在对低收入国家贸易的估计中没有显示出显著的时间趋势,在高收入国家之间的双边贸易中可以识别出下降。因此,仅能认为高收入国家之间的贸易流量可能存在"距离消失",而低收入国家和经济体并未出现这个现象。但是经验研究表明,运输成本和关税成本却几乎在同步下降。出现这个现象又是为什么呢?研究表明,信息摩擦和信息成本在这里面起到了重要的作用。

---

① Baldwin, Trade and Industrialization after Globalization's Second Unbundling, 2013.

② Jean-Francois Brun, Celine, Carrère, Patrick, Guillaumont, "Has Distance Died? Evidence from a Panel Gravity Model," *The World Bank Economic Review*, vol.19, no.1, 2005, pp.99.

二、信息成本与卖方搜寻理论模型

（一）信息成本的概念

贸易会减少价格套利。在贸易成本为零的理想贸易均衡中，世界市场相同商品具有相同的价格。但是在现实中，价格差异与价格相同相距甚远，距离仍然对贸易成本有着重要的影响。除传统理论分析所探讨的关税、运费等贸易成本之外，信息不完全是决定贸易是否能够达成的重要因素。信息不完全在市场经济中普遍存在，而国境的存在则使得信息不完全带来的影响更大。在贸易中，了解其他地方的市场条件或寻找到交易对手的成本即信息成本对贸易产生很大的影响。特别是对于发展中国家而言，不同于运费和关税等传统贸易成本，信息摩擦成本实质上对发展中经济体参与贸易或者生产分工起到了重要作用，而这种作用在传统研究中被忽视。Allen Treb(2014)引入了信息壁垒和信息成本的概念，以李嘉图贸易模式为基础，探讨信息壁垒是如何影响贸易的。

信息壁垒是贸易中因买卖双方对市场信息缺乏了解而产生的壁垒。在现实经济中，卖方往往会更加主动地设法消除信息壁垒。这种为了消除信息壁垒、了解市场信息而付出的成本则被称为信息成本。从信息壁垒的概念可以发现信息壁垒实际上自始至终在贸易壁垒中都占据重要位置。从历史实践经验看，中国古代“丝绸之路”的打通不仅意味着交通路线的稳定和运输成本的降低，而且意味着对其他国家的经济状况、特产信息、潜在交易伙伴等信息的更多了解。

Allen(2014)首先将信息成本从传统贸易运输成本中拿出来进行独立分析，并探讨了信息成本对于卖方搜寻和贸易的影响。该研究将贸易信息成本分为两类：第一类是搜寻固定成本。该成本表示卖方为了达成贸易进行搜寻活动需要付出的成本，包含了与收集市场的足够信息以便于决定销售地点有关的所有成本。第二类是搜寻概率。搜寻概率则表示生产者在不同区域中搜寻到某特定区域的概率。这个设定也比较符合贸易发展过程中的实际。在存在信息成本的情形下，卖方对于可能的销售地点是不知情的，往往是随机的因素决定了寻找销售地点的顺序。搜寻固定成本对于不同商品和不同区域存在差异，因此会体现出生产者搜寻某些目的地可能比其他目的地更加频繁。同时，并不是每次付出搜寻固定成本后都能成功进行交易，可能出于不同的原因(例如市场容量、需求状况、运输条件等)而放弃交易。

从商品经济发展到经济全球化和高度专业化分工的过程中，上述信息成本始终在起作用。但无疑，电信基础设施和互联网等现代信息技术手段对降低信息成本所起的作用尤其巨大，和传统贸易发展过程中通过扩大通达范围、提升交通工具、丰富国际沟通(如召开国际博览会)、强化族裔交流等手段相比，现代信息技术手段对贸易的影响属于革新性的突破。这也是本章首先对该模型进行分析并作为基础理论框架的重要原因。

信息成本最终对贸易和价格产生影响。不同商品和区域的信息成本存在差异，并且并非每次在付出搜寻固定成本后都能成功进行交易。当两类信息成本叠加在一起，会导致生产者成功销售其产品的过程存在信息摩擦,且最终导致商品在各地的销售价格存在差异。而经济实践表明,信息摩擦在对贸易的影响程度上非常重要,能解释一半以上的区域价格离散度。下面具体就信息成本在国际贸易中的理论模型进行概要介绍。

(二)卖方搜寻理论模型

假设一个拥有许多地区的经济体,每个地区都居住着居民和生产者,每个生产者都生产一种商品 c 并试图实现利润最大化。每种商品在所有地区都同时存在生产和消费,商品的原产地用 i 表示,销售目的地用 j 表示。i 地区生产商品 c 的生产者数量用 M_{ic} 表示。经济中的异质生产商依次搜寻区域以确定在哪里销售其产品。为了问题简化,假定每个生产者生产的商品质量相同但生产数量存在差异,销售目标市场即不同区域的市场为完全竞争。

进一步假定 i 地区生产者的 c 商品能够成功生产的部分为 $A_{ic} \in [0,1]$。为了将问题简化,假定生产者的产量等于其单一生产要素土地的持有量 φ,且 $\varphi \in [1,+\infty]$,并且不同生产者拥有的土地要素异质且符合帕累托分布。[①]

设 j 地区的消费者的反需求函数为 $D_{jc}:R_+ \to R_+$。[②] 设市场出清时该区域的价格为 p_{jc},此时商品的销售量为 r_{jc},那么 j 地区需求量和销售量满足:

$$p_{jc} = D_{jc}(r_{jc}) \tag{5.1}$$

继续假定不同地区之间的商品运输存在贸易成本 ι_{ij}($\iota_{ij}>1$),那么扣除运输成本之后,在 j 地区销售产品的 i 地区生产者所获得的价格为:

$$p_{ijc} = \frac{p_{jc}}{\iota_{ijc}} \tag{5.2}$$

以上完成了对生产、需求和市场结构的基本设定。上述设定与传统贸易分析框架较为一致。但是不同于传统贸易理论的是信息摩擦和生产者搜寻。搜寻对于贸易的达成至关重要。生产者成功在不同区域销售产品需要对区域进行搜寻。由于信息摩擦的存在,生产者仅了解本地区的价格和贸易成本,但是对于其他区域的消费需求和价格并不知情,因此会形成一个非定向的顺序搜寻过程。当生产者完成产品生产后,生产者可以选择将产品在本区域销售,也可以寻找另一个销售目的地进行销售。因此,生产者最终确定的搜寻战略如下:第一,判断是否进行搜寻。若不进行搜寻,则在本地接受当地价格进行销售;若进行搜寻,生产者需要支付搜寻成本并随机抽取其他地区中的某个区域,了解该地区的价格和运输成本以决定是否在该地进行销售。第二,继续判断是否再次搜寻并重复整个流程。模型设定中,生产者会在发现第一个价格高于预期价格的市场上进行出售。

在这个搜寻活动中存在信息成本,即搜寻固定成本和搜寻概率。具体的,设定 i 地区

---

① 累积分布函数 F_{ic} 满足 $F_{ic}(\varphi)=1-\varphi^{-\theta_{ic}}$,其中 $\theta_{ic}>1$。

② 反需求函数在不同地区存在差异,具有非负、连续且对所有 j 严格递减的性质。

商品 c 的生产者的搜寻固定成本为 f_{ic}，设定 i 地区商品 c 生产者在搜寻中抽到 j 地区的概率为 $S_{ijc}>0$，并假设 $\{S_{ijc}\}$ 对于同地区同商品的生产者相同并在整个搜寻过程中恒定，但是对于不同商品和区域存在差异。S_{ijc} 会体现出生产者搜寻某些目的地可能比其他目的地更加频繁。同时，并不是每次付出搜寻固定成本后都能成功进行交易。

为了讨论方便，先假定不存在信息摩擦，即搜寻固定成本为 0。此时的均衡需要满足：

$$f_{ic}=0 \quad p_{ic} \geqslant \frac{p_{jc}}{\iota_{ijc}}$$

$$Q_{ijc}>0 \Rightarrow p_{ic}=\frac{p_{jc}}{\iota_{ijc}} \tag{5.3}$$

式中：Q_{ijc} 表示从 i 销售到 j 的 c 产品数量。

在存在信息摩擦的情况下，生产者对产品的出售价格进行估计，令该预期价格的累积分布函数为 $F_{ic}(p)$，那么可以推导得出生产者的收益函数为：

$$V_{ic}(p;\varphi)=\max\left\{\varphi p \int_{p_{c_{ic}}^{\min}}^{p_{ic}^{\max}} V_{ic}(p';\varphi)\, dF_{p}^{ic}(p') - f_{ic}\right\} \tag{5.4}$$

式中：φp 表示在本地以市场清价格 p 出售其产量 φ；$\int_{p_{ic}^{\min}}^{p_{ic}^{\max}} V_{ic}(p';\varphi)\, dF_{p}^{ic}(p') - f_{ic}$ 表示生产者再次搜寻并售出产品的所获价值扣除销售成本后的收益。

生产者经过搜寻所了解到的价格存在一个预期价格区间，即 $p_{ic}^{\min}=\min_{j \neq i} p_{ijc}$，$p_{ic}^{\max}=\max_{j \neq i} p_{ijc}$。可以合理设定，由于信息成本的存在，生产者对其他地区的价格并不知情而只有经过搜寻才能得知，所以生产者会形成一个保留价格 $\bar{p}_{ic}(\varphi)$，一旦所搜寻到的价格超过保留价格，那么立即进行销售；如果搜寻后达不到保留价格，则选择继续搜寻或者在本地销售。

那么，该搜寻过程和达成贸易的均衡条件为：

$$f_{ic}=\varphi \int_{\bar{p}_{ic}(\varphi)}^{p_{ic}^{\max}} (p'-\bar{p}_{ic}(\varphi))\, dF_{p}^{ic}(p') \tag{5.5}$$

即在搜寻的边际收益等于搜寻固定成本时达成均衡。达到贸易均衡时，均衡价格 $\{p_{ic}\}$ 和贸易流量 $\{Q_{ijc}\}$ 满足①：

$$Q_{ijc}=A_{ic} M_{ic} \theta_{ic} f_{ic}^{1-\theta_{ic}} S_{ijc} \int_{p_{icc}}^{p_{jic}} k_{ic}(p)^{\theta_{ic}-2} dp \tag{5.6}$$

$$F_{p}^{ic}(p)=\sum_{i \neq j} S_{ijc}\{p_{ijc} \leqslant p\} \text{ for all } i \text{ and } c \tag{5.7}$$

$$p_{jc}=D_{jc}\left(\sum_{i} Q_{ijc}\right) \tag{5.8}$$

式中：$k_{ic}(p)=\int_{p}^{p_{ic}^{\max}} (p'-p)\, dF_{p}^{ic}(p')$，表示在获得当前价格 p 的情形下，继续搜寻的收益，

---

① 具体推导过程略，参见 Treb Allen, "Information Frictions in Trade," *Econometrica*, vol. 82, no. 6, 2014, pp. 2041–2083.

即可理解该搜寻收益随当前价格递减。此时,每个地区的每种商品的供应量与需求量达到平衡。从模型中可以推导出以下结论。

第一,由于信息摩擦的存在,导致了解其他地方的价格是有成本的,因此在贸易均衡中存在价格套利机会,即存在:

$$p_{ic} \geqslant \frac{p_{jc}}{\iota_{ijc}} \tag{5.9}$$

因为搜寻固定成本的存在,产生了价格套利,从而导致各区域的均衡价格并不相等,而这个价格差异也不是传统贸易成本所能解释的。换言之,信息摩擦可以解释为什么各地区进口和出口相同的商品,但价格却不能完全传导的问题。

第二,存在信息成本情形下的搜寻是异质的。对于持有土地数量不同的生产者而言,搜寻过程存在差异。可以推导出给定一个当前价格 p 存在一个土地持有阈值①,面对当前价格 p,土地持有值超过该阈值的生产者会继续搜寻更好的价格,而低于该阈值的生产者则继续搜寻。

因为生产者的异质性,所以搜寻也是异质的。因此,信息成本能够解释贸易过程中的障碍对于不同的生产者而言不仅仅是增加边际冰山成本。信息成本会增加搜寻和交易过程中的复杂性,从而影响贸易的均衡。

第三,信息成本对生产者福利存在重要的影响。生产者在信息成本存在的情况下,对于其他地区的价格并不知情,因此保留价格与异地价格存在差异。可以推论得知,保留价格 $\bar{p}_{ic}(\varphi)$ 随着信息成本的增加而降低。在信息成本极高的情况下,保留价格低至无利可图放弃搜寻,生产者直接按照本地价格销售。这意味着这些地区贸易消失。

第四,信息成本降低的作用。一旦信息成本降低,信息摩擦得到改善,价格不均衡的情形会得到缓解,价格套利减少。在信息成本降低的情况下,生产者会更密集地进行搜寻,从而减少价格不均衡现象。并且由于大型生产者的搜寻更加密集,大型生产者出售给目的地的价格要高于小型生产者。因此,信息成本能够解释国际贸易流量随着信息成本的降低而增加,从而减小价格差异,但同时,国际贸易流量增加仍不能完全消除价格差异。

三、信息成本与交易搜寻的实证研究

卖方搜寻理论模型及均衡结果对理解信息摩擦产生的国际贸易影响提供了丰富的启示。在现实中,价格均等化并不存在,而且贸易流量会随着距离的增加而下降。但是上述现象并不能完全由距离带来的运输成本增加来解释。现有国际贸易的引力模型在控制贸易距离、运输成本等各项因素后,仍然无法完全解释贸易流量,并把不能解释的部分称为

---

① $\varphi_{ic}^{*}(p)=\dfrac{f_{ic}}{k_{ic}(p)}$。

其他贸易成本(Anderson,2004,2011)。而信息成本的引入则对深刻理解国际贸易的发生及演变提供了丰富的启示。

商品的生产者和出口者在出口之前面对复杂且完全不确定的市场环境时,其首先需要做的决定并不是克服贸易成本和运输成本,而是需要决定将产品出口至哪个国家,并设法了解到出口目的地的信息,进一步才是具体克服运输等贸易障碍,而信息壁垒在这个过程中起到重要影响。在古代经济中,“丝绸之路”等在经济实践中总结出的可行贸易路线就成为贸易双方的交易首选。进入现代工业经济后,远洋运输成本的降低、通信基础设施的普及以及类似国际贸易博览会等国际沟通对降低国际贸易中的信息壁垒起到了重要的作用,而 ICT 的发展使国际贸易中的信息壁垒改善再次得到质的飞跃。

根据卖方搜索理论模型推测,一旦信息摩擦得到改善,上述信息壁垒对贸易的阻碍情形会得到缓解,套利机会减少。Allen(2014)通过实证分析和数据模拟表明,当上述模型应用于印度尼西亚的粮食出口者时,移动电话技术的引入会缓解信息贸易壁垒并促进国际贸易。

Allen(2014)应用菲律宾农业生产者的数据对两类信息成本进行了量化估计。研究结论表明,平均运输成本为 47%,搜寻固定成本为 7.37 比索/千克(见表 5-1)。该搜寻固定成本的比重较大并对贸易产生实质性的影响,因为样本农户的平均年收入仅为 12 150 比索。而搜寻概率较低,平均搜寻概率仅为 0.048,中位搜寻概率更低至 0.013。大型生产者的搜寻更为频繁。因此也可以推断,信息成本的存在和较低搜寻概率会对贸易扩展边际带来更大的影响,而对贸易集约边际的影响相对较小。

表 5-1 信息成本的估计

	运输成本/%	搜寻概率	搜寻固定成本/(比索/千克)
平均值	0.47	0.048	7.37
中位数	0.40	0.013	1.32
观测量	646	803	102
测度	生产地—目的地—商品	生产地—目的地—商品	生产地—商品

资料来源:Treb Allen,“Information Frictions in Trade,” *Econometrica*, vol.82, no.6, 2014, pp.2041-2083.

进一步用两个指标来评估预测贸易流量与实际贸易流量的接近程度(见表 5-2)。第一个指标为扩展边际,该指标主要衡量交易是否达成,表格中的系数表示预测贸易流量是否发生与贸易流量是否实际发生之间的相关性(通常称为 phi 系数);第二个指标是集约边际,该指标主要衡量达成交易中的贸易流量,系数表示实际贸易流量(对数)与预测贸易流量(对数)之间的相关性。在不同的具体模型中,则分别进一步估计或者不考虑运输成本和搜寻概率。

表 5-2 信息成本与模型解释力

	完全信息		不完全信息			
	(1)	(2)	(3)	(4)	(5)	(6)
扩展边际	0.011	0.078	0.074	0.054	0.562	0.557
集约边际	0.415	0.232	0.066	0.106	0.295	0.407
估计运输成本	否	是	否	否	是	是
估计搜寻概率	—	—	否	是	否	是

资料来源:Treb Allen,"Information Frictions in Trade," *Econometrica*, vol.82, no.6, 2014, pp.2041-2083.

表 5-2 显示了每个具体模型对现实贸易网络和贸易流量的预测能力。在不考虑信息摩擦或运输成本的估计中,贸易流动的实际发生与预测贸易流动是否发生之间的相关性几乎为零(相关性系数为 0.011),尽管该模型在发生贸易流量的前提下对贸易量的估计较好(相关性为 0.415)。在模型中考虑运输成本会对扩展边际的预测能力有一定的提升(系数增加为 0.078),但是集约边际的估计准确度反而下降(相关性为 0.232)。而在考虑信息摩擦后,模型的预测能力特别是对扩展边际的预测能力极大提升。同样考虑运输成本的情形下,不完全信息模型(第(5)栏)在预测贸易流动是否会发生时的准确性优于有运输成本的完全信息模型(第(2)栏),对贸易流量的预测也更好。在有运输成本的不完全信息模型中引入差异搜寻概率后(第(6)栏),对集约边际的预测能力也进一步提升。该表充分说明,运输成本、信息搜寻固定成本和搜寻概率共同决定了贸易的达成和贸易流量。①

以上内容分析了 Allen(2014)所提出的卖方搜索理论模型,从而清晰刻画了信息壁垒在国际贸易中的作用和影响。下面将以此为基础,探讨买方和卖方同时进行搜寻的动态模型。这些研究成果均表明,随着信息技术的发展、数据要素作用的发挥和信息平台普遍使用,国际贸易的地理距离障碍会逐步弱化,进而信息搜寻成本降低,交易前的成本下降。

第二节 信息成本与国际生产合作

一、信息成本与贸易网络

生产者对国际贸易的可能区域进行搜寻的模型解释了信息摩擦和信息改善对国际贸易所产生的作用。这为我们理解国际贸易活动的发生提供了丰富的经验。从另一个视角

① 在第八章中,对贸易流量的实证分析会进一步展开。

来看，贸易虽然由生产者和出口者发起，但随着各国经济发展和商贸往来的增加，贸易路线和交易双方会因为某种路径依赖逐渐稳定，形成较为固定的贸易路线和交易伙伴关系。此时的国际贸易实际上成为一种贸易网络。在长期贸易活动中所形成的出口商和进口商之间较为稳定的交易关系，连同其上游生产商和下游消费者，以及相应的贸易路线等交易条件一起构成贸易网络。对于古代而言，贸易网络首先与新地理路线的开辟有关，例如“茶马古道”“丝绸之路”和哥伦布的航海发现都直接改变了区域贸易甚至全球贸易网络的格局。

对于现代国际贸易活动而言，贸易网络几乎完全由公司之间的交易组成，特别是比较大型的贸易公司。现有对出口商和进口商的经验研究表明，绝大多数贸易包括至少一家有许多贸易伙伴的大公司。尽管技术发展也在推动贸易边际的扩大，但长期以来消费者较少直接参与跨境贸易。国际上的出口商向多个目的地的多个买家销售潜在的多种产品。相反，进口公司可能从多个来源国的多个卖家那里采购多种产品。第三章所提及的国际商品博览会、广交会都可以视作贸易网络的中心。

而随着国际贸易中的第二次分离，即全球产业链的上下游生产阶段分离并跨越国境，几乎所有公司都不再是这个生产和贸易网络中的单独个体，即罕有生产者完成所有产品从最初环节的原材料到最终产品生产的全部阶段并直面消费者。几乎所有的公司都会连接到一个由若干公司形成的生产与贸易网络上。这些公司之间的联系既涉及对原材料、零部件和服务的购买，又同时涉及下游客户，包括下游其他公司和最终消费者。在这个过程中，一件产品从其原材料到最终产成品的生产过程可能不止一次跨越国境。以产品内分工、垂直型国际直接投资和海外外包为特征的全球产业链成为国际贸易活动的重要推动力，引起大量研究的关注。Hummels、Ishii 和 Yi(2001)分析了 10 个经合组织和 4 个新兴市场的数据，表明 1970 年至 1990 年期间垂直专业化的增加占出口增长的 30%。到 1990 年，垂直专业化在这些国家的出口中占 21%。Hanson、Mataloni 和 Slaughter(2003)也证实了美国跨国公司在 20 世纪 90 年代增加了垂直化分工活动，且其成为全球化进程中的重要组成部分。

一般认为，垂直化分工活动的增加主要与以下几方面因素相关。首先是各国要素报酬差异的存在。其次是贸易成本特别是运输成本的显著降低。最后是技术进步的推动。虽然在传统国际经济学解释框架中，已有大量以贸易成本和运输成本视角切入研究全球生产链和跨国公司活动的文献研究探讨了垂直化分工的动因、特征和影响，但是部分学者的研究表明，国家成本差异本身并不足以产生海外分化。

信息成本，特别是搜寻和定制成本，和不完全合同的问题，也会影响全球垂直化分工的程度、地点和作用。因为搜寻和定制成本的大小最终影响了潜在合作伙伴的市场可能空间。

随着互联网连接的普及和网站质量的提高，贸易网络和生产网络以更迅猛的速度发展。互联网影响经济联系的重要渠道是提升贸易网络的效率，便于生产商寻找其消费品的外国分销商，或促进装配商寻找其零部件的外国供应商，以及促进跨国公司寻找其合资企业的外国合作伙伴等。国际组织和各国也致力于推动贸易网络的发展。GATT、WTO从某种意义上都是多边甚至全球性贸易网络的官方促进者。而除此之外，非政府间的世界贸易中心协会(World Trade Center Association, WTCA)[①]已遍布全球近100个国家约400个城市，拥有75万多家会员企业。WTCA的贸易服务部门会对网上发布的贸易和投资线索进行筛选，以寻找到最符合其成员客户需求的线索。这些官方或者非官方的贸易网络协调对推动国际贸易起到了重要的作用。

虽然互联网技术已经普及，但是信息摩擦在贸易网络中仍然存在，如何能在具体交易磋商之前寻找到适合对外贸易和投资伙伴的公司，从而筛选可交易对手的范围以避免逐一搜寻和磋商，对于贸易的达成至关重要。研究表明，信息改善对于贸易网络中的交易初选和磋商成本降低起到重要作用，是推动全球专业化分工和国际贸易的重要因素。

生产与贸易网络的复杂性使得信息成本给交易达成带来更多的障碍。在第一节的卖方搜寻理论模型中，卖方主要需要对潜在贸易目的地的价格进行了解，因此需要付出信息搜寻固定成本，同时仅以一定的概率对潜在目的地进行选取。在了解到价格信息后，卖方决定交易是否达成。而在全球生产与贸易网络中，厂商寻找交易和生产合作伙伴所需要了解的不仅仅是价格信息，而是对合作者进行生产能力、公司治理等多方面的考察，需要了解的信息涉及多个层面。在存在信息摩擦的情形下，无法了解所有潜在交易或者合作伙伴的信息，因此厂商往往会根据掌握的既有信息，对潜在合作者进行适当的初步筛选以确定合作的可能对象，继而通过进一步的沟通、考察与谈判才能确定最终的合作者。我们把厂商对潜在合作者的初步筛选定义为交易初选，把潜在合作者与理想合作者之间的相似程度定义为匹配质量。交易初选和匹配质量对于生产贸易网络的达成至关重要。

从理论机制上分析，贸易达成与生产合作的形成需要一系列的搜寻和谈判。从实践经验来看，可以合理假定交易的达成由一方先发起。假设发起方为本国企业。首先，本国生产商前往外国考察。外国存在大量厂商，而每个本国生产者只会去会见潜在的数个外国合作伙伴。这些潜在合作伙伴即生产商初选所筛选出的目标对象。其次，本国生产商将会了解这些潜在合作伙伴的具体类型，成功匹配后展开国际合作，匹配失败意味着合作失败。最后，国际合作失败的本国和外国生产商将会分别与各自国内的生产商建立生产网络，即本国生产商匹配本国生产商，外国生产商匹配外国生产商，形成各国的多公司合作。

在这个匹配过程中，有两点非常关键。第一就是匹配之前的潜在合作伙伴筛选。现在经济中的行业内存在大量厂商，一个公司前往外国进行合作考察时很难会遍历所有具备生产资质的企业。在我们分析过的卖方搜寻模型当中，卖方仅仅是了解市场价格信息在现实中都无法做到遍寻目的地，因此平均而言抽取到一个潜在目的地的搜寻概率较小。对于国际生产网络而言，这个筛选会更加困难。可以合理推断，在提前获取信息量丰富的情况下，公司可以将更多因素纳入考虑，其潜在合作伙伴的确定会更加审慎。

---

① WTCA建立于1970年，是非营利性的非政府间国际经贸组织，旨在促进国际经济交流与合作，鼓励扩大世界贸易范围，推动国际贸易发展，有“商业联合国”之称。协会为每个会员提供全球各地最新贸易信息，包括产品和服务、市场条件、政府规划及商业文化背景资料，会员之间享有共同的互惠特权。

第二是匹配质量。当某国一家公司（出口商或者投资者）确定好潜在合作伙伴，并前往考察时，是否成功达成合作仍然是概率事件，这取决于考察公司与外国合作企业在生产能力、营销网络、研发能力、管理文化等各方面的匹配度。两个公司的经营特征与基础是否契合即公司之间的匹配质量。很显然，匹配质量决定了进一步贸易和生产交易的达成。

关于信息与贸易网络的大量研究逐渐证明信息在贸易网络中起到了重要的作用。Rauch 和 Trindade（2003）提供了一个信息与贸易网络的研究，表明信息改善有利于提升贸易网络中的合作方初选质量，从而促进匹配质量提升并促进合作的达成，最终有利于全球生产和贸易网络的效率提升。

二、信息化与贸易网络的理论模型

当某国一家公司（出口商或者投资者）在选择是否与某个外国合作伙伴达成交易或放弃这次潜在交易时，公司必须考虑与外国合作伙伴的匹配质量。匹配质量决定了进一步贸易和生产交易的达成。

具体地，考虑包含一种生产要素（劳动力）和两个国家（本国和外国）的国际贸易。设每个国家都有连续的生产者类型，并分布在单位圆上，不同类型生产者之间的最短弧长衡量其互补性（见图 5-1）①。两国生产者数量相等。假定每个国家供应同质劳动力，劳动力不进行国际流动。设本国为发达经济体，外国为发展中经济体，各国劳动力禀赋为 L，L^*（此处及下文中所有带 * 的表示为外国）。进一步设外国为劳动力丰裕的国家，因此 $L/L^*<1$（与 H-O 模型相同）。两国存在工资差异即 $w>w^*$。

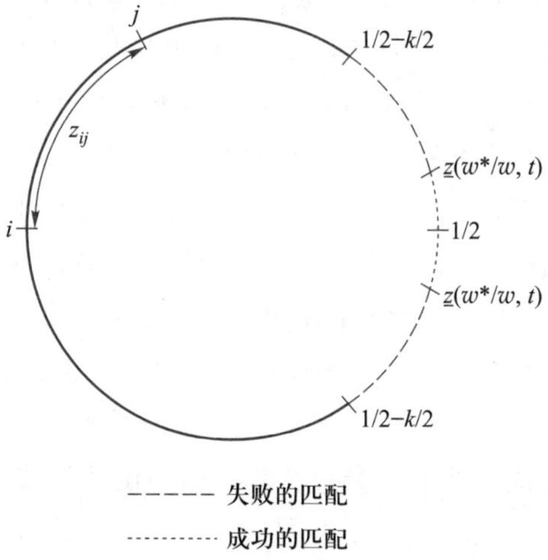

图 5-1　国际生产匹配

① Helpman, Elhanan, "International Trade in the Presence of Product Differentiation, Economies of Scale, and Monopolistic Competition: A Chamberlin-Heckscher-Ohlin Approach." *Journal of International Economics*, vol.11, no.3, 1981, pp. 305-40 及 Dornbusch, Rudiger; Fischer, Stanleyand Samuelson, Paul A. "Comparative Advantage, Trade, and Payments in a Ricardian Model with a Continuum of Goods." *American Economic Review*, vol.67, no.3, 1977, pp.823-39.

考虑全球生产贸易网络。产出是通过两个生产者的合资企业产生的,合资双方生产者在单位圆上的类型之间的距离代表其互补性(或匹配质量)。为了进行生产,合资企业还需要雇用劳动力。进一步假定互补性越高的企业合作后获得的贸易收益越高(匹配质量越高)。即合资企业的产出函数是贸易伙伴之间的匹配质量(互补性指数或匹配收益指数)和雇佣劳动力的函数:

$$y_{ij}=F(x,z_{ij}) \tag{5.10}$$

式中,z_{ij}是生产者类型 i 和 j 在单位圆上的最短弧距;x 是劳动力。

z_{ij}的最大值为 1/2。进一步假设函数 F 具有规模报酬不变特征。那么,不同类型 i 和 j 生产者匹配的总利润函数可以写作:

$$\Pi_{ij}=z_{ij}\pi(w) \tag{5.11}$$

式中,$\pi(w)$是关于工资 w 的凸减函数。

为了简化,我们可以进一步假设 $\pi(w)$基于常替代弹性的生产函数。可推知劳动力需求为①:

$$L_{ij}^{d}=-z_{ij}\pi'(w) \tag{5.12}$$

根据前文所述,贸易伙伴的形成需要一系列的搜寻和谈判。本国生产者前往外国并试图了解外国生产者类型②,成功匹配后展开国际生产合作,匹配失败则意味着不展开国际合作。匹配结束之后,各个贸易伙伴集团的劳动力需求将会被决定下来,劳动力市场出清。

在跨境合作之前,首先分析国内合作匹配。根据上述匹配方法,匹配收益如下。

假定国内信息是完全不存在信息摩擦的,即任意生产者都知道自己的生产者类型与其他公司的类型。那么,所有生产者会选择与其互补性最强的企业作为合作伙伴(即选择在单位圆上位于该生产者对面的企业,如图 5-1 所示),这也意味着每个生产者会选择一个国内合作伙伴。如果生产者所选择的贸易伙伴没有对应选择,其收益就是零。如果贸易伙伴同意合作,两个生产者将会匹配并进行谈判。需要注意的是,谈判有失败的可能,一旦失败两个生产者都没有任何收益。在谈判成功的情况下,两个生产者将会均分匹配后的收益。同时,不会有任何一个生产者在完美匹配完成后,有动机改变其选择。国内匹配的最终均衡为 $z_{ij}=1/2$。进一步根据劳动力不进行国际流动的假设,本国生产者只能使用本国劳动力。于是每一个生产者在本国国内匹配中所获得的收益为③:

$$(1/2)(1/2)\pi(w)=\pi(w)/4 \tag{5.13}$$

外国的情形与本国类似。外国生产者在其国内匹配后形成一个伙伴关系,每个生产者将会收益 $\pi(w^{*})/4$。

---

① 利用 Hotelling 引理推导得出。参见 James E.Rauch,Joel Watson,"Starting Small in an unfamiliar Environment," *International Journal of Industrial Organization*,vol.21,no.7,2003,pp.1021-1042.

② 进一步假定国际谈判中的临界点对于一个国家内的所有生产者类型都是相同的,并且生产者不会隐瞒自己公司的类型。

③ 式(5.11)为合作的总利润函数。因此每个合作者获得总利润的一半。

国际匹配将会复杂一些。由于信息不完全的存在，本国生产者无法精确获得外国生产者的信息，因此只能选取单位圆上一段长度 $k\in(0,1]$[①]上中位数与其自身生产者类型差异最大的外国生产者作为潜在合作伙伴。[②] 此时，单位圆上的一个区间 k 的长度表示初选质量。

国际贸易伙伴与国内贸易伙伴之间的差别主要体现在两个方面。第一，国际贸易伙伴关系可以选择将其业务设在任何一个国家，因此可以获得任何一个国家的劳动力；第二，在国外管理该国际合资企业的生产者将会失去一部分的利润，这个比例表示为 t 或 $t^*\in(0,1)$。这反映了最终产品运回自己国家时的冰山成本。[③]

根据推导可以得知国内和国外生产者在国际谈判中的临界点分别为 $\pi(w)/4$ 和 $\pi(w^*)/4$，其中 w 和 w^* 是本国和外国的均衡工资。[④] 根据前提设定，发达经济体生产者前往低工资发展中经济体寻求合作，即国际合作企业都会在低工资国家雇佣劳动力展开生产活动。此时低工资国家的生产者通过合作至少要获得与国内贸易伙伴合作所能获得的利润。

因此，从高工资国家跨境选择合作伙伴的角度来看，国际匹配的吸引力在于获得更便宜的劳动力，而从低工资国家跨境选择合作伙伴的角度来看，更强的相对议价能力所获得的更高利润（相比于国内匹配或合作）是国际匹配能吸引它们的地方。通过逻辑推导可以得出，本国前往外国寻求生产合作的情形下，只能存在外国为低工资国家的均衡。而 $w=w^*$ 的情况和 $w<w^*$ 的情况都会被排除。在 $w>w^*$ 的平衡中，所有成功的国际匹配都将雇佣外国劳动力。因此，国际生产匹配可以将劳动力需求从劳动力稀缺的国家实际转移到劳动力丰裕的国家。至此完成了对基本模型和国际贸易生产网络的描述和设定。下面分析信息改善与国际生产匹配。

将本国的生产者类型记为 i，其潜在的外国合作伙伴类型记为 j，并设二者间在单位圆上的弧长为 z_{ij}（见图 5-1）。z_{ij} 在 $[1/2-k/2,1/2]$ 区间上均匀分布，其中 $k\in(0,1]$。因为对称性设定并出于简化模型分析的目的，可假定任意本国生产者与潜在贸易伙伴距离服从均匀分布。

那么，可能形成的生产匹配空间如图 5-2 所示。图中右下方倾斜直线为谈判可能性边界，阴影三角形两直角边为根据谈判临界收益所确定的帕累托改善边界，三角形为国际生产匹配空间。即如果达成的匹配点位于谈判边界和帕累托改善边界共同确定的区域内，双方具有合作生产动机，因为此时国际合作相较于国内合作有一个正剩余可以在生产双方之间进行分配。[⑤]

---

① k 服从于 $\{0,1\}$ 区间均匀分布。

② 根据 Helpman（1981）和前文前提，生产者类型差异越大则互补收益最大。

③ 这里与传统贸易理论的设定相同，冰山成本只是一种设定简化，包括总贸易成本而不仅仅是运输费用。

④ 生产者分布的对称性和国内信息完全的假定确保每个国家生产者在国内可以与其相反类型的生产者形成匹配。

⑤ 这里并不讨论双方的具体利润分配，其具体分配方式也并不会对模型的结果产生本质影响。

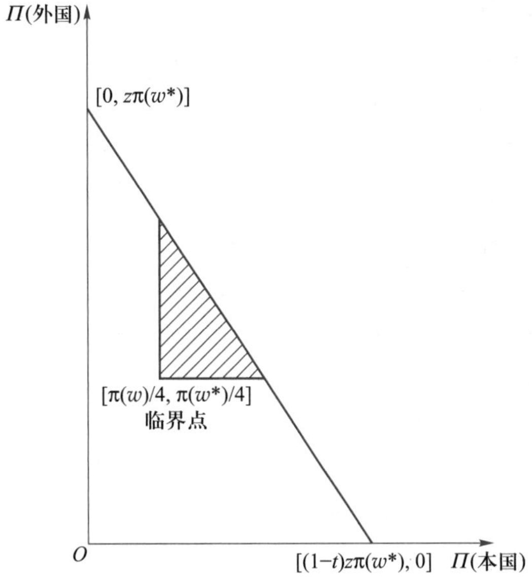

图 5-2 国际谈判空间

可以推知国际合作匹配的条件如式(5.14)所示。当且仅当这个条件达成时,国际匹配才得以确认:

$$\frac{\pi(w^*)}{4}<\frac{-\pi(w)}{4(1-t)}+z\pi(w^*) \tag{5.14}$$

进一步可将此式写为:

$$\underline{z}\equiv\frac{1}{4}+\frac{\pi(w)/\pi(w^*)}{4(1-t)}=\frac{1}{4}+\frac{(w^*/w)^{\varepsilon}}{4(1-t)},\varepsilon>0 \tag{5.15}$$

当 $z>\underline{z}(w^*/w,t)$ 时,国际生产合作达成。当 $z\leqslant\underline{z}(w^*/w,t)$,本国的生产者将会回到本国与同样匹配失败的国内贸易伙伴合作。容易推知 $\underline{z}(w^*/w,t)$ 随着两个自变量的增大而增大,即国外与国内更高的工资比将会使得国际生产的利益减小,从而使得可接受的匹配门槛增高。如果传统贸易成本更高,则能够接受的匹配门槛更高。换言之,贸易成本降低和国内外生产要素报酬差异增大将降低匹配门槛,国际生产合作的空间增大。

那么,国际匹配均衡是否一定存在?根据式(5.15)可以推知,当国内外工资差满足一定条件即 $w^*/w\in(\max(0,\underline{w}),\overline{w})$ 时①,国际匹配均衡存在,其成功概率为:

$$P=\frac{\frac{1}{2}-\underline{z}(w^*/w,t)}{k/2} \tag{5.16}$$

那么,信息改善对于国际生产合作网络的作用如何呢?通过该理论可以得到如下结论。

第一,信息改善(k 较小)时,国际生产匹配成功的概率更高。正如预期的那样,信息改善能够通过有效缩小初选生产者的范围,找到匹配质量更高的潜在合作者,从而最终改

① 工资比例的上限为 $(1-t)^{1/\varepsilon}\equiv\overline{w}<1$。下限为 $w^*/w>[(1-2k)(1-t)]^{1/\varepsilon}\equiv\underline{w}$。具体推导略。

善生产者和生产者的匹配谈判,进而促进正式合作的达成。这也正是经济实践中世界贸易中心协会、行业、公司创建网站或制作网页并进行宣传能有效推动全球生产贸易网络达成的关键因素。

第二,该模型是对传统贸易理论和跨国公司理论的继承与拓展。垂直化国际直接投资表明,发达经济体会在全世界寻求每个阶段的生产成本最小化,并通过将各生产阶段分布于不同国家形成垂直化分工格局。本节模型则同样表明,当工资差距较大(外国/本国工资比更低)、贸易成本更低(t 较小),国际生产合作的概率更高。工资差距较大可以更好地利用要素禀赋差异带来的成本差异,而贸易成本较低则有利于降低垂直化分工各阶段的贸易成本,从而促进垂直化分工和全球生产网络的融合。

第三,信息改善通过影响国际生产合作最终影响国际劳动力市场均衡。可以推导证明,国际劳动力市场整合的程度随着初选质量的单调增加而增加,当 k 减小时,均衡状态下本国与外国之间的工资差异会减少,说明通过信息改善促进国际生产和贸易网络形成后,劳动力市场得到有效整合,要素报酬趋向于接近。

Rauch 和 Trindade(2003)通过数值拟合对该理论进一步做了论证。理论模型表明,信息改善能够促进初选质量的提升,而初选质量的提升能促进国际生产整合和要素报酬接近。图 5-3 对此进行了模拟。

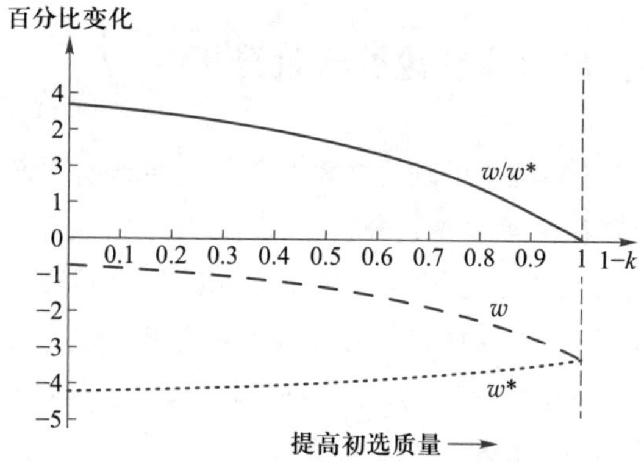

图 5-3　信息改善与国际劳动力市场整合

图 5-3 中的横坐标轴表示初选质量的提升($1-k$ 逐渐增加),纵坐标轴表示两国要素报酬比相对外国雇佣劳动力增长的百分比变化。从图中可以发现,随着信息的改善,国际劳动力市场的整合程度逐渐提升。当 k 从 1 下降到 0.01 时,本国生产者从开始无法提前排除任何外国潜在合作者类型,改善至最终能够提前排除掉 99% 的生产者类型。从模拟中可以发现,对于最低初选质量,外国劳动力供应 10% 的增长,本国和外国工资变化幅度较小。但随着初选质量的提高,国际生产逐渐整合,最终收敛至国际要素报酬相等,从而工资比率变化趋近于零。[①] 这个模拟还显示,随着 k 的缩小,收敛到世界生产贸易网络完全整

① 在这个模拟中 L/L^* 的值为 1/2,$\varepsilon=1$,封闭条件下劳动力需求弹性为 -2。

合信息的速度会加快,即信息改善越显著,信息改善对全球化的影响会变得越明显。由于随着信息改善,企业在两国劳动力雇用之间的切换更加灵敏。也可以推而广之,国内和国外商品之间或国内和国外要素之间的替代弹性将随着初选质量的提高而增加。

贸易中信息壁垒的最重要影响还在于它们与传统贸易壁垒的相互作用。[①] 因此也可以合理预期,信息壁垒一方面会干扰企业为应对生产工资差异激励而跨国界转移劳动力需求的能力,另一方面可能因强化贸易成本而阻碍劳动力需求的国际转移。因此,随着信息的改善,传统贸易壁垒对国际生产贸易网络的阻碍作用也会相应变小。

进一步,信息改善还可以影响到商品之间的替代弹性。如果自由贸易完全得以实现,那么进口商品和本国商品之间仅通过生产地点来区分,但是在消费者看来是完全替代品。实际上,由于信息壁垒和贸易成本的存在,本国产品与外国产品之间为有限替代品。Armington(1969)的研究中也把本国产品与进口产品之间的替代弹性称为“阿明顿替代弹性”,在无贸易成本的标准贸易模型中,阿明顿替代弹性应该是无限大的(世界处于完全分工的专业化生产模式)。但现实中估计的阿明顿替代弹性都非常有限(Blonigen 和 wilson,1999)。该模型可以证明,阿明顿替代弹性将随着初选质量(信息)的改善而增加。当信息改善时,国际生产匹配提升,因此增加了基础制造商提供的产品品种对批发商希望服务的最终用户的适用性。

三、信息化与国际贸易合作理论的实证分析

Rauch 和 Trindade(2003)建立的理论模型为理解信息改善对全球产业分工链整合的作用提供了一个重要的解释框架。在该分析框架中,国际生产合作的尝试是基于信息的尝试,而这个尝试和合作的过程在传统国际经济学和跨国公司理论的国际直接投资模型中往往是被忽视的“黑匣子”,或者被默认为可以直接有效达成。但现实中的国际生产合作非常困难,企业也往往只会基于信息判断来进行筛选和生产匹配,匹配成功的关键是在尝试形成匹配之前能够将信息贸易壁垒有效减少。

此时,通过有效的信息手段(前期市场调研、行业协会或互联网)排除大部分潜在合作伙伴,从初选环节就找到最具匹配质量和成功可能的潜在合作者并正式展开合作谈判,那么国际生产合作达成的概率就大为提高,还进一步促进生产产业分工链,并带来货物贸易金额的极大提升。与之相对应,研究表明在信息障碍较大的情形下,国家成本差异本身并不足以产生海外分化。搜寻和定制的成本、不完全合同带来的问题,也都会影响国际生产和外包地点的选择(Grossman 和 Helpman,2005)。

该模型较好地将信息和匹配进行模型化,并适用于对生产网络和贸易的讨论。可以发现随着信息改善,生产匹配达成效率会极大提高,因此国际货物贸易量随着初选质量的增加而增加。同时,本国和外国劳动力和产出之间的替代弹性将增加。这充分表明信息

① 如本章第二节所分析,信息壁垒会强化距离对国际贸易的阻碍。

改善带来了国际生产的融合，是货物贸易飞速发展的推动力量。虽然该模型的讨论仅仅是理论的简化分析，仍然属于信息改善对全球分工网络的提升作用，因此所推动的国际货物贸易仍可能属于严格定义的数字货物贸易，但很显然，其研究结论对于我们理解信息化对数字贸易的推动作用提供了非常富有启发意义的研究视角和研究结果。实证研究也证实了这点。根据 Rauch 和 Trindade(2003)的信息匹配模型，信息改善增加了差异化产品品种之间的替代弹性，因为企业在进行合作伙伴搜寻之前能够排除不可接受的不良匹配。但是在实证分析中，如何衡量搜寻的信息和搜寻不确定性是一个难题。而贸易中的价格传导则是信息摩擦的重要反映。在完全信息的模型中，企业产品和劳动力之间存在完全替代弹性，因此企业无法传导自身的高成本到其下游或者进口企业；在信息摩擦的情形下，匹配难度和匹配成本使得企业的异质成本可以传导。

研究者对美国外包活动的研究进一步证实了信息摩擦对国际外包活动的影响。美国的跨国公司往往将部分产品通过外包在海外生产和组装，并形成美国的进口，这样的活动具有重要的特征。首先，美国 OAP 外包进口产品的定价决策表明，生产成本的变化会部分传导至进口价格。具体地，组装国家能将 20%～40%的生产成本冲击传递给进口价格。其次，不同国家供应商的生产成本转嫁程度不同。比如，劳动力受教育程度较高的国家装配商生产成本的转嫁远高于劳动力受教育程度较低的国家装配商。最后，资本密集型行业的 OAP 生产商更能传递成本变动。这些不同的价格反应表明，信息问题在外包活动中起着重要作用(Swenson,2013)。[①] 由于资本密集型行业或对工人技能和受教育程度要求较高的行业其产品的相对复杂性和技术先进性，所以会产生更高的搜寻成本和匹配难题，使得国际生产网络很难被替代，竞争性减弱。而相对产品复杂程度较低的产品，其生产技术简单，进口商对外国中间品生产者易于进行搜寻和匹配，导致其成本传导的难度更低。该实证研究表明，信息摩擦在国际生产网络合作中起到了重要的影响作用。

本章小结

信息壁垒是贸易中因买卖双方对市场信息缺乏了解而产生的壁垒。信息壁垒是影响经济和贸易的重要因素，互联网等信息技术则通过减少信息壁垒对经济和贸易产生了重要的影响。

生产者搜寻中的信息成本分为两类：第一类是搜寻固定成本；第二类是搜寻概率。理性生产者进行贸易搜寻可能选择保留价格策略。保留价格设定取决于搜寻成本和生产者异质性。信息改善改变搜寻并影响贸易均衡。

国际生产合作中的生产者搜寻则通过信息改善来缩小合作者初选范围。理论机制表明，企业网站等手段通过提高初选匹配质量来提高国际生产合作的成功概率。

---

① Swenson Deborah L,"The Nature of Outsourcing Relationships: Evidence from OAP Prices," *Economic Inquiry*, vol.51, no.1, 2013, pp.181-197.

关键术语

生产者搜寻　信息摩擦　不确定性　价格分布　劳动生产率　企业异质性　搜寻固定成本　搜寻概率　保留价格　贸易网络　国际生产网络　国际直接投资　国际生产合作　国际合资

思考题

1. 简述不存在信息摩擦情形下的国际贸易均衡。

2. 理性生产者是否会在本章模型所述的搜寻过程中调整保留价格？为什么？

3. 假设生产者不仅无法掌握具体目的地的需求，也不了解目的地的价格分布。此时保留价格策略会是最优的吗？为什么？

4. 为什么互补性成为国际生产合作的关键？请回忆并结合所学过的国际贸易理论进行阐述。

5. 一般而言，要素禀赋差异带来的工资差异有利于国际直接投资，这也是本章所述国际生产合作的重要动因。AI 活动和机器人的广泛应用会对国际生产合作带来哪些影响？为什么？

6. 设 Allen(2014)生产者搜寻模型中，异质性生产者面临的目的地价格在区间 $[p_{\min}, p_{\max}]$ 服从分布 $F(p)$，生产者进行一次搜寻成本为 c，且搜寻成本 c、生产者规模 s 与保留价格 $\bar{p}$ 的关系满足下式：

$$c = s\int_{\bar{p}}^{p_{\max}} (p - \bar{p})\,dF(p)$$

求证生产者的最优保留价格 $\bar{p}$ 关于其生产规模 s 递增。

即测即评

第六章

数字交易平台

第五章对信息技术通过减少生产者搜寻成本促进贸易进行了理论分析。事实上，现代数字经济中更为重要的现象是消费者可以通过数字交易平台进行一键搜寻，从而极大地降低消费搜寻成本并促进交易。这种被称为“数字交易平台”的互联网购物模式近年来得到极大发展并改变了消费模式，已经成为生产与贸易的重要组成部分。本章将对数字交易平台的概念进行界定并对其机制进行理论分析，同时考虑数字交易平台对贸易的影响。

第一节　数字交易平台概述

一、数字交易平台的概念和特征

随着信息技术的发展，信息改善对于减少信息摩擦、促进国际贸易和国际生产融合起到了重要的推动作用。互联网信息和数字技术发展对于信息摩擦的改善具体体现在多个方面，包括促进双方了解交易对手，增加对交易目的地的搜寻，从而以各种方式连接到若干公司形成的贸易和生产网络中。这些公司之间的联系或者涉及原材料、零部件和服务的供应，或者涉及公司之间的合资经营、外包等各种合作。而与多家公司产生进出口贸易的贸易关系也成为当前国际贸易的主要组成部分。对出口商和进口商的研究也同样表明，与多家公司发生贸易联系、涉及多种进出口商品，包括多家进口来源国或出口目的地的公司是国际贸易的主体。在这个过程中，消费者直接参与跨境贸易的情形很少，而是通过国内商业零售的各种手段接触到进口产品。从经济实践的历史脉络来看，跨区甚至跨国来进行搜寻的角色长期以来由生产者、厂商和专业贸易公司充当。

然而，互联网信息技术的发展正在逐步改变这一面貌。由于互联网接入和随即而来的信息搜寻成本降低，消费者可以直接通过互联网接触到国际上的卖家或出口商，并直接在网络进行进口产品的订购。这种线上发展的国际贸易活动不限于生产者和消费者的互联，生产者和生产者也可以通过互联网线上平台，来了解其潜在上下游供应商或客户的信息。此时，数字交易平台成为经济实践中的重要现象，对数字贸易产生深远的影响。

数字交易平台属于数字中介平台(DIP),指在线提供收费中介服务并同时支持多个购买者和零售商之间交易,而对平台所出售的商品或服务并不拥有或取得经济所有权的数字化互联网平台。[①] 当数字交易平台的消费者和零售商分属于不同的国家时,称为跨境数字交易平台。第三章对数字贸易和服务贸易的概念介绍中也已提到,是否通过数字平台进行交易也是定义和区分数字贸易的重要维度。从目前经济实践看,数字交易平台和跨境数字交易平台并没有专门的区分,法律法规也尚未对此进行专门的规定。因此,全球主要数字交易平台会存在一定比例的跨境交易,而部分因为提供服务性质导致跨境交易较大的平台也可以同时预订国内业务。[②] 根据该定义可以看出数字交易平台具有鲜明的特征。

第一,数字交易平台包括不同群体,不同群体之间进行交易。该特征也是传统市场的共性,例如一个集市既包括生产方即卖方,又包括消费者即买方。在特定的传统市场中,不同群体之间的区分非常明显,例如百货公司的卖方专门从事商品销售,而消费者则是专门到百货公司进行购物的。但是对于数字交易平台而言,平台参与者更容易实现身份转换,同时作为甲商品的卖方和乙商品的买方)。传统市场中还可能存在专业管理人员(管理人员收取摊位费并维持市场秩序)或者专业经纪人(例如保险或股票交易所内的经纪人),这些功能则都由数字交易平台承担。

第二,数字交易平台内允许不同群体的互动。数字交易平台的每一种群体都存在大量参与者,使得不同群体之间和群体之内存在互动与交流。在传统市场中也存在这样的互动,例如购物中心的售货员会观察另一位同类商品售货员的行为并进行销售情况的沟通。同样,买家可能对商品信息进行详细咨询并征询另一位买家的意见。相对来说,数字交易平台的信息沟通更为便利,消费者可以通过其他消费者的晒单和评论来获取重要信息,并影响其购买行为。这样的互动对平台参与者都产生实质性影响并可能改变其参与策略,从而影响交易平台的参与结果,对数字交易平台的经济分析也至关重要。

第三,数字交易平台向用户(包括买方和/或卖方)收取费用并提供服务。这种收费可能包括隐性或间接的多种形式,不一定采取直接收费方式。[③] 因此,数字交易平台不同于那些不以促成交易为目的的普通网络,也不同于对产品和服务进行测评的专门网络。从这个意义上讲,数字交易平台是狭义的数字中介平台。换言之,亚马逊、eBay、淘宝、京东等专门交易网络才是我们重点研究的数字交易平台。而其他很多类型的网络平台,例如社交网络、读书影音网络、生活网络[④]同样也是一个中介平台,可能通过消费者体验分享甚至是广告间接促进经济交易,但不专门以交易为目的。因此从严格意义上讲不属于

---

① 数字交易平台在各项不同研究中也被称为多边交易平台(Multi-sided Platform, MSP)或者混合交易平台(Hybrid Platform)。

② 例如缤客(Booking)以跨境服务为主,但也可以同时预订国内业务。

③ 例如平台可能并不直接向消费者收费,但是可能通过广告、出售消费者相关数据等方式间接向消费者收费。第七章将讨论这个问题。

④ 典型的国内外社交网络比如 Facebook、微博等;读书影响网络比如豆瓣或 Mtime;生活网络比如 Instagram 和小红书。

本章所界定的数字交易平台,可以称之为广义的数字交易平台。当然,其中部分生活网络从诞生发展之初可能并非以专门交易为目的,但是随着数字化支付手段的广泛应用和普及,也会开始对平台用户进行消费引流,从而在平台上产生交易行为。①

第四,数字交易平台对平台上的商品和服务一般不拥有所有权。收费的数字交易平台服务不同于生产商自行运营的零售网站。生产商可以自建网站并面对消费者直接销售各种产品或服务,公司对所销售的所有产品或服务拥有所有权,因此这类活动可以看作生产者分销活动的一部分,而不属于交易中介服务。当然,部分数字交易平台也开始进行商品直营销售并拥有商品所有权。② 事实上,互联网技术的快速发展和基于互联网的消费形态日新月异,经营模式正以前所未有的速度在不断刷新。

第五,数字交易平台往往有专门的电子支付手段并主要进行电子支付,甚至拥有独立的金融业务牌照。由于平台以促进交易为中心,因此具有专门的电子支付组件,便于消费者付费。这种电子支付组件可以是非平台其他支付手段的链接,甚至可以是平台自身的数字化支付方式。③ 采用电子支付手段是数字化的一个重要特征,但也存在数字交易平台完成订购、交易甚至担保等实质性交易环节,最终采取其他支付方式的交易,例如二手交易平台可能在线上达成交易并担保,最终进行线下交易。这也是阿里巴巴、亚马逊、缤客(Booking)、eBay、优步和腾讯等公司的鲜明特征。

虽然从上述经济特征来看,数字交易平台是随着平台在经济实践中的发展和互联网技术发展而发展的,但是,交易平台并不是当今经济的新生事物。前文在分析数字交易平台特征时已经指出,平台随着商品经济的发展,买家和卖家集聚的集市就是一种典型的经济平台,保险经济交易作为专门性交易平台也已存在数个世纪。区别在于,最开始作为零售商和消费者的集合场所是空间和物理上的,而不是数字的。但随着互联网的兴起,数字平台开始兴起,其组织市场活动的功能及影响也变得日益重要。

自 20 世纪 90 年代,互联网通过将距离缩小的联网能力能有效促进解决市场交换中的协调问题。互联网的出现为解决双边或多边市场的问题创造了新的机会,经济主体可以在这种多边市场上以极低的成本找到彼此进行交易。第五章理论分析中的信息摩擦问题也能因互联网得到改善,信息搜寻成本得以降低,搜寻概率和频率得以增加,匹配质量得到提升。而互联网平台的发展则进一步推进了互联网和数字技术带来的便利化。

随着技术的发展,一些通过互联网提供数字内容和广告的媒体平台出现,通过各种内容来吸引消费者并从广告中获取收入。除了这样的数字平台,数字支付的电子银行交易系统、软件程序开发平台等都属于广泛意义上的数字中介平台。④ 甚至在游戏应用领域,如索尼 PlayStation、任天堂、微软、世嘉将游戏开发商与用户相匹配,也是数字中介平台的

① 微信、抖音和小红书也都已展开商城、直播带货等多种经营交易活动。

② 例如京东推出了京东京造系列产品,属于京东直营产品。

③ 例如淘宝和支付宝都属于阿里巴巴旗下。

④ 例如,通过其 Windows 平台,微软协调了一个连接计算机用户、应用程序开发人员和硬件制造商的三方市场。相比之下,微软的主要竞争对手苹果(Apple)经营着一个通过 iOS 平台连接用户和应用程序开发人员的双边市场,但仍垄断着其硬件制造。

一个案例。从这个意义上讲,数字交易平台只是数字中介平台中的一种,而其他因电信手段和互联网技术形成的网络平台则可能存在不同的特征。例如电信网络也属于包括大量参与者的通信网络,但是参与者几乎都属于同一类"电信业务消费者",消费者之间提供信息交换而不进行市场交易。从这个意义上看,数字交易平台的经济性质更接近于商品经济实践中历史悠久的市场,而不仅仅是互联网的联通。但从其对经济发展的重要性来看,数字交易平台又远超"一个新型市场"的意义,Trabucchi(2021)认为大型数字交易平台相当于"没有土地的地主"——因其所掌握的双边信息和所影响的交易量实际上相当于掌握了最重要的生产要素即土地。表 6-1 介绍了不同类型的数字中介平台。

表 6-1 数字中介平台的类型

类型	平台描述	交易方	API 类型	国际案例	国内案例
在线交易	进行商品及服务销售,平台活动涉及线下分销和在线数字流	多边交易平台;双边供应商平台	多边平台非公开;双边平台通常开放	Amazon;eBay;Apple;Spotify	阿里巴巴;京东;淘宝;拼多多
社交媒体	供平台用户以社交目的发布信息和内容	多边平台	开放	Facebook;YouTube;Twitter;	新浪微博;知乎
共享经济平台	供用户进行空闲资产和服务交易	多边平台	非公开	Uber;Airbnb;Sidecar	滴滴打车;嘀嗒打车;小猪短租
众包	合约服务交易、自由职业者或兼职的咨询服务交易	多边平台	开放	TaskRabbit;Upwork;Amazon Mechanical	众包网;兼职网;任务包;帮帮酱

资料来源:Paul Langley,Andrew Leyshon,"Platform Capitalism:The Intermediation and Capitalization of Digital Economic Circulation,"*Finance and Society*,vol.3,no.1,2017.pp.11-31.有改动。

二、数字交易平台的发展与作用

数字交易平台随着电子商务的发展和线上销售业务的发展而崛起,并促进了线上销售更进一步发展。数字交易平台已成为人们日常购物中不可或缺的组成部分。互联网的发展使得消费者从最开始依赖在线网络信息了解商品发展到直接通过数字交易平台进行购买,而数字交易平台的交易标的也不仅仅是普通生活消费品,还涉及大量高价值耐用品,例如电子产品。服务则始终是数字交易平台的主要交易内容。

美国作为电子商务和数字交易平台的重要经济体,1998 年以来电子商务和数字交易平台发展迅速。美国人口普查局(U. S. Census Bureau)的数据显示,1998 年,电子商务零售总额仅为50亿美元，占当年2.6万亿美元零售额的0.2%。自1998年以来，美国电子商务销售的增长速度是传统线下销售的9倍。[①] 至2015年，美国的年零售额总计为4.7万亿美元。同年，电子商务零售额估计为3 404亿美元，占零售额总额的7.2%。虽然电子商务销售在零售总额中所占的比例相对较小，但它们一直是零售商销售增长的重要来源之一。而多种数字交易平台在电商发展过程中起到重要作用，不仅仅以直接交易平台的角色参与到数字经济。

在商品供应方面，互联网和电子商务的发展使得零售商可以在信息化平台上与许多供应商进行及时有效的零售信息交流，对现有库存与供应模式实现了创新。典型的例子是沃尔玛的Retail Link系统。Retail Link系统是一个零售数据共享交流平台，其中包含了沃尔玛的大量门店销售数据以及各种实时数据，沃尔玛将这些销售库存数据通过Retail Link系统与其合作的供应商共享。[②] 通过Retail Link系统，供应商可以实时地了解自己的商品在沃尔玛各个门店的销售表现、库存情况，分析出商品的销售趋势、不同地区顾客的喜好，了解商品销售的排行。借助这些商品销售及库存数据，沃尔玛供应商可以及时地制定商品的生产、配送、定价、促销等一系列活动方案，沃尔玛也能够更快地补充缺货，根据当地客户端需要确定产品组合，并降低沃尔玛的库存成本。除了这种单一的零售商的信息平台以外，还有两大主要的全球零售商交易平台——Global Net Xchange和WorldWide Retail Exchange，它们为全球诸多的零售商和供应商提供无缝的贸易联结，降低了买卖双方的接触门槛和交易成本。在库存方面，电子商务和信息系统在存货分配和库存控制方面节约了零售商的时间和成本。

在市场营销与消费者体验方面，数字交易平台和电子商务则在多方面提升了现在的营销模式和消费者体验价值。第一，电子商务拓展了传统零售业在时间和空间上的边界，线上店铺能够支持24小时和全球各地区的访问。另外，电子商务使得传统零售业中“地理位置”的重要性下降。在传统零售业中地理位置一直是竞争优势的来源之一，而在电子商务领域地理位置的重要性则逐步下降。像亚马逊这样没有线下实体店铺的零售商业依然取得了成功。第二，在客户挑选和付款方面，线上商店选择商品的自助式服务可以产生额外的消费额，因为客户可以方便地挑选商品、即刻决定购买替代性产品、增加冲动消费机会，同时便于利用数字化支付方式进行支付。

一旦销售成功，数字交易平台也在商品分销和商品配送方面带来革新性变化。第一，电子商务的发展带来了去中介的可能性，即减少经销商，让客户直接与供应商对接。因为供应链发展的重点在于减少渠道内的库存和提高服务水平。第二，在物流上，电子商务将以往商品从供应商/经销商到仓库/实体店的大量直接交付转变为供应商/零售商到顾客的精确直接交付，提高了物流效率并且降低了库存成本。

---

① 美国人口普查局将“电子商务”定义为商品和服务的销售，买方下订单或销售价格和条款通过互联网、移动设备（移动商务）、外电子网、电子数据交换、电子邮件或其他类似的在线系统进行协商。

② 包括不同门店、不同商品的在库数据、配送中心的库存数据、在途商品数据、退货数据以及补货订货所需要的数据。

三、数字交易平台的经济性质

第一，数字交易平台的重要性质首先在于其互联网链接属性使得“距离消失”。对于传统交易市场而言，商家和消费者赶赴市场需要付出一定的成本，双方进行搜寻需要付出大量的信息成本。[①] 数字交易平台作为贸易促进者的主要优点是极大降低搜寻成本，线上市场通过在一个易于访问的平台上整合市场，促进了来自世界各地的买家和卖家的匹配。出口商不再需要拨打多个电话，发送多个传真，写多次电子邮件，参加多个交易会或网络活动，或者在交易环节不断地联系进口商，因此和传统贸易尤其是传统国际贸易相比，可以将线上交易市场视为“无摩擦”市场。在数字交易平台中，虽然消费者（进口商）仍然需要支付一些搜寻费用，但这些通常归结为简单的互联网搜寻，与出售者（出口商）的远程性无关。

第二，数字交易平台的外部性和信息透露机制减少了信息不对称。数字交易平台可以提供详细的产品描述，卖家可以通过数字化方式进行详细的介绍，而来自消费者的评价、消费体验也使得买家对商品的了解程度可以提升，以减少交易过程中的逆向选择。同样，数字交易平台的消费者信息可以以一定方式传达给商品出售方，使得其对买家也进行适当的判断或者选择。[②]

第三，在平台的参与者客户群体之间存在重要的跨群体或间接网络效应，从而产生外部性。这个外部性效应与信息不对称有所联系但是实质不同。虽然消费者对商品体验的披露也属于消费者之间的互动结果，但本质上，数字交易平台的互动性更多体现在群体行为和个体行为的差异会影响市场交易结果。例如，数字交易平台可以以很低的成本进行组团折扣，消费者对商品的偏好会受到其他消费者购买活动的带动等。同时，商家之间会因为消费者的互动而进行销售活动和广告竞争，从而形成特定的数字交易平台的促销活动。这样的外部性随着用户的增多而增强。

第四，数字交易平台主要向卖方收费。理论上，数字交易平台可以向双方收费，但目前主要采取卖方收费方式。注意这里的卖方并不限定于企业形式，而是泛指通过平台销售产品、服务、二手物品的收入获得者，同时包括企业和个人。表 6-2 列示了全球主要数字交易平台的佣金标准，从中可以看出卖方付费是普遍的模式，但根据所销售物品的内容和性质，付费比例差异较大。Baye 等（2006）等对数字交易平台付费策略及其影响的研究表明，数字交易平台的最佳策略是几乎不向消费者收费。

---

① 本书第五章已经就互联网信息通信技术对贸易产生的影响进行了阐述。但显然，数字交易平台为减少搜寻成本提供了革新性的交易组织形式。

② 当然，在典型的数字交易市场中，更多是消费者对卖方进行选择。同时消费者信息作为数据信息的一部分，其交易性质和对经济的影响在下一章中会进行讨论。

表 6-2　全球主要交易平台佣金标准

公司	活动描述	商品/服务费用	备注
亚马逊(Amazon)	零售电商平台	个人计算机 6%	15%较多,卖家付费
易趣(eBay)	零售电商平台	印刷和制版 2% 书籍、DVD、音乐 12%	2%~12%,卖家付费
阿里巴巴	拥有来自中国和其他亚洲国家供应商的在线零售市场	鞋子 5% 服装 8%	取决于产品类别,卖家付费
埃特西(ETSY)	手工或复古物品和用品以及工厂制造物品的零售平台	5%+	商品总成本的 5% 交易费 列表 0.2 美元,卖家付费
Jumia	非洲的零售在线市场	智能手机 2%; 服务 21%	佣金取决于商品类别,卖家付费
MercadoLibre 跨境贸易	拉丁美洲零售电商平台;跨境贸易计划允许国际商人在拉丁美洲进行销售	16%~17.5%	墨西哥:17.5%;巴西、阿根廷、哥伦比亚和智利:16%。卖家付费,列清单不收费
Booking. com	旅游电商平台	10%~25%	卖家付费
iTunes	音乐和数字媒体的数字市场	30%	约 30%,卖家付费
优步(Uber)	用于点对点乘车共享、出租车叫车、食品配送、自行车共享和其他服务的数字平台	25%	优步向合作伙伴收取所有票价 25%的费用
爱彼迎(Airbnb)	酒店服务在线市场	3%+ 0~20%	房东服务费一般为 3%,家庭旅馆 0~20%
Upwork	自由职业平台	2. 75%+ 5%~20%	零工职业者支付 2.75%的处理费+5%~20%的服务费
Shutterstock	数字平台 授权图像、视频、音乐和编辑资产	镜头剪辑为 70%;定制图像 80%	费用因产品类型而异

注:“+”表示更高。

资料来源:UNCTAD, Digital Economy Report, 2021.

第二节 数字交易平台与消费者搜寻

一、消费者搜寻概述

数字化时代的信息搜寻和市场价格关系已经引起了各方学者的关注,而研究的核心问题是"一价定律"能否在数字化时代得到满足。在理想的完全信息和完全竞争市场中,价格应该满足"一价定律";如果不同的市场之间存在运输成本,那么扣除运输成本之后应该符合"一价定律"。实际上,价格分析是经济学特别是微观经济学研究的核心。在传统经济学研究中,对价格研究始终处于首要位置。传统贸易理论中对贸易成本带来的价格变化和世界各市场是否能够符合"一价定律"的研究也始终是最为重要的研究角度和问题。比如,H. R. Varian(1980)研究表明现实中的价格差异可以达到约30%的幅度,因此"一价定律"完全不可以被称为"定律"。而国际贸易中因为贸易成本、文化距离和汇率制度等一系列的差异,带来的价格差异更大。那么,随着数字化时代的来临,网络电商平台的价格透明,信息搜寻是否可以做到信息成本不再成为商品价格的一大组成,从而在较大程度上实现"一价定律"呢?表6-3对于线下市场的商品售价和线上市场的商品售价的差异范围进行了研究。

表6-3 线上和线下商品市场的价格差异研究

研究者	样本期(年)	产品市场	价格离散度	测算方法
Bailey(1998)	1997	书籍 唱片 软件	10.4%~3.2% 11%~17.6% 7.1%~8.1%	标准差
Borenstein 和 Rose(1994)	1985	机票	0.018~0.416	基尼系数
Eckard(2004)	1901—2001	面粉,糖,盐 面粉,糖,盐	3.1%~10.1% 0%~13.4%	离散系数
Friberg 等(2001)	1999	书籍、唱片	54 ~122 $	价格差
Lach(2002)	1993—1996	冰箱	4.9%	离散系数
Roberts 和 Supina(2000)	1963—1987	木材制品 咖啡	13.8%~90.2% 14.3%~25.1%	离散系数
Scholten 和 Smith(2002)	1976—2000	消费杂货 消费杂货	3.3%~41.4% 5.7%~28.4%	离散系数
Sorensen(2000)	1998	处方药品	13.17$ 22.0%	价格差 离散系数

资料来源:M. Baye,J. Morgan and P. Scholten,"Information,Search,and Price Dispersion," In:T. Hendershott,Ed.,Handbook on Economics and Information Systems,Elsevier,2006.

表6-3说明,目前无论是线上市场还是线下市场,价格离散即价格差异仍然是普遍现象。从这些研究中可以看出,无论是线上市场还是线下市场,产品价格在现实中均出现了一定的差异幅度,部分产品的最高价比最低价甚至翻了一番。这一现象也不断引起大量研究的关注。解释价格离散的因素包括很多,主要视角包括两类。

第一类是产品和服务存在异质性。对价格进行比较的前提是同质产品和服务。而现实中很难认为存在完全同质的产品,因此一旦观测到看似同质的产品存在不同的价格,其中一个重要的原因是实际上这些产品具备某种难以观测或衡量的异质性,但是购买产品的消费者能够捕捉到该异质性并为此付费。甚至,对于具备完全同质性的产品,也因为购买该产品的消费者个体不同而产生对消费者使用价值的异质性,从而也造成了价格差异。

产品和服务异质性框架能够较好地解释部分价格离散的原因,但仍然不能解释全部。第一类对价格离散的重要解释是“搜寻成本”模型。这类研究假设消费者收集价格信息是有成本的,因此为了寻找最佳价格,消费者每获得一个有效报价信息就会产生正成本,比如George J. Stigler(1961)认为买家所拥有的信息并不是偶然得到的,买家对包括广告在内的信息搜寻也是一种成本支出。由于消费者展开搜寻并获取信息需要付出成本,且不同消费者获取信息的成本不同,从而造成了同质产品的价格离散。

“搜寻成本”分析框架核心模型思想是在信息不完美条件下,消费者仅了解企业价格分布,但是却不了解企业价格的准确信息。此时为了获取准确的企业报价具备成本。消费者每展开一次搜寻都需要付出边际搜寻成本;进行搜寻的收益是寻找到更合适的价格进行交易并提升消费者效用。因此,存在消费者“搜寻成本和搜寻收益”之间的权衡取舍。换言之,在每找到一个新的价格时,消费者会选择是停止搜寻,并接受当前价格或既往价格,还是继续展开新的价格搜寻。George J. Stigler(1961)和Reinganum(1979)以“搜寻成本”模型思路出发,分别基于消费者展开固定样本量搜寻的假设和消费者进行序贯搜寻的假设展开了研究,奠定了“搜寻成本”模型的基础理论。比如George J. Stigler(1961)认为买家所拥有的信息并不是偶然得到的,买家对包括广告在内的信息搜寻也是一种成本支出,而Michael Rothschild(1974)则在讨论价格分布未知时的最低价格寻找问题时,同样将信息搜寻成本(Costs of Search)作为一个重要的因素加以考虑。

在上述两类分析框架中,“异质性”分析框架归因于产品和服务的异质性或者消费者消费产品和服务的使用价值不同,较为直观。搜寻成本分析框架则具备更为重要的理论意义,也引起了更多的探讨。数字化和信息化时代对这一框架引起的搜寻成本较低,但市场价格仍然存在鲜明的离散性而不是单一性。这是数字经济对经济学理论研究带来的重要挑战。“一价定律”仍然未能在数字化时代得以实现;随着数字交易的发展,消费者搜寻模型也转向了“价格信息交流中心”模式。随着互联网和电商平台在实际应用中的增加,消费者可以以极低的成本(甚至成本忽略不计)获得所有意向商品的企业报价清单并确定最低价格。这也是数字交易平台的典型特征之一。那么,该如何解释价格离散呢?一部分研究认为消费者忠诚度是产生该现象的主要原因。也就是说,市场中的部分消费者属于价格敏感型消费者,他们只从收取最低价格的公司购买商品,但是有的消费者则会忠诚于某个特定的公司(因此会从该公司购买,即使它没有收取最低的价格)。另一部分研究则将数字交易平台的收费内生化并以此来阐释数字交易平台仍然会产生价格离散。即忠诚消费者的存在并不是价格离散的唯一因素。这方面的代表性研究如 Baye 等(2001,2006)提供了一个信息交流中心模型,该模型不仅将企业和消费者利用信息交流中心的决定内生化(在以前的信息交流中心模型中,企业的上市决定是外生的),而且将信息交流中心的所有者(信息看门人)向希望获取或传递价格信息的消费者和企业收取的费用内生化。他们的研究表明,即使在消费者或企业没有任何事先异质性的情况下,也存在分散的价格均衡。

总体而言,目前各项研究实际上仍然否定了互联网会通过搜寻成本大幅下降而导致"一价定律"(Law of One Price)的观点。实际上,既往研究已经表明均衡价格的离散性可能产生于各种市场条件和包括顺序搜寻和固定样本搜寻在内的搜寻策略。在线上市场,尽管边际搜寻成本很低(甚至为 0),均衡价格的离散性依然普遍存在。由此可见,均衡价格的离散性至少还包括其他关键驱动因素。下文将对数字交易平台、消费者搜寻和价格离散的理论进行简要介绍。

二、消费者搜寻的基础理论

(一)固定样本搜寻模型

固定样本搜寻基于 Stigler(1961)所提出的"搜寻成本"模型。模型的基本假设是存在连续定价的企业(产品出售者)在市场上竞争,产品属于同质产品,并且企业有无限的能力以恒定边际成本 m 来供应这种产品。同时,市场上存在数量为 μ 的消费者有兴趣购买这种产品。[①] 设每个消费者都有一个准线性效用函数:

$$U=u(q)+y \tag{6.1}$$

式中:q 是同质产品的数量;y 是价格归一化后的计价商品消费量。

这意味着当对同质产品的购买支付价格为 p 时,收入为 M 的消费者的间接效用函数为 $V(p,M)=v(p)+M$,同时对同质产品的需求为 $q(p)\equiv -v'(p)$。[②]为了获得该产品,消费者必须首先从销售企业获得报价。假设每一次试图获得报价都需要付出搜寻成本 c,那么考虑搜寻成本的消费者间接效用为:

$$V=v(p)+M-cn \tag{6.2}$$

消费者如何展开搜寻至关重要。首先需要注意到消费者面对的是一个不确定空间:

---

① 除了消费者需要付出搜寻成本外,不存在任何其他消费者了解或购买任一家公司产品的障碍,因此可以进一步假定每家公司面临的潜在消费者数量也为 μ。

② $V(p)$ 为关于 p 的非递增函数。

消费者仅仅知道价格的分布，却不知道特定生产者的报价。[①] 根据 Stigler(1961)提出的固定样本搜寻模型，该搜寻模型有如下关键假定：① 每个消费者希望购买 $K>1$ 件商品[②]，即 $q(p)=K$；② 企业价格外生，并服从非退化分布函数 $F(p)\in[\underline{p},\overline{p}]$；③ 搜寻之前消费者会确定一个固定的样本量 n 并从这些企业获得报价，从提供最低价格的企业购买。[③] 在这样的模型设定下，消费者最优问题就转变为求解最优搜寻样本固定范围 n^* 的问题，即消费者通过选择一个固定样本大小 n 以最小化其预期总购买成本：

$$\min E[C]=\min KE[p_{\min}^{n}]+cn \tag{6.3}$$

式(6.3)表达了固定样本搜寻的搜寻次数和期望低价之间的权衡取舍。当搜寻范围 n 扩大时，搜寻到更低价格的可能性增加并节省商品购买成本；搜寻次数的增加需要增加搜寻成本。为了求解这个问题，需注意到在有限的搜寻次数中必然包含一个该搜寻范围的最低价 $E[p_{\min}^{n}]=E[\min\{p_1,p_2,\cdots,p_n\}]$，并由该搜寻次数 n 可以推导出最优交易价格即最低价格分布为：

$$F_{\min}^{n}(p)=1-(1-F(p))^{n} \tag{6.4}$$

根据式(6.4)，式(6.3)可改写为：

$$E[C]=K\int_{\underline{p}}^{\overline{p}} p\mathrm{d}F_{\min}^{(n)}(p)\ +cn=K\left[\underline{p}+\int_{\underline{p}}^{\overline{p}}(1-F(p))^{n}\mathrm{d}p\right]+cn \tag{6.5}$$

对式(6.5)求解最优问题可以得到最优搜寻样本量 n^*。可以证明，最优搜寻样本量 n^* 存在，并且理性消费者会选择最优的固定搜寻样本 n^*，并由式(6.4)得到所能搜寻到的预期最低价格 $\underline{p}$ 的分布，选择固定样本中的最低价格进行购买。还可以推知最优搜寻样本量 n^* 满足如下性质：① n^* 关于 K 递增。当消费者购买数量较大时，会展开更多次搜寻，因为此时找到更低价格的期望收益更大。② n^* 关于搜寻成本 c 递减。较大的搜寻成本会使得多次搜寻得不偿失。

现在推导市场交易量的均衡。显然，当一个代表性企业收取价格为 p^j 时，其面临的需求量等于访问消费者次数(μn^*)与 p^j 会在消费者搜寻中成为最低价格的概率$(1-F(p^j))^{n^*-1}$之积[④]，即：

$$Q(p^j)=\mu n^* K(1-F(p^j))^{n^*-1} \tag{6.6}$$

式(6.6)表明，最终企业的成交同时取决于消费者最优搜寻样本量和外生的企业价格分

---

① 使消费者了解价格的分布在处理上会使得问题简化，也符合经济实践中的直觉：消费者基于其既往消费经验，对特定商品的价格范畴有一定的掌握。当消费者不了解价格分布，最优搜寻模式可能发生变化，消费者需要通过对样本的一定观察来推断总体样本的特征然后再进行搜寻并设定最优搜寻停止策略。例如著名的苏格拉底麦穗问题为不了解价格分布的最优搜寻停止问题。

② K 为常数。

③ 从消费者的搜寻过程发生在一条时间线上的角度看，固定样本搜寻的假定意味着消费者对搜寻过的价格有完美记忆；消费者可以折回并准确寻找既往生产者中的最低价；生产者可以以恒定边际成本 m 无限供应意味着其售价不受消费者折回搜寻的影响。一旦生产者边际成本不恒定，消费者不具备完美价格记忆，折回搜寻会影响到交易，都会进入到其他搜寻模式并改变模型均衡。

④ 消费者总到访量等于消费者人数乘以搜寻次数；该价格 p^j 成为最低价格的概率等于在消费者搜寻到的其他 n^*-1 个价格都高于 p^j 的概率。

布。而根据最优搜寻样本量的性质,最优搜寻样本量同时取决于价格分布、外生搜寻成本以及消费者的需求量。因此,上述因素共同决定了最终交易价格的分布和市场均衡交易量。

Stigler(1961)为价格离散和搜寻提供了重要的奠基性分析。与第五章分析过的生产者搜寻问题类似,信息摩擦带来了交易价格的离散。当信息摩擦发生在需求侧,即消费者去发现一个价格需要付出搜寻成本时,因为搜寻成本所带来的随机固定样本搜寻范围使得消费者无法遍历生产者的报价,从而仅能在一个有限的范围内选取最低价格。这是价格离散存在的重要原因。一旦消费者搜寻成本为零,该搜寻模型就立即成为完全竞争模型:报最低价格的企业供应全部消费者需求,其他比该价格更高的企业退出市场。因此,完全竞争均衡可以看作零搜寻成本的特殊情形:当消费者搜寻更低价格的成本为零时,最轻微的价格差都无法售出任何产品。①

(二)保留价格搜寻模型

Reinganum(1979)提出保留价格搜寻模型,也称序贯搜寻模型。保留价格搜寻模型也要解决消费者最优搜寻的问题。该模型的基本环境是:① 消费者有相同的需求;② 消费者设定一个最优保留价格 p^* 并进行最佳序贯搜寻,且以保留价格为停止点停止搜寻,在不满意时继续进行搜寻,直到搜寻到等于或低于保留价格的价格为止;③ 企业有异质性的边际成本,其分布函数为 $G(m)\in[\underline{m},\overline{m}]$;④ 即使消费者被边际成本最高的厂商收取垄断价格,该消费者的盈余仍足以支付获得单一报价的成本。②

我们在第五章已经学习过生产者搜寻的保留价格均衡。很容易推知,假设消费者面临着异质性边际成本而导致的价格分布 $F(p)$③,并设在第 n 次搜寻时消费者发现的最优价格为 z,那么消费者继续展开搜寻的期望收益如下式所示:

$$B(z)=\int_{\underline{p}}^{z}(v(p)-v(z))\mathrm{d}F(p) \tag{6.7}$$

当消费者每搜寻一次的成本为 c 时,消费者搜寻的最优保留价格 p^* 满足:

$$\int_{\underline{p}}^{p^*}(v(p)-v(p^*))\mathrm{d}\hat{F}(p)=c \tag{6.8}$$

式中:$\hat{F}(p)=G(p(1+\varepsilon)/\varepsilon)\in[\underline{m}\varepsilon/(1+\varepsilon),\overline{m}\varepsilon/(1+\varepsilon)]$;左侧积分可以看作消费者继续搜寻的期望收益;$c$ 为消费者继续搜寻的成本。

式(6.8)给出了消费者搜寻成本和保留价格之间的均衡关系。当搜寻的期望收益大于继续搜寻的成本时,消费者会继续进行搜寻;当搜寻的期望收益小于继续搜寻的成本时,消费者停止搜寻。在这个选择过程中,搜寻停止点为保留价格。当遇到的价格等于保留价格时,是否继续搜寻并无差异,因为此时搜寻的成本等于继续搜寻的期望收益;遇到

---

① 当然,这里的前提假定是产品同质。

② 第④点保证消费者进行至少一次搜索的期望收益不为负。

③ $F(p)$服从于$[\underline{p},\overline{p}]$。

的价格低于保留价格时，继续搜寻的期望收益高于搜寻成本，理性消费者会继续搜寻。

保留价格搜寻模型表明，信息成本即搜寻成本使消费者无法对价格进行遍历搜寻，从而无法进入到完全竞争的市场模式，也因此同质产品仍然存在价格离散情形。需要注意的是，保留价格搜寻与固定样本搜寻有很大不同：搜寻次数不确定。当消费者面临大量企业价格并已知价格总体分布特征时，消费者所面临的搜寻问题可以简化为两类价格：一类满足保留价格条件，另一类不满足保留价格条件，所以通过 n 次搜寻能搜到一个满足保留价格条件的价格的搜寻次数期望满足①：

$$E[n]=\frac{1}{F(p\leqslant p^{*})} \tag{6.9}$$

而在固定样本搜寻中，消费者预先设定要进行 n 次搜寻。但需要注意的是，这两种搜寻策略在性质上具备以下两点相同特征。第一，最优样本量策略和最优保留价格策略同样都属于全局最优策略。② 在最优样本量策略中，消费者选择固定的搜寻样本量并坚持这一原则，无论其遇到的样本价格是否令消费者满意；在最优保留价格策略中，消费者坚持保留价格，只有满足保留价格条件才会停止搜寻，无论已经搜寻过多少次并付出多少搜寻成本。③ 其次，两类搜寻策略均不能保证消费者能找到最低的价格。

对于在不同的搜寻策略中是否能进行优劣判定这一点很难给出定论。两类模型均只能求解给定策略前提的最优策略。给定外生搜寻成本和模型的前提结论，在选择固定样本搜寻模型的情形下，可以推导出最优搜寻样本量存在且唯一。同样地，在保留价格搜寻策略中，可以证明最优保留价格存在且唯一。但这并不能证明其中哪一种策略在所有策略空间中为最优策略。对两类搜寻策略进行比较需要对市场环境和价格分布进行更为明确的界定才能得出结论。保留价格搜寻的优势在于其可能允许搜寻者节约信息成本，而固定样本搜寻的主要优势则在于消费者有一个更确定的价格集进行选择。两种搜寻模型在不同的情况下都可能是最优策略。

（三）数字交易平台与消费者搜寻

现在分析数字交易平台中的价格搜寻。正如前文所述，随着互联网和电商平台在实际应用中的增加，消费者可以以极低的成本（甚至成本忽略不计）获得所有意向商品的企业报价清单并确定最低价格。这是数字经济和数字交易平台的典型特征之一。并且，获得价格清单的低成本性并不限于单一数字交易平台内部（比如京东或者淘宝平台内）的价格清单；比价网站的存在使得不同数字交易平台之间的比价也非常容易。那么，随着数字交易平台极大降低搜寻成本（甚至可以忽略不计），同质产品的价格离散程度是否会因此消除呢？前文也已经给出了这个问题的答案。如何解释这一问题对经济理论提出了新的挑战。本部分将介绍 Baye 等（2001，2006）研究对该问题的分析。

---

① 此时搜寻成功的预期搜寻次数服从于几何分布。

② 可以证明，式（6.8）所列的边际搜寻权衡取舍条件与全局最优得出的均衡条件相同。证明略。

③ 注意理性消费者并不会进行“不计成本”的非理性搜寻，因为其保留价格关于搜寻成本严格递增。

Baye 等(2001)模型是系列"价格信息交流中心"模型的代表性研究。模型考虑这样一个同质产品生产并销售的环境:市场存在 n 个企业生产同质产品,且企业有无限能力以恒定的边际成本 m 来供应这种产品。假设某特定 i 企业设定的价格为 p^i,并将其发布在价格信息交流中心。大量连续消费者有意向购买这种产品,其需求量为 1 单位且最高支付意愿为 $v>m$。消费者分为两类:第一类消费者为价格敏感消费者 $S(S>0)$,他们首先会在价格信息交流中心寻找到一个低于 v 的最低价格完成购买。如果价格清算所没有列出价格清单,消费者随机访问生产者并在价格低于 v 的时候完成购买。第二类消费者为忠诚消费者,他们对价格不敏感,将每个定价 $p^i<v$ 的企业所能完成交易的消费者数量设为 L,且 $L\geqslant 0$。

互联网时代的数字交易平台即这样的一个价格信息交流中心:数字交易平台可以扩大企业的交易机会,同时也增加消费者的选择可能。一个重要的问题是:企业发布价格是否需要付出成本?部分研究将数字交易平台视为消费者和生产者双方均不需要付出成本。但这并不符合现实。实践中,企业通常要付出高昂的成本来宣传价格。假定每个公司可以向平台支付一定的金额 ϕ 以在价格信息交流中心公布价格并获取不同消费者的访问。

经推导可得每个企业在价格信息交流中心列出其价格的概率为:

$$\alpha=1-\left[\frac{\frac{n}{n-1}\phi}{(v-m)S}\right]^{\frac{1}{n-1}}\in(0,1) \tag{6.10}$$

而当一家企业列出价格,那么其价格服从区间$[p_0,v]$的以下分布:

$$F(p)=\frac{1}{\alpha}\left[1-\left(\frac{\frac{n}{n-1}\phi+(v-p)L}{(p-m)S}\right)^{\frac{1}{n-1}}\right]$$

式中:

$$p_0=m+(v-m)\frac{L}{L+S}+\frac{\frac{n}{n-1}\phi}{L+S} \tag{6.11}$$

当一家企业不列出其价格时,其收取的费用即为 v。在均衡时每家企业的预期利润为:

$$E\pi=(v-m)L+\frac{\phi}{n-1} \tag{6.12}$$

由式(6.10)可以推知,生产者公开价格信息的概率随着价格信息交流中心收费 ϕ 递减。当价格信息交流中心收费为 0 时,所有生产者都会发布其价格信息;当 $\phi>\frac{n-1}{n}(v-m)S$ 时,生产者不进行价格公开。更重要的是,在该模型中忠诚消费者 L 的存在实际上决定了市场均衡中的价格离散程度和价格偏离边际成本的程度。如果 $\phi=0$ 且不存在忠诚消费者,所有企业会选择进行价格发布,搜寻成本此时也为零,因此企业的均衡售价等于其边际成本,市场均衡进入到完全竞争模式。

Baye 等(2001)模型试图去解释这样一个问题:在同质产品且无搜寻成本的情形下,为什么仍然存在价格离散?很显然,模型中关于忠诚消费者 L 的设定是能够进行解释的关键。换言之,虽然此时产品是同质的,但忠诚消费者对特定企业的需求稳定实际上使得此时的“同质产品”设定并不自洽:因为同质产品之间应该完全替代而不应该存在忠诚消费者。

对此,Baye 等(2006)对模型进行了拓展和新的阐释。忠诚消费者 L 的数量在模型中属于外生设定过于简化,同时注意到现实中的线上价格信息交流中心不能完全替代线下市场。因此可以假定 n 家企业在地理上分属不同地区且在各自地区的每个市场都属于该同质产品垄断者的情形。此时消费者进行异地购买则需要耗费较高的成本或者面临交易障碍,因此会在价格清算所搜寻到最低价格且本地价格不超过其最高支付意愿时进行当地购买,这也在一定程度上符合线上市场的现实。当然,这仍然是一个模型的简化。如果将该假定条件进一步放松,消费者在互联网价格信息交流中心搜寻不到理想价格,但异地搜寻需要支付搜寻成本,那么此时模型就进入到前一节所讨论的消费者搜寻模式。很显然,现实中的线上市场也并没有完全替代线下市场,因此这样的实践完全存在:消费者购买某商品时首先进行网络搜寻;在搜寻不到意向价格(或质量)时进入线下购买模式,前往便利店、超市或者特定市场进行购买。

此时进一步设定价格信息交流中心可能也会向消费者收取信息费 k。那么可推导得知,垄断的价格信息交流中心会采取以下的最优收费策略:① 向消费者收取足够低的费用从而使他们都会订阅(所有消费者都成为价格敏感者并会在价格信息交流中心进行搜寻,即 $L=0$)。② 向企业收取正费用($\phi>0$)。此时,式(6.10)即企业在价格信息交流中心公开价格的概率不变,但是企业收取价格分布由下式决定:

$$F(p)=\frac{1}{\alpha}\left[1-\left(\frac{\frac{n}{n-1}\phi}{(p-m)S}\right)^{\frac{1}{n-1}}\right]$$

式中:

$$p_0=m+\frac{\frac{n}{n-1}\phi}{S} \tag{6.13}$$

均衡时每家企业获取的预期收益也相应为:

$$E\pi=\frac{\phi}{n-1} \tag{6.14}$$

式(6.13)和式(6.14)均衡更代表数字交易平台状况下的均衡。第一,尽管没有消费者或企业的异质性,所有消费者都完全知情且都是价格敏感者,即在均衡状态下,全体消费者会从市场上提供最低价格的企业购买产品。第二,均衡中仍然产生了价格离散,因为垄断,价格信息交流中心内生其最优收费策略时会选择向生产者收取一个正的广告费用,这会导致企业有可能不进行价格信息公开,从而最终导致了市场均衡中的价格离散。第三,企业最终也获得了预期正利润,该预期利润关于信息平台收费严格递增。当价格信息交流中心向生产者进行零收费,每个生产者会在博弈中选择公开价格信息并进入完全竞争均衡,从而无法赚取正利润;一旦价格信息交流中心收费较高使得所有生产者均不进入数字交易平台,那么最终生产者会在各自地区获取垄断利润。

修正后的价格信息交流中心模型有如下重要的启示意义。首先,同质产品和数字交易平台的存在并不能消除价格离散,因为生产者的地理区域和数字交易平台收取正费用,使得一部分市场仍以线下的方式进行交易,而企业会在线下市场和线上市场之间寻求均衡。其次,不存在忠诚消费者的设定使得企业获取超额利润的空间大幅度降低,即数字交易平台的价格信息交流中心作用推动了价格向边际成本趋近。最后,在不同的模型设定中,仍然可以假设消费者访问价格信息交流中心具备不同的成本从而导致价格离散,但对这点的讨论意义不大。因为这种设定情形一方面在理论上可以由此前的消费者搜寻模型解释,另一方面这其实也并不符合消费者访问互联网的现实。发展中经济体的网络访问仍然不能普及且存在发展的门槛,但一旦基础设施建成并达到一定的门槛,对个体消费者而言访问成本相对较低且对所有消费者几乎同质,并不存在消费者的不同访问成本。换言之,也可以认为模型讨论的本就是发达经济体的网络平台交易——互联网经济不成熟的经济体仍然需要用传统经济模式甚至发展经济学的分析框架来进行解释。

同时需要注意到,实际上目前没有一个放之四海而皆准的理论模型能够对不同的市场环境下的价格离散进行解释。而不符合“一价定律”的价格离散仍然普遍存在是多种因素作用的共同决定结果,包括异质性、消费者忠诚度、市场结构、数字交易平台的收费策略等。数字交易平台的确可以显著降低价格离散程度,但是搜寻成本的消除并不意味着价格离散的消除。需要明确的是,价格离散并不仅仅来自企业或消费者的事前异质性。而消费者的有限理性在搜寻成本降低的背景下,可能越来越在解释价格离散中起到重要作用。

更重要的启示是,Baye 等(2006)模型的研究揭示了数字交易平台对于国际贸易的重要性。该修正模型中对于生产者异质区域的设定让分析从某种角度回到了传统的国际贸易解释框架:生产者来自不同的国家,消费者跨境搜寻并消费高昂的搜寻成本和交易成本,但互联网和数字交易平台的介入使得该搜寻成本和交易成本极大降低。可以预见的是互联网和电子商务对国际贸易和生产合作的推动会产生显著的效果,这也正如第五章从生产者搜寻角度所展开的分析。从国内政策监管与国际合作的角度理解,该模型所得出的政策启示意义也是十分重要的。企业在数字交易平台存在下的预期均衡利润取决于企业数量和平台的收费,其中仅有平台收费是由数字交易平台内生决定的。如何对数字交易平台进行监管,如何评估数字交易平台垄断所带来的影响,如何合理规范数字交易平台的市场结构,也都成为经济研究和政策制定中重要而迫切的研究课题。

同时,企业存在的异质性也存在于消费者搜寻的市场环境中。如果同时考虑异质性企业和消费者搜寻成本的差异,搜寻模型将更加复杂。此时行业中的企业由于具有异质性,因此会体现在生产边际成本不同,此时消费者如果选择其搜寻模式为顺序搜寻,那么企业的定价方式将取决于消费者的最佳搜寻行为以及该企业与其他企业(竞争对手)的生产成本分布。最终,消费者搜寻成本和企业定价会相互影响。数字化带来搜寻成本降低会促进企业运营效率提升,并最终降低消费者的价格。这种效率的改善来自行业内的动态变化:由于消费者搜寻成本的降低削减了低效(高边际成本)企业的利润,导致其中一些企业退出了该行业;更有效率的企业实际上会从搜寻成本的降低中获益。同时,搜寻成本的降低导致边际成本足够低的公司的利润增加,并导致所有边际成本足够低的公司的总市场份额增加。总的来讲,消费者搜寻成本的降低和数字信息化的影响会提升交易的效率。

第三节 数字交易平台与贸易

一、数字交易平台和"距离消失"

数字交易平台在数字经济中的快速发展使得互联网数字交易平台成为区别于传统物理空间概念的市场,也引起大量研究者的研究兴趣。文献对数字交易平台的关注首先聚焦于数字贸易中的"距离是否可以消失"。

理论上,数字交易平台和网络搜寻极大降低消费者搜寻成本,会使得距离对贸易的影响降低。① 但是也有其他研究指出,即使在线上交易模式中,距离并非能完全消失。虽然大大降低了搜寻成本,但 eBay 上仍然存在搜寻成本。本国消费者对本国产品的偏好仍然存在,从而阿明顿替代弹性的进口产品差异仍然存在。Blum 和 Goldfarb(2006)研究表明,即使在没有贸易成本的在线产品和服务中,物理距离也会减少贸易,即使运输、时间和分销成本在互联网上接近零且在线搜寻成本不取决于距离,这些纯数字商品的贸易会因物理距离而大大减少,因此物理距离仍然具有重要性。

换言之,代表性研究表明,实际上电子商务的出现和互联网背景并未在数字化时代根本性消除价格离散,也无法消除距离的影响。决定价格的影响因素仍然较多。

二、数字交易平台的竞争

而除了均衡价格和距离效应的问题,其他一些市场结构问题也是我们所需要关心的。例如,数字交易平台之间也存在竞争。而数字交易平台之间的竞争表现为直接和间接的

---

① 例如,Hortaçsu 等(2009) 使用在美国 eBay 的交易数据样本,支持了交易距离系数线上比线下小得多这一判断。然而,国际搜寻成本可能与美国内部的搜寻成本大不相同,因此信息和信任摩擦等因素可能更为重要。Lendle、Andreas 等(2012) 比较了地理距离(贸易成本的标准衡量标准)对 eBay 和线下国际贸易流量的影响,分析后发现距离的影响在 eBay 上平均比线下小 65%。

网络效应,及转换成本、声誉效应和规模经济。如果把数字交易平台看作一个新兴行业,它是否会因其“垄断”的性质而影响贸易?

由于互联网日益普及,越来越多的人可以获得互联网访问和基于互联网服务。同时,受益于互联网的普及,无论是对于企业还是消费者,互联网应用程序已经彻底改变了交易模式。亚马逊、eBay等在线交易平台或谷歌和必应等搜索引擎已经降低了许多市场的搜寻成本,并且使得企业进入许多市场领域变得更容易,这可能增强这些细分市场内的竞争。很明显,许多非常成功的互联网公司几乎都是垄断者。谷歌、YouTube、Facebook和Skype是互联网公司的典型例子,这些公司主导着相关市场,只给竞争者留下了有限的市场空间。此外,这些提供商大多自己并不生成内容,只是提供对互联网上不同内容的访问。

因此以下方面也是需要探讨的重要问题:这些互联网巨头为何拥有如此大的市场份额,以及这是暂时的还是非暂时的现象;这些互联网垄断企业享有主导地位,是因为高的进入壁垒而避免了激烈的竞争,还是它们只是享受卓越技术和创新的收益。

代表性研究如Haucap和Heimeshoff(2014)从竞争理论的角度对线上市场的特征进行了回顾,并对三个重要的互联网市场(搜索引擎、在线交易平台和社交网络)进行了详尽的分析。数字交易平台之间的竞争由转换成本、声誉效应、网络效应和规模经济等各项因素决定,虽然不同因素的影响强度在不同市场和平台之间存在很大差异,但其影响通常比在标准的线下市场要高。大部分数字交易平台市场倾向于高度集中,但同时也会不断出现新的平台,例如社交平台。相比之下,贸易平台如eBay却始终成功保持了其市场的主导地位。未来,随着经济实践的发展,数字交易平台本身的竞争动态及其对国际贸易的影响也会继续深入。

本章小结

数字交易平台属于数字中介平台,指在线提供收费中介服务并同时支持多个购买者和零售商之间交易的平台。数字交易平台包括不同的群体,允许群体互动,向用户收费,一般对平台商品不拥有所有权并具备数字化支付手段。

消费者搜寻一般包括保留价格搜寻策略和固定样本搜寻策略两种模式。两种模式之间并无优劣之分。数字交易平台对减小消费者搜寻成本起到重要的作用。数字交易平台极大减少了距离对消费者搜寻的障碍,减少信息不对称,存在互联网外部效应。

数字交易平台的出现降低了价格离散程度,但未能消除价格离散。忠诚消费者、数字交易平台向生产者收费、线上线下市场同时存在等多种因素造成了价格离散仍然存在。

关键术语

数字中介　数字交易平台　社交平台　消费者搜索　保留价格搜寻模型　固定样本搜寻模型　忠诚消费者　平台收费制　价格清单　价格信息交流中心　外部效应　网络效应　一价定律　价格离散

思考题

1. 数字交易平台具备什么性质？

2. 固定样本搜寻模型和保留价格搜寻模型的区别是什么？二者是否存在优劣之分？

3. 为什么会存在忠诚消费者？

4. “同质产品可能包括未观测到的异质性并引起价格离散。”如何评价这句话？

5. 为什么数字交易平台仍然不能实现一价定律？

6. 为什么互联网和数字化对减小信息摩擦很重要？互联网会彻底消除信息摩擦吗？

即测即评

第七章

数字贸易的福利效应

贸易的福利或者收益是国际贸易理论研究中的核心问题。消费者从贸易活动中获得了多少收益？这些收益的来源是什么？古典和新古典贸易理论强调，一方面各国的贸易往来，将促使国家专业化分工生产，资源配置到比较优势产业，整体的生产效率得到提高，这被称为专业化所得。另一方面，因为各国的专业化生产，消费者通过国际贸易获得了更多的消费量，这被称为交换所得。新贸易理论则是从规模经济出发，分析了差异化产品情形下贸易通过市场准入、竞争和新品种给消费者带来福利收益。新新贸易理论则在新贸易理论的基础上强调了自我选择效应是新的贸易利益来源，通过贸易开放后的高生产率企业市场得以拓展和低生产率企业无法盈利而退出的资源配置效应带来平均生产率提高和福利改善。那么在数字贸易时代，当贸易产品的生产技术、贸易活动渠道、贸易产品类型都因数字技术而发生改变时，消费者可以从中获得什么样的贸易福利？进一步地，这种福利的变化是多大规模的？不同的消费群体获得的收益是否存在差别？对于该问题的回答，可以帮助我们明确数字贸易的实际收益和分配结果。鉴于此，本章主要介绍基于数字交易平台形成的数字化交付，还有新兴的数字产品出现所带来的福利效应。

第一节　数字交易平台的福利效应

一、数字交易平台对市场福利的影响

数字交易平台的出现给消费者购物提供了新方式。过去的十几年中，很多国家的电子商务都在蓬勃发展，消费者也历经了从线下实体店消费转移到线上购买的过程。根据美国普查局的数据（Dolfen等，2023），美国电子商务支出占总零售支出的比重从2007年的5%上升至2017年的10%，在十年的时间内增长了一倍。这种市场交易行为的显著改变是否为消费者带来了好处？给消费者带来了多大的好处？会通过什么方式给消费者带来好处？对于这些问题的解答，我们首先从理论上分析数字交易平台促进市场福利的作用机制。

（一）数字交易平台对市场福利的理论影响

以电子商务为代表的数字交易平台兴起，对市场福利的影响可以概括为两个方面：一是相比于原有的线下购物模式，消费者使用线上数字交易平台购物后，可以节省线下购物花费的成本。消费者可以随时随地借助于计算机或者移动设备进入购物平台，搜索、浏览、挑选、订购相应的产品；平台上的智能算法能够依据消费者的购物历史和搜索偏好等信息，推送相关的产品和商家，节省了消费者挑选商品所付出的精力；配合及时的客户服务，很大程度上降低了消费者在购物过程中花费的时间成本，会给消费者带来更为便利的购物体验。更为直接的是，消费者不再需要动身前往固定的线下场所，大大减少了因为地理距离产生的时间成本和交通运输成本，这些都将给消费者带来极大的便利性。对于生产者而言，通过数字交易平台进行商品销售也减少了开立实体店的成本，比如无店租、装潢等成本，仅有虚拟商铺的布置和展示。另外，原有地理上的商业布局也大大减少，现在只需要一个平台即可满足一国甚至更大范围内的产品交易需要。因此，数字交易平台的出现为市场中卖家和买家提供了便利，节约了相应的交易成本，起到了增进福利的效果。对于上述市场福利的来源，我们称之为数字交易平台的便利性影响。

二是数字交易平台拓展了市场交易的渠道。多通路的消费选择，尤其是数字交易平台是以先进的数字技术为依托，这给消费者带来的是更高质量、更快速度和更有保障的全流程服务，起到了增加消费者福利的效果。与此同时，在原有线下销售的基础上，生产者拓展使用线上平台作为交易的渠道，交易的效率也能得到大幅度的提升，比如借助于平台实时的数据传送和技术调整，能迅速实现企业内部各个运营部门配合、沟通、管理等事务的完善和相关问题的解决；平台上对交易流程的数字化操作，能加快生产者在开展营销活动以及物流、支付等环节的操作效率。从市场竞争的角度来讲，数字交易平台作为新的购物渠道，因为其操作的便利性和开店销售的低成本性，吸引了大批商家入驻平台，开展市场交易。这相当于数字交易平台作为新的交易渠道，降低了进入市场的壁垒，从而提升了市场竞争水平，导致市场均衡价格的下降，这也是数字交易平台增进市场效率、提升福利水平的重要表现。就福利效应而言，对于上述分析，我们可以概括为数字交易平台的渠道作用。

（二）数字交易平台的福利效应测算①

通过上述内容，我们可以知道，数字交易平台作为新兴的市场交易空间，在很多维度上改变了市场参与者的行为，也就从很多角度上对市场福利有促进作用。不过，这种促进作用到底有多大？对这种福利效应的量化分析也是值得关注的。Huang 和 Bronnenberg（2021）利用荷兰的消费者调查数据评估电子商务的福利收益。Dolfen 等（2023）使用美国 Visa 卡消费记录，分别从“消费者的便利性收益”和“数字交易平台作为新交易渠道”两

① 本部分内容主要来自 Paul Dolfen et al，“Assessing the Gains from E－Commerce，”*American Economic Journal：Macroeconomics*，vol.15，no.1，2023，pp.342－370.

个方面，估算了2007—2017年数字交易平台带来的福利效应大小。

Dolfen等(2023)使用的是2007年1月至2017年12月期间的Visa借记卡和信用卡交易数据。该数据详细地记录了持卡人每一次和商家之间的交易情况，具体信息包括交易金额、日期、卡类型(借记卡或者信用卡)、商家标识和邮编地址、商家名称和所属行业。统计数据发现一些行业在2007年网络销售的比重已经相当高，比如航空运输；一些行业直到2017年，其网络销售比重还是很低，比如食物在2017年线上销售仅占6%。从线上消费支出在全部消费中所占的比重来看，从2007年的约5%增长到2017年的近8%。这都说明了在数字经济时代，数字交易平台已经成为市场交易的重要渠道。

在福利效应的估算上，Dolfen等(2023)首先计算的是数字交易平台出现后，消费者可以足不出户便完成消费，节省了去往实体店的时间和成本，从这条影响路径出发，消费者福利的变化程度，即数字交易平台给消费者带来的便利性收益。对该收益的估算，考虑只有线下渠道和线上线下渠道都可以选择这两种状态下的消费者剩余差别。假设消费者知晓其想买的商品价格，且线上线下的价格相同。消费者面临的选择是在线上购买还是在线下购买。如果通过线上平台从商家j购买的话，消费者i得到的效用水平为：

$$u_{ij}^{o}=\gamma_{j}^{o}+\varepsilon_{ij}^{o} \tag{7.1}$$

式中：γ_j^o表示从线上商家j消费得到的平均效用；ε_{ij}^o表示随消费者i和线下商户j变化的效用水平，假设该值服从I型极值分布，对不同的商家和消费者满足独立同分布。

同理，消费者i从线下商家j购买商品得到的效用为：

$$u_{ij}^{b}=\gamma_{j}^{b}-\beta\cdot dist_{ij}+\varepsilon_{ij}^{b} \tag{7.2}$$

式中：γ_j^b表示从线下商家j消费得到的平均效用；$dist_{ij}$表示消费者i与商家j的最近实体店之间的直线距离；ε_{ij}^b表示随消费者i和线下商家j变化的效用水平，假设该值也服从I型极值分布，对不同的商家和消费者满足独立同分布。

根据式(7.1)和式(7.2)，首先进行Logit回归。被解释变量是一个指示变量，取1表示线上购买，取0表示线下购买，解释变量是消费者i和最近的商家j实体店的距离$dist_{ij}$和商家固定效应。$dist_{ij}$中消费者i的位置是根据卡邮编地址里的中心点确定的，商家实体店位置由来自Visa记录的经纬度确定。上述回归利用2017年所有卡消费记录中随机抽取的1%样本。① 其中，数据只挑选同时有线上线下销售渠道且实体店距离消费者50英里内的商家，最后样本涵盖了9种零售行业。回归结果显示，估计出β系数为0.026(标准差小于0.000 01)。

利用极值分布的性质，可以得到当有了数字交易平台作为购买渠道时，消费者i在商家j的每一笔交易的便利性收益为：

$$\Delta CS_{ij}=\frac{\ln[\exp(\gamma_j^b-\beta\cdot dist_{ij})+\exp(\gamma_j^o)]-(\gamma_j^b-\beta\cdot dist_{ij})}{\beta} \tag{7.3}$$

需要注意的是，这里计算福利变化的式(7.3)并没有考虑线上渠道出现后对线下消

① 原文指出，数据是删除了无买家邮编的记录后随机收取的。

费的影响，比如对商家的购买完全变为线上，而是在假设消费者会既进行线上又进行线下消费的条件下，得到式（7.3）。从该公式可以看到，每笔交易中消费者的收益有两个来源：一是节约了去实体店的成本；二是相比于线下，线上购买增加了效用。在测算福利变化时，考虑到由于数据中没有价格信息，所以在福利变化的衡量式（7.3）中没有体现商品的价格影响。不过，这里在距离的测算上代入价格，将距离里程货币化。这里假设每英里的时间成本为 0.8 美元，直接成本为 0.79 美元，合计每英里 1.59 美元，消费者和商店之间的往返成本为每英里 3.18 美元。① 根据样本数据可得，平均距离为 5.8 英里，结合每英里往返成本 3.18 美元，以及利用上述回归得到的 β 估计系数和 $\gamma_j^o - \gamma_j^b$，计算得出每笔交易的便利性收益达到 18 美元。

Dolfen 等（2023）估算了数字交易平台的渠道性福利收益。为了实现将理论机制转化为可计算福利的条件，构建了一个在传统线下贸易平台基础上，新增数字交易平台的数理模型。这个模型描述了这样的市场环境：传统的线下平台仍然存在；新兴的数字交易平台已经进入市场，成为人们消费的新选择。线下平台和线上平台的区别在于，数字化技术的使用导致线上平台商户的生产效率更高、服务质量更优。第二类市场参与者是消费者，消费者除了认为对消费商品的数量会带来效用之外，不同渠道的质量高低也会有效用的差异，还有同等条件下，消费渠道的多寡也在影响消费行为带来的效用。也就是说，当消费渠道或者说购物平台变多时，消费者的可选择渠道增加，多样化的渠道可以更大程度上使得购物过程的丰富性提升，这也是消费者效用增加的重要来源。当然，消费者对商品的购买需要付出成本，这里的成本包含两个方面，一是单价成本；二是在线上（线下）购物时付出的固定成本。最后，在这个市场中还存在一个平台之外的服务部门。这点和现实也是吻合的，为了完成整体的交易过程，我们需要其他辅助性的服务商，比如运输物流部门、网络技术支持、金融部门等。在这个模型中，服务部门的作用简化为：一是针对线下渠道，服务商负责将消费者送往实体店；二是针对线上渠道，服务商提供网络服务，以帮助消费者接触线上零售商。

在上述市场环境下，我们可以具体来看，有了数字交易平台之后，市场均衡是什么样的结果。

第一，消费者选择。市场均衡时，消费者满足在预算约束下做出效用最大化的选择，该过程可描述为：

$$\max U = \left[\sum_{m=1}^{M} (q_m \cdot x_m)^{1-\frac{1}{\sigma}} \right]^{\frac{\sigma}{\sigma-1}}$$

$$\text{s.t. } M_b^{\phi} F_b + M_o^{\phi} F_o + \sum_{m=1}^{M} p_m \cdot x_m \leqslant w \quad 且 \quad M = M_b + M_o \tag{7.4}$$

其中，消费者可以从 M 个商家那里购买商品，线上 M_o 家，线下 M_b 家。q_m 表示商家 m 的“质量”，x_m 表示从该商家购买的数量。F_b（F_o）为线下（线上）购物的固定成本，w 是消费者的工资收入，σ 是不同商家之间的替代弹性，参数 ϕ 表示访问商家的固定成本随访问

① 这里使用了 Einav 等（2016）的估计数值计算每英里的货币价值。

商家数量增加而变化的速度,其中假设 $\sigma<\infty$,$\phi>1$。[①]

第二,商家决策。考虑商家 m,其选择价格使得利润最大化,该问题描述为:

$$\max_{p_m}\pi_m=p_m y_m-wL_m-wK_j$$

$$\text{s.t. } y_m=\frac{M_j}{M_{j,market}}Lx_m \quad 且 \quad y_m=Z_m L_m \tag{7.5}$$

式中:y_m 表示商家总销售量;L_m 表示商家雇佣的劳动力;K_j 表示间接劳动力;L 表示消费者总数;Z_m 表示商家 m 生产率;j 表示 o 或 b,假设每个商家只有线上或者线下一个销售渠道。

设定线上和线下商家的间接劳动力 K_j 不同。这里假设每家实体店(网店)会被 L 个消费者里的一个随机子集光顾。也就是说,当 $M_j/M_{j,market}$ 为 90%时,表示每个消费者会随机光顾 90%的实体店(网店)。

第三,服务部门。在模型中,有服务部门的存在。对于线下渠道,服务部门负责提供运输服务,将消费者送往实体店,该服务需要雇佣 L_b 个劳动力;对于线上渠道,服务部门雇佣 L_o 个劳动力提供网络服务,以帮助消费者接触线上零售商:

$$L\cdot M_b^{\phi}=Y_b=A_b L_b$$

$$L\cdot M_o^{\phi}=Y_o=A_o L_o \tag{7.6}$$

该行业是完全竞争的,因此该部门的产品定价为:

$$F_b=\frac{w}{A_b} \quad F_o=\frac{w}{A_o} \tag{7.7}$$

购物技术的提升体现在服务部门生产运输服务技术 A_b 的提升,生产网络服务技术 A_o 的提升。这将导致消费者线下或者线上购买所支付的固定成本下降。

假设市场自由进入条件成立,对于线上市场或者线下市场,都有预期利润为 0 的条件成立即满足 $E_j[\pi_m]=0$。在满足上述条件下,两个市场中的商家数量是内生决定的。劳动力市场的出清条件是劳动力总量等于劳动力需求:

$$L=\sum_m L_m+M_{b,market}K_b+M_{o,market}K_o+L_b+L_o \tag{7.8}$$

为了得到用于测算福利变化的解析式,这里对上述市场均衡条件进行简化假设。首先,本模型主要关注的是线上和线下两个渠道的出现对消费者福利的作用。鉴于此,我们主要突出线上和线下之间的差别,而假设市场内部商家的质量和生产效率是同质的。即满足:对于 $m\in M_{b,market}$,$Z_m=Z_b$;对于 $m\in M_{o,market}$,$Z_m=Z_o$;对于 $m\in M_{b,market}$,$q_m=q_b$;对于 $m\in M_{o,market}$,$q_m=q_o$。在此假设下,可以得到线上商家和线下商家的定价分别为:

对于 $m\in M_{b,market}$,$p_m=p_b=\dfrac{\sigma}{\sigma-1}\cdot\dfrac{w}{Z_b}$

对于 $m\in M_{o,market}$,$p_m=p_o=\dfrac{\sigma}{\sigma-1}\cdot\dfrac{w}{Z_o}$ (7.9)

由此可得,消费者对每个线上(线下)商家的消费额是相同的,所以消费者对每个线

① 设定 $\phi>1$ 是为了能够获得内点解。

上和线下商户的支出满足以下关系式：

$$\frac{p_o x_o}{p_b x_b}=\left(\frac{q_o/p_o}{q_b/p_b}\right)^{\sigma-1} \tag{7.10}$$

结合线上和线下商家的利润函数，以及上述市场均衡条件，可以求解得到线上和线下市场中商家数量和被访问的商家数量分别为：

$$M_{b,market}=\frac{1}{1+k}\cdot\frac{1}{\sigma}\cdot\frac{(\sigma-1)\phi}{1+(\sigma-1)\phi}\cdot\frac{L}{K_b}$$

$$M_{o,market}=\frac{1}{1+k}\cdot\frac{1}{\sigma}\cdot\frac{(\sigma-1)\phi}{1+(\sigma-1)\phi}\cdot\frac{L}{K_o}$$

$$M_b=\left[\frac{1}{1+(\sigma-1)\phi}\cdot\frac{1}{1+k}\cdot A_b\right]^{\frac{1}{\phi}} \tag{7.11}$$

$$M_o=\left[\frac{1}{1+(\sigma-1)\phi}\cdot\frac{k}{1+k}\cdot A_o\right]^{\frac{1}{\phi}}$$

式中：

$$k\equiv\left(\frac{q_o}{q_b}\frac{Z_o}{Z_b}\right)^{\frac{\phi}{\phi-1}(\sigma-1)}\left(\frac{A_o}{A_b}\right)^{\frac{1}{\phi-1}}$$

在效用最大化的条件下，可得到消费者对线上消费的支出份额为：

$$s_o\equiv\frac{M_o\cdot p_o x_o}{M_o\cdot p_o x_o+M_b\cdot p_b x_b}=\frac{k}{k+1} \tag{7.12}$$

从式(7.12)可知，当线上购物相比于线下，质量变好(q_o/q_b 更大)、价格降低(Z_o/Z_b 更大)、购物过程更容易(A_o/A_b 更大)时，消费者会花费在线上购物的比例上升。进一步推导可知，均衡状态下消费者福利和下式成比例：

$$M^{\frac{1}{\sigma-1}}\cdot\left[\frac{1}{M}\sum_m(q_m\cdot Z_m)^{\sigma-1}\right]^{\frac{1}{\sigma-1}} \tag{7.13}$$

利用求解出的商家数量以及外生给定质量和效率，式(7.13)可以转换为与下式成比例：

$$\left\{\left[A_o^{\frac{1}{\phi}}(Z_o q_o)^{\sigma-1}\right]^{\frac{\phi}{\phi-1}}+\left[A_b^{\frac{1}{\phi}}(Z_b q_b)^{\sigma-1}\right]^{\frac{\phi}{\phi-1}}\right\}^{\frac{1}{\sigma-1}\frac{\phi-1}{\phi}} \tag{7.14}$$

从式(7.14)可以看到，线下市场的质量、效率和运输服务，线上市场的质量、效率和网络服务的增进，这6个因素的提升都会起到增进福利的效果。进一步，利用 k 和 s_o 之间的关系，在给定 A_b、q_b 和 Z_b 的条件下，可以将线上市场的质量、效率和网络服务的变化用 s_o、σ 和 ϕ 等价表示，那么消费者福利水平可以表示为：

$$Z_b\cdot q_b\cdot A_b^{\frac{1}{\phi(\sigma-1)}}\left(\frac{1}{1-s_o}\right)^{\frac{\phi-1}{\phi(\sigma-1)}} \tag{7.15}$$

利用式(7.15)可以计算出当线下市场不变化时，线上市场给消费者的福利带来了多少变化。福利随着消费者在线上支出份额增加而提升，线上支出份额的提升是网络服务效率 A_o 提升、线上商家质量 q_b 和生产效率 Z_b 引起的。此外，对消费者而言，商家之间的替代性越大，线上支出份额增加带来的福利提升幅度越会被削弱。替代性 σ 越高表示消费者越容易从线下商家转移到线上消费，在这个需求特点的作用下，线上商家不需要很高的网络服务效率、质量和生产效率水平，就可以被消费者选择。所以比起替代性高的情况，替代性较低时 s_o 的上升，代表这三个方面的改善程度更大。由于福利提高的真正动力来自线上市场的质量、效率和网络服务的增进，因此同样程度的 s_o 增加，在替代性较低时，表示有更多的福利提升。最后在给定 s_o 上升时，ϕ 越大可计算得出福利增加越多。ϕ 越大，表示消费者线上购物时要支出的固定成本越大，需要更多的线上市场的质量、效率和网络服务提升才会带来相同的 s_o 增加幅度。所以相同的 s_o 上升时，ϕ 越大指向消费者福利增加得越多。

那么要计算出实际的福利增进效果，需要知道 Δs_o、σ 和 ϕ 的值。Δs_o 则可以根据样本数据计算得到。σ 和 ϕ 是外生给定的模型参数，可以使用校准的方式估计得到。使用模型推导出的关系式，利用回归的方法估计出 ϕ 值，分别使用 2007 年和 2017 年的数据回归得到的 ϕ 值为 1.73 和 1.75，平均值是 1.74。在估计商家之间的替代弹性 σ 时，利用回归方法得到线上和线下商家的替代弹性值是 4.3。另外，还对线下商家间的替代弹性进行了估计，估计的结果为 6.1。

结合上文估计出的 σ 和 ϕ 的值，以及从 Visa 卡消费计算得到的线上市场支出份额 Δs_o，原文计算出了数字交易平台的兴起给消费者带来的福利变化，结果展示在表 7-1 中。2007—2017 年，消费者剩余增长了 0.38%；以 2017 年的电子商务发展为准，数字交易平台给消费者的福利带来了 1.06% 的提升。当改变参数 σ 和 ϕ 的值时，可以看到福利变化值也在相应改变。使用线下交易估计出的 ϕ 值为 1.58，利用此结果测算出的福利增进幅度为 0.33% 和 0.91%，ϕ 的下降拉低了福利的提升幅度。使用线下交易估计出的 σ 值为 6.1，对应计算出的消费者福利增进量降低到 0.24% 和 0.68%。

表 7-1　来自数字交易平台的消费者福利所得

	ϕ	σ	s_o^{2017} vs. s_o^{2017}	s_o^{2017} vs. $s_o=0$
基准模型	1.74	4.3	0.38%	1.06%
使用线下交易估计出的 ϕ 值	1.58	4.3	0.33%	0.91%
使用线下交易估计出的 σ 值	1.74	6.1	0.24%	0.68%

注：福利所得变化是 $\left(\frac{1-s_o^{old}}{1-s_o^{new}}\right)^{\frac{1}{\sigma-1}\frac{\phi-1}{\phi}}$，其中 s_o 表示线上交易的份额。Z、A_b 和 q_b 被认为不随时间变化。该结果是通过分别代入 s_o、ϕ 和 σ 的值计算得到的。

Dolfen 等（2023）使用美国 Visa 卡的消费记录，量化分析和估计了数字交易平台给消费者带来的福利变化。虽然现实中，数字交易平台贸易活动的出现可以有多种渠道增加消费者的福利，但是这里主要讨论了两种渠道：一是假设线上线下店铺、产品、价格完全一致的情况下，线上购物省去消费者出行的交通和时间成本而导致的福利增进，据估计，平台将导致每笔交易下消费者收益 18 美元；二是将线上平台视作区别于实体店的新购物途径，聚焦于线上线下的区别，两种购物渠道间有替代性，但是假设线上（线下）商家间的生产技术、质量、价格、产品都相同，那么对消费者而言，线上平台的加入，并且因其服务效率、生产技术和质量的提升，给其带来了质优价廉的商品，也极大地促进了消费者剩余的增加。Dolfen 等（2023）突破了以往研究的数据限制，从消费者便利性和购物渠道多样性的角度，使用涵盖全部门的消费数据估算了数字交易平台带来的福利收益大小。

二、数字交易平台福利效应的分配问题

上一部分内容中，我们讨论了数字交易平台产生的福利效应及其测算问题。数字交易平台带来的便利性和市场渠道的拓展，给市场运行注入了新能量和高效率，市场运行的福利增进效果也很显著。既然数字交易平台带来了好处，这种好处是如何分配的呢？换句话说，原有的市场条件或者其他因素，是否会造成这种福利效应在不同群体间存在差异性？对该问题的回答，不仅有助于明晰数字交易平台对经济贸易的影响，更重要的是考察了其中可能产生的不平等作用，从而加深对平台运行福利结果的理解。[①]

（一）数字交易平台福利效应的不平等来源

什么因素可能导致数字交易平台产生的福利作用，在什么维度上会有不平等的情况出现？首先要认识到数字交易平台是在线下实体平台构建比较完善之后，才出现的新兴购物方式。

一方面，线下零售模式需要固定的经营场所，商家要支付开店的固定成本，包括建设投资、装修费用等。对于线下零售企业而言，其在选址建设实体店时，必然要考虑到在这个城市投资设店之后，预期利润是否能够超过投入建设花费的固定成本。相比于小城市而言，大城市的需求规模更大，预期利润也更大，鉴于此，线下零售企业更倾向于在大城市建设实体店。

另一方面，线下店铺是先完成运输物流，将商品大批量运输到各个实体店，后完成选购、下单等交易流程，而非线上平台那样可以根据实际的订单需求灵活安排物流方案。因此，物流成本也是实体设店要考虑的重要因素。从中国来看，现有的城市分布特点是中心区域往往是人口聚集、人口众多的大规模城市，运输等服务部门发展水平高，运力大多集中在中心大城市，而非中心的偏远区域主要是小城市，地理距离远、运力发展水平落后，相较之下相同的商品在送往偏远小城市花费的运输成本明显更高。所以，我们可以观察到中国线下零售业的地理差异较大，中心城市的线下零售行业更为发达，表现在以大型或者跨国零售企业为主导；地处偏远区域的小城市，线下零售业的发展有限，以产品范围或经营范围有限的本土零售企业为主导。

---

① 本部分内容来源为 Fan et al. ,The Alibaba Effect: Spatial Consumption Inequality and the Welfare Gains from E-Commerce, *Journal of International Economics*, vol.114, 2018, pp. 203-220.

但是数字交易平台给出的线上零售则呈现出不一样的经营特征。首先,企业入驻开设店铺几乎不需要成本,而且对企业的资质要求也相对宽松。线上市场能吸引大量的企业入驻开店交易,包括原本无法支付实体店成本的企业也可以进入线上市场经营。其次,数字交易平台能够降低线下运输的贸易成本,平台下单完成后,企业才需要借助于物流展开运输,也就不再需要提前部署运输问题,可以灵活地根据订单目的地安排更为效率、便宜的运输方式。最后,数字交易平台极大程度降低了信息摩擦,使得因地理距离隔开的买卖双方也能通过平台进行充分的交流,不同城市间因距离产生的贸易成本随之下降。数字交易平台的出现可以说消除了线下零售业在贸易范围上的限制,扩展了贸易的地理范围,降低了企业进入市场的门槛,促进了企业在跨区域的贸易行为。这将使得消费者可以更低的价格获得更多种类的产品,于是将购物选择从线下转移到线上。

但是大城市本身就因为规模效应和运输成本低有大量的线下零售企业供给丰富的产品,线上平台供给企业和品种的增加给消费者带来的吸引力不足,而小城市却因此引起可购买产品种类大幅度的上升。同时,对于偏远城市而言,线上零售带来了更大可变贸易成本的降幅。因此相比于位于中心大城市的消费者,偏远小城市的消费者在数字交易平台出现后,能更大程度地受益于线上零售,促使其花费更多在网络购物上,也就给他们带来了更大的福利效应。

从需求方面来看,可能存在的解释是在较小、更偏远的城市,线上购物的需求可能更高。另外,大小城市之间的收入差异也可能是原因之一。大城市的消费者收入水平高,其消费选择可能偏向于高端产品和服务,甚至愿意购买奢侈品,而这些通常不会是所有线上平台都能出售的商品。而小城市消费者收入水平较低,其消费篮子中的商品更可能在网络平台出售。所以最后显示出的状态是小城市更愿意网络购物,因此从数字交易平台上的获益更大。

Fan 等(2018)以中国为例,就上述解释数字交易平台对不同城市的福利效应差别的机理是否存在,展开了经验研究。正如上文所提及的,中国的疆域广阔,其城市分布的特点具有典型中心大城市—偏远小城市的特征。更重要的是在过去的十几年间,中国的电子商务实现了从无到大规模快速增长的过程。从 2008—2015 年的统计数据来看,中国网络零售总额(名义值)从 0.126 万亿元上升至 3.9 万亿元,增长了近 30 倍,网络零售占总零售额的比重也从 1.1%上升至 12.6%。但是从城市间的数据比较可以发现,电子商务对不同城市的重要性是有差异的。2011—2012 年的数据显示,中国一、二线城市在线上购物的花费占收入的 17%,而在三线和四线城市,这一比重分别达到 21%和 27%。这一事实说明,线上平台的市场运行确实在中国的大小城市中存在明显的差别。

第一,上述分析认为数字交易平台因为降低了地理距离带来的信息摩擦,使得地理距离对区域间贸易的影响减小,相当于降低了贸易成本。对此猜想,Fan 等(2018)将线上和线下的省际贸易额分别对地理距离进行回归。结果显示,线上贸易对地理距离的弹性明显小于线下贸易,所以该猜想符合现实情况。第二,基于线上平台交易固定贸易成本和可变贸易成本都低于线下贸易的条件,可以推演出偏远小城市的消费者更能从线上购买中获益,因此其在网络购物上的花费更多。Fan 等(2018)利用回归得到的结果显示,排除了偏远小城市互联网普及率更高、与网上商家距离更近、更容易收到线上购买的产品、线上商家的生产地以及从需求上解释小城市网络购物更多的解释后,城市中网络购物消费的比重与城市规模和市场潜力(以市场规模衡量)均呈现负相关关系。这说明偏远和小城市的消费者更多地花费在网络购物上。符合在原有线下零售分布不均的条件下,数字交易平台的兴起引发产品种类的增加和产品价格的下降,这种变化对小城市的消费者而言的受益更大,导致其在网络购物上花费更多的理论猜想。

(二)对数字交易平台福利效应不平等的测算

在经验分析的基础上,Fan 等(2018)以数字交易平台的影响机制为基础,对企业线上渠道和线下渠道销售的行为进行刻画,并构建多区域贸易的可计算一般均衡模型,结合中国的现实数据,计算了数字交易平台对区域贸易模式、福利的影响幅度,深入剖析了其中的影响渠道和城市差异。这一模型是在垄断竞争的市场环境下,位于不同地理区域的企业开展跨区贸易,可以选择传统线下模式或者新兴网络线上模式。平台销售模式投资的固定成本更低,同时由于信息摩擦的减少,平台交易也降低了可变贸易成本。最终模型的结果显示,相比于只有传统线下销售的情况,数字交易平台为企业降低了进入市场销售的固定贸易成本以及可变贸易成本,降低了产品价格,增加了收入水平,最终导致市场整体福利水平的提高。

Fan 等(2018)利用 Helpman 等(2004)的模型框架,加入上述机制进行推导,得到在达到均衡时,地区内消费者的福利水平由工资和价格水平所决定(具体为工资/价格水平)。对工资的影响来源于对劳动力需求的变化,包括作为生产要素引发的需求、企业进入成本的需求、建立线下实体店的需求。对价格水平的影响可以分解为种类效应、价格效应、新进入企业效应和其他效应。

首先,考虑数字交易平台从无到有的过程,出现了数字交易平台后,对于地区来说,一些原本无法建设实体店的企业,现在可以通过数字交易平台在该地进行贸易,这使得市场中产品种类增加,导致价格下降,产生对价格的种类效应。其次,原本经营实体店的企业现在开辟线上渠道,将产品销往其他地区,引发了既有企业价格水平的降低①,这是价格效应。再次,平台的出现使得不同地区的企业数量产生变化,这也形成了引起价格下降的新进入企业效应。最后,当数字交易平台出现时,可能引发一些企业关闭线下门店,只经营网店,从而使得价格变化,这部分影响归在其他效应中。

表 7-2 展示了利用数理模型,将关键外生参数赋值,计算出的实验的结果。表中主要依据人口规模和市场潜力大小,来看不同类型的区域在数字交易平台发展前后的贸易状态和福利变化。人口最少城市的平均进口比例从 75.8% 上升到 77.4%,增加了

① 在该模型中,汇总到企业层面的价格水平与销售的产品种类有关,种类越多,企业的价格水平越低,这是根据企业内部不同产品间存在替代关系推导出的结果。具体公式推导过程可查看 Fan 等(2018)的原文。

1.6%。人口中等规模(位于第3分位点)的城市,这一比例上升了1.26%,人口规模最大的城市则增加了1.09%。而分渠道来看,人口规模最小的城市在数字交易平台发展后,线上贸易增加了10.77%,线下贸易减少了9.13%;这在人口规模最大的城市中分别是增加6.74%和减少5.65%。这反映了当数字交易平台出现后,有些企业会选择关闭线下门店,或者将部分产品转移到线上销售,从而减少了线下销售。按照市场潜力区分城市类型的结果也是类似的。总体来看,数字交易平台促进城市之间的贸易,线上销售增长的同时,线下销售在减少,而这一作用在小规模城市中更大。对于福利变化来讲,数据样本中的城市福利平均增长了1.6%。这些福利收益在中国的各个城市中的分布并不平均。在人口层面上,数字交易平台带来的福利增长范围从第5个五分位数的平均1.11%到第1个五分位数的平均2.01%不等。在市场潜力方面,数字交易平台带来的福利增长从第5个五分位数的平均1.2%上升到第1个五分位数的平均2.1%。小规模城市的福利增长较多(表7-2)。

表7-2 数字交易平台对城市间贸易和福利的影响

面板A	以人口五分位数分类				
五分位数	1st	2nd	3rd	4th	5th
线上销售份额	10.97%	9.63%	8.96%	8.30%	7.69%
进口比例的变化(p.p.)	1.64%	1.54%	1.26%	1.06%	1.09%
线上(p.p.)	10.77%	9.27%	8.53%	7.75%	6.74%
线下(p.p.)	-9.13%	-7.73%	-7.26%	-6.69%	-5.56%
真实收入的变化	2.01%	1.69%	1.50%	1.35%	1.11%
面板B	**以市场潜力五分位数分类**				
五分位数	1st	2nd	3rd	4th	5th
线上销售份额	11.07%	9.63%	8.74%	8.24%	7.88%
进口比例的变化(p.p.)	2.49%	1.44%	1.14%	0.87%	0.65%
线上(p.p.)	10.64%	9.16%	8.17%	7.67%	7.42%
线下(p.p.)	-8.15%	-7.72%	-7.03%	-6.80%	-6.76%
真实收入的变化	2.06%	1.67%	1.36%	1.27%	1.23%

注:第1行的"线上销售份额"指可贸易部门的所有支出中,通过数字交易平台渠道完成的支出占比;第2行的"进口比例"指可贸易部门的所有支出中,花在其他城市生产的商品上的支出占比;第3行与第4行将"进口比例"分为线上渠道和线下渠道。"线上销售份额"和"进口比例"都是仅基于可贸易部门数据计算得到的。"进口比例"和"真实收入"的变化都是与无数字交易平台比较的结果。进口比例的变化以百分点差异(Percentage Point Difference,即P.P)报告,真实收入的变化以百分比差异(Percentage Difference)报告。

在上文的分析中,模型提出数字交易平台通过影响均衡工资和价格水平来引发福利变化。为了了解数字交易平台的福利收益渠道,以及这些渠道在不同城市之间的差异,图7-1将福利的变化分解为名义工资和价格指数的变化。图中显示,与大城市相比,小城市的名义工资增幅和价格指数降幅都更大。

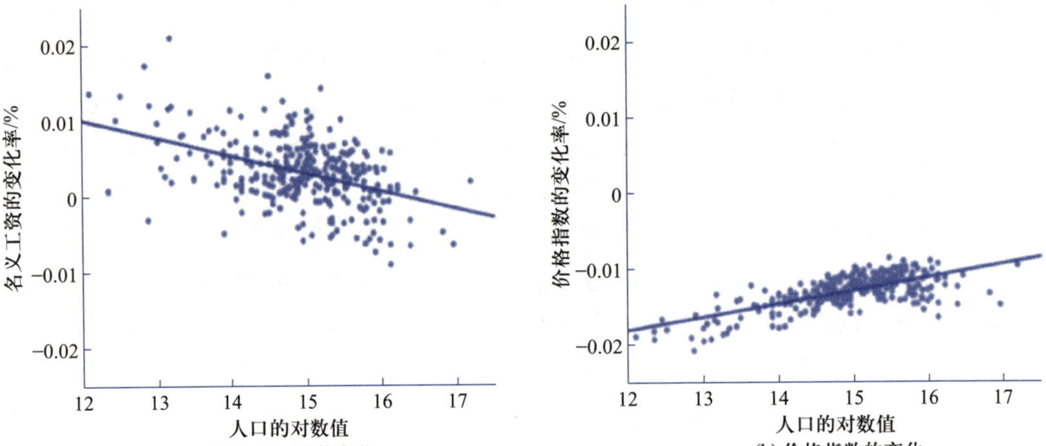

(a) 名义工资的变化　　(b) 价格指数的变化

图 7-1　一般均衡中的名义工资和价格指数

进一步从理论模型来看,名义工资的变化来源于劳动力需求的改变,一共有作为生产投入、支付进入成本以及实体店的固定成本三个需求来源。基于此,图 7-2 将三个需求的变化分解出来分别展示。图中显示,与实体店建设成本相关的劳动力需求在所有城市中都下降,这说明数字交易平台出现后,所有企业建立实体店的动机都减少了。在规模小的城市中下降得更多。作为生产投入的劳动力需求在小城市中是下降的,但是与其他两个渠道的变化而言,其变化的幅度较小。最后是企业进入市场的劳动力需求,在所有城市里,这部分劳动力需求都是增加的。这说明数字交易平台出现后,企业可以以更低的成本将产品销往全国各地,这导致了进入市场的企业增加。而在小城市的企业经营中,国内市场带来的利润较小,所以数字交易平台带来市场机会时,会更大程度地引发小城市企业的进入,劳动力需求增加得更多。综合以上三个渠道的劳动力需求变化,企业进入市场引发的劳动力需求提升是造成名义工资增加的主要原因。

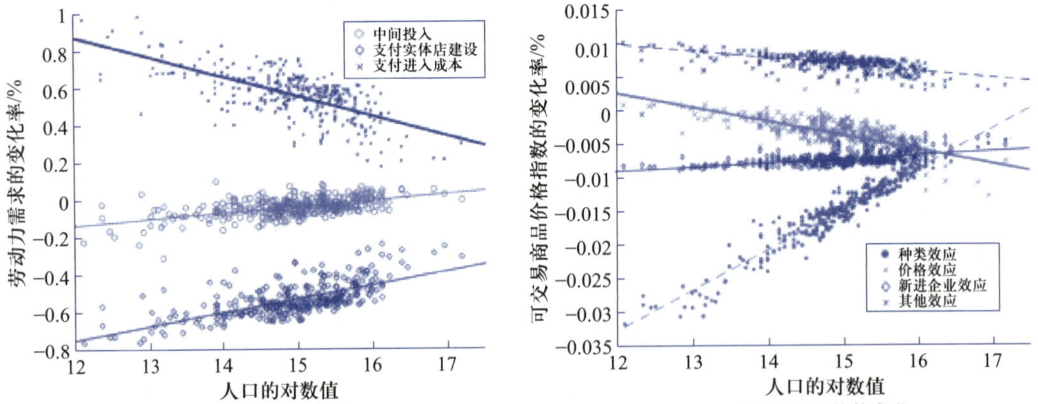

(a) 劳动力需求的变化　　(b) 价格指数的变化

图 7-2　劳动力需求和价格指数的分解

注:图(a)报告了劳动力需求的不同组成部分在可贸易部门总劳动力需求中的百分比的变化。图(b)报告了可交易商品价格不同组成部分的百分比变化。

类似地,将城市价格指数进行分解,可以得到数字交易平台引发的种类效应、价格效应、新进入企业效应和其他效应。其中种类效应最大,原本使用线下渠道无法展开贸易的企业,现在可以选择线上渠道将产品销往其他城市,对于其他城市而言,可购买的产品种类增加,导致整体价格指数的下降。这一效应显然在小城市中表现得更为明显,因为大城市一开始就有较多的品种,商品种类可提升的空间有限。其次是新进入企业效应,新进入企业增加造成价格指数的下降,这一作用在不同规模城市间的差异不大。企业对产品定价的降低也是改变价格指数的重要原因,但是这一作用在大城市中表现得更明显。其他效应在城市间的差距也较小。综合以上分析,数字交易平台的发展对区域间福利变化的不平等影响,主要由新进入企业因支付进入成本拉动劳动需求,以及产品种类增加引发价格下降在城市间作用大小不同所导致。

近些年,中国成为数字交易发展最为迅速的发展中国家,这为研究数字交易平台的福利效应提供了合适的样本。数字交易平台作为新的贸易渠道,能大幅度方便商家和消费者,有效减少了地理距离带来的贸易障碍,同时还可以免除线下商店的建设成本。可变贸易成本和固定贸易成本的降低将改变区域间的贸易流量,以及对消费者福利产生的影响。Fan 等(2018)基于多地区贸易的一般均衡模型框架,分析了数字交易平台降低可变和固定贸易成本后,使得原有市场中的产品可以通过更低成本的渠道进行销售,企业可以利用平台开辟新的产品销售目的地,增加目的地的产品种类,而且固定贸易成本的降低也促使新的企业进入市场开展贸易活动。所以当数字交易平台出现后,消费者得以购买更多种类且价格更低的商品,同时因为劳动需求的上升,带来了工资收入的增加,最终实现了福利的增进。基于中国的量化分析,Fan 等(2018)指出,因为位置偏远、线下渠道发展相对滞后,在数字交易平台发展后,人口规模小的城市能获得规模更大的福利收益。Fan 等(2018)主要是从供给侧切入分析数字交易平台的福利效应,并且在多区域贸易、多产品、企业异质性的框架下展开分析,能更为细致地量化渠道作用和总体收益,重点是突出了福利收益的地区分配结果,这为认识和理解数字交易平台带来的贸易和经济作用提供重要的理论和经验研究证据。

第二节　数字技术的福利效应[①]

一、新型数字化产品概述

数字贸易发展中,越来越多可贸易的新型数字化产品出现,会增进人们的效用,从而成为数字贸易福利效应的另一个重要来源。完全新的数字化产品主要出现在服务部门,

① 本部分内容主要来自 Trefler, Sun, AI, Trade and Creative Destruction: A First Look, 2022.

并且以新数字技术为依托。随着数字技术的发展，越来越多的服务产品依托于高新数字技术，突破了原有的技术壁垒，实现了国家之间的贸易往来，越来越多的新服务产品应数字技术的发展而生，成为新的国际贸易服务产品。

其中发展最为迅速的是手机应用程序市场。随着无线互联网技术和个人便携式设备的成本下降，手机应用程序已经在日常生活中十分常见。2020 年全球移动互联网用户数量已经达到 43 亿，占所有互联网用户总数的 92%。于 2008 年推出的手机应用市场 App Store（适用于 iOS）和 Google Play（适用于安卓系统），已经从最初的 500 款应用程序产品发展到 App Store 拥有 18.2 亿款应用程序产品，Google Play 拥有 28 亿款应用程序产品。可以说手机应用程序已经成为数字时代开发出的重要服务产品，成为人们日常生活中必不可少的数字产品，也是国际贸易中重要的、发展迅速的数字服务产品。

手机应用程序生产的关键是人工智能技术。大量的手机应用程序深度嵌入了人工智能技术，例如人脸识别程序、语言识别程序、智能搜索引擎等。人工智能技术在过去十年间被广泛地应用在商业中，但是全球的人工智能技术基本上被少数的公司掌握，并且这些人工智能公司总部基本都设在美国或者中国，它们所开发的应用程序主要供海外市场消费者下载。在人工智能技术集中式布局、应用程序产品高度国际贸易化的特征下，人工智能技术的应用对相关新服务品的贸易模式带来了怎样的影响？依赖于跨国购买的全球消费者是否能够从人工智能技术中获益？

二、人工智能与贸易的福利效应

在数字技术和新型数字化产品的发展中，人工智能技术所带来的新服务和新产品通过贸易渠道带来显著的福利效应，也引起了大量研究的重视。Trefler 和 Sun（2022）具体研究了人工智能如何改变服务贸易模式、进口国服务产品种类以及服务产品的更新换代，以此估算了人工智能技术和数字服务贸易带来的福利效应。具体的分析主要涉及两点。

第一，衡量国际贸易中的移动应用。Trefler 和 Sun（2022）获得了 2014—2020 年显示生产商国家和用户国家的移动应用程序下载数据。该数据样本来自 App Store 和 Google Play 两大应用市场，每条记录都详细地记载了下载时间、App 的产品 ID、发行公司、下载用户所在国等信息。通过数据筛选，Trefler 和 Sun（2022）得到了 2014—2020 年这两个应用市场的 82 850 个 App 总共 2 230 亿次下载的数据。该数据展现了移动应用程序国际贸易情况。

第二，通过专利数据对人工智能水平进行分析。Trefler 和 Sun（2022）将 Van Dik Orbis 知识产权局数据库的企业与 1 000 家应用程序发行企业进行名称匹配，识别出了 834 家企业的专利信息，并以当年每家企业的人工智能专利申请存量衡量该公司在 t 年的

人工智能技术水平[①],构建出反映生产国人工智能使用水平的指标:

$$AI_{cxt}=\frac{Patent_{cxt}}{K_{cxt}}$$

式中:$Patent_{cxt}$为 x 国 t 年只生产 c 类应用程序的所有公司,其人工智能专利申请的存量;K_{cxt}为对应这些公司在 t 年的总资产。

基于上述测算,Trefler 和 Sun(2022)以双边引力方程为基准构建了识别生产国人工智能使用对贸易影响的回归方程:

$$\ln(y_{cmxt})=\beta\ln(1+AI_{cxt})+\theta \boldsymbol{X}_{cmxt}+\alpha_{mxt}+\alpha_{cm}+\varepsilon_{cmxt} \tag{7.16}$$

被解释变量 y_{cmxt}是 x 国生产的 c 类应用程序被 m 国消费者下载的次数。核心解释变量是上述人工智能使用指标。需要注意的是,该方程回归使用的数据排除了国内贸易,并且只研究非零贸易流($y_{cmxt}\geqslant 1$)。因此,回归得到的估计系数 $\beta>0$ 表示 AI 的使用会促进国际贸易。另外,方程中的 $\boldsymbol{X}_{cmxt}$是一组引力变量,α_{mxt}和 α_{cm}是固定效应。

在该方程的回归中,特别要注意的是可能潜在的内生性问题。该问题来自反向因果关系或者遗漏变量的影响。下载量高的公司可能存在其他特征,会影响人工智能专利申请,比如下载量高的公司规模更大,对 AI 的投资也更高。这样的话,通过上式估计出的结果将是高估的。对此,Trefler 和 Sun(2022)构建了外生冲击指标,作为工具变量使用。工具变量的构建思路来自 H-O 理论提供的比较优势逻辑,AI 技术的推广本质上是由使用成本降低所推动,而一国该禀赋的丰裕程度决定了使用成本。也就是说一国 AI 资源越多,AI 密集型产品使用 AI 技术生产的成本就越低,也就促进了 AI 技术的使用。这里使用出口国 x 的学者在 t 年发表的人工智能会议论文数量衡量一国 AI 资源的丰裕度,用 $ConfPaper_{xt}$表示。各类别产品 AI 技术密集度的计算方式为:全球生产 c 类产品的所有单一类别公司的 AI 专利总数,除以企业资产总和,得到 AI_{ct}。上述两个指标的乘积 $\ln(1+AI_{ct})\cdot ConfPaper_{xt}$即为工具变量。

表 7-3 展示了使用工具变量回归方程式(7.16)的估计结果。第一阶段的结果表明,工具变量的回归系数显著为正,并且通过了工具变量有效性的检验。第二阶段的结果表明,生产国人工智能使用程度的提升能显著地增加双边贸易量。

对每个类别应用程序的下载量可以分解为在该类别下,每个应用程序的平均下载量和应用程序品种数的乘积,即

$$\ln y_{cmxt}=\ln \bar{y}_{cmxt}+\ln N_{cmxt},\quad 其中\ \bar{y}_{cmxt}\equiv\frac{y_{cmxt}}{N_{cmxt}}$$

式中:$\ln \bar{y}_{cmxt}$表示集约边际;$\ln N_{cmxt}$表示广延边际或品种数量。

---

① 这里是按照 WIPO(2018,2019)的标准,对每项申请的专利技术进行识别,并以 1990 年到 t 年的人工智能专利申请总量作为存量的衡量标准。

表 7-3 引力方程:工具变量回归

面板 A. 工具变量回归第二阶段结果						
	(1)	(2)	(3)	(4)	(5)	(6)
$\ln(1+AI_{cxt})$	1.75*** (0.415)	1.47*** (0.332)	1.70*** (0.427)	1.46*** (0.433)	1.54*** (0.460)	1.56*** (0.474)
$\ln(1+multipleAI_{cxt})$				1.01*** (0.244)	0.82*** (0.235)	0.82*** (0.230)
$\ln(1+nonAI_{cxt})$					0.11*** (0.040)	0.11*** (0.040)
观察值数量	468 679	399 873	465 955	465 955	465 955	464 567
引力方程协变量	是	是	否	否	否	否
社交联系	否	是	否	否	否	否
固定效应	t,m,x,c	t,m,x,c	$t-m-x,c$	$t-m-x,c$	$t-m-x,c$	$t-m-x,m-c$
面板 B. 第一阶段回归						
	(1)	(2)	(3)	(4)	(5)	(6)
工具变量	0.613*** (0.138)	0.720*** (0.0835)	0.602*** (0.143)	0.598*** (0.142)	0.622*** (0.135)	0.612*** (0.133)
K-P F 值	19.78	74.45	17.65	17.71	21.16	21.33
固定效应	t,m,x,c	t,m,x,c	$t-m-x,c$	$t-m-x,c$	$t-m-x,c$	$t-m-x,m-c$

注:面板 A 展示了工具变量估计,面板 B 展示了第一阶段回归。在第一阶段回归中,解释变量为$\ln(1+AI_{cxt})$,被解释变量为 H-O 工具变量 $\ln(1+AI_{xt})\cdot ConfPaper_{xt}$。第一阶段回归中的其他系数则在表中省略。标准误基于进口商与出口商之间的双向聚类获得。***、** 和 * 分别表示 1%、5%和 10%的水平上统计显著性。

为了考察人工智能技术的使用对贸易的产品种类影响,这里将式(7.16)中的被解释变量替换为 $\ln N_{cmxt}$,同样使用工具变量回归得到了如表 7-4 所示的回归结果。显然,AI 技术的使用增加了双边应用程序贸易的产品种类,即拓展了贸易的广延边际。

新技术使用加速了产品升级换代的过程,新且高质量的产品进入市场替代了原有的低质量产品,为消费者带来了福利的增长。这一过程被称为创造性破坏。Trefler 和 Sun (2022)先是考察了 AI 技术的创造性破坏过程,进一步延伸至评估 AI 技术的消费者福利效应。这里将新产品定义为 $t-1$ 年没被下载,但是 t 年被下载的 App;将存续产品定义为在 $t-1$、t 和 $t+1$ 年都被下载的 App;将退出产品定义为 $t-1$ 和 t 年被下载,但是 $t+1$ 年没被下载的 App。这样的话,可以将产品进行归类,在每个 cmt(产品类别—进口国—年度)维度下,新的、退出的和存续的应用程序集合分别用 Ω_{cmt}^{n}、Ω_{cmt}^{e}和 Ω_{cmt}^{c}表示。

表 7-4 对产品种类的回归

面板 B. 被解释变量：$\ln(N_{cmxt})$					
	(1)	(3)	(4)	(5)	(6)
$\ln(1+AI_{cxt})$	0.69*** (0.108)	0.70*** (0.119)	0.62*** (0.111)	0.62*** (0.108)	0.63*** (0.113)
$\ln(1+multipleAI_{cxt})$			0.36*** (0.089)	0.35*** (0.093)	0.36*** (0.091)
$\ln(1+nonAI_{cxt})$				0.00 (0.018)	0.00 (0.018)
观测值数量	468 679	465 955	465 955	465 955	464 567
固定效应	t,m,x,c	$t-m-x,c$	$t-m-x,c$	$t-m-x,c$	$t-m-x,m-c$

在 t 年 m 国下载的 c 类产品中，新产品、退出产品和存续产品下载份额可以通过下式计算得到：

$$\theta_{cmt}^{k}=\frac{y_{cmt}^{k}}{\sum_{k'} y_{cmt}^{k'}}=\frac{\text{国家 } m \text{ 在年份 } t\text{、商品类目 } c \text{ 对类型 } k \text{ 软件的下载量}}{\text{国家 } m \text{ 在年份 } t\text{、商品类目 } c \text{ 对所有类型软件的下载量}}$$

$y_{cmt}(\omega)$代表按国家 m 对 c 类应用程序 ω 的下载量，$y_{cmt}^{k}\equiv\sum_{\omega\in\Omega_m^k} y_{cmt}(\omega)$，其中 $k=n$ 时，代表新的应用程序，$k=e$ 时，代表退出的应用程序，$k=c$ 时代表存续的应用程序。受到人工智能影响后，这三种状态产品的下载份额分别发生了什么变化？对于该问题的研究，需要知道对 m 国而言，受到生产国人工智能的影响有多大。这里使用包含了 78 741 个 cmt 级别上的观测值的数据集计算，得到的结果显示：当使用了 AI 技术时($AI_{cmt}>0$)，91%的样本显示有新产品的进入($\theta_{cmt}^{n}>0$)；没有 AI 技术时，仅仅 66%的样本显示有新应用程序产品进入。另外，当使用了 AI 技术时，83%的样本显示有产品退出($\theta_{cmt}^{e}>0$)；没有 AI 技术时，59%的样本显示有产品退出。这两个结果表明，使用 AI 技术的时候，新产品的进入和退出比例明显更高，人工智能的有效利用促进了新产品进入和旧产品退出，即产生了创造性破坏的效果。

那么，这种创造性破坏给消费者福利带来多大的影响？这里使用 Feenstra(1994)的框架进行福利的估算。Feenstra(1994)认为具有替代弹性为 σ 的 CES 偏好的消费者，当外生冲击导致其消费产品种类改变时，福利变化可以通过下列公式计算得到：

$$\left(\frac{\lambda_t}{\lambda_{t-1}}\right)^{\frac{-1}{\sigma-1}} \tag{7.17}$$

式中：

$$\lambda_t=1-\frac{\text{年份 }t\text{ 时在新商品(在年份 }t-1\text{ 不可购买,但在年份 }t\text{ 可购买的商品)上的支出}}{\text{年份 }t\text{ 时在所有可购买商品上的支出}}$$

该公式可以应用于反事实评估，λ_t 是真实数据计算出的结果，λ_{t-1} 是反事实数据计算出的结果。沿用该框架，AI 技术使用后带来的福利增加幅度可以表示为：

$$\Delta W_t=\left(\frac{\lambda_t}{\lambda_t^{noAI}}\right)^{\frac{-1}{\sigma-1}}$$

式中：λ_t 为 1 减去新应用程序在总下载量中的份额；λ_t^{noAI} 为没有人工智能时，即反事实情况下相减得到的份额。

利用该公式计算出的数值代表在 t 年，AI 技术的使用给消费者带来的福利收益。[①] λ_t 可以使用 t 年的真实数据计算得到，利用 $\lambda_{cmt}=1-\theta_{cmt}^{n}$ 的关系式算出 λ_{cmt}，再将 λ_{cmt} 用下载量份额作为权重加总得到 λ_t。为了计算出反事实的 λ_t^{noAI} 值，Trefler 和 Sun(2022)将 λ_{cmt} 对 $\ln(1+AI_{cmt})$ 进行回归，并加入年份指示变量和 $\ln(1+AI_{cmt})$ 的交互项，识别出不同年度人工智能使用技术对 λ_{cmt} 的作用幅度。

利用表 7-5 的回归结果可以分别计算出 2020 年、2015 年两个年度，和没使用 AI 技术的反事实情况相比，AI 的实际使用带来的消费者福利收益。在 2020 年，从全球进口国消费者来看，数据显示 λ_t 为 0.878，OLS 回归结果显示 AI 使用对 λ_{2020} 的影响是 −2.56/100。在 $AI_{cm,2020}>0$ 的条件下，$\ln(1+AI_{cm,2020})$ 的加权平均值为 3.19。因此，没有 AI 技术的话，λ_{2020} 的变化为 $\Delta\lambda_t=\left(-\frac{2.56}{100}\right)\cdot(-3.19)=0.082$。$\lambda_t$ 的反事实值 $\lambda_t^{noAI}=\lambda_t+\Delta\lambda_t=0.960$。参照 Head 和 Mayer(2014)的研究，此处将替代弹性 σ 设置为 5.03。根据以上信息，2020 年消费者因 AI 技术使用获得的福利增加幅度为 $\Delta W_t=\left(\frac{\lambda_t}{\lambda_t^{noAI}}\right)^{\frac{-1}{5.03-1}}=1.022$，变化率为 $100\%\cdot(\Delta W_t-1)=2.2\%$。这说明人工智能的使用在 2020 年促使福利增长了 2.2%。如果基于工具变量的估计结果，2020 年人工智能的使用促使福利增长了 2.5%。如果将替代弹性赋值为 2，上述结果变为 9.3% 和 10.6%。[②] 而 2015 年的情况表明，使用工具变量回归结果计算出当年人工智能的福利增长幅度为 0.7%，小于 2020 年的增长幅度。这可能是因为人工智能商业应用初始于 2012 年，2015 年作为人工智能在移动应用程序使用的早期阶段，其在生产乃至贸易中的影响力还较小，所以对福利的促进作用较低。而在 2020 年，人工智能就带来了相当可观的消费者福利收益。

---

① 需要注意的是，福利的计算应该是基于支出数据，这里使用的是下载量数据计算。另外，福利的计算在这仅仅考虑了应用程序的消费，而忽略了所有其他商品。

② 文献中常用 2 作为 σ 的替代估计值。

表 7-5 (1-新产品份额)对 AI 使用的回归

	OLS			IV		
	(1)	(2)	(3)	(4)	(5)	(6)
$\ln(1+AI_{cmt})\cdot Year2020$	−2.56***	−2.53***	−2.51***	−2.91***	−2.88***	−2.89***
	(0.115)	(0.111)	(0.111)	(0.191)	(0.187)	(0.188)
$\ln(1+AI_{cmt})\cdot Year2019$	−1.76***	−1.78***	−1.72***	−2.03***	−2.06***	−2.04***
	(0.097)	(0.096)	(0.095)	(0.182)	(0.181)	(0.182)
$\ln(1+AI_{cmt})\cdot Year2018$	−1.60***	−1.54***	−1.48***	−1.88***	−1.83***	−1.81***
	(0.105)	(0.106)	(0.105)	(0.177)	(0.177)	(0.177)
$\ln(1+AI_{cmt})\cdot Year2017$	−0.83***	−0.77***	−0.70***	−0.94***	−0.88***	−0.83***
	(0.109)	(0.101)	(0.099)	(0.179)	(0.167)	(0.167)
$\ln(1+AI_{cmt})\cdot Year2016$	0.17	0.09	0.17	−0.04	−0.11	−0.05
	(0.121)	(0.120)	(0.119)	(0.201)	(0.197)	(0.197)
$\ln(1+AI_{cmt})\cdot Year2015$	0.88***	0.87***	0.95***	−0.95***	−0.93***	−0.90***
	(0.135)	(0.133)	(0.133)	(0.309)	(0.302)	(0.302)
$\ln(1+MultipleAI_{cmt})$		−1.00*	−0.17		−0.97*	−0.15
		(0.581)	(0.448)		(0.577)	(0.445)
$\ln(1+nonAI_{cmt})$			−51.43***			−51.29***
			(14.812)			(14.783)
观测值数量	78 614	74 606	74 606	78 614	74 606	74 606
固定效应	$t-m,c$	$t-m,c$	$t-m,c$	$t-m,c$	$t-m,c$	$t-m,c$
K-P F 值				215.1	214.9	214.4
R^2	0.335	0.333	0.333			

注:因变量为$(1-\theta^{n}_{cmt})\cdot 100$。因变量的所有观测值都用一个软件目录 c、一个软件下载国(或称“进口国”)m 和一个年份 t 编码。这里使用的面板数据包含 292 个软件目录、84 个进口国和 6 个年份。自变量为 $\ln(1+AI_{cmt})$,$AI_{cmt}=\sum_{x}\omega_{cmxt}\cdot AI_{cxt}$,$\omega_{cmxt}$为 m 国下载量占生产国 x 总下载量的份额。第 1—3 列为普通最小二乘(OLS)估计结果,第 4—6 列为工具变量估计结果。其中,第一阶段估计的结果参见原文附录。K-P F 值为 Kleibergen-Paap 弱工具变量检验统计量。另外还在回归中加入了“年份—进口国”固定效应和软件所属类目固定效应。***、** 和 * 分别表示 1%、5% 和 10% 的水平上统计显著性。

Trefler 和 Sun(2022)首次就 AI 技术带来贸易效应展开经验研究,结果发现以 AI 技术为生产基础的手机应用产品的国际贸易因 AI 技术的发展有明显提高,贸易的产品种类也在显著提升。AI 作为快速发展的新型数字生产技术,依托于该技术的革新,使得手机应用程序经历了创造性破坏,新且高质量的产品经由贸易渠道,给消费者带来了显著的福利提升。综合来看,Trefler 和 Sun(2022)的研究为数字贸易的福利效应提供了来自新兴数字服务产品的证据,并且就其中提升福利的渠道进行了验证和量化分析。

本章小结

本章详细地分析了数字贸易带来的市场福利效应。在贸易过程中，数字技术的使用、数字产品的出现成为影响市场交易行为，最终导致福利变化的因素。具体而言，本章说明了对消费者而言，线上平台的出现简化了购物流程，省去了前往实体店花费的时间成本和交通成本，这直接增加了消费者的效用，产生了福利效应；在原有实体店基础上，作为新增加的购物渠道，数字交易平台还因服务效率、生产技术和质量的提升，拉动了消费者福利的提升。

从企业的行为来看，数字交易平台为企业开辟了无须固定成本投入、极大减少销售渠道的可变成本，这给消费者带来了剩余的增加，同时还有商品价格指数的下降，增进了消费者的福利水平。这种福利收益有区域不平等的特征，对于地处偏远的小城市而言，工资收入的增加幅度和价格指数的下降幅度都相对更大，福利收益也更多。作为优势生产技术的 AI 技术推动了以其为基础的数字服务产品贸易，增加了国际贸易中的产品种类。更为重要的是，AI 技术加快了数字服务产品的更新换代过程，这种创造性破坏给消费者带来了相当可观的福利收益。

关键术语

便利性收益　市场交易渠道　不平等效应　创造性破坏

思考题

1. 请解释什么是“数字交易平台的便利性影响。”

2. 从新的市场交易渠道角度来看，数字交易平台为什么能提升市场福利？

3. 请根据学习过的国际贸易理论，概述贸易福利的来源有哪些。

4. 为什么相较于中心大城市，数字交易平台的出现给偏远小城市带来的福利水平更大？

5. 请从创造性破坏的视角解释数字技术是如何提升福利水平的。

即测即评

第八章

数字贸易流量

对贸易问题的分析首先落脚于对现实贸易流量的分析。基于贸易流量的特征，传统的国际贸易理论提出了许多经典理论，诸如比较优势理论、需求偏好相似理论、异质性企业贸易理论、价值链贸易理论等，也形成了譬如重力方程、分析企业出口行为等基本的研究贸易流量的模式。数字贸易时代的来临，贸易标的不再局限于传统的消费品、中间品等实物商品，还包括数字化交付的服务和数字产品。同时贸易方式也实现了数字化，贸易双方可以使用互联网进行信息的采集、交换，还可以通过使用线上平台更为便捷地完成搜寻、询问、下单、支付、通关、安排运输、消费等主要贸易流程；新的数字技术也融合到产品和服务的生产环节。数字贸易在标的和交易形式上与传统贸易存在巨大的差别，那么，数字贸易流量是否有区别于以往的新特征？传统贸易理论能否解释数字化产品的贸易流量？互联网、线上平台、数字生产技术的引入又会对贸易流量产生什么样的影响？本章将围绕上述问题展开论述。

第一节　引力方程与距离效应

一、引力模型

从现实世界的数据来看，国家之间的贸易流量呈现出较大的差异。为什么有些国家之间的贸易流量很大，而另一些国家之间的贸易流量很小？什么因素可以用来解释两国间的贸易流量大小？丁伯根于 1962 年提出任意两个国家之间的贸易流量可以用引力方程来近似估计。而这里所说的贸易引力方程类似于牛顿的万有引力定律。万有引力定律说明任何两个质点之间的吸引力，与它们的质量乘积成正比，与它们之间距离的平方成反比。贸易的引力方程则是将两个国家之间的双边贸易流量描述为与两国各自的国内生产总值（或经济规模）成正比，与它们之间的地理距离成反比，具体公式如下所示：

$$Trade_{A,B} \propto \frac{(GDP_A)^{\alpha}(GDP_B)^{\beta}}{(Distance_{AB})^{\xi}} \tag{8.1}$$

式中:α、β、ξ 都是约为 1 的常数。

无论使用的样本国家、估计方法或是数据年份如何变动,贸易的引力方程都对双边贸易流量具有很好的解释力,在实证研究中有着广泛的应用。

二、信息摩擦与距离效应

虽然贸易的引力方程与现实情况高度契合,但是其关于双边贸易流量与地理距离成反比的描述,引发了学者的进一步讨论:地理距离阻碍双边贸易流量的原因是什么?有哪些和距离相关的因素可以解释距离效应的产生?

在整个国际经济学文献中,关于距离效应的解释都涉及信息要素。具体而言,信息要素从以下几方面解释距离效应的发生:首先,国际贸易中买卖双方相距越远,信息交流越不通畅,买卖双方搜寻到对方所需要花费的成本就越大,这使得买卖双方找到彼此开展贸易的难度也越大;其次,地理距离可能引发双方沟通的障碍,于是谈判的效率降低,引发贸易的下降;再次,因为距离,贸易的一方更难以监督和惩罚另一方的不守约行为,即订立合同的风险增加;最后,即使双方有意愿签订合同,签订书面合同、执行合同以及相关保险的成本都因为信息摩擦而增大,从而导致贸易对地理距离有负面的反应。

可是自 20 世纪 90 年代以来,数字信息技术的蓬勃发展和大规模的商业应用使得全球内部的信息交流不再受到地理距离的影响。因此,很多的评论认为在信息技术的介入下,地理距离将不再是双边贸易流量的阻碍因素(Cairncross,1997),甚至认为信息技术使得世界变成了地球村,地理位置变得无关紧要(Friedman,2005)。但是大量使用引力方程展开的学术研究表明,距离效应并未像预想中的减弱甚至消失,相反地理距离对贸易的影响越发明显。[①] 那么,数字信息技术的发展是否使得地理距离不再重要,真的出现了所谓的“距离消失”?这有必要针对不同的数字信息技术以及数字贸易模式分别展开分析。此外,在数字贸易的时代下,距离效应是否可以用信息摩擦来解释,是否存在其他和距离相关的因素开始成为这个时代下影响双边贸易的主要原因?这需要在数字贸易的不同场景下,探究距离效应背后的作用机理。

① 基于对 1 000 个引力方程的 Meta 分析,Disdier 和 Head(2008)发现自 1950 年以来,距离的估计系数略有上升。

第二节　互联网技术对距离效应的作用

一、出口商信息摩擦程度的降低作用①

使用互联网可以让出口商以更低的成本获取有关新市场的信息、搜寻和匹配合适的进口商、管理和开展销售活动。因此,互联网能降低进入国外市场销售的固定成本,进而对双边贸易流量产生影响。Freund 和 Weinhold(2004)构建了以不完全竞争为市场环境的局部均衡贸易模型,考察互联网带来的固定贸易成本下降后,对贸易模式产生了什么样的影响,以及引力方程中贸易和距离的关系如何随之变化。

(一)理论分析

首先,考虑存在 p 个国家,且各国的市场都有固定数量 m_i 家厂商,每个厂商生产相同的产品。各国的市场都是古诺竞争。在下面的分析中,我们假设 i 国为出口国,j 国为进口国。国家 j 对产品的需求为:

$$P_j = K_j - Q_j \tag{8.2}$$

式中:P_j 是该同质产品的价格;K_j 是一个常数。

假设所有厂商具有相同的边际成本 c。i 国与 j 国之间的距离为 d_{ij},运输成本随距离而增加,可以将 i 国与 j 国之间的运输成本用 $t_{ij}=wd_{ij}$表示,其中 w 是常数。厂商要进入任何一个外国市场,都需要支付一个特定市场的固定成本,具体由寻找市场信息、给自家产品打广告、建立分散物流等行为产生。假定国家 i 进入国家 j 的固定成本,服从由 0 到 $F_{ij}^{\max}$之间的均匀分布。② 这里还允许该分布的规模随 i 和 j 的不同组合而变化。例如,对于 i 为加拿大、j 为美国的贸易而言,由于地理上的近邻关系、共同语言和历史联结,该分布非常窄,即 $F_{ij}^{\max}$很小。而当越南出口商想要进入美国市场时,$F_{ij}^{\max}$就会大得多。

接下来探讨厂商的最优出口量。来自 i 国的出口厂商,其产品出口到 j 国时,利润最大化问题可描述为:

$$\max_{q_{ij}} q_{ij}(K_j - q_j^* - q_{ij} - c - wd_{ij}) - F_{ij} \tag{8.3}$$

式中:q_{ij}为 i 国的厂商的产品出口到 j 国市场的出口量(或ij两国之间的贸易量);q_j^* 为其他厂商在 j 国的销量总和;wd_{ij}为两国之间的运输成本;F_{ij}为 i 国想要开辟 j 国市场的固定进入成本。

---

① 本部分内容来自 Freund, C.L., & Weinhold, D., "The Effect of the Internet on International Trade," *Journal of International Economics*, vol.62, no.1, 2004, pp.171-189.

② 设定进入的固定成本服从均匀分布的现实依据是,一些厂商可能对某些特定外国市场具有"特别的信息",比如经理曾经到访旅游、恰有生活在当地的亲属,或是其他特别的联系。因此,针对不同的国家,出口商进入的固定成本会有变化。

该利润最大化问题的解即为最优出口量，具体为：

$$q_{ij}=\frac{K_j-c-n_jwd_{ij}+w\sum_{k\neq i}d_{kj}}{n_j+1}=\frac{K_j-c-w\bar{d}_j}{n_j+1}+\frac{n_jw(\bar{d}_j-d_{ij})}{n_j+1} \tag{8.4}$$

式中：n_j 是 j 国市场中的厂商总数；$\bar{d}_j$ 是其他所有出口国到 j 国的平均距离，且 $\sum_{i\neq k}d_{kj}\approx(n_j-1)\bar{d}_j$。

上述方程体现出：i 国企业的出口数量 q_{ij} 与市场规模(K_j)正相关；与运输成本(wd_{ij})和 j 国的既有厂商数量(n_j)负相关。对于贸易目的地 j 国来说，不同国家间的出口是策略性替代，即当 j 国从 i 国的进口增加时，从其他国家的进口就会减少。这说明i、j两国之间的贸易量不仅与i、j两国之间的运输成本有关，还跟 j 国与其他国家的运输成本有关。

得知厂商的最优出口量，我们可以给出对应的最优利润为：

$$\pi_{ij}=q_{ij}^2 \tag{8.5}$$

由于固定成本的存在，只有在收益超过固定成本的时候，厂商才会选择出口。也就是对于单个厂商而言，至少要满足 $\pi_{ij}-F_{ij}^*=0$，才会选择出口到 j 国。我们定义 F_{ij}^* 为临界固定成本。从这一条件可得，i 国的所有企业中有$\frac{\pi_{ij}}{F_{ij}^{\max}}$比重的企业会向 j 国出口。

i 国向 j 国的出口总额 X_{ij}，就取决于 i 国出口到 j 国的厂商比重、各家厂商的出口量和出口厂商的数量：

$$X_{ij}=\frac{\pi_{ij}}{F_{ij}^{\max}}q_{ij}m_i=\frac{q_{ij}^3}{F_{ij}^{\max}}m_i \tag{8.6}$$

由式(8.6)可以看出，对于运输成本更低、固定成本更低的外国市场，出口量更大；厂商向大市场(K_j 大的国家)的出口更多；大国(国内厂商数量 m_i 大)出口更多。

接下来，我们重点考察互联网如何影响贸易模式。互联网降低了进入外国市场的固定成本。① 对此，我们设定一个描述 i 国与 j 国之间互联网联通性的指标 x_{ij}($0<x_{ij}<1$)，它代表着固定成本得益于互联网而下降的程度。我们把来自 i 国家的厂商进入 j 国家的固定成本表示为 $x_{ij}F^{\max}$。这样一来，i 国向 j 国的出口总量应该改写为：

$$X_{ij}=\frac{q_{ij}^3}{x_{ij}F^{\max}}m_i \tag{8.7}$$

控制其他条件不变，当固定成本低(两国间互联网联通性好)时，更多的厂商愿意进入 j 国市场，i 国的总出口量就更大。然而，更多的厂商进入，也意味着单家厂商的出口降低，进而导致利润的降低。这也会在一定程度上降低 i 国国内厂商进入外国市场 j 的意愿。

我们视 i 国国内的厂商数量 m_i 为固定不变的，将 i 国到 j 国的出口量用增长率表示。借助于微分，可得 i 到 j 出口增长率为：

① 此处只关注出口固定成本的降低和进入外国市场的行为。为了简化分析，这里不考虑互联网引发企业进入国内市场的作用。

$$\frac{dX_{ij}}{X_{ij}}=\frac{dx_{ij}}{x_{ij}}+3\frac{dq_{ij}}{q_{ij}} \tag{8.8}$$

右侧第一项$\frac{dx_{ij}}{x_{ij}}$是由于互联网联通性增长导致的固定成本降低带来的出口增长。第二项$\frac{dq_{ij}}{q_{ij}}$是由于每个厂商的最优出口数量变化带来的出口增长。

根据式(8.4),一家厂商的出口量会随进口市场的大小(K_j)、进口市场的竞争激烈程度(n_j),以及出口商的平均距离($\bar{d}_j$)而变化。特别地,厂商出口量的全微分为:

$$dq_{ij}=\frac{1}{n_j+1}dK_j+\left[\frac{-(K-c-w\bar{d}_j)}{(n_j+1)^2}+\frac{w(\bar{d}_j-d_{ij})}{(n_j+1)^2}\right]dn_j+\frac{(n_j-1)w}{n_j+1}d\bar{d}_j \tag{8.9}$$

从左往右,式(8.9)中右侧的第一项是进口市场扩张(K_j 变大)带来的出口数量增长;第二项是 j 国市场竞争程度提高(n_j 变大)带来的出口量变化;第三项是由于出口商平均距离变化($\bar{d}_j$ 改变)带来的出口量变化。在其他条件相同时,随着平均距离增加,存在一个使每个厂商增加出口的策略性动机。随着平均距离的增加($\bar{d}_j$ 变大),其他出口商出口减少,每个公司都因此拥有了增加出口(q_{ij}变大)的战略激励。

值得注意的是,竞争激烈化(更大的 n_j)导致的出口降低,比地理距离的影响更大。这种逻辑源于:出口商之间是策略替代的。因此,当厂商数量增加,总出口增加,就会导致每家厂商的均衡出口量下降。这一厂商产出的下降程度与邻近程度有关:距离更远的出口商的出口量下降的比邻近的企业更多。

由于 j 国互联网渗透率的提高会增加外国企业的进入,引发更激烈的市场竞争,我们因此猜测:互联网会使国际贸易中的距离效应增强(距离对贸易增长的总体影响会增加)。这意味着,与传统思路相反,互联网并不会减弱距离效应,而会加剧竞争,进而增强距离效应。

需要阐明的是,该模型并没有预测“互联网直接影响了贸易的距离效应”。可以看到,在式(8.8)中,互联网对贸易的影响与是否“邻近”没有任何关系。式(8.8)和式(8.9)表明,双边出口增长是固定成本即互联网联通性、进口国市场规模、市场竞争、出口国平均距离和两国相对距离的函数:

$$\frac{dX_{ij}}{X_{ij}}=F\left(\frac{dx_{ij}}{x_{ij}},\frac{dK_j}{K_j},\frac{dn_j}{n_j},\frac{d\bar{d}_j}{\bar{d}_j},d_{ij}\right) \tag{8.10}$$

互联网联通性的增长(或固定成本的降低)会拉动出口增长;进口国市场规模的增加也会拉动出口增长;出口厂商数量的增加会降低出口增长;出口国平均距离的上升会增加出口增长。可以看出,式(8.10)前四个变量对 ij 两国贸易量 X_{ij} 的影响方向目前均可确定;唯有 ij 两国之间距离(d_{ij})对 ij 两国贸易量(X_{ij})的影响方向是模糊的。如果进口市场的增长是出口量(X_{ij})增长的主要原因,那么进口市场的增长应该会使偏远的贸易伙伴的出口增速更快。这是由于:市场规模扩大对出口量增加的边际效应是个常数,且距离越远的国家的出口量绝对值越小。如果竞争性的增强是出口量(X_{ij})增长的主要原因,那么竞争加强会使偏远的贸易伙伴的出口增速更慢。这是由于:竞争加强的时候,邻近国家的厂商的出口绝对减少量会少一些。如果是互联网技术影响了出口量(X_{ij}),距离也会影响其中的出口增速变化,具体表现为互联网技术在增加全部国家出口的同时,引发了更激烈的市场竞争,相对于邻近国家,远距离的出口国其贸易增长得更少,表现出距离效应的加强。另外,假如不存在出口商与目标市场间平均距离的巨大增长($\bar{d}$ 的猛增),互联网的到来将增加世界贸易总量。

根据上述理论框架,我们可以得出有关"互联网如何影响贸易量"的命题:

两国之间互联网联通性的增长加大了贸易增长速度;互联网加剧了竞争,使邻近国家的贸易增长更快,进而加剧国际贸易的距离效应;互联网发展可能增加贸易总量。

(二)经验研究

对于上述理论分析得到的命题,Freund 和 Weinhold(2004)使用国别双边贸易流量的面板数据,进行经验研究。本研究共涵盖包括阿尔及利亚、阿根廷、澳大利亚、奥地利、比利时等在内的 56 个国家。在互联网技术的衡量上,研究使用了各国所拥有的网络主机数量来反映各国互联网发展程度。具体是通过统计各国的主机域名总数而得到。有关双边贸易流量、GDP、人口的数据来自国际货币基金组织。此外,研究还收集了引力方程中国家间地理距离的数据、是否有共同语言和殖民联结的数据、是否有自由贸易区的数据。所有数据的时间跨度为 1995—1999 年。基准回归的方程设定为:

$$
\begin{aligned}
Growth(Exports_{12})_t = {} & \beta_0+\beta_1 Growth(GDP_2)_t+\beta_2^* \log(Exports_{12})_{1995}+ \\
& \beta_3^* \log(Distance_{12})+\beta_4 Growth(Host_1)_{t-1}+ \\
& \beta_5^* Growth(Host_2)_{t-1}+\beta_6^* \log(Host_1)_{1995}+ \\
& \beta_7^* \log(Host_2)_{1995}+\gamma_t+\varepsilon_{12}
\end{aligned}
\tag{8.11}
$$

考虑到互联网普及率很可能与许多其他影响贸易的社会经济特征相关,这里使用各个变量的增长率进行回归估计,以消除一些内生性影响。核心解释变量是 $Growth(Host_1)_{t-1}$ 和 $Growth(Host_2)_{t-1}$,分别代表出口国、进口国的互联网主机总数的增长率。考虑到新网站的引入对增长的影响具有时滞性,两个变量均取滞后一期。由于网站数量的增长很可能与初始水平相关,即初始水平低的增长快,这里还控制了各国经对数化后的 1995 年初始互联网主机数量——$\log(Host_1)_{1995}$、$\log(Host_2)_{1995}$。回归中另一核心解释变量是贸易双方的距离 $\log(Distance_{12})$,以此验证互联网的贸易影响是否如理论模型预测的那样与地理距离有关。此外,回归中还加入当期进口国 GDP 增长率 $Growth(GDP_2)_t$,以控制市场规模的影响,以及加入出口的初始值 $\log(Exports_{12})_{1995}$。回归将年度固定效应 γ_t 纳入模型,来控制竞争程度的变化。在考虑了增长率和时间滞后的条件下,最终经验研究的时间跨度为 1997—1999 年。

表 8-1 和表 8-2 报告了相应的回归结果。第(1)列中,因变量为两国间的出口贸易对数值,模型中不包含主机变量。第(2)列的回归则将网络主机变量包含进来。该回归

的结果显示：两国网络主机变量的初始值和出口国的主机数量增长的估计系数均显著。考虑到互联网主机的初始水平更有可能与双边贸易增长的不可观测的决定因素相关，而产生显著性，那么基准回归结果表明，主要是出口国互联网增长在显著拉动贸易量上升。

出口国的互联网增长起到了显著作用，而进口国的并没有。产生这一结果可能的原因在于，出口国和进口国的互联网主机总数增长，两者影响双边贸易的渠道并不一致。就进口国而言，其互联网主机数量的增加，导致其与世界所有其他国家的网络联通度上升，吸引世界其他所有出口国进入该国市场，进口国内的贸易企业数上升和竞争增加，产生了替代效应，每个出口国的贸易量随之下降。出口国的互联网普及通过降低贸易固定成本，显著拉动两国贸易量的提升。

出口国主机数量的增长值在回归中的估计系数基本保持在0.02。这表明出口国10%的互联网主机数增长，会带来大约0.2%的出口增长。对于样本国家，平均来看在1996—1998年，(对数形式的)互联网主机数增长大约为每年50%。这表明，在1997—1999年，互联网为出口增长平均贡献了大约1%。可以说互联网普及是出口增长的一个关键驱动因素。

表8-1　基准回归

被解释变量：国家1到国家2的出口增长率	(1)	(2)	(3)
$Growth(Host_1)_{t-1}$		0.025	0.024
		(2.09)	(3.07)
$Growth(Host_2)_{t-1}$		-0.003	-0.001
		(-0.28)	(-0.24)
$\log(Host_1)_{95}$		0.008	0.005
		(2.31)	(2.55)
$\log(Host_2)_{95}$		0.010	0.009
		(4.15)	(5.88)
$\log(EXPORTs_{12})_{95}$	-0.017	-0.026	-0.013
	(-5.32)	(-6.10)	(-5.25)
$Growth(\mathrm{GDP}_2)$	0.105	0.113	0.136
	(3.19)	(3.46)	(6.97)
$\log(Distance_{12})$	-0.026	-0.031	-0.028
	(-1.72)	(-2.02)	(-6.17)
年份固定效应	Yes	Yes	Yes
调整后的R^2	0.010	0.025	0.030
观测值个数	9 057	9 057	8 601

注：括号中为异方差和自相关一致性(HAC)t统计量。列(1)和列(2)使用所有可用数据报告结果，列(3)删除了初始贸易量很低但增长率过高的样本。

为了检验互联网影响距离与贸易的关系，回归模型中引入了一个虚拟变量 $LONGDIST_{12}$。当两国之间的距离超过所有样本国家间的平均距离时，该变量的值为 1。然后将该变量与互联网主机数量增长变量组成的交互项放进回归方程(8.11)中。表 8-2 中的第(1)列报告了加入该交互项的回归结果。对于进口国，主机增长和 $LONGDIST_{12}$ 的交互项的系数是正的，但该系数在统计上并不显著；对于出口国，交互项系数几乎为 0，且不显著。因此，该结果没有证实"互联网普及改变了贸易的距离效应"。

表 8-2 估计距离效应

被解释变量： 1997—1999 年国家 1 到国家 2 的出口增长率	(1)
$Growth(Host_1)_{t-1}$	0.022
	(1.94)
$Growth(Host_2)_{t-1}$	-0.008
	(-1.18)
$\log(Host_1)_{95}$	0.011
	(3.86)
$\log(Host_2)_{95}$	0.009
	(4.31)
$\log(Distance_{12})$	-0.049
	(-6.56)
$LONGDIST_{12}$	-0.008
	(-0.41)
$Growth(Host_1)_{t-1} * LONGDIST_{12}$	0.003
	(0.21)
$Growth(Host_2)_{t-1} * LONGDIST_{12}$	0.011
	(1.02)
调整后的 R^2	0.033
观测值个数	8 292

注：括号内为 HACt 统计量。回归中还加入了年份固定效应、1995 年出口额(对数值)、1995 年出口国和进口国 GDP 和人口的对数值、出口国和进口国间实际汇率的增长率、进口国 GDP 增长率。

互联网作为数字信息技术最早被商用的技术成果，对国际贸易的影响早已凸显。Freund 和 Weinhold(2004)是首篇就互联网应用对国际贸易的影响展开理论机制讨论和国别引力方程估计的研究论文。该研究以不完全竞争市场为理论框架，认为互联网对信息摩擦降低的作用直接体现在减少了出口商进行出口所需支付的固定成本，在增加企业出口的基础上,直接推动了双边贸易量的增加。与此同时,更多的企业出口到进口国促使竞争加剧,由于地理距离的成本效应,相对于邻近国家的企业,距离远的企业会更大幅度降低出口,所以表现出随着互联网的发展,地理距离对贸易模式的影响更大。基于双边贸易量的引力方程估计结果显示,出口国互联网普及显著推动了双边贸易量上升,这印证了理论机制中出口商固定成本降低的作用。但是经验分析的结果并未表明互联网对距离效应有实际影响。作为早期的代表性研究,Freund 和 Weinhold(2004)提出了互联网影响双边贸易的理论机制,但在互联网的距离效应分析上,文中并未完整给出该关系的直接数理证明,并且在经验研究上也没有证实该效应的存在。究竟互联网的应用给国际贸易模式带来什么样的调整?地理距离对贸易的影响是否重要?这些问题仍然有待进一步的探索和解答。

二、进口商信息摩擦程度的降低作用①

从现实来看,互联网的使用也可能通过进口商或者消费者产生影响作用。比如由于分属于不同国家,消费者无法轻易地知晓另一国厂商出售的产品信息,因此也就不会产生需求、发生国际贸易行为。这种阻碍贸易的因素是消费者的信息摩擦或者是消费者对国外产品信息了解渠道不畅通。Akerman、Leuven 和 Mogstad(2022)从这种信息摩擦的角度切入,解释互联网对国际贸易、距离效应的作用。这里将信息摩擦视作一种阻碍国际贸易市场的卖者商品进入别国、被别国消费者看到的力量,即对可贸易商品种类的限制。互联网降低了消费者的信息摩擦,扩大了消费者可选择的商品范围。于是,互联网的出现改变了双边贸易的模式。

(一)理论分析

为了简化模型,这里将每个国家能够生产的商品的种类的集合视为固定的。假设国家 k 为进口国,该国消费者的需求函数为:

$$U_k = q_0^c + \alpha \sum_{j \in K} \sum_{i=0}^{\omega_{jk}N_j} q_{jk}^c(i) - \frac{1}{2}\gamma \sum_{j \in K} \sum_{i=0}^{\omega_{jk}N_j} (q_{jk}^c(i))^2 - \frac{1}{2}\eta\Big(\sum_{j \in K} \sum_{i=0}^{\omega_{jk}N_j} q_{jk}^c(i)\Big)^2 \tag{8.12}$$

式中:α、γ 和 η 都代表值为正的参数;q_0^c 代表该消费者对基准商品的消费,视为常量;K 代表一个包含世界所有国家的集合。

任何一个国家 $j \in K$ 都生产着种类固定的、相互之间具有异质性的产品,把国家 j 的产品集定义为 N_j。信息摩擦由 $\omega_{jk} \in [0,1]$ 来表示,它代表着国家 j 所能生产的所有产品中,能够被国家 k 的消费者知道和消费的那部分产品的比例。参数 γ 代表产品差异化程度,产品差异化程度越高,意味着该消费者越愿意把自己的收入尽量平分在更多种类的商品上。

---

① 本部分内容来自 Anders Akerman, Edwin Leuven, Magne Mogstad, "Information Frictions, Internet, and the Relationship between Distance and Trade," *American Economic Journal: Applied Economics*, vol.14, no.1, 2022, pp.133-163.

在一个给定的预算约束下,求解国家 k 的消费者对商品 i 的效用最大化问题,可得到如下的需求函数和反需求函数:

$$q_k^c(i)=\frac{1}{\gamma}(\alpha-p_k(i)-\eta Q_k^c)$$

$$p_k(i)=\alpha-\gamma q_k^c(i)-\eta Q_k^c \tag{8.13}$$

式中:$p_k(i)$代表商品 i 在国家 k 的价格。

消费总量为 $Q_k^c \equiv \sum_{j\in K}\sum_{i=0}^{\omega_{jk}N_j} q_{jk}^c(i)$ 。上述两个方程意味着:

$$Q_k^c=\frac{\widetilde{N}_k(\alpha-\widetilde{p}_k)}{\gamma\eta\widetilde{N}} \tag{8.14}$$

式中:$\widetilde{N}_k \equiv \sum_{j\in K}\omega_{jk}N_j$ 代表被销售到国家 k 中实际的商品种类数;$\widetilde{p}_k \equiv \frac{\sum_{j\in K}N_j\omega_{jk}p_{jk}}{\widetilde{N}_k}$ 代表实际出口到国家 k 的商品的平均价格。

因此,显然 $\widetilde{N}_k$ 和 $\widetilde{p}_k$ 都随着信息摩擦的变化而变化。

再将式(8.14)代入式(8.13),可以获得国家 k 对来自国家 j 的商品 i 的总需求函数:

$$q_k(i)=q_k^cL_k=\frac{L_k}{\gamma}\left(\frac{\alpha\gamma+\eta\widetilde{N}_k\widetilde{p}_k}{\gamma+\eta\widetilde{N}}-p_k(i)\right) \tag{8.15}$$

式中:L_k 代表国家 k 的总人口。

接着可得一种商品在国家 k 售卖的最大可能价格为:

$$p_k^{\max}=\frac{\alpha\gamma+\eta\widetilde{N}_k\widetilde{p}_k}{\gamma+\eta\widetilde{N}} \tag{8.16}$$

任何一种高于此价格的商品需求都会为0。这样式(8.15)所描述的总需求函数可以被改写为:

$$q_k(i)=\frac{L_k}{\gamma}(p_k^{\max}-p_k(i)) \tag{8.17}$$

式(8.12)中 q_0^c 代表基准商品,具有可自由交易、规模收益和单位成本不变的特点。假设所有国家都生产基准商品,则所有国家的名义工资是统一的。国家 j 的一家厂商①与国家 k 交易差异化商品,需承担边际成本 c_{jk}。其中,把边际成本 c_{jk} 拆分为一个体现为国家固定效应的边际成本 c_j 和一个冰山贸易成本 τ_{jk},即 $c_{jk}=c_j\tau_{jk}$。并且假设冰山贸易成本对距离的弹性是常数。那么,通过利润最大化的问题求解可得,国家 j 中的厂商 i 与国家 k 之间的贸易量和交易价格为:

① 为了简化分析,假设所有现存的厂商都是足够高效率的,因此可以在所有的市场都拥有正的销售量。

$$q_{jk}(i)=\frac{L_k}{\gamma}(p_{jk}(i)-c_{jk})$$

$$p_{jk}(i)=\frac{1}{2}(p_k^{\max}+c_{jk}) \tag{8.18}$$

信息摩擦的减少如何影响以上这些变量呢？首先来分析 $p_k^{\max}$ 如何随着 j 国销往 k 国的商品信息的优化而变化：

$$\frac{\partial p_k^{\max}}{\partial \omega_{jk}}=\eta N_j\frac{p_{jk}-p_k^{\max}}{\gamma+\eta\widetilde{N}} \tag{8.19}$$

式(8.19)的值一定为负，因为一个市场内所有交易中的商品的价格一定比该市场内消费者所能接受的最高保留价格低。这意味着，当信息改善时，溢价会降低，价格会逐渐趋近边际成本。

国家 j 销往国家 k 的总销售额为：

$$r_{jk}=\omega_{jk}N_j\frac{L_k}{4\gamma}((p_k^{\max})^2-\tau_{jk}{}^2c_j{}^2) \tag{8.20}$$

国家 j 与国家 k 之间贸易信息的改善通过两种方式影响贸易流量：一个是直接正效应，一个是间接负效应（通过 $p_k^{\max}$）。直接正效应体现在信息改善时，国家 j 有更多的产品被国家 k 的消费者搜寻熟知，从而产生了消费需求，形成新的贸易。间接负效应体现在信息改善时增加消费者可消费的商品集，更多的商品得以进入国际贸易市场，加剧了市场竞争（$p_k^{\max}$ 下降），在一定程度上减少了贸易量。式(8.20)中 r_{jk} 对于信息参数 ω_{jk} 的弹性，整理后，可以得到：

$$\frac{\partial r_{jk}/r_{jk}}{\partial \omega_{jk}/\omega_{jk}}=\frac{p_k^{\max}\dfrac{\gamma+\eta\sum\limits_{i\in K,i\neq j}\omega_{ik}N_j}{\gamma+\eta\sum\limits_{j\in K}\omega_{jk}N_j}+\tau_{jk}c_j}{(p_k^{\max}+\tau_{jk}c_j)} \tag{8.21}$$

该式为正，说明两种效应综合效果为正。据此，提出**命题 1**。

命题 1：两国之间信息的改善增加了其贸易流量。

将式(8.18)和式(8.19)代入，则贸易流量对距离的弹性 τ_{jk} 为：

$$\frac{dr_{jk}/\tau_{jk}}{d\tau_{jk}/r_{jk}}=-\frac{2\tau_{jk}{}^2c_j{}^2}{((p_k^{\max})^2-\tau_{jk}{}^2c_j{}^2)} \tag{8.22}$$

该表达式中的唯一内生变量是 $p_k^{\max}$。而借助式(8.19)可以看出，$p_k^{\max}$ 的值随着信息摩擦的减小而降低。因此，国家 j 与国家 k 之间的贸易总额的弹性绝对值随着信息摩擦的减小而增加。据此，还提出了**命题 2**。

命题 2：进口总额对距离弹性的绝对值随着信息摩擦的改善而增加。

（二）经验研究

Akerman、Leuven 和 Mogstad(2022)利用挪威的样本，对互联网技术通过降低进口方的信息摩擦来促进贸易的机制展开了经验研究，同时选择了该国宽带网络扩张项目作为外生冲击以识别出互联网的作用。

挪威国会于20世纪90年代末提出“国家宽带政策”(National Broadband Policy)。这一政策有两个主要目标：一是保证国内所有地区可以享受统一的宽带网络供给价格；二是保证宽带网络尽快在公共部门完成普及。2001—2008年，这项工程使挪威国内的宽带互联网接入数量迅速增长，还使得国内的企业广泛享受到了互联网技术的扶持。挪威是一个小型开放经济体，具有与世界劳动力市场分离的本土劳动力市场。这项公共工程，迅速地推动了挪威国内互联网的普及、发展。并且由于有限政府预算和地理环境特征的影响①，宽带网络建设的增加具有空间和时间双重变化的特征。从上述特征来看，挪威宽带网络扩张项目可以作为准自然实验，用于探究网络技术发展的经济影响。

政府政策执行后，发生变化的是宽带网络的供给，即宽带的可获得性。而真正对国际贸易模式产生影响的是宽带网络的采用，也就是在有供给条件下，对宽带网络的真正使用。宽带的供给引发了对其使用，由于不能迫使所有的公司都采用新技术，宽带采用并不是随机的。但是可以将挪威宽带网络扩张项目视为外生冲击，将其直接带来的宽带可获得性变化作为宽带使用的工具变量，以此研究互联网技术如何引起贸易模式的改变。

宽带使用性数据来自分层随机抽样得到的企业数据，可以知晓样本企业是否使用宽带网络，这里使用其中的股份制企业样本，计算出城市维度上的宽带使用率。根据当地宽带信号覆盖区域和家户居住的地理信息，原文计算出每年每个城市中可获得宽带的家户比重，以该覆盖率指标作为宽带可获得性的代理变量。在实证研究中，主要是将城市中家户的宽带覆盖率作为企业宽带使用率的工具变量。②

这里构建了一个拓展的引力方程模型，就宽带网络的使用如何影响贸易模式展开研究。首先，引力方程模型的数理表达式如下：

$$X_{ij}=b_0\cdot\left(\frac{Y_i}{\Omega_i}\right)^{b_I}\cdot\left(\frac{Y_j}{\Phi_j}\right)^{b_J}\cdot\tau_{ij}^{\ b_\tau} \tag{8.23}$$

式中：X_{ij}为地区 i 与地区 j 之间的贸易量；Y_i 和 Y_j 分别为地区 i 和地区 j 的 GDP 总量；Ω_i 和 Φ_j 为多边贸易的阻力项；τ_{ij}为双边贸易的成本(例如两地区间距离)。

为了研究互联网如何影响贸易，这里将引力方程的核心设定拓展，加入弹性 b_τ、b_I、b_J 和 b_0。这些弹性随城市 i 中互联网使用量 d_i 的改变而变化，即：

$$b_k=\alpha_k+\beta_k d_i,\quad k\in(0,I,J,\tau) \tag{8.24}$$

然后，将上述方程对数线性化，并且加入时间 t，得出以下引力方程：

---

① 文中解释到宽带信号经由光纤电缆的传输，需要安装大量的本地接入点。挪威是一个幅员辽阔、人口稀少的国家。人口密集地区之间往往有很长的车程，这些地区大多相距很远，或被山脉或被峡湾破坏的海岸线分隔。实际的宽带接入并不是在相同时间完成的，而是在不同的地区、不同的时间点完成的。

② 无法获得企业的宽带可获得率，因此选择使用家庭的宽带可获得率作为一个工具变量。这样，如果二者之间的相关性很弱，那么家庭宽带普及率就不是企业宽带普及率的一个优良的代理变量，即家庭宽带普及率在第一阶段中是一个弱工具变量。但是，这样并不会违反排除或独立条件，因此是可以接受的。为了验证该工具变量的有效性问题，原文进行了回归验证，有兴趣者可以查看原文。

$$\log X_{ijt}=(\alpha_0+\beta_0 d_{it})+(\alpha_I+\beta_I d_{it})\log Y_{it}+(\alpha_J+\beta_J d_{it})\log Y_{jt}+ (\alpha_\tau+\beta_\tau d_{it})\log \tau_{Norway,j}+\gamma_{ij}+\tau_t+\varepsilon_{ijt} \tag{8.25}$$

令 $\omega'_{ijt}=(1\log Y_{it}\log Y_{jt}\log \tau_{Norway,j})$，那么，该方程可以写成：

$$\log X_{ijt}=\omega'_{ijt}(\alpha+\beta d_{it})+\gamma_{ij}+\tau_t+\varepsilon_{ijt} \tag{8.26}$$

式中：下标 i 代表挪威的城市；下标 j 代表贸易国；下标 t 代表年份；因变量 X_{ijt} 代表 i 与 j 之间的贸易总额（从城市 i 到国家 j 的出口+从国家 j 到城市 i 的进口）；d_{it} 代表宽带使用率（采用了宽带网络的厂商的比例）。

向量 ω_{ijt} 中包括：城市 i 的经济规模 Y_{it}（由城市 i 的总收入衡量），国家 j 的经济规模 Y_{jt}（由国家 j 的 GDP 总量衡量），j 国与挪威之间的距离 $\tau_{Norway,j}$。向量 ω_{ijt} 中包含常数项，表示允许宽带使用率通过截距变化来影响 i 与 j 之间的贸易量。进一步对 ω_{ijt} 内的变量进行标准化，使其均值为 0，那么就可以把宽带使用率的估计系数解释为平均作用。系数矩阵 $\alpha=(\alpha_0\alpha_I\alpha_J\alpha_\tau)'$ 既是截距，又是标准引力项的系数；$\beta=(\beta_0\beta_I\beta_J\beta_\tau)'$ 则包含与对宽带使用的主效应，以及宽带使用引起的异质性变化，完全捕捉了因互联网使用而导致贸易模式改变的影响。

为了解决潜在的内生性问题，使用城市 i 在 t 年年末的宽带覆盖率（z_{it}）作为工具变量。使用工具变量的一阶段方程包括：

$$\begin{aligned} d_{it}&=w'_{ijt}(\delta_0+\phi_0 z_{it})+\zeta_{0,ij}+\theta_{0,t}+\nu_{0,ijt}\\ d_{it}\log \tau_{Norway,j}&=w'_{ijt}(\delta_\tau+\phi_\tau z_{it})+\zeta_{\tau,ij}+\theta_{\tau,t}+\nu_{\tau,ijt}\\ d_{it}\log Y_{it}&=w'_{ijt}(\delta_s+\phi_s z_{it})+\zeta_{s,ij}+\theta_{s,t}+\nu_{0,ijt}\\ d_{it}\log Y_{jt}&=w'_{ijt}(\delta_d+\phi_d z_{it})+\zeta_{d,ij}+\theta_{d,t}+\nu_{d,ijt} \end{aligned} \tag{8.27}$$

使用工具变量进行估计的另一个要求是具备排他性，要求宽带覆盖率的提高必须只通过企业采用宽带来影响贸易，不存在其他影响贸易的路径。但是可能存在的是家庭宽带网络普及率的提高，会改变民众对商品的需求量。挪威是一个小型开放经济体，其总体需求量规模并不大，至少对于为全球市场需求提供商品的贸易部门企业而言，这种民众需求变动的影响较小。但是这个解释也无法完全证明工具变量符合排他性要求。对此，该研究还选择使用意向治疗的分析方法，将用宽带覆盖率 z_{it} 替换企业的宽带使用率进行回归。该方法仅要求宽带覆盖率 z_{it} 具备外生性，便可估计出宽带互联网普及率增加的意向治疗效应。对应的估计方程变为：

$$\log X_{it}=w'_{ijt}(\varphi+\eta z_{it})+\gamma_{ij}+\tau_t+u_{ijt} \tag{8.28}$$

系数矩阵 $\varphi=(\varphi_0\ \ \varphi_I\ \ \varphi_J\ \ \varphi_\tau)'$ 估计了宽带网络推出前（$z_{it}=0$），贸易双方的经济规模和距离对贸易量的影响。系数矩阵 $\eta=(\eta_0\ \ \eta_I\ \ \eta_J\ \ \eta_\tau)'$ 则反映了引力方程变量和宽带覆盖率之间的相互作用效应。

根据以上的识别策略，相应的回归结果展示在表 8-3 中。第（1）列显示了对标准引力方程的估计，不包含互联网的影响。为了估计距离的影响，其中没有加入贸易双方固定效应 γ_{ij}，而只纳入城市固定效应和时间固定效应。结果显示双边贸易量相对于距离的弹性大小为 1.25①，对于本国城市经济规模的弹性为 0.50，对于外国经济规模的弹性为

① 四舍五入后取值，下同。

0.74。第(2)列报告了对式(8.26)进行 OLS 估计的结果,和第(1)列相比,增加了互联网应用率和引力变量的交互变量。结果表明主要引力系数没有显著变化;至于与互联网相关的项,可以发现互联网使用对双边贸易没有显著影响。交互变量中,宽带使用和距离的交互项系数负向且显著,这表明贸易相对于距离的弹性随着互联网使用规模的增加而增加。此外,外国市场规模的弹性 Y_{jt} 也显著增加。第(3)列的回归加入了贸易双方的固定效应,就互联网使用的作用而言,加入该固定效应后,结论没有变化。

表 8-3 的第(4)列报告了对式(8.28)回归的估计结果。宽带覆盖率与距离交互项的系数为-0.12,与外国经济规模的系数为 0.06,说明从没有到宽带全普及,贸易的距离弹性增加了 0.12,贸易对外国经济规模的弹性增加了 0.06。最后一列则报告了使用工具变量进行两阶段估计的第二阶段结果。宽带互联网的使用使贸易对距离的弹性增加了 0.17,贸易对外国经济规模的弹性增加了 0.09。虽然方向相同,但是这些数值均大于 OLS 估计的结果(第(3)列)。表 8-3 中的证据表明,互联网将国际贸易转移到更近的外国市场和经济规模更大的贸易伙伴。但是并没有证据显示,双边贸易的本国城市经济规模弹性随着互联网宽带的普及而发生显著的变化。

表 8-3 引力方程估计结果——贸易量(取对数后)

	OLS			ITT	SSIV
	(1)	(2)	(3)	(4)	(5)
$\log(\tau_{NOR,jt})$	-1.253	-1.208			
	(0.023)	(0.032)			
$\log Y_{it}$	0.499	0.702	0.880	0.709	0.675
	(0.275)	(0.303)	(0.378)	(0.348)	(0.326)
$\log Y_{jt}$	0.736	0.721	1.552	1.668	1.734
	(0.022)	(0.021)	(0.167)	(0.165)	(0.152)
d_{it}		0.046	0.063		0.252
		(0.047)	(0.051)		(0.489)
$d_{it}\times\log(\tau_{NOR,jt})$		-0.092	-0.093		-0.171
		(0.030)	(0.028)		(0.045)
$d_{it}\times\log Y_{it}$		-0.006	-0.031		0.088
		(0.048)	(0.053)		(0.081)
$d_{it}\times\log Y_{jt}$		0.075	0.037		0.094
		(0.019)	(0.014)		(0.022)

续表

	OLS			ITT	SSIV
	(1)	(2)	(3)	(4)	(5)
z_{it}				0.050	
				(0.105)	
$z_{it}\times\log(\tau_{NOR,jt})$				-0.119	
				(0.035)	
$z_{it}\times\log Y_{it}$				0.050	
				(0.050)	
$z_{it}\times\log Y_{jt}$				0.064	
				(0.017)	
因变量平均值	10.96	11.07	11.07	10.96	10.96
观察值个数	97 646	89 522	89 522	97 646	97 646
配对固定效应			√	√	√

注：τ 为双边距离，Y 为经济规模，d 为宽带采用率，z 为宽带覆盖率。下标 i 代表城市，j 代表目的地/来源国，t 代表年份。数据样本期为 2001—2008 年。样本数据在城市—国家—年份维度上，数据只包含贸易对数值为正的样本。所有回归标准误均聚类在城市层面。

关于贸易额的距离弹性随着宽带的普及而增加，上述理论指明这一现象背后的作用机理来自互联网改善了信息摩擦。为了验证这一机理是否存在，实证检验的思路是，既然互联网改善了信息摩擦，进而对贸易模式和对距离的弹性产生作用，那么可以预计对于信息成本更高的产品，其影响作用应该更大。这里依据 Rauch(1999)提出的，在贸易过程中，相比于同质化商品，信息对于差异化产品更为重要，将样本区分出这两种商品各自的贸易流量，进行引力方程的估计。表 8-4 显示了结果：与宽带网络通过减少信息摩擦改变贸易的理论命题相一致，宽带的使用对差异化商品贸易模式的影响比同质商品更大。

表 8-4 按产品类型分列的加权估计数——贸易量(取对数后)

	同质商品(1)	差异化商品(2)
Panel A:ITT		
$Z_{it}\times\log(\tau_{NOR,jt})$	-0.053	-0.104
	(0.061)	(0.035)

续表

	同质商品(1)	差异化商品(2)
$Z_{it}\times\log Y_{jt}$	0.002	0.086
	(0.029)	(0.018)
Panel B:SSIV		
$d_{it}\times\log(\tau_{NOR,jt})$	-0.078	-0.152
	(0.075)	(0.045)
$d_{it}\times\log Y_{jt}$	0.003	0.125
	(0.037)	(0.024)
因变量平均值	10.80	10.63
观察值个数	43.713	87.426
配对固定效应	√	√

注:τ 为双边距离,Y 为经济规模,d 为宽带采用率,z 为宽带覆盖率。下标 i 代表自治市,j 代表目的地/来源国,t 代表年份。所有的回归都包括年份和城市—特定国家对的固定效应。样本期为 2001—2008 年。样本数据在城市—国家—年份维度上,数据只包含贸易对数值为正的样本。所有报告的标准误都聚类在城市级别。

此外,这里还检验了其他可能的影响渠道。一种可能性是,对于语言相似的目的地国,互联网对双边贸易流动的直接影响可能更强(Blum 和 Goldfarb,2006)。虽然没有其他国家以挪威语为主要通行语言,但由于挪威的英语普及率较高,其他国家的英语水平依然可能发挥重要作用。如果靠近挪威的国家的英语平均水平比距离较远的国家高,那么这可能就是互联网与距离较近的国家产生更多贸易的原因。这里使用了由语言教学公司 Education First 统计的全球 71 个国家的英语水平指数,并将其作为控制变量及该变量与互联网变量的交互项包含到回归中,原有的回归结果并无显著变化。

另一种可能性是,如果目的地国家本身具有较高的互联网渗透率,互联网对双边贸易流动的直接影响可能更强(Rochet 和 Tirole(2006)的双边市场理论)。根据经验,靠近挪威的国家往往拥有更高的互联网普及率。为了检验这种机制,这里又使用了世界银行对互联网普及率的估计,并将这个变量及其与互联网的交互纳入基准回归模型。结果也显示添加这些控制变量不会显著改变宽带与目的地市场规模之间交互项的估计系数、宽带与距离之间交互项的估计系数。所以对上述两个机制渠道的控制,可以进一步证实互联网宽带使用在降低信息摩擦上发挥作用,体现为增强了国际贸易模式中的距离效应。

Akerman、Leuven 和 Mogstad(2022)为互联网技术如何改变双边贸易流量和贸易模式提供了新的解释机制和经验证据。研究从互联网降低信息摩擦的视角入手,分析互联网影响贸易的背后机理。诚然,降低信息不对称、扩大信息流通范围是互联网技术普及后发生的主要变化。从该视角出发的研究可以说是在机制上补充了 Freund 和 Weinhold (2004)的分析,也为数字经济时代下"贸易地理距离消失悖论"提供了新的理论解释。除此之外,Akerman、Leuven 和 Mogstad(2022)以挪威宽带建设项目作为准自然实验的经验分析,为互联网因减少信息摩擦而加强贸易的距离弹性提供了有力的实证,在这点上也是对 Freund 和 Weinhold(2004)等研究的重要补充。

第三节 数字交易平台的距离效应

一、国内数字交易平台的距离效应

数字交易平台上进行的国内贸易行为,在很多维度上是不存在摩擦的:首先,当消费者可以借助数字交易平台的搜索引擎来寻找自己想要的商品时,搜寻成本降到几乎不存在;其次,借助电子邮件系统、相对统一的交流格式和官方交流语言,买卖双方的交流成本也降低了;再次,运输成本被统一,很多数字交易平台对国内的买家都收取一个固定的配送费,这就使不同距离的交易具有了相等的边际运输成本①;最后,国内贸易不存在关税,但是跨地区间可能存在消费税的差别,比如美国的州政府征收销售税,但是这应该鼓励州外购买而非州内购买。

由此,自然地引出了这样一个问题:线上购物的制度环境是否改变了贸易流量的地理特征? Hortaçsu 等(2009)主要选取了大型网络购物平台——eBay,分析该交易平台上的美国国内贸易交易的地理特征。eBay 是世界上最大的网络购物平台。仅仅在 2006 年,eBay 平台上就拥有了全世界超过 2 亿的用户和超过 6 亿种商品。可以认为,该平台上的贸易在用户种类和商品种类上都具有普遍的代表性。eBay 平台上是否还存在引力方程提示的距离问题,Hortaçsu 等(2009)进行了详细的经验研究。②

(一)平台拍卖模式下的引力方程

该模型是一个参与者数量外生给定的简化拍卖模型。拍卖这种交易形式是 eBay 平台独有的,也是最为常用的销售形式。买者的支付意愿取决于待拍卖商品的特点、卖者的特点,以及买卖双方之间的距离。支付意愿越高,赢得拍卖的可能性就越高。所以,地理距离通过支付意愿影响了买方赢得拍卖的可能性,从而进一步影响到不同区域间的成交数和总成交额。

假设一次拍卖涉及 L 个地点。在每个地点里,都有 M_l 个卖者,分别标号为 M_1、M_2、

---

① 长距离的商品配送会使得等待时间变长,且通常假设运输时间与距离长短呈线性变化。然而,这里却发现,事实上,配送时间与距离高度非线性,且在 50 千米~2 000 千米时几乎没有变化。

② 以下部分来自 Ali Hortaçsu, F. Asís Martínez-Jerez, Jason Douglas, "The Geography of Trade in Online Transactions: Evidence from eBay and Mercadolibre," *American Economic Journal: Microeconomics*, vol.1, no.1, 2009, pp.53-74.

M_3、…、M_l；有 N_l 个买者，分别标号为 N_1、N_2、N_3、…、N_l。在地点 b 的买者 i，成功购买地点 s 的卖者 j 的一件商品后，获得效用为：

$$u_{ibjs}=\gamma+\mu_{b,s}+\varepsilon_{ibjs} \tag{8.29}$$

式中：γ 是被拍卖品的基本价格；$\mu_{b,s}$ 是一个影响 b 处买者购买 s 处卖者商品的效用的因素，例如买卖双方的距离和运输成本，同时因为存在退货成本随着距离而增大的事实，可以认为 $\mu_{b,s}$ 还包含被拍商品的性质以及 s 处卖者平均声誉的影响；ε_{ibjs} 是一个独立同分布的随机干扰项。

假设拍卖机制有效（它总能把商品留给具有最高支付意愿的买者），且 ε_{ibjs} 对于买者和卖者是独立同分布的、遵循 I 型极值分布。那么，b 处的买者成功从 s 处的卖者 j 那里购买商品的概率表达为：

$$Pr\{b\text{ 处买者赢得 } s \text{ 处卖者 } j \text{ 的拍卖}\}=\frac{N_b\exp(\gamma+\mu_{b,s})}{\sum_{b'=1}^{B}N_{b'}\exp(\gamma+\mu_{b',s})} \tag{8.30}$$

N_b 反映了不同地区买者人口数。$\mu_{b,s}$ 越大，b 处买者出最高价买到该商品的可能性越大。同样地，b 地的买者数量越多（N_b 越大），最高估值出现在这类买者中的概率就越大。

对式（8.30）左右两边乘以 s 地的卖者数量 M_s，可得到从 s 地卖到 b 地的订单数 $T_{b,s}$。将 $T_{b,s}$ 决定式取对数并加入一个扰动项 $\nu_{b,s}$，即可得到如下形式的引力方程：

$$\log T_{b,s}=k_s+\log M_s+\log N_b+\mu_{b,s}+\nu_{b,s} \tag{8.31}$$

式中：$T_{b,s}$ 是从 s 地到 b 地的订单总数量；M_s 是 s 地的卖者总数；N_b 是 b 地的买者总数；k_s 包含 γ 和 $-\log c_s$ 两项，其中 $c_s=\sum_{b'=1}^{B}N_{b'}\exp(\gamma+\mu_{b',s})$。

依上述引力方程，这里提出了以下待检验的假说：第一，从 s 到 b 处订单总数量① $T_{b,s}$ 与卖方的经济规模 $\log M_s$、买方的经济规模 $\log N_b$ 成正比；第二，买卖双方之间的距离越大，两者间的交易订单总量越小；第三，距离对订单量的影响大小，取决于商品的价值和卖者的声誉。

（二）经验分析

根据上述的理论模型分析，以拍卖形式在线上平台完成的贸易可以由贸易双方所在地的规模、双方间隔的距离来解释。在 2004 年 2 月到 5 月间，Hortaçsu 等（2009）从 eBay 网站上收集了根据商品分层抽样的数据。除了汽车和房地产外，共有 27 个商品类别，研究对每个类别均抽取了一个日常随机样本。每个记录包含的信息包括：在售商品描述、卖家的位置、卖家公布的运费和手续费标准，以及其他可能影响需求的特征（如卖家的反馈评级、保险和支付方式、上架时间等）。由于无法准确获得每条记录对应的买家位置，需要

① 作者还用以美元计价的总销售额代替订单总数作了一次分析，该结论不变。

根据买家之前出售商品时记录的信息，识别买家所在区域。能被识别处的记录占到总样本量的27%(266 588条)。[①]

对于实证研究贸易地理特征，该样本存在以下四点优势：第一，eBay平台上是微观个体之间对于最终消费品的交易，其地理特征不会受到特定行业的地理分布、供应商垄断能力的影响。第二，eBay只是纯粹的数字交易平台，从中可获得相对较大规模的详细产品横截面数据，并帮助了解哪些因素使得交易对距离更敏感。第三，交易过程的全在线网络化，可以认为其是无信息和交易摩擦的。第四，运输费用通常由卖方公开，这些费用在国内是统一的。因此就可以有效地控制不同地点的运输成本差异。

首先利用州/省层面加总数据对引力模型展开检验。如果数字交易平台消除了和距离相关的交易摩擦，那么可以预计回归结果中距离将不会成为解释跨区域贸易的显著因素。这里将Wolf(2000)及Hillberry和Hummels(2003)的研究作为基准，将这里的结果与之对比。Wolf(2000)及Hillberry和Hummels(2003)使用了美国人口普查中的商品流动调查数据，研究了距离对美国州际贸易的影响。这两项研究都发现：距离对贸易量具有显著的负向影响。这些研究还发现了一个非常显著的"同州偏好"效应，即在模型中，表示"是否同州"的虚拟变量的系数很大。这表明，贸易成本并不只有距离，贸易双方是否在同一个州内也是一个重要因素。[②]

这里是使用eBay数据回归，因变量是州(省)双边加总的贸易订单总量，解释变量包括地理距离、各州的人口数量、是否同州的虚拟变量。表8-5展示了回归结果。总体来讲，和之前的研究相比，该回归得到了与其一致的结果。

表8-5 距离对eBay贸易的影响

	eBay				1993	1997
	ln(number transactions)			ln($ sales)	CFS	CFS
	Model Ⅰ	Model Ⅱ	Model Ⅲ	Model Ⅳ	(Wolf 2000)	(Hillberry and Hummels 2003)
ln(*DISTANCE*$_{sb}$)	−0.10***	−0.05***	−0.07***	−0.07**	−1.00***	−1.05***
	(0.010)	(0.011)	(0.013)	(0.031)	(43.32)	(0.02)
SAME-STATE		0.60***	0.56***	1.03***	1.48***	0.44***
		(0.097)	(0.093)	(0.179)	(11.53)	(0.10)
ln(T_s)	0.96***	0.96***	(seller f.e.)	(seller f.e.)	1.02***	(seller f.e.)

① 这种筛选方式使得分析样本倾向于那些在eBay上更"有经验"的交易者，因为他们必须在短时间内分别以买者和卖者的身份参与交易。该特征使样本更有可能反映出理解交易规则的市场参与者的有意识行为，而不存在不熟悉的偶尔买家的潜在随机决策，从而使得估计更为准确。

② 原文解释道：与Hillberry和Hummels(2003)、Wolf(2000)在选取商品种类和交易主体方面都有较大差别。后两者的文章使用美国普查数据中的商品流动调查。该数据集是从美国采矿业、制造业和批发业抽样得到运输情况数据，买卖双方主要是代表企业的专业贸易者。这里所使用的数据来自在eBay上交易的商品，数据刻画的主要是个体之间的产成品贸易。因此，这里的研究聚焦于理解个体消费者的偏好，而不是研究生产环节中的最优供应链决策。

续表

	eBay				1993	1997
	ln(number transactions)			ln(\$ sales)	CFS	CFS
	(0.008)	(0.008)			(62.04)	
$\ln(T_b)$	0.95***	0.95***	(buyer f.e.)	(buyer f.e.)	0.98***	(buyer f.e.)
	(0.015)	(0.015)			(59.33)	
观测值	2 181	2 181	2.181	2.181	2 137	2 304
调整后 R^2	0.93	0.93	0.94	0.78	0.84	0.91

注:这张表是地理距离和经济规模的州际贸易进行回归的结果。回归使用分层样本,时间跨度为 2004 年 2 月至 5 月。样本的交易只包括那些可以清楚地确定为非本地的项目类别消费品。因变量州际贸易,可以用交易次数的对数来衡量(模型Ⅰ-Ⅱ),或按美元贸易量的对数计算(Ⅲ-Ⅳ)在州 S(卖方)和州 B(买方)之间的关系。距离的度量为州首府之间的大圆距离。对于州内距离,借鉴 Wolf(2000)的公式计算,其利用了一个州内两个人口最多的城市之间的人口加权距离。同州是一个虚拟变量,如果买方和卖方位于同州,则取 1,否则为零。$\ln(T_s)$是州 S 交易总数的自然对数,$\ln(T_b)$是州 B 买家的交易总数的自然对数。Wolf(2000)及 Hillberry 和 Hummels(2003)的结果展示在后两列,以供比较。除了 Wolf 的 r 统计量外,标准误差都在括号中。

*** 表示在 1%水平上显著,** 表示在 5%水平上显著,* 表示在 10%水平上显著。

关于同州偏好效应的存在,Anderson 和 Van Wincoop(2003)认为其中可能遗漏相对价格指数,Head 和 Mayer(2002)则指出可能存在错误测量州内距离的问题。对此,该研究参考 Hillberry 和 Hummels(2003)的方法,在表 8-5 模型Ⅱ的基础上,加入买方所在州和卖方所在州固定效应,以控制价格指数的作用。为了减少测量误差偏差,还使用 Wolf(2000)提出的州内距离测量方法。另外,相比表 8-5 模型Ⅰ的结果,模型Ⅲ回归结果中较小的距离效应估计值表明,对同州偏好效应的估计不太可能是由州内距离的错误测量所导致的。

(三)对距离效应产生原因的进一步分析

为什么在 eBay 平台交易中出现了显著的距离效应?哪些原因可以解释同州偏好效应?首先,最显而易见的贸易摩擦是运输成本,它可能随着距离的增加而增加。此外,运输公司有可能对州际和州内运输实行双重定价结构,这种差异会产生同州偏好效应。eBay 的交易中,对国内实行统一运费,那么传统贸易中的运费影响不再存在。但是在线上平台,买方可能会考虑到和运费支付相关的溢价效应,比如买方意识到运费的存在使远距离的卖方提高报价(这是因为可能存在卖方在定价时考虑到实际运输成本大小),那么运输成本仍然可能影响他们与远处的卖方进行交易的决定。所以,运输成本带来的贸易摩擦依旧在起作用。对此,回归中直接加入运输成本,就该情况进行检验。结果显示运输成本的估计系数显著为负,说明运输成本是线上贸易的阻碍因素之一。但是双边距离和同州虚拟变量的估计系数均保持不变。这表明运输成本并不能解释这两种效应的存在。

其次考虑互联网上的特殊文化。例如,先前相关研究表明,在线竞标者通常会采取一种被称为狙击的出价策略,即其通常会等到拍卖到期前才出价。如果买家和卖家不在同一个时区,这种策略在某种程度上可能更难执行(特别是如果拍卖在深夜或者买家的工作时间刚刚结束时)。为了检验这种可能性,模型中加入了一个虚拟变量,若买卖双方在同一时区,该变量取1,反之取0。结果发现,该变量的系数在统计上不显著,且对模型的其他变量几乎没有影响。所以,时区差异也不是距离效应和同州偏好效应的作用机理。

同州偏好效应的出现可能是由于对州内距离计算的误差。如果存在对州内距离的测算高于实际值,那么州内距离解释的部分变小。贸易实际值和能被州内距离解释的部分存在差距,剩余的这部分差距可以被同州虚拟变量解释。通常情况下,州的大小与距离测量的准确度相关,较大的州出现这种测量偏差的可能性更大。而且根据 Wolf(2000)的研究,由于在较大州,州内的贸易量占总贸易量的比例更大。那么测量误差带来的同州偏好效应可能进一步被放大。为了检验回归观察到的同州偏好效应是否由最大州内部的大量贸易引起,回归中额外纳入了表示五个大州个体的虚拟变量。同州哑变量的系数仍然是正且显著的,且大小近似于先前的水平。而这五个大州的虚拟变量估计系数是负且显著的(除蒙大拿州),这结果说明不存在州内距离测量误差引发同州偏好效应的机制。上述三个回归的结果展示在表 8-6 中。

表 8-6 地理距离对 eBay 贸易的影响:运输成本、时区和大州的作用

	Model Ⅰ 基准回归	Model Ⅱ 运费率	Model Ⅲ 时区	Model Ⅳ 大州
$\ln(DISTANCE_{sb})$	-0.07^{**}	-0.07^{***}	-0.07^{***}	-0.07^{**}
	(0.013)	(0.012)	(0.015)	(0.013)
SAME-STATE	0.56^{***}	0.56^{***}	0.57^{***}	0.56^{***}
	(0.093)	(0.092)	(0.094)	(0.093)
SHIPPING COST(%)		-0.13^{*}	-0.13^{*}	-0.13^{*}
		(0.074)	(0.074)	(0.074)
SAME TIME ZONE			0.002	
			(0.021)	
SAME-STATE,CA				-0.53^{***}
				(0.089)
SAME-STATE,NY				-0.37^{**}
				(0.091)
SAME-STATE,FL				-0.31^{**}
				(0.093)
SAME-STATE,TX				-0.38^{***}

续表

	Model Ⅰ 基准回归	Model Ⅱ 运费率	Model Ⅲ 时区	Model Ⅳ 大州
				(0.092)
SAME-STATE,MT				1.71***
				(0.150)
卖方州固定效应	有	有	有	有
买方州固定效应	有	有	有	有
观测值	2 180	2 153	2 153	2 153
调整后 R^2	0.78	0.94	0.94	0.94

注：*SHIPPING COST* 为两个州之间运输费率的中位数值。*SAME TIME ZONE* 为时区的虚拟变量，取 1 表示卖方和买方所在州的时区相同。*** 表示在 1%水平上显著，** 表示在 5%水平上显著，* 表示在 10%水平上显著。

与距离较远的对手方进行交易的风险之一是：如果另一方不履行其义务，则守约的那一方很难行使任何追索权。eBay 已经开发了几个功能，旨在增加用户对数字交易平台的信任，包括电子支付系统 PayPal、买家保护和反馈系统。如果卖者的好声誉的确能有效地减轻买家对长距离交易中追索问题的担忧，模型应该会呈现这样的结果：得到负面反馈会使距离较远的买家支付意愿降低得更多。对此，可以将距离变量和同州哑变量，分别与代表卖者声誉评分的中位数是否低于某特定阈值的哑变量进行交互。① 结果是：交互项的系数是显著的。这表明距离引起的追索成本增加，会减少贸易；正面反馈带来的信任的确有助于减轻贸易的距离效应。此外，负反馈的影响在同一州内不太明显，该互动项的正系数表明，声誉较差的卖家更有可能在同一州找到买家。这可以归因于同州内直接执行贸易协议的可能性增加，要么买家退货，要么强迫卖家履行承诺。

最后，税收通常与贸易的地理模式有关。Goolsbee（2000）研究表明，互联网上购买的购买决策部分是由消费税最优化驱动的。在美国国内，一般来说，只有当买卖双方位于同一州时，才会征收消费税。因此，卖方所在州税收制度的差异应该不会对贸易产生影响。只有当卖方和买方处于同一州时，他们才会在消费税的作用下减少贸易。而如果卖方和买方不仅是处于同一州，还同时处于一个消费税很高的州，那么此时消费税对贸易的反向作用就会更大。根据这一分析，根据卖方所在州的消费税大小，可以设置表示不同消费税水平的虚拟变量，将其与距离和同州虚拟变量交乘，同时加入回归中。回归结果正如预期的那样，识别卖方税收制度和距离的虚拟变量之间的相互作用都不显著。然而，当与同州虚拟变量交互时，系数——尽管并非始终显著——随着消费税率的下降而增加，最高系数对应于没有消费税的州。

① 哑变量“*BAD-SELLER*”代表卖家评级中值是否在 98.2%～99.3%，哑变量“*VERY-BAD SELLER*”代表卖家评级中值是否低于 98.2%。在交易数据中，75%的卖家评分高于 99.3%，90%的卖家评分高于 98.2%。

买家更喜欢自己附近的卖家的另一个可能的动机是在交易完成后可以立即享受购买的商品。在 eBay 平台的交易中,对延迟收到货物更敏感的买家,不太可能参与需要等到投标过程结束的拍卖,其可能选择立即购买或其他渠道贸易。因此,可以认为选择立即购买的方式反映了买方等不及的程度。买方越是等不及,其越不会选择远距离贸易,距离效应会越明显。为了验证该假设,基准引力方程分别加入了同州变量和对数距离变量与代表州际通过"立即购买"进行的交易量占总交易量的比重的交互项,来重新估计基准引力方程。结果是:两组交互变量对同州变量或距离系数的影响,在经济上或统计上都不显著。这说明买方买后即用的心理偏好不是距离效应的来源。

总而言之,尽管运输成本似乎阻碍了远距离买卖双方之间的互联网贸易,但它并不能解释在线交易中观察到距离效应。而在众多可能的解释因素中,声誉或者信任似乎是唯一对同州偏好效应有明显影响的变量(见表 8-7)。

表 8-7 距离对 eBay 贸易的影响:声誉、消费税的作用

	Model Ⅰ 声誉	Model Ⅱ 消费税	Model Ⅲ 声誉和消费税
$\ln(DISTANCE_{sb})$	-0.07^{**}	-0.07^{***}	-0.07^{***}
	(0.012)	(0.012)	(0.015)
SAME-STATE	0.50^{***}	0.56^{***}	0.57^{***}
	(0.093)	(0.092)	(0.094)
SHIPPING COST(%)	-0.13^{*}	-0.13^{*}	-0.13^{*}
	(0.073)	(0.074)	(0.074)
$\ln(DISTANCE_{sb})\times BAD\text{-}SELLER$	-0.03^{***}		-0.03^{***}
	(0.009)		(0.009)
$\ln(DISTANCE_{sb})\times VERY\ BAD\text{-}SELLER$	-0.04^{**}		-0.04^{**}
	(0.016)		(0.016)
$SAME\text{-}STATE\times BAD\text{-}SELLER$	0.63^{***}		0.73^{***}
	(0.22)		(0.280)
$SAME\text{-}STATE\times VERY\ BAD\text{-}SELLER$	0.93^{***}		1.24^{***}
	(0.14)		(0.171)
$\ln(DISTANCE_{sb})\times(SELLER\ TAX=6\%)$		-0.05	-0.07
		(0.049)	(0.050)
$\ln(DISTANCE_{sb})\times(SELLER\ TAX=5\%)$		-0.01	-0.02

续表

	Model Ⅰ 声誉	Model Ⅱ 消费税	Model Ⅲ 声誉和消费税
		(0.045)	(0.046)
ln(*DISTANCE*$_{sb}$)×(*SELLER TAX*=4%)		0.02	0.01
		(0.045)	(0.045)
ln(*DISTANCE*$_{sb}$)×(*SELLER TAX*=3%)		-0.01	-0.02
		(0.066)	(0.066)
ln(*DISTANCE*$_{sb}$)×(*SELLER TAX*=0%)		0.06	0.005 7
		(0.060)	(0.061)
SAME-STATE×(*SELLER TAX*=6%)		0.40*	0.04
		(0.237)	(0.211)
SAME-STATE×(*SELLER TAX*=5%)		0.44**	0.40**
		(0.189)	(0.190)
SAME-STATE×(*SELLER TAX*=4%)		0.44***	0.40***
		(0.167)	(0.168)
SAME-STATE×(*SELLER TAX*=3%)		0.84	0.63
		(0.541)	(0.559)
SAME-STATE×(*SELLER TAX*=0%)		1.14***	1.11**
		(0.446)	(0.439)
卖方州固定效应	有	有	有
买方州固定效应	有	有	有
观测值	2 153	2 153	2 153
调整后 R^2	0.94	0.94	0.94

注:哑变量"*BAD-SELLER*"代表卖家评级中值是否在98.2%~99.3%,哑变量"*VERY-BAD SELLER*"代表卖家评级中值是否低于98.2%。*** 表示在1%水平上显著,** 表示在5%水平上显著,* 表示在10%水平上显著。

数字交易平台是数字信息技术的主要应用,其开辟的在线市场给贸易带来了新的交易形式和渠道,改变了贸易环境、制度。Hortaçsu 等(2009)借助 eBay 平台的美国国内交易数据,就线上拍卖平台贸易的特征进行研究,重点在于考察当搜寻、信息摩擦、运费、关税等传统解释距离效应的因素不复存在时,数字交易平台的贸易将会展现出怎样的地理特征,又如何解释这些地理特征因素。Hortaçsu 等(2009)的研究重点在于通过经验证据来挖掘数字交易平台贸易的影响因素，为数字经济时代下新的贸易特征提供了证据。通过经验分析与估计，Hortaçsu 等(2009)发现线上贸易环境中，地理距离依旧显著负面影响地区间的贸易流量，但相比于线下贸易，线上的影响程度明显小更多。此外，线上贸易的距离效应呈现出高度的非线性特征，同州偏好效应占据主要地位。而声誉、信任机制是解释这种地理距离模式产生的关键。该研究作为数字交易平台贸易模式研究的经典文献，其指出的声誉问题也成为后来研究数字交易平台贸易交易的重要课题。

二、国际数字交易平台的距离效应①

Lendle 等(2016)同样使用 eBay 平台的数据就贸易的距离效应展开实证研究。不过和 Hortaçsu 等(2009)不同的是，Lendle 等(2016)将研究视角放在国际贸易上，并且将在线市场和传统线下市场的贸易模式进行了比较，进一步为研究数字交易平台是否降低了信息摩擦对贸易的影响提供了证据。

(一)国际贸易中数字交易平台信息摩擦程度的降低作用

互联网促进贸易的主要方式是降低搜寻成本，可以认为在线市场是“无摩擦”的市场。在线市场通过建立一个人人皆可访问的网络平台，可以把来自世界各地的买者、卖者整合在一起。这样一来，买者不再需要频繁打电话、发送传真、写电邮或参加昂贵且耗时的贸易展览会，来与海外买者建立联系。虽然，买者在网上购买中仍然会产生一些搜寻成本，但其与无互联网时代搜寻成本相比已经大大降低了。此外，在线市场的卖家评级、产品详细描述、产品配图等功能，在一定程度上便利了买家的搜索过程，也降低了卖家的逆向选择可能(Lewis，2011)。

相比较而言，线下市场中有诸多因素在阻碍贸易：合同执行的不完善极大地减少了国际贸易流量(Anderson 和 Marcouiller，2002)；在基础制度建设不完善的国家，贸易商想要达成贸易往往需要依赖昂贵的中介或人际网络(Rauch，1999)，或是只和自己信任的合作伙伴开展贸易(Guiso 等，2009)，这就大大减少了贸易量。信息摩擦距离是减少贸易的主要原因。根据以上分析，我们可推测相比于总体贸易数据，在 eBay 贸易数据集中，信息摩擦的影响应该小得多。

(二)数字交易平台中国际贸易的引力方程检验

这里使用的数据集是 2004—2009 年总计 61 个国家(地区)之间经由 eBay 平台完成的贸易流量。国家样本中包含发达国家(地区)和发展中国家(地区)。虽然在样本年份 2004—2009 年 eBay 平台跨境贸易流量总额仅占世界贸易的 0.06%，但是两国(地区)之

① 本部分内容来自 Andreas Lendle，Marcelo Olarreaga，et al.“There Goes Gravity：eBay and the Death of Distance，” *The Economic Journal*，vol.126，no.591，2016，pp.406-441.

间双边贸易总额的对数值与经由 eBay 平台完成的贸易额的对数值之间，具有高达 0.71 的相关系数。这表明，国家（地区）之间在 eBay 平台与总量的贸易模式在地理特征上是相似的，即 eBay 平台数据具有较好的代表性，可以用来研究国际贸易的一般特征，得出有关国际贸易的一般规律。

为了排除 2008—2009 年国际金融危机的影响，最终选择 2004—2007 年的数据进行研究，并且将 2004—2007 年的贸易流量取平均，以得到截面数据展开分析。数据还剔除了中间品贸易，只保留最终品贸易的数据样本①；只选择在 eBay 平台以商业为主体完成的一般商品贸易，而剔除所有以拍卖形式或由消费者个体进行的贸易。② 这里使用的引力方程形式为：

$$m_{ij}=\frac{y_i y_j}{y_m}\left(\frac{t_{ij}}{P_i\prod_j}\right)^{\varepsilon} \tag{8.32}$$

式中：m_{ij}是国家（地区）i 从国家（地区）j 的进口量；y_i、y_j 分别是进口国（地区）i 和出口国（地区）j 的总收入；y_m 是全世界的总收入；t_{ij}是两国（地区）之间的贸易成本，ε 是双边进口的贸易成本弹性③；P_i、$\prod_j$ 分别是进口、出口过程中的多边贸易阻力项。④

接着，地理距离、接壤与否、是否存在殖民关系历史等因素是贸易成本的组成部分，将双边贸易成本 t_{ij}表示成这些因素决定的方程形式：

$$t_{ij}=D_{ij}^{\alpha_D}e^{NB_{ij}\alpha_{NB}}e^{NC_{ij}\alpha_{NC}}e^{NCL_{ij}\alpha_{NCL}}e^{NCLS_{ij}\alpha_{NCLS}}e^{NFTA_{ij}\alpha_{NFTA}} \tag{8.33}$$

式中：所有 α 都是参数；D_{ij}是 i 国（地区）与 j 国（地区）之间的地理距；NB_{ij}是一个代表两国（地区）是否接壤的虚拟变量（接壤时取 0，不接壤时取 1）；NC_{ij}是一个代表两国（地区）是否具有殖民关系的虚拟变量（有殖民关系时取 0，没有殖民关系时取 1）；NCL_{ij}是一个代表两国（地区）是否具有通用语言的虚拟变量（有通用语言时取 0，没有通用语言时取 1）；$NFTA_{ij}$是一个代表两国（地区）是否签订自由贸易协定的虚拟变量（签订自由贸易协定时取 0，没有签订自由贸易协定时取 1）。

将式（8.33）代入式（8.32），并对等式两侧取对数，可得到：

$$\begin{aligned}\ln(m_{ij})=&\ln(y_i)+\ln(y_j)-\ln(y_w)+\beta_D\ln(D_{ij})+\beta_{NB}NB_{ij}+\beta_{NC}NC_{ij}+\\&\beta_{NCL}NCL_{ij}+\beta_{NCLS}NCLS_{ij}+\beta_{NFTS}NFTA_{ij}-\varepsilon\ln(P_i)-\varepsilon\ln(\textstyle\prod_j)\end{aligned} \tag{8.34}$$

式中：所有的 β 都是待估计参数，且 $\beta_k=\varepsilon\alpha_k$；$k$ 是代表不同贸易成本决定变量的下标。

由于该研究旨在检验 eBay 数据集和总贸易数据集中系数 β 是否存在不同，并且考虑到 P_i 和 $\prod_j$ 不可观察和难以估计，回归加入进口国（地区）i 和出口国（地区）j 的固定效应

① 样本选择的 HS 类别全部划分在 WTO 贸易政策审查分类（the WTO's Trade Policy Review Classification）的“最终商品”、BEC 分类中的“消费品”类别中。

② 总体贸易的数据集和相关贸易成本的数据来源与既有研究基本一致，在此不再详细展开介绍。

③ Anderson 和 Van Wincoop（2003）将双边进口的贸易成本弹性表示为 $1-\sigma$，其中 σ 是进口国的不同进口来源国之间的替代弹性。

④ 进口、出口过程中的多边贸易阻力项分别表示为：$P_i=\left[\sum_j\left(\frac{t_{ij}}{\prod_j}\right)^{\varepsilon}\left(\frac{y_j}{y_m}\right)\right]^{\frac{1}{\varepsilon}}$、$\prod_j=\left[\sum_i\left(\frac{t_{ij}}{P_i}\right)^{\varepsilon}\left(\frac{y_i}{y_m}\right)\right]^{\frac{1}{\varepsilon}}$。

项,来控制多边阻力项和经济规模的影响。

表 8-8 展示了对式(8.34)的估计结果。在第(1)列和第(4)列中,只考虑地理距离的影响,结果是:eBay 上的距离弹性比总体交易的弹性小约 65%。在第(2)列和第(5)列中,回归纳入了其他贸易成本变量,地理距离的估计系数大小在 eBay 平台和总体交易中都下降了。但是 eBay 平台的距离弹性仍然比总体贸易小了 65%左右。这表明与线下总体贸易相比,eBay 平台贸易因距离而减少的幅度更小。关于其他贸易成本变量的影响,共同的法律制度、自由贸易协定、殖民关系和国土接壤对总体贸易的影响更大,而通用语言对 eBay 平台贸易的影响更大。表 8-8 第(3)列和第(6)列报告了使用泊松伪极大似然估计法(PPML)的结果。结果是:在 eBay 平台数据集上估计的距离弹性大约比总体贸易集小 45%。从 2004 年到 2009 年对引力方程逐年估计的结果显示,不同年份的结果也没有差异。

表 8-8 引力方程回归结果

	(1) eBay	(2) eBay	(3) eBay	(4) Total-image	(5) Total-image	(6) Total-image
Distance	−0.508***	−0.351***	−0.369***	−1.408***	−1.134***	−0.663***
	(0.033 7)	(0.046 5)	(0.107)	(0.036 7)	(0.050 1)	(0.045 6)
No Common		−0.241***	−0.254**		−0.572***	−0.379***
Legal System		(0.059 2)	(0.103)		(0.054 3)	(0.059 1)
No Colony		0.062 4	−0.285**		−0.462***	0.030 0
		(0.142)	(0.128)		(0.166)	(0.109)
No Common		−0.412***	−0.960***		−0.195*	0.218**
Language		(0.094 6)	(0.141)		(0.110)	(0.095 6)
No Border		−0.137	−0.750***		−0.318**	−0.285***
		(0.132)	(0.143)		(0.151)	(0.089 5)
No FTA		−0.193**	−0.295*		−0.318***	−0.430***
		(0.088 0)	(0.174)		(0.090 5)	(0.083 0)
观测值个数	3 660	3 660	3 660	3 660	3 660	3 660
R^2	0.895	0.896		0.882	0.888	

注:***、**、* 分别表示在 1%、5%和 10%的水平上显著。

(三)数字交易平台中距离效应减弱的原因探析

相比于整体贸易,发生在 eBay 平台的交易显示出明显更小的贸易距离弹性。由此引申出一个问题:是什么因素导致了该现象的出现?是信息摩擦的消失还是有其他原因可以解释?Lendle 等(2016)首先借助于 eBay 平台推出的 PowerSeller 功能,从信息摩擦的角度进行探究。PowerSeller 功能为买方提供了额外一些关于卖方的信息,来克服因买卖双方无法见面的交易缺陷。该功能提供的信息包括:卖家收到了 98%的积极反馈,卖家已经持续经营超过 90 天,卖家已经完成了至少 100 单交易,或是卖家过去一年卖出商品的交易总额超过 3 000 美元等。且这些信息都附有 eBay 平台信用政策,来佐证信息真实性。由于 eBay 平台交易通常是买者先付款并等待卖者配送商品,因此卖者的声誉比买者的声誉要重要得多。

可以预计,如果 eBay 平台的贸易距离弹性是由信息摩擦造成的,那么对于采用了 PowerSeller 功能的交易而言,其距离效应会进一步被削弱,因为 PowerSeller 功能提供了更多的有效信息。这里分别对 PowerSeller 功能和非 PowerSeller 功能的贸易进行回归,结果证实了在采用 PowerSeller 功能的条件下,贸易距离弹性明显更小。这说明 eBay 技术通过减少信息摩擦来削弱了贸易距离效应。

回归还纳入了国家(地区)层面的信息摩擦(出口国/地区的腐败和通用语言)与距离的交互项。如果 eBay 通过信息摩擦降低来削弱距离效应,那么在信息摩擦很大时,距离效应应该减少得更多。当卖家位于腐败问题明显的国家/地区或买卖双方语言不通时,eBay 对减少信息摩擦、削弱距离效应、促进贸易扩张的推动作用应该更强。这里还参照 Huang(2007)的方法,将距离与 Hofstede Centre 公布的不确定性逃避指数进行交互。该指数可以反映一国/地区内部成员对不确定性和模糊性感到不舒服的程度。如果距离变量能够捕捉信息摩擦,那么在买家对不确定性厌恶的国家,距离效应应该更强。

上述结果反映在图 8-1 中。在总体贸易集中,当出口国/地区有严重腐败问题、买卖双方语言不通或买家位于不确定性厌恶程度较高的国家时,距离弹性显著更大。在 eBay 贸易集中,上述特征会影响距离效应的大小,但是其影响的幅度明显更小,这说明 eBay 平台反映出距离效应的整体下降,信息摩擦阻碍贸易的作用显著降低。

另外,还可以用买卖双方的一些特征来解释 eBay 和整体贸易模式上的差异。第一是 eBay 平台上买方和线下买方之间可能存在偏好差异。一个很可能存在的事实是:选择网购的群体通常具有更高的收入和受教育程度。而更富有的买方更有可能希望借助于线上平台买到产于遥远国家(地区)的具有异域风情的商品,从而倾向于远距离的交易。如果存在类似这种情况,那么距离效应在 eBay 平台上的减弱,就不是因为网络信息技术,而是因为买方群体的偏好在 eBay 平台上有所不同。对此,需要将 eBay 的买方特征进行控制。由于无法得知 eBay 平台上买家详细的特征信息,这里选择验证在某些特征的国家/地区中 eBay 的距离效应是否还是较小。该思路源自在互联网和信用卡普及率低、高度不平等的社会中,只有少数享有特权的"国际"买家可以访问互联网并在 eBay 平台上开展购买;在其他国家/地区里,更多的人可以使用网络购物,进而使 eBay 平台用户群体与普通线下购物群体的特征趋同,则不存在上述买方偏好差异,进而不会导致因果关系偏误。

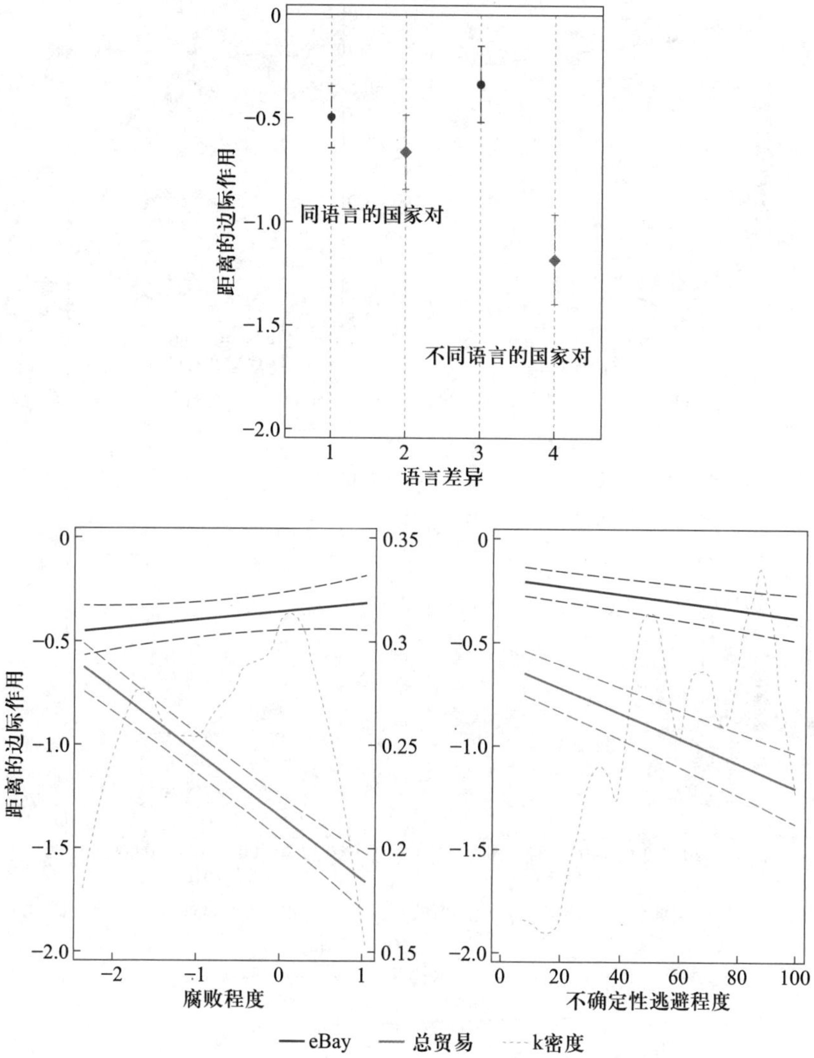

图 8-1　距离系数:搜寻成本的作用

图 8-2 反映了根据上述思路得到的回归结果。综合来看,在较贫穷、受教育程度较低、不平等程度高、互联网普及率较低的国家/地区,距离效应的差异的确部分地来自 eBay 平台上的买家偏好的差异(可以看到在这些样本中,eBay 的距离效应与总体贸易的差异很大)。同时,对于那些最平等、互联网渗透率最高、eBay 平台买家和线下买家似乎最为相似的最合意的国家/地区而言,eBay 平台上的距离效应仍然在统计上小于总体贸易中的距离效应。这表明:控制住消费者选择偏好的效应之后,网络购物技术对距离效应的削弱作用依然是存在的。

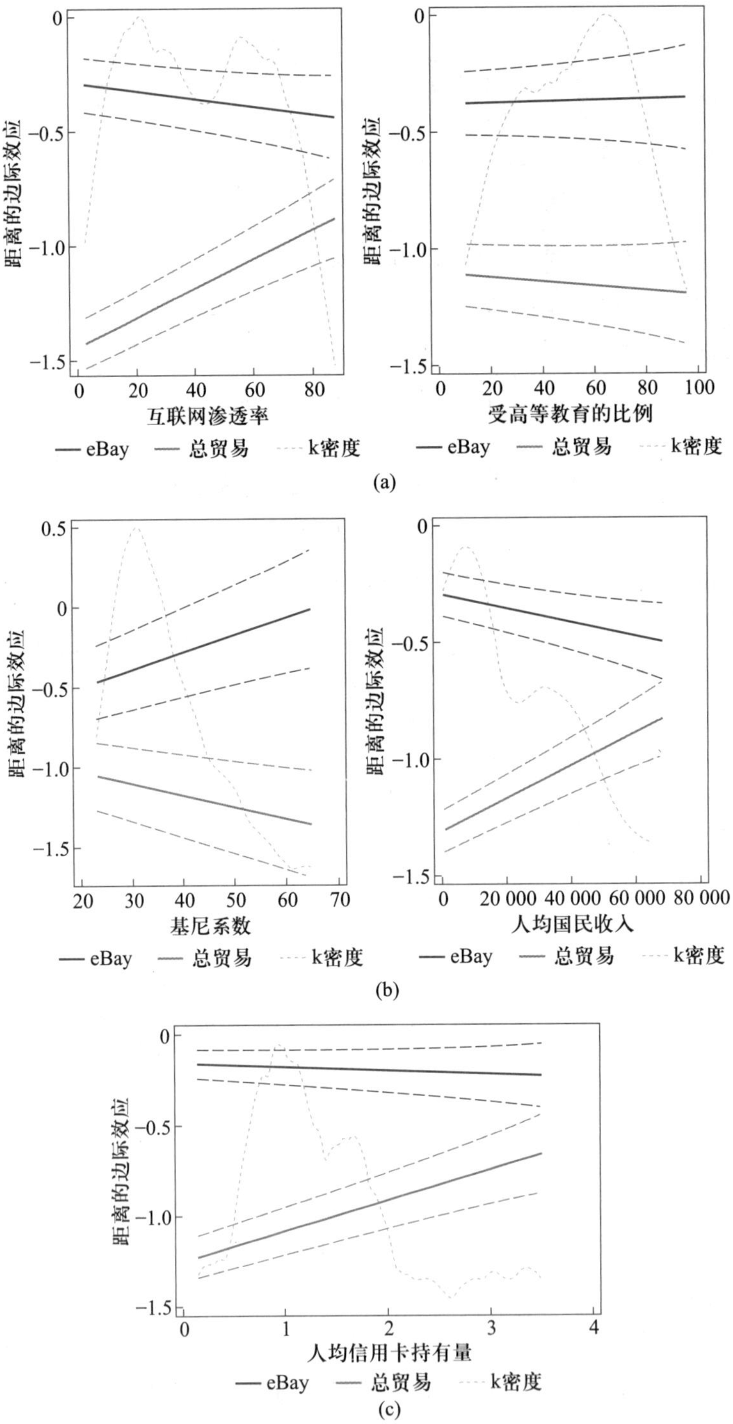

图 8-2 距离弹性:消费者自我选择的作用

注:虚线给出了 x 轴变量的 k 密度估计值,虚线为 95%置信区间。

Lendle 等(2016)为数字经济时代下贸易的“距离消失”提供了新证据,特别是其同时使用数字交易平台与线下的国际贸易数据的对比分析,直观地展示出在线市场的贸易特征。研究的结论表明,数字交易平台上国际贸易的距离效应大大减弱,而这背后的机制在于数字交易平台降低了和距离相关的信息摩擦程度。这与 Hortaçsu 等(2009)从声誉信任角度解析国内数字交易平台的距离效应并不相同。Lendle 等(2016)从国际交易活动中信息搜寻的重要性出发,来剖析和验证数字交易平台在减少信息摩擦、减弱距离效应方面的作用。除此之外,Lendle 等(2016)还计算出了国际贸易中数字交易平台交易带来的福利增进效果、全球范围内的实际收入提升,以及发展中国家/地区相对更高的福利提升,给普及和发展数字交易平台提供了有力的支持。

第四节　数字产品的距离效应①

前面的研究主要是以实物商品为样本,探究在线市场的使用是否降低了传统货物贸易对地理距离的反应。总结来看,虽然在线市场使得很多因地理距离产生的贸易阻碍大幅度地减弱或者消失,但是贸易仍然显著受到距离的负面影响,贸易的地理距离弹性并未降到 0。可是这类研究忽视了一个事实,那就是随着互联网技术的发展,数字产品开始出现,并逐渐成为人们热衷的新消费品类。那么,数字产品的贸易模式和特征又会是怎么样的呢?

数字产品是随着数字信息技术发展而诞生的新型商品种类。我们这里所指的数字产品,其生产、交易、传送、消费的全过程完全借助于在线网络技术。所以根据这些特征,我们可以预计运输成本、时间成本、分销成本、信息搜寻成本都不存在的数字产品,买卖双方所在地的地理距离将不再影响其贸易。借助于引力方程的分析框架,我们同样可以分析数字产品的距离效应问题。

一、数字产品的引力方程推导

这里我们考虑网络服务这种普及率最高的数字产品。假设将家庭 i 访问来自国家 c 的、服务类别为 s 的网站所获得的效用表示为:

$$U_{ic}^{s}=X_{c}^{s}\beta+\varepsilon_{c}^{s}+\gamma_{i}^{s} \tag{8.35}$$

式中:X_c^s 代表一个可观测的、表示国家和网络特征的向量,其中包含了国家 c 与消费者所在国家之间的地理距离;ε_c^s 代表不可观测的国家/网站特征,假设服从正态分布$N(0,\sigma^2)$;γ_i^s 代表家庭层面不可观测的特征。

① 本部分内容来自 Bernardo S. Blum, Avi Goldfarb, “Does the Internet Defy the Law of Gravity?” *Journal of International Economics*, vol.70, no.2, 2006, pp.384-405.

假设 γ_i^s 服从Ⅱ型极值分布,意味着在 s 商品类型下国家 c 所占的市场份额为:

$$S_c^s = n_c^s \frac{e^{X_c^s\beta + \varepsilon_c^s}}{1 + \sum_w e^{X_w^s\beta + \varepsilon_w^s}} \tag{8.36}$$

式中:n_c^s 是国家 c 的类型 s 的网站数量。

由于对模型参数仅仅作了定义而没有参数范围的设定,这就有必要为家庭设定一个外部选择。能访问国外网站的用户往往都同时拥有访问本土网站的选择。因此,这里将“访问一个提供与境外网站相同服务类别 s 的国内网站”的选择,定义为“外部的”选择($c=0$)。这样的话,参数 β 就可以衡量国家和网站的特征如何影响访问国家 c 类别 s 网站的边际效用相对于访问本国同类别 s 网站的边际效用。

将上式对数化,即可将国家 c 的网站与本国的网站在服务类别 s 上的市场份额差异,表示为两国特征和网站特征的一个线性函数:

$$\log(S_c^s) - \log(S_0^s) = \log(n_c^s) - \log(n_0^s) + X_c^s\ \beta^s + \varepsilon_c^s \tag{8.37}$$

下面将式(8.37)变换为标准引力方程的等价形式。首先注意到,c 国在 s 类网站的市场份额,可以写成“s 类 c 国网站访问量”与“世界对网站类型 s 的总访问量”的比值 $\left(S_c^s = \frac{V_c^s}{V^s}\text{和 } S_0^s = \frac{V_0^s}{V^s}\right)$。其次,由于 V_0^S 和 n_0^S 在服务类别 s 内不会因国家/地区而异,因此可以将它们合并为一个固定效应变量。这样,式(8.37)可改写为:

$$\log(V_c^s) = k^s + \log(n_c^s) + X_c^s\ \beta^s + \varepsilon_c^s \tag{8.38}$$

式中:V_c^s 是样本中的消费者对 c 国 s 类网站的访问量;向量 X_c^s 包括国家特定变量和网站特定变量,这些变量可能影响家庭在访问网站时的效用。

这里认为 X_c^s 中包含 c 国使用的语言和互联网连接的质量。

式(8.38)等价于传统的引力方程,因为它将国际交易的数量(此处定义为访问外国网站的次数)与国家的特征联系起来。为了不失一般性,经验研究时可将 X_c^s 定义为国家和网站特征的对数值。这样,β 参数不仅是效用函数的参数,而且衡量外国网站访问次数对于国家和网站特征的弹性。

二、数字产品的引力方程检验

Blum 和 Goldfarb(2006)借助美国家庭的网站访问数据展开引力方程分析。数据一共包含 2 654 个美国家庭的网站访问情况,时间从 1999 年 12 月 27 日到 2000 年 3 月 31 日,包含 2 927 213 条网站访问记录,可以识别出网站地址、访问的时间。该数据包含 25 个类别的在线服务网站,代表性的类别有邮件、游戏、音乐、软件、门户网站、搜索引擎等。考虑到和理论机制的呼应,这里将原始数据汇总到国家—网站类别层面,并以该汇总数据展开经验研究。

将上述估计的式(8.38)的结果展示在表 8-9 中,其中参考了 Freund 和 Weinhold

(2004)的方法,使用一个国家拥有的主机数量来作为其网站总数(n_c^s)的代理变量。为确保稳健性,回归还纳入了互联网用户数量和国家 GDP 作为 n_c^s 的替代代理变量。另外,回归使用删截回归模型(Tobit Regression)。使用该回归方法是考虑到在一些特定的网站类别中,有国家没有访问记录。回归时假设市场份额数据在网站类别下观测值的倒数处被截断,例如,“聊天”服务中有 61 348 个观察值。澳大利亚的聊天网站访问量为零,假设其访问量被截断在 1/61 348。

表 8-9 报告了核心模型的回归结果。主模型(第(1)列)①中的系数表明,距离增加 1%,访问次数减少 1.8%。第(2)列和第(3)列展示了对可能发生付费购买行为的网站类别(例如软件)和通常不发生付费购买的网站类别(例如音乐)的样本分别进行回归的结果。虽然距离效应在这两种情况下都存在,但显然在需要付费购买的网站类别上会表现得更为明显。

表 8-9 基准回归结果

	(1)	(2)	(3)
	Add GDP Per Capita (MAIN MODEL)	Purchase Involved	No Purchase Involved
ln(*Distance*)	-1.785***	-2.679***	-1.123***
	(0.331)	(0.641)	(0.363)
ln(GDP)	0.902***	0.329	1.351***
	(0.213)	(0.381)	(0.251)
ln(# *Hosts*)	0.338*	0.451	0.291
	(0.201)	(0.360)	(0.234)
English	2.242***	0.130	3.101***
	(0.469)	(0.916)	(0.508)
ln(GDP *Per Capita*)	1.798***	1.108	2.350***
	(0.406)	(0.708)	(0.489)
观测值个数	1 150	322	828
LL	-965.62	-290.35	-656.80
R^2	N/A	N/A	N/A

注:括号中为标准误差。所有回归都包括类别固定效应。*** 表示在 1%水平上显著;** 表示在 5%水平上显著;* 表示在 10%水平上显著。

---

① 即使控制法治、政治稳定、居美移民数量、前往该国的美游客数量、是否使用拉丁字母、是否讲英语和网站主机数量之间的交互项,距离效应依然存在。

对于生产、交易、传输和消费环节完全在线化的数字产品而言,贸易双方的地理距离仍然显著负向影响贸易的流量。这是为什么呢?一种可能性是即使在交易成本消失时,消费者对产品的品位偏好可能和其他距离效应的来源混杂在一起,从而导致距离有显著的负面影响。比如对于旅游信息网站的访问,去距离更远的国家旅行的花费显然更大,这使得美国旅行者更倾向于访问邻近国家的旅游网站。但是还可能存在的情况是:美国旅行者选择去哪里旅行和去哪里寻找旅行信息可能有"品位"成分,即他们主观上就是更喜欢某一个邻近的国家,于是导致更多的旅游信息网站访问发生在邻近国家中。那么在这种情况下,地理距离对贸易的显著作用实际上一部分是反映出买方的偏好。为了验证品位偏好是否是导致距离效应的原因之一,这里根据网站类型将样本划分为仅与品位相关、与地理距离无关的网站类型访问(比如音乐、游戏等),以及与品位完全无关的网站类型访问(比如软件、技术信息、财务信息等)两组样本。将这两种样本数据的回归结果展示在表 8-10 的前两列,可以看到距离效应的显著作用仅发生在与品位相关的网站访问中。

为了进一步确认品位差异对数字产品需求的影响,这里分别对 OECD 国家和非 OECD 国家的子样本估计距离效应。结果显示在表 8-10 的第(3)列和第(4)列中。结果也与上述分析类似:地理距离是品位差异的一个代理变量,对发达国家的距离效应小于发展中国家的距离效应。在第(5)列到第(8)列中,展示了从品位依赖和非品位依赖网站、OECD 国家和非 OECD 国家划分出的四种样本。分别回归的结果表明,距离对于访问非 OECD 国家的品位依赖网站尤为重要;OECD 国家对品位依赖网站的距离效应更接近于零;对于非品位依赖的网站类别,结果并不显著。

表 8-10 距离只对依赖于品位的类别有影响

	(1)	(2)	(3)	(4)	(5)	(6)	(7)	(8)
	Taste Dependent	Not Taste Dependent	Non-OECD Countries Only	OECD Countries Only	Taste Dependent and Non-OECD	Taste Dependent and OECD	Not Taste Dependent and Non-OECD	Not Taste Dependent and OECD
ln(*Distance*)	−3.248***	−0.979	−4.433***	−0.900***	−4.873**	−1.596**	−3.436	−0.579
	(0.757)	(0.628)	(1.495)	(0.292)	(2.129)	(0.738)	(2.998)	(0.520)
ln(GDP *Per Capita*)	0.518	2.177**	2.225*	2.017**	−0.098	1.049	5.421*	3.344***
	(0.795)	(0.870)	(1.292)	(0.498)	(1.745)	(0.976)	(2.911)	(1.163)
ln(GDP)	0.131	0.375	1.028*	1.080***	−0.331	1.318**	1.309	−0.365
	(0.439)	(0.440)	(0.541)	(0.253)	(0.838)	(0.594)	(1.074)	(0.464)
ln(*#hosts*)	−0.313	2.738***	−0.084	0.806***	0.437	0.232	−0.619	2.333***

续表

	(1)	(2)	(3)	(4)	(5)	(6)	(7)	(8)
	Taste Dependent	Not Taste Dependent	Non-OECD Countries Only	OECD Countries Only	Taste Dependent and Non-OECD	Taste Dependent and OECD	Not Taste Dependent and Non-OECD	Not Taste Dependent and OECD
	(1.066)	(0.916)	(0.449)	(0.250)	(0.699)	(0.546)	(0.873)	(0.492)
English	0.402	0.804*	0.388	2.248***	-0.878	-0.570	2.682	1.596**
	(0.411)	(0.432)	(1.597)	(0.447)	(2.326)	(1.118)	(2.963)	(0.790)
观测值个数	184	230	475	675	76	108	95	135
LL	-218.71	-214.65	-216.17	-689.59	-66.60	-141.85	-46.79	-147.72

注:括号中的为标准误差。所有回归都包括类别固定效应。*** 表示 1%水平上显著;** 表示 5%水平上显著;* 表示 10%水平上显著。

Blum 和 Goldfarb(2006)的学术贡献体现在两个方面:一是关于互联网时代下地理距离对贸易是否有影响的问题。之前的研究聚焦于互联网运用在实体产品贸易的场景下,而本研究则关注于交易、交付、消费都依托互联网的数字服务产品。对于实体产品贸易,距离效应仍然存在,而 Blum 和 Goldfarb(2006)发现在与偏好无关的数字服务产品贸易中,贸易模式不再呈现出显著的距离效应。二是补充了距离效应的来源因素。除了已经被证实的运输成本、信息搜寻成本、分销费用等是造成距离效应的原因之外,Blum 和 Goldfarb(2006)证实不同国家消费者对特定产品的偏好不同,也是原因之一。地理距离近的国家之间在文化品位偏好上的相似度,使得贸易量呈现出随距离拉大而下降的情况。

第五节 数字技术的贸易流量效应

一、互联网发展与企业出口①

除宏观国别层面、中观行业产品层面的贸易流量之外,微观企业层面的出口贸易活动同样值得关注。从企业视角出发,互联网如何影响企业内部的行为决策,如何作用于企业

① 本部分内容来自 Ana M.Fernandes, Aaditya Mattoo, et al."The Internet and Chinese Exports in the Pre-ali baba Era," *Journal of Development Economics*, vol.138, no.c, 2019, pp.57-76.

贸易活动,成为分析互联网下数字技术贸易流量效应的新视角。Fernandes 等(2019)从比较优势的角度分析了互联网的发展促进企业出口参与的机制。

(一)比较优势下的互联网出口效应

这里借助 Bernard 等(2007)关于异质性企业比较优势贸易理论的分析框架,来分析互联网发展促进企业出口的过程。假设行业内存在生产率不同、产品有差异的异质性企业。这些企业是否参与出口取决于其能否在出口市场中不亏损。可变贸易成本下降时,促使行业内有更多的企业参与到出口活动中,出口的临界生产率下降,企业整体的出口参与度提高。同时可变贸易成本下降会使得出口市场中企业出口额提升。随着企业出口贸易的扩大,生产的扩张带来了要素需求增长和要素价格上涨。要素价格上涨使得生产率低下的企业亏损,无法再从事生产经营活动。因此,对于该行业而言,贸易成本降低将带来资源配置效率增进的效果,使得行业中高生产率的企业留下,并获得更大的市场份额;低生产率的企业被淘汰;行业加总的生产效率随之提升。行业中企业的进入或退出行为对应的就业创造或就业岗位消失,但行业中留下更多的高生产率企业会带来更高的就业水平。

Bernard 等(2007)通过理论证明,上述企业和行业的变化幅度在具有比较优势的行业中更大。具有比较优势的行业在国际市场中具备更大的竞争潜力。所以当贸易成本下降时,在具有比较优势的行业内,会有更多的企业参与出口,企业出口额和产出也会扩张得更大。同理,行业整体的生产率提升以及就业变化也在比较优势行业中表现得更加明显。于是贸易产生了两种资源配置的效果:行业内部和行业间的资源配置。行业内部的资源向生产率高的企业配置,行业间的资源向具有比较优势的行业配置。

H-O 框架下具有比较优势的行业是密集使用丰裕要素的行业。互联网作为出口活动中的投入,可以将其视为生产要素。在企业内部生产方面,互联网接入可以使得企业内部生产组织更有效率、流程更加优化,从而提高企业的生产效率。并且借助于互联网,企业可以获得更为广泛的信息来源,有助于企业学习交流新的技术,这也将提高企业的生产技术水平,推进效率提升。另外,互联网降低了企业外包成本,促进专业化分工和中间品的购买,也产生了生产效率提升的效果。因此,就互联网对企业的影响而言,直接产生的效应是互联网会提高企业的生产效率。对于企业对外开展贸易方面,互联网是企业找寻、匹配、维系进口贸易伙伴所必须使用的工具。同时企业也需要借助于网络学习国际贸易的相关法律法规、流程手续办理等专业知识。所以,总体来看,互联网被用于企业生产中会提升生产效率,而对于企业的出口活动,互联网也是影响出口固定成本和可变成本的重要因素。

随着数字技术的发展,互联网普及、渗透率的提升,其逐渐成为企业丰裕要素,密集使用互联网的行业、企业,将会表现出更大的贸易效应,企业出口参与度、出口额上升得更多,加总的生产率、就业也在密集使用互联网的行业增长得更多。基于上述理论分析,就互联网对企业绩效的影响来看,提出的命题是企业所在地区的互联网发展可以视为比较优势的来源，其会使得密集使用网络行业内部企业的生产率、出口参与、出口额、产出都有更大幅度的提升。

（二）互联网促进企业出口作用的实证研究

基于比较优势假说，互联网发展对于企业出口作用的实证检验回归方程如下：

$$Y_{jpst}=\beta_0+\beta_1 internet_{pt}\times intintens_s+\beta_2 sklabor_{pt}\times skillint_s+\beta_3 railwayhighway_{pt}\times transpint_s+\beta_4 capital_{pt}\times capint_s+I_j+I_{pt}+\varepsilon_{ipst} \quad (8.39)$$

式中：下标 j、p、s、t 分别表示企业、省份、行业和年份。

核心解释变量是省份—年份级别的互联网渗透率和行业互联网使用密集度的交互项。省级的互联网发展使用互联网用户数衡量，来自 1999—2007 年中国互联网络信息中心的年度报告。并且考虑到各个省份的规模不同，这里将互联网用户数用人口规模标准化，所以核心解释变量是每 10 000 人中互联网用户的数量。互联网使用密集度的衡量使用的是 1998 年美国二分位行业 ICT 资本服务占总资本服务的比重。

另外，还加入了其他比较优势来源以及相关行业使用密集度的交互项作为控制变量，包括省份—年份级别的高技能劳动力与行业技能使用密集度、交通基础设施与行业交通使用密集度、资本与行业资本使用密集度。方程中加入了省份—年份固定效应，以及企业固定效应。那么，估计系数 β_1 表示企业所在省份的互联网渗透率与行业网络使用密集度的交互项对企业自身表现的影响。在数据样本方面，企业级别的数据来自中国工业企业数据库，选择了其中制造业企业作为分析样本。相关的企业变量构建如下：出口参与为虚拟变量，数据库中记录有出口额的企业取值为 1；出口强度为企业名义出口额与名义产出的比值；实际出口额为名义出口额经过行业产出价格指数平减之后得到；从业人数为企业总雇员数量；劳动生产率为企业实际生产增加值除以从业人数；资本规模为经过地区固定投资价格指数平减后的企业固定资产净值；企业全要素生产率使用 Ackerberg 等（2015）的方法估计。

表 8-11 展示了对企业出口表现的回归结果。结果说明地区互联网升级，会使得网络使用密集度高的行业内的企业出口概率、出口强度和实际出口额提升得更多。并且该表的结果显示，当其他条件不变时，以行业互联网使用密集度的均值计算可得，省级层面人均互联网用户每增加一个标准差，企业出口概率增加 0.3%，出口产出比增加 0.5%，实际出口额上升 8.5%。另外，表 8-11 还公布了不同类型比较优势的影响程度，以 β 系数表示。该系数表示解释变量变动 1 个标准差会引起被解释变量多少个标准差的上涨，由此可以判断不同因素的作用幅度。互联网发展的交互项上升 1 个标准差会导致企业平均出口概率上升 0.01 个标准差，出口强度上升 0.02 个标准差，实际出口额上升 0.08 个标准差。和其他因素相比，除了技能劳动力之外，互联网发展对企业出口表现的作用是最大的。

表 8-11 互联网普及率(互联网用户)对企业出口绩效的影响

被解释变量	出口虚拟变量	企业出口强度	企业实际出口额
	(1)	(2)	(3)
省互联网发展×行业网络密集度	0.011***	0.020***	0.375***
	(0.003)	(0.004)	(0.033)
省人力资本发展×行业技能密集度	0.017***	0.010***	0.314***
	(0.004)	(0.005)	(0.032)
省交通基础设施×行业运输密集度	0.122**	0.104	1.597***
	(0.055)	(0.074)	(0.474)
省级物质资本存量×行业资本密集度	0.000	0.000***	0.001***
	(0.000)	(0.000)	(0.000)
企业固定效应	Yes	Yes	Yes
省份—年份固定效应	Yes	Yes	Yes
观测值个数	1 719 497	413 215	438 660
R^2	0.811	0.851	0.823
β 系数值			
省互联网发展×行业网络密集度	0.010	0.020	0.080
省人力资本发展×行业技能密集度	0.012	0.010	0.067
省交通基础设施×行业运输密集度	0.009	0.008	0.027
省级物质资本存量×行业资本密集度	0.000	0.000	0.073

注:括号中为稳健标准误,聚类在省—行业—年水平。*** 和 ** 分别表示 1%和 5%水平上显著。

关于互联网发展是如何促进企业出口绩效提升的,理论机制部分的解释是:互联网减少了制造企业与上游中间品供应商、下游进口商之间的信息摩擦,使得搜寻匹配和沟通的成本降低,从而起到促进出口的作用。如果与进口商的信息沟通成本降低机制存在的话,那么可以观察到互联网发展的作用在信息沟通敏感度更高的行业企业中更大。对此,根据 Rauch(1999)的分类方式,将生产差异化产品的行业视为信息密集度更高的行业,以此构建行业级别的虚拟变量,与互联网发展水平进行交互对企业出口绩效回归。回归结果展示在表 8-12 中,结果显示互联网发展对差异化产品的行业有着更大的促进企业出口效应。这一结果证实了降低出口信息沟通成本的机制存在。关于和中间品供应商之间的信息沟通成本降低机制,理论分析指出互联网可以帮助降低和供应商之间的信息沟通成本,促进专业化生产。但是对于一些价格难以比较或者需要复杂的契约合同处理交易关系的话,互联网可能并不能帮上忙。对此,这里使用 Nunn(2007)构建的行业契约密集度指标,该指标使用美国投入产出表计算，衡量了专有化和定制化中间投入占总中间投入的比重。互联网与该指标交互项对企业出口绩效回归的结果也展示在表 8-12 中，可以看到互联网的出口促进作用反而在契约密集的行业企业中更大。综合表 8-12 的结果可以说明，互联网改善与客户和中间品供应商的关系，是促进企业出口绩效的重要途径。

表 8-12 互联网普及率（互联网用户）对企业绩效的影响
——差异化和契约密集型产业

被解释变量	出口虚拟变量		企业出口强度		公司实际出口额	
	(1)	(2)	(3)	(4)	(5)	(6)
省互联网发展×差异化产品	0.004***		0.005***		0.039***	
	(0.001)		(0.001)		(0.005)	
省互联网发展×契约密集度		0.014***		0.029***		0.218***
		(0.003)		(0.005)		(0.030)
其他控制变量	Yes	Yes	Yes	Yes	Yes	Yes
企业固定效应	Yes	Yes	Yes	Yes	Yes	Yes
省—年份固定效应	Yes	Yes	Yes	Yes	Yes	Yes
观测值数	1 681 373	1 617 751	402 782	397 561	427 386	421 993
R^2	0.811	0.810	0.852	0.851	0.821	0.821
β 系数						
省互联网发展×差异化产品	0.016		0.022		0.038	
省互联网发展×契约密集度		0.040		0.091		0.151

注：括号中为稳健标准误，聚类在省—行业—年水平。*** 和 * 分别表示 1%和 10%水平上显著。

最后还检验了具体哪些互联网发展会带来企业出口绩效的提升。首先是网站的作用，通过使用省级层面的域名数量与行业内使用网站的企业份额（越南数据计算）交互项作为解释变量回归，得到了如表 8-13 所示的结果。可以看到，网站域名数量的增多显著增加了企业出口，并且网站使用相对多的行业内企业更多地从中获益。其次是宽带发展的影响，将每个省份的光纤线路千米数与行业网络使用密集度的交互项加入回归，得到如表 8-14 所示的结果。该结果表明宽带建设也发挥出推动企业出口参与和出口绩效的效应。

表 8-13 互联网普及率(.CN 域名)对企业出口绩效的影响

被解释变量	出口虚拟变量		企业出口强度		企业真实出口额	
	(1)	(2)	(3)	(4)	(5)	(6)
省级域名数(标准化)×行业网络使用份额	0.003**		0.004		0.084***	
	(0.001)		(0.002)		(0.016)	
省级域名数(绝对值)×行业网络使用份额		0.040***		0.032***		0.644***
		(0.005)		(0.008)		(0.067)
其他控制变量	Yes	Yes	Yes	Yes	Yes	Yes
企业固定效应	Yes	Yes	Yes	Yes	Yes	Yes
省份—年份固定效应	Yes	Yes	Yes	Yes	Yes	Yes
观测值个数	1 545 297	1 545 297	378 742	378 742	402 088	402 088
R^2	0.815	0.815	0.853	0.853	0.829	0.830
β 系数						
省级域名数(标准化)×行业网络使用份额	0.004		0.006		0.027	
省级域名数(绝对值)×行业网络使用份额		0.022		0.021		0.091

注:括号中为稳健标准误,聚类在省—行业—年水平。***、** 和 * 分别表示 1%、5%和 10%水平上显著。

表 8-14 增加光纤线路长度的互联网普及率(互联网用户)对企业出口绩效的影响

被解释变量	出口虚拟变量	企业出口强度	企业实际出口额
	(1)	(2)	(3)
省互联网发展×行业网络密集度	0.016***	0.029***	0.492***
	(0.005)	(0.006)	(0.043)
省光纤线路长度×行业网络密集度	0.004**	0.006***	0.093***
	(0.002)	(0.002)	(0.012)
其他控制变量	Yes	Yes	Yes
企业固定效应	Yes	Yes	Yes

续表

被解释变量	出口虚拟变量	企业出口强度	企业实际出口额
	(1)	(2)	(3)
省份—年份固定效应	Yes	Yes	Yes
观测值个数	1 146 746	276 197	293 813
R^2	0.833	0.869	0.846
β 系数			
省互联网发展×行业网络密集度	0.013	0.026	0.096
省光纤线路长度×行业网络密集度	0.013	0.025	0.085

注:括号中为稳健标准误,聚类在省—行业—年水平。*** 、** 和 * 分别表示 1%、5%和 10%水平上显著。

Fernandes 等(2019)就互联网发展促进贸易的作用补充了企业层面的分析和证据,证实了互联网发展作为一国或地区的比较优势来源,其通过促进企业生产率提升、出口固定成本和可变成本降低的渠道,给企业带来了国际竞争优势,推动企业参与出口贸易,扩大出口产品生产,增加实际出口额。Fernandes 等(2019)利用中国数据的经验分析,给互联网的贸易效应研究提供了来自发展中国家的证据。该文的研究结论也具有重要的贡献:1999—2007 年的企业层面数据和省级互联网发展指标的估计结果显示,在数字交易平台未普及的时期,仅互联网发展就已经对企业出口有显著的促进作用;互联网对企业的影响还体现在扩大就业、提高生产率以及促进企业生产规模的增加上。① 所以 Fernandes 等(2019)综合性地验证了互联网对制造企业发展的作用,体现在贸易促进以及生产发展上。

二、数字交易平台与企业出口

(一)数字交易平台的信息提供作用②

由于信息不完全,企业为了开展国际贸易,在搜寻有效信息和找到贸易伙伴上的花费是巨大的。有研究指出,非出口企业为了找到一位潜在的出口贸易伙伴,每年花费的搜寻成本高达 5 万美元。早期的数字交易平台囿于技术限制,还未发展出提供全方位交易环节服务的功能。数字交易平台最初是借助于互联网的信息功能,为买卖双方提供信息而建设的,例如阿里巴巴空间站、敦煌网等。即使到今天,虽然其他技术不断跟进,但是数字

① 对企业就业、生产率、生产规模的分析可以参见原文。

② 本部分内容来自 Carballo, Jerónimo et al." Online Business Platforms and International Trade," *Journal of International Economics*, vol.137, 2022, pp.103599.

交易平台的信息提供服务仍然被认为是推动贸易发展的关键因素。

1. 理论分析

通常而言,企业进入平台注册是免费的,企业注册时需要提供相关信息,比如企业概况、运营执照等信息,由平台审核完成后予以准入。在信息提供上,平台的作用可以概括为两个方面:一是提供给企业一些关于贸易业务开展的知识,比如提供贸易数据、开设网课、召开网络研讨会、组织培训、提供相关贸易知识,供企业进行学习,储备开展贸易的必要知识。二是给企业提供专业化的商业信息。在平台上,企业可以搜寻到潜在的贸易伙伴,使用电子邮件或者平台上的交流工具和对方取得联系。有些平台还组织商业联盟,企业可以参加,在其中发布自身出售或者有意愿购买的信息,以吸引潜在买家或者卖家。有的平台上还设有招标栏目,用于发布大企业的招标信息,其他企业可以借此申请,和大公司成为贸易伙伴。如此专业全面的信息提供,节省了企业搜寻和匹配贸易伙伴的时间和金钱成本。那么可以预计,当企业入驻到数字交易平台后,搜寻和匹配成本降低将有效地推动出口贸易活动开展。

2. 实证研究

Carballo 等(2022)运用秘鲁的企业级数据,选用 ConnectAmericas 平台,深入探究该平台的信息提供在企业出口中的作用,以及这种作用发挥所具备的条件。ConnectAmericas 平台于 2014 年上线,定位为商业媒介平台。截至 2018 年 12 月,ConnectAmericas 平台上一共有来自 140 多个国家超过 45 000 家企业入驻。该平台主要为企业之间的贸易提供信息服务,只针对企业与企业(B2B)的贸易活动,不涉及 B2C 或者 C2C 贸易。而且该平台仅仅是提供信息,不提供支付或者物流等其他服务,也不允许在平台上进行交易。因此,Carballo 等(2022)考察该平台使用对企业贸易流量的影响,能够专门识别出数字交易平台在降低国际贸易信息成本方面发挥的作用。

Carballo 等(2022)使用了 ConnectAmericas 平台 2014 年以来秘鲁企业的活动数据。该数据包含企业注册时间、提供给平台的注册信息、对学习和联系功能的使用情况、参与商业联盟的情况、被不同国家的企业访问等信息。通过将此数据与秘鲁税务和海关提供的企业数据相匹配,得到了分析使用的 2013—2018 年企业数据。

为了尽可能控制其他影响因素,以及考虑到企业可能在一年内不同时间点上注册,Carballo 等(2022)将上述数据样本整理到企业 f—产品(HS 6 分位)p—目的地 d—年份 t—半年 s 级别上,并利用 DID 方法进行回归,回归方程设置为:

$$\ln X_{fpdst}=\alpha CA_{fst}+\delta_{fpd}+\rho_{ft}+\gamma_{pdst}+\varepsilon_{fpdst} \tag{8.40}$$

式中:被解释变量 $\ln X_{fpdst}$ 是企业 f 在 t 年对目的地 d 产品 p 的出口额(取自然对数后);核心解释变量 CA_{fst} 是虚拟变量,取 1 表示企业 f 在 t 年 s 半年已经在平台上注册,取 0 表示企业未在该平台注册。

另外,回归中还加入固定效应来控制其他因素的影响,具体有企业—产品—目的地固定效应 δ_{fpd}、企业—年份固定效应 ρ_{ft}、产品—目的地—时间固定效应 γ_{pdst}。该变量的估计系数 α 表示入驻平台对企业出口额的作用,预计该估计系数显著为正。

表 8-15 报告了使用 OLS 方法估计式(8.40)得到的结果。表中的结果很明确地显示,加入 ConnectAmericas 平台给企业带来了显著的出口额增长。而将出口额分解成出口量和出口价格单独回归,结果显示入驻平台显著促进出口量的上升,而非作用于出口价格。以表 8-15 的结果为例,入驻平台给企业带来了约 17%的出口额(量)增长。2018 年下半年的数据样本显示,企业出口产品到目的地的金额中位数为 3 850 美元,所以该结果表示入驻平台后会额外带来约 655 美元的出口额增长。①

表 8-15　ConnectAmericas 对企业出口的影响——基准估计

	(1) 出口额	(2) 出口量	(3) 单位价值
CA	0.157**	0.158**	-0.001
	(0.074)	(0.077)	(0.024)
企业—产品—目的地固定效应	有	有	有
企业—年份固定效应	有	有	有
产品—目的地—半年—年份固定效应	有	有	有
观测值个数	643 790	643 790	643 790

注:被解释变量是企业—产品—目的地—半年—年份维度上,取自然对数的出口额、出口量和单位价值。括号内为聚类到企业层面的标准误。***、** 和 * 分别表示 1%、5%和 10%水平上显著。

进一步对数据识别,可以区分出以下几类平台活动记录:一是企业是否登录平台以及登录的时间;二是企业的信息是否以及什么时候被访问,访问的发起国是什么。利用上述信息的实证结果显示,无论出口企业是否登录,只要有被访问记录,平台就能带来出口额的增长,受到目的国访问的企业出口额明显更高;没有被访问时,无论秘鲁的公司做什么都不会使得海外销售增加。这一实证结果为数字交易平台在信息提供作用上发挥出显著的促进出口作用提供了有力的证据。

由于互联网和线上社交网络的普及性,出口企业可以自建网站、通过社交媒体解决信息传导不畅的问题,而入驻数字交易平台的通信功能可能因此没有太多发挥的余地。通过企业信息识别出其是否有自建网站、是否使用社交媒体,对此进行异质性分析。表 8-16 的结果显示,当出口企业没有上述额外的电子网络信息渠道时,入驻平台显著地促进了出口额的增长;反之,平台的作用并不显著。

---

① 为了克服潜在的内生性问题,Carballo 等(2022)进行了相应的稳健性检验、事件研究法和安慰剂检验,具体内容可以参照原文。

表 8-16 ConnectAmericas 对企业出口的影响——异质性效应:数字化存在

	(1)	(2)	(3)
CA×No Media	0.206**	0.206**	0.206**
	(0.089)	(0.089)	(0.089)
CA×[Web or Social Media]	0.187		
	(0.116)		
CA×Web		0.203	0.203
		(0.126)	(0.126)
CA×[Web and Social Media]		0.023	
		(0.134)	
CA×[Web and Facebook]			-0.073
			(0.186)
CA×[Web and Twitter]			-0.360
			(0.237)
企业—产品—目的地固定效应	有	有	有
企业—年份固定效应	有	有	有
产品—目的地—半年—年份固定效应	有	有	有
观测值数量	642 775	642 775	642 775

注:因变量是企业—产品—目的地—半年期—年水平上出口价值的自然对数。*Web or Social Media* 为虚拟变量,如果企业有某种形式的数字化(自建网站或社交媒体账户),取值为 1,否则为 0;*Web* 为虚拟变量,如果企业有自己的网站则取 1,否则取 0;*Social Media* 为虚拟变量,如果该企业至少有一个社交媒体账户,值为 1,否则为 0;如果企业有 Facebook账户,*Facebook* 值为 1,否则为 0;如果该企业有 Twitter 账户,则 *Twitter* 取 1,否则取 0;*No Media* 为虚拟变量,如果企业没有数字业务(既没有网站也没有社交媒体账户),则取 1,否则取 0。括号内为聚类到企业层面的标准误。*** 表示在 1%水平显著;** 表示在 5%水平显著;* 表示在 10%水平显著。

另外,贸易产品的性质也决定了企业在搜寻贸易伙伴时可能遇到的信息摩擦程度。根据 Rauch(1999)的划分,出口产品可以被划分为信息密集度高的差异化产品和信息密集度低的同质产品。对这两类产品的区别研究展示在表 8-17 第(1)列中,可以看到入驻平台的作用显著出现在出口差异化产品中。表 8-17 第(2)列则展示了对出口消费产品和其他产品的区别作用,平台的作用仅仅出现在消费产品上。第(3)列进一步区分了同质产品、差异化消费产品、其他差异化产品,结果也是仅仅对差异化消费产品有显著作用。除了产品性质外,出口目的地也反映出信息需求程度不同。显然对于出口商熟悉的市场来说,信息摩擦程度较小。这里选用秘鲁最早加入的安第斯自由贸易协定,将同样加入该协定的目的地市场视为秘鲁出口企业熟悉的出口市场。表 8-17 第(4)列显示了区分市场熟悉度的结果，很明显地看到，入驻平台的作用只发挥在不熟悉的出口目的地上。最后是对信息敏感度不同还可能体现在企业规模上，大规模的企业信息来源相对更广，而且因信息摩擦带来的贸易成本也相对不重要。表 8-17 第(5)列的结果印证了该分析，入驻平台确实只给信息敏感度更高的小规模企业带来了出口增长。

表 8-17　ConnectAmericas 对企业出口的影响——异质性效应：企业类型、目的地和产品

	(1)	(2)	(3)	(4)	(5)
	产品			目的地	企业规模
CA×Differentiated Products	0.218**				
	(0.094)				
CA×Non-differentiated Products	0.071		0.069		
	(0.080)		(0.080)		
CA×Consumer Products		0.177**			
		-0.078			
CA×Other Products		0.090			
		(0.095)			
CA×Differentiated Consumer Products			0.240**		
			(0.099)		
CA×Other Differentiated Products			0.130		
			(0.117)		
CA×Andean Destinations				0.064	
				(0.128)	
CA×Non-Andean Destinations				0.163*	
				(0.074)	
CA×Small Firms					0.248***
					(0.095)
CA×Large Firms					0.045
					(0.101)

续表

	(1)	(2)	(3)	(4)	(5)
企业—产品—目的地固定效应	有	有	有	有	有
企业—年份固定效应	有	有	有	有	有
产品—目的地—半年—年份固定效应	有	有	有	有	有
观测值个数	643 790	643 790	643 790	643 790	643 790

注:因变量是企业—产品—目的地—半年期—年水平上出口价值的自然对数。括号内为聚类到公司层面的标准误。*** 表示在 1%水平上显著;** 表示在 5%水平上显著;* 表示在 10%水平上显著。

Carballo 等(2022)的研究更为细致地识别出信息平台的使用对企业贸易的具体作用环节、实际影响效果和差别作用条件。总结来看,该文的研究指出:作为信息中介的数字交易平台能够帮助外国企业获取出口企业信息,增加出口企业的可见度和商业机会,进而促进企业出口额大幅度增长,这说明平台有效地降低了搜寻成本;这一效果更多地发挥在小型企业、无其他数字媒介的企业以及出口差异化产品、出口到不熟悉目的地的条件下。

(二)数字交易平台中贸易便利化举措的影响①

随着数字技术的跟进和普及,有关国际贸易的其他服务部门也进行了数字化的变革。这使得数字交易平台能够整合相关的环节链条,转型成为集合信息发布、达成交易、支付、物流、通关等国际贸易关键环节的综合贸易服务平台。为了提升服务质量,现今已有不少的数字交易平台推出了针对贸易关键环节的便利化举措,以帮助平台的卖家和买家克服障碍、提高贸易效率,促进订单成交。可以说,为整合平台、线上资源推出的贸易便利化举措,是数字交易平台发展的大趋势。

1. 影响机制分析

目前而言,这种措施比较有代表性的是 eBay 推出的全球运输项目(Global Shipping Program,GSP)。GSP 于 2013 年 3 月正式在 eBay 平台上推出,其整合平台上现有的出口中介服务——为货物清关和办理运输。对于卖家来讲,其收到出口订单后,在平台上的操作步骤包括:挑选国际物流商、支付国际物流服务费用、填写打印清关文件、打印国际物流标签。而加入 GSP 后,卖家只需要挑选 GSP 提供的物流、将货物运往 eBay 的美国运输中心即可,后续的海关手续和运输安排都由 eBay 负责完成。当国际运输中出现货物损坏和运送延迟时,相关的责任也由项目承担,卖家无须担责。如果项目中的卖家在一个工作日内发货,可以自动获得国际物流服务的 5 星评价。卖家和买家加入 GSP 不需要额外费用,只需要根据选择的 GSP 服务支付费用。这样一来,卖家在出口发货阶段不再需要熟

① 本部分内容来自 Huia, X. "Facilitating Inclusive Global Trade: Evidence from a Field Experiment," *Management Science*," vol.66, no.4, 2020, pp.1737-1755.

悉繁杂的操作步骤、海关规则和选择物流商,GSP 使得出口发货环节简化得和国内销售一样,减少了卖家的出口成本。

加入 GSP 的商品会被贴上标签以被消费者识别到。消费者可以追踪整个物流过程、查看预付的进口费用和运输费用以及在出关时支付的相应费用,使得消费者对支付的价格做到心中有数,降低了不确定性。非 GSP 商品则无法实现对进口费用的查看。消费者跨境购买环节、费用计算支付的透明化和简便化,以及 eBay 平台的物流保障,可能会引起消费者对进口需求的增加(见表 8-18)。

表 8-18　平台贸易便利化促进出口机制

降低出口进入成本机制	降低出口可变成本机制	增加消费者需求机制
1. 学习 eBay 出口过程	1. 在办公室填写表格	1. 预先查看所有成本
2. 学习海关规定	2. 降低国际航运 DSR	2. 包括国际跟踪
3. 选择国际航运承运公司	3. 国际航运损害	3. eBay 平台的保障

从贸易便利化的这些影响机制来看,寻找贸易伙伴支付的成本是开展贸易活动的固定成本,显然对于缺乏规模经济效应的小型企业而言,相关成本是主要出口障碍。而且小规模企业由于自身发展的限制,在进口需求增加的情况下,其可以获得更多的贸易机会,更大程度地享受到贸易便利化举措带来的出口增长效应。因此,作为目前有大量中小型商家入驻的数字交易平台而言,其推出的贸易便利化举措可能将有效地拉动小规模企业的出口,帮助它们缩小与大型企业之间的差距,发挥出包容性的贸易增长效应。

2. 实证效果检验

eBay 平台正式推出 GSP 之前,就该项目效果进行了测试。其随机选取了 eBay 上 20%的美国商家,提供给他们免费提前注册试用的机会。Huia(2020)即是利用平台在 2012 年 10 月至 12 月展开的这次实验进行项目效果和作用机制的识别。

由于 eBay 平台是随机抽取 20%的美国商家给予免费注册资格,收到注册机会后,是否参加该项目由商家自愿决定。这里使用 Teatment-on-the-teated(TOT)方法估计,该方法需要执行两阶段最小二乘法回归:第一阶段依据平台随机抽取的企业名单设置虚拟变量,将其作为工具变量回归企业是否实际加入项目的变量。① 第二阶段将被解释变量设置为企业是否实际加入项目的指示变量,设立下列三个回归方程:

$$\log(\gamma_{i,Post}) = \alpha + \beta_1 Treatment_i + \varepsilon_i \tag{8.41}$$

$$\log(\gamma_{it}) = \alpha + \beta_1 Interaction_{it} + \beta_2 Post_t + \beta_3 Treatment_i + \varepsilon_{it} \tag{8.42}$$

$$\Delta\log(\gamma_i) = \beta_1 Treatment_i + \Delta\varepsilon_i \tag{8.43}$$

① 根据数据样本的统计,实际加入该项目的商家大约占到总邀请量的 6%。

其中,被解释变量 $Y_{it} \in \{S_{it}, IL_{it}\}$:$S_{it}$是卖家 i 在 $t \in \{Pre, Post\}$ 期间[①]的出口销售额,IL_{it}对应于卖家上架的出口产品数。$S_{i,Pre}$是加总 2012 年 7 月至 9 月卖家 i 的所有交易得到,$S_{i,Post}$则是加总 2012 年 10 月至 12 月卖家 i 所有交易得到。如果没有交易信息,则赋值为 0。$\Delta\log(Y_i)$是结果变量对数的一阶差分,为 $\log(Y_i, Post) - \log(Y_i, Pre)$。$Post_t$ 是反映实验窗口的虚拟变量。$Treatment_i$ 是处理组的虚拟变量,卖家 i 被选中参加该项目取值为 1,否则取值为 0。$Interaction_{it}$是两个变量的交互作用,为 $Post_t * Treatment_i$。$\Delta\varepsilon_i$ 是误差项的一阶差分,为 $\varepsilon_{i,Post} - \varepsilon_{i,Pre}$。

表 8-19 的前 3 列给出了依据式(8.41)至式(8.43)回归得到的结果。第(1)列截面估计结果显示,加入 GSP 使得平均出口额提升 2.9%。第(2)列 DID 回归结果说明尽管在项目运行前,处理组和对照组的出口销售没有显著差别,但是加入 GSP 会使得处理组的出口增加 2.9%。第(3)列一阶差分回归也获得了类似的结果。TOT 方法估计出来的结果显示,加入 GSP 使得商家出口额增长了 45.4%。[②]

出口额增长背后是集约边际还是扩展边际增长?这里在国家层面将企业出口额 ΔS_i 分解为集约边际 $\Delta \text{In } t_i$ 和扩展边际 ΔExt_i 之和。[③] 当卖方在项目开始后向新国家出口,ΔExt_i 为向新国家出口额的加总;当卖方在项目开始后停止向已有国家出口,ΔExt_i 为项目开始前对这些国家出口额加总后取负值;当项目开始前后两个时期内,卖家的出口国没有变化,则 ΔExt_i 取值为 0。已知 ΔExt_i 后,利用等式 $\Delta \text{In } t_i = \Delta S_i - \Delta Ext_i$ 计算出卖家的出口集约边际变化。由于出口边际可能取 0 或者负值,这里对相应的结果变量采用逆双曲正弦变换来捕获百分比变化,用以解释相关的结果。表 8-19 的第(4)列至第(6)列展示了对出口额以及两个出口边际的回归结果。对出口额和扩展边际的估计系数和显著性相同,但是对集约边际的影响并不显著。这说明出口额的增长来自出口扩展边际的扩张。该结果证实了 GSP 降低了出口市场的进入成本,使得卖家扩展了出口市场范围。如果是出口可变成本的变化,卖家会对集约边际进行重新优化布局,但是表 8-19 的结果显示,GSP 项目并没有带来显著的集约边际改变。

进一步,Huia(2020)将上一年度销售额分别在(0 美元,10 000 美元]、(10 000 美元,120 000 美元]和(120 000 美元,∞]的卖家,定义为小、中、大型卖家。[④] 表 8-20 第(1)列的结果显示,GSP 对小、中型卖家的出口促进作用分别为 2.8%和 3.8%,而对大型卖家没有显著的正向影响。并且第(2)列和第(3)列的结果也说明,大型卖家的集约边际和扩展边际都不受该项目的影响。小、中型卖家的扩展边际分别提升了 3%和 3.9%,集约边际也不受影响。该结果证实了 GSP 对中小型企业的贸易有明显的推动作用,有助于实现包容性的贸易增长。并且这一结果也再次证明了出口进入成本可能是

① *Pre* 表示项目执行前的期间,*Post* 表示项目执行后的期间。

② 原文附录刊载了在试验开始前(2012 年 7—9 月)处理组和对照组之间在国内和国际销售额、销售量、国内和国际的上架商品链接数、客户数等一系列指标上的差异,以测试两组的平衡性。

③ 在目的国层面的分解是考虑到企业向不同的国家出口需要支付的进入成本不同。

④ 这些阈值大致对应于 eBay 的内部卖家分类。

GSP 促进出口的作用渠道，因为只有中小规模企业难以支付出口进入固定成本，而大型企业不存在该问题，所以 GSP 起到的降低进入成本的效应对大型企业出口没有帮助。

表 8-19 出口量的变化与出口的扩展边际和集约边际

	(1) $\log(S_{i,post})$	(2) $\log(S_{it})$	(3) $\Delta\log(S_i)$	(4) $\log(\Delta S_i)$	(5) $\log(\Delta Ext_i)$	(6) $\log(\Delta In\ t_i)$
Interaction		0.029***				
		(0.004)				
Treatment group	0.029***	0.006	0.029***	0.032***	0.032***	0.001
	(0.003)	(0.007)	(0.003)	(0.004)	(0.004)	(0.002)
Post period		0.087 8***				
		(0.002)				
Intercept	1.165***	1.077***	0.088***	0.124***	0.113***	0.028**
	(0.001)	(0.001)	(0.001)	(0.002)	(0.002)	(0.001)
R^2	0.010	0.041	0.013	0.011	0.011	0.002
归一化的观测值数	100	200	100	100	100	100
TOT *Estimates*	0.454***	0.454***	0.454***	0.509***	0.507***	0.020
	(0.047)	(0.054)	(0.048)	(0.064)	(0.063)	(0.040)

注：S_{it}为卖方 i 在 $t\in\{Pre, Post\}$ 的出口销售额。$\log(\Delta Ext_i)$ 和 $\log(\Delta In\ t_i)$ 分别是上期到实验窗口的出口扩展边际和集约边际的变化对数值。这些差额是在卖方国家层面上定义的。对数近似于双曲正弦反变换。*、**、*** 分别表示在 10%、5%、1%水平上显著。

表 8-20 不同销售商规模的异质性处理效应

	(1) $\Delta\log(S_i)$	(2) $\log(\Delta Ext_i)$	(3) $\log(\Delta In\ t_i)$
Treatment Group × Small Seller	0.028***	0.030***	-1E-4
	(0.003)	(0.004)	(0.002)
Treatment Group × Medium Seller	0.038**	0.039***	-0.010
	(0.013)	(0.015)	(0.007)
Treatment Group×Large Seller	0.003	-0.028	0.026
	(0.043)	(0.050)	(0.023)

续表

	(1) $\Delta\log(S_i)$	(2) $\log(\Delta Ext_i)$	(3) $\log(\Delta \text{In } t_i)$
R^2	0.841	0.834	0.076
归一化的观测值数	100	100	100

注：上述回归控制了卖家规模固定效应、卖家规模固定效应×$\log(\Delta Imp_i)$、卖家规模固定效应×$\log(\Delta Imp_i)$×*Treatment Group*。其中，$\log(\Delta Imp_i)$为卖家 i 收到的曝光量的变化。*、**、*** 分别表示 10%、5%、1%水平上显著。

GSP 对出口额的拉动作用是供给和需求改变后的均衡结果。对出口成本的作用会体现在企业出口产品供给的变化上。下面首先就 GSP 对供给的影响进行评估。从卖家信息可以观察到其上架的产品数量，利用这一信息计算出项目前后供应上架的产品数差异 $\Delta\log(IL_i)$，作为被解释变量用 ITT 方法估计，得到表 8-21 所示的结果。第(1)列和第(2)列的结果显示因为 GSP，卖家的出口供应增长了 4%。加入上架产品总数进行控制的第(3)列结果显示这一效应为 2.9%，这和表 8-19 得到的效应大小类似，这说明 GSP 使得卖家的出口供应上升。

表 8-21 卖家上架产品数量的变化

	+/-3 Months		
	(1) $\log(IL_i, post)$	(2) $\Delta\log(IL_i)$	(3) $\Delta\log(IL_i)$
Treatment Group	0.040***	0.040***	0.029***
	(0.001)	(0.001)	(0.001)
$\Delta\log(TL_i)$			0.171***
			(2.2E-04)
Treatment Group×$\Delta\log(TL_i)$			0.009***
			(5.0E-04)
Intercept	0.528***	0.007***	-0.027***
	(0.001)	(4.8E-04)	(4.5E-04)
R^2	0.020	0.029	0.148
归一化的观测值数	100	100	100

注：$\Delta\log(IL_i)$是卖家上架的商品数量对数的变化。$\Delta\log(TL_i)$是总上架产品数量对数的变化。对数近似反双曲正弦。*、**、*** 分别表示在 10%、5%、1%水平上显著。

其次是对消费者需求的影响。Huia(2020)的研究结果显示，GSP 拉动消费者需求的作用几乎可以忽略不计。GSP 引发的出口上升，其背后的作用机制来源于推动了出口供给的增加,而非拉动了消费需求。那么,这种推动供给的显著作用是来自出口固定成本降低还是可变成本降低?对于出口固定成本而言,企业支付完固定成本进入出口市场后,固定成本便不再影响企业在出口市场中的表现了。因此,在给定出口市场时,仅仅由可变成本引发企业调整出口额。上文的回归中,可以发现企业的出口集约边际没有变化,似乎直接说明了 GSP 不对出口可变成本起作用。但是对这一结果,还可能的解释是固定成本降低引发大量企业进入市场,市场竞争加剧和出口可变成本降低的作用抵消,导致不显著的结果。为了排除市场竞争的影响,这里计算了企业供应上架的产品种类变化,并以上架的产品种类数分解出集约边际和扩展边际。以此回归发现结果没有明显变化,GSP 对集约边际没有显著的影响。

再次聚焦于在引入 GSP 前就已经有出口行为的企业样本,考察引入 GSP 项目是否改变了既有出口企业的贸易模式。全部卖家中,29.9%的卖家是引入 GSP 前就有出口活动。单独对该群体进行式(8.43)的回归,结果展示在表 8-22 的面板 A 中,可以看到对有出口经验的企业而言,引入 GSP 引发了 5.5%的出口额上升,并且该作用仅来自对出口扩展边际的推动上,出口企业不会因引入 GSP 而改变既有市场的出口额。这进一步证实了出口可变成本并没有变化。

最后从 GSP 降低出口可变成本的具体路径出发。首先,GSP 可能简化每笔订单的出口清关手续,但是可以观察到,有些平台商家在 2012 年年初到试验开始的期间内,始终使用 eBay 平台生成的物流标签或者海关文件。这里认为这些卖家无须承担手动处理文件的成本,其不能从 GSP 中获益。其次,GSP 能降低获得物流评分低的概率,但是有些商家始终保持好的表现,因而获得低评分的概率很低,其同样也不能从 GSP 中获益。最后是降低物流损失的渠道,可以认为对于那些在当年试验开始前从来没买过物流保险的商家,对 GSP 带来的这个好处也并不受用。据此,这里挑选出以上三种类型的企业组成回归样本,得到的回归结果显示(见表 8-22 的面板 B),对于可变成本降低不敏感的企业群体而言,GSP 同样带来出口额约 2.5%的增长,而且仅仅显著地作用在出口扩展边际上。以上研究说明 GSP 降低成本的途径仅仅体现在出口进入固定成本上,而非出口可变成本上。

正如上文所提到的,信息摩擦是阻碍国际贸易的主要原因。这背后除了贸易双方在搜索和匹配过程中遇到信息摩擦外,出口时繁杂的手续、规则带来的学习、操作,则构成了和信息摩擦相关的出口进入固定成本和出口可变成本。Huia(2020)利用 eBay 平台的 GSP 实施,借助于随机田野试验的方法,首次分析和研究了有关数字交易平台能否通过采用相关的便利化举措,降低上述出口成本,而达到促进包容性贸易增长的问题。该研究有效地识别出,平台提供的有关行政和物流支持能显著地降低出口进入固定成本,但对出口可变成本没有作用;这类项目支持具有分配效应,表现在小型企业更能从中获益、取得规模更大的出口促进效应。这一研究具有重要的政策启示——可以推进支持这类平台贸易便利化项目的开展,以得到推动小型企业贸易发展的有利结果。

表 8-22 GSP 项目对出口固定成本和可变成本作用的识别

	(1) $\Delta\log(S_i)$	(2) $\log(\Delta Ext_i)$	(3) $\log(\Delta In\ t_i)$
面板 A:既有出口商			
Treatment Group	0.055***	0.055***	0.002
	(0.008)	(0.008)	(0.003)
归一化的观测值数	29.9	29.9	29.9
面板 B:对可变成本降低不敏感的卖家			
Treatment Group	0.027***	0.030***	0.003
	(0.005)	(0.007)	(0.003)
归一化的观测值数	31.7	31.7	31.7

注:在面板 A,使用的是既有出口卖家的样本展开回归。在面板 B 中,使用的是对出口可变成本变化不敏感的卖家这一样本子集展开回归。*、**、*** 分别表示 10%、5%、1%水平上显著。

(三)机器翻译技术对贸易流量的影响①

机器翻译技术是近几年迅速发展起来的数字技术之一,也是目前互联网世界中应用领域广泛的一项技术。机器翻译技术的概念于 1947 年提出,经过了半个多世纪的发展,其技术原理发生了重大变革与突破。目前的技术可以达到基于实例完成翻译,在翻译质量上有明显提高,也催生出其在经济运行中的更多用途。

数字交易平台上的国际贸易活动,可以说是机器翻译技术最大规模的应用场景。调研显示,在阿里巴巴国际站,大约有七成的买家用英语沟通,其余三成使用小语种。而约有 96%的卖家不会使用小语种交流,还有很多卖家的英语水平也无法满足交易需要。很明显,语言沟通障碍也成了数字交易平台国际贸易的主要壁垒。机器翻译技术可以有效地解决语言沟通的问题,为国际贸易扫清该障碍,促进贸易流量的增加。

1. 机器翻译促进贸易的理论分析

基于数字交易平台的交易场景,这里使用纳什讨价还价框架说明机器翻译技术起作用的机制。卖方开设店铺,将产品的特性、价格、物流等交易信息通过设置网页发布在平台上;买方在平台的搜索引擎上输入产品关键词,根据平台给出的结果,消费者浏览筛选自己中意的产品下单。在这一过程中,如果消费者来自母语不同的国家,那么其在浏览卖家的产品信息时,是需要语言翻译的,可以认为语言翻译是不同语种消费者购买该产品额

① 本部分内容来自 Erik Brynjolfsson, et al. "Does Machine Translation Affect International Trade? Evidence from a Large Digital Platform," *Management Science*, vol.65, no.12, 2019, pp.5449-5460.

外支付的成本。显然,当机器翻译为消费者节省了这部分成本后,购买该商品所得到的剩余变大,拉动了更多消费者购买产品,最终使得产品的销售量上升。

假设在国际贸易产品市场中,存在一群消费者,记为[0,1]。消费者的保留价格均为 $w(w>0)$。但是消费者之间的语言翻译成本不同,该成本用 s 表示,服从连续分布 F。在市场供给上,也存在以[0,1]描述的一群外国卖家①,边际生产成本均为 0。给定消费者的纳什讨价还价的能力为 $\alpha,\alpha\in(0,1)$。市场竞争的结果是卖家的销售价格为$(1-\alpha)w$,消费者剩余为 αw。成交的订单量等于购买产品的消费者比例,即 $Pr(w-p-s>0)$。结合翻译成本的分布性质,该比例可以表示为 $F\left(\frac{\alpha p}{1-\alpha}\right)$。

假设机器翻译的引入使得翻译成本直接降为 0,因为有 $w>p>0$ 成立,那么所有的消费者都会购买产品,订单量增长了 $1-F\left(\frac{\alpha p}{1-\alpha}\right)$。在上述分析下,可以对比出不同翻译成本的结果。对翻译成本高的品类而言,当翻译成本消失后,可以预计订单量有大幅度的上升。而对翻译成本本身就低的品类而言,因为其本来的订单量就高,翻译成本消失后,订单量不会上升那么多。据此提出了假说 1。

假说 1:假定存在两个品类,翻译成本的分布分别为 F 和 G。当 F 一阶随机占优于 G,机器翻译会使得分布 F 的产品出口量有更大幅度的提升。

除此之外,在纳什讨价还价框架中,上述市场均衡里,消费者剩余为 $w-p-s=\frac{\alpha p}{1-\alpha}-s$。固定翻译成本的分布 F 不变,购买便宜产品时,消费者剩余更小。因此没有机器翻译技术时,消费者购买便宜商品的意愿更低,便宜商品的出口量相对于昂贵商品更小。而出现机器翻译使得全体消费者都会购买产品时,便宜商品的出口量提升幅度大于昂贵商品。所以,机器翻译会对便宜商品和昂贵商品产生不同的作用,据此提出假说 2。

假说 2:给定产品 1 的价格为 p_1,产品 2 的价格为 p_2,且 $p_1<p_2$,那么机器翻译对产品 1 的出口促进效应大于产品 2。

2. 机器翻译的贸易促进效果检验

目前而言,很多的数字交易平台都植入了机器翻译技术。早期的平台有 eBay,该平台在 2014 年引入翻译工具 eMT,目的在于减少买家搜索成本且使其能便捷地理解产品信息。eMT 是 2014 年在美国和拉丁美洲的站点上推出的,2014 年 5 月推出查询翻译功能,2014 年 7 月推出标题翻译。当拉丁美洲的买家在平台上浏览产品时,eBay 会识别出此时买家的 IP 地址,然后给其展示西班牙语页面。但这种页面的整体翻译是之前就存在的,eMT 工具对此不影响。eMT 的作用仅仅体现在提升了搜索查询和产品页面标题的翻译质量。尤其是当拉丁美洲国家的买家用西班牙语输入搜索关键词时,eMT 会将其转换为英语。

从 eMT 的作用途径入手,Brnjolfsson 等(2019)使用广义双重差分法对这种机器翻译

① 这里假设国内市场和国外市场是相互独立的。

产生的贸易效果进行评估。eMT 使得产品标题翻译的质量提高，降低了买家理解产品标题信息花费的成本。产品标题的翻译难度有高有低，长标题的翻译难度更高、翻译成本更大，买家理解起来更加困难。翻译工具更新后，对翻译成本更大的标题而言，其成本应该会下降得更多，翻译工具的效应在这类产品中应该会表现得更大。所以，如果机器翻译降低语言障碍提升贸易的机制存在的话，应该可以观察到翻译成本更大的产品在 eMT 使用后，相对而言明显会有更大的贸易提升结果。由于无法直接度量出翻译成本，这里使用产品标题的长度，即标题含有的单词数量，作为翻译成本的衡量。除去数字和字符之后，可以认为单词数量越多翻译成本越大。那么，就可以用单词数量反映受 eMT 影响程度的大小。基于以上思路，对应广义双重差分法的回归方程设置为：

$$\log(Y_{clt})=\beta Num\_Words_{clt}\times Post_t+\gamma XR_{ct}+\eta_c+ Num\_Words_l+\xi_t+\varepsilon_{clt} \tag{8.44}$$

其中，被解释变量是在 t 月美国出口到 c 国 l 长度标题产品的数量。这里仅用出口数量表征出口贸易表现，因为重点是评估 eMT 项目的短期效应，不考虑对出口价格的影响。Num_Words_{clt}是产品标题长度，$Post_t$ 是刻画 eMT 开始的虚拟变量，XR_{ct}是 t 时平均每日双边汇率，η_c 是进口国家固定效应，Num_Words_l 是产品标题长度固定效应，ξ_t 是时间固定效应。系数 β 表示产品标题多一个单词的边际政策效应。样本数据来自 eBay 平台，数据可以识别出产品页面、买家特征等信息。该样本数据包含 18 个拉丁美洲国家，时间跨度为 14 个月，共分出 12 个产品标题长度区间。

Brnjolfsson 等（2019）首先检验了平行趋势假设检验是否成立，结果展示在图 8-3 中。纵轴表示平均每月美国到拉丁美洲国家的平均出口量，横轴表示时间 t，其中 $t=0$ 和 $t=2$ 对应 eMT 搜索翻译的上线时间 2014 年 5 月和标题翻译的上线时间 2014 年 7 月。图中的出口量是以 $t=-1$ 时刻的值为基准标准化得到的。图中展示了标题长度不同的四组出口量在事件冲击前后的变化。可以看到，在事件冲击前 6 个月（$t=-6$ 到 $t=-1$），四组产品平均每月的出口量变化基本一致，难以看出差别。在事件冲击的前两个月（$t=0$ 到 $t=1$），差异也较小。而这之后，长标题产品的出口量相对于短标题的有了明显分歧，表现为长标题产品的出口量增长大于短标题产品。图中趋势初步说明了 eMT 的引入降低了理解翻译产品标题需要花费的成本，提升了贸易水平。

依据式（8.44）回归的结果展示在表 8-23 中。*Post* 在 $t=2$ 及之后取 1，表征引入了 eMT 标题翻译工具。第（1）列的结果说明 eMT 标题翻译工具上线后，产品标题每多一个单词，出口量的增长多 1.06%。样本中产品标题的平均长度为 10.26 个单词，所以 eMT 标题翻译整体引发出口增长 10.9%。第（2）列中额外加入了一些随产品标题长度—时间变化的控制变量，比如有关产品性质的产品平均销售价格、具体的产品种类数目、旧物的比重，以及有关市场性质的卖家平均规模、头部卖家占比、买家纠纷的比重。加入控制变量并没有降低事件的影响。另外，为了排除 2014 年 5 月引入搜索翻译工具的影响，还尝试将估计窗口缩短为事件发生前后 6 周时间。对应的第（3）列和第（4）列结果表明，事件冲击的影响幅度略微降低。

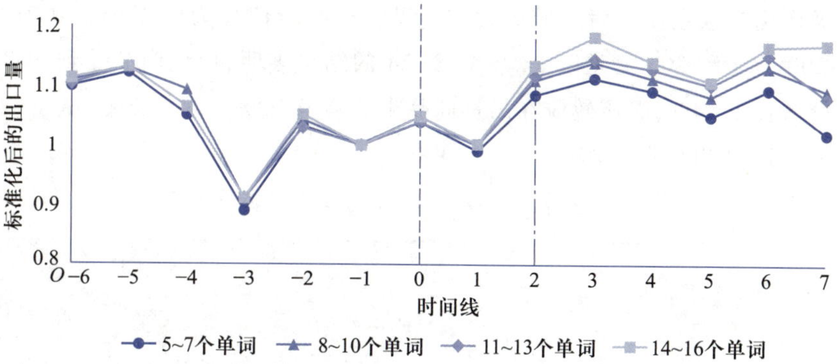

图 8-3 平行趋势假设检验

表 8-23 整体政策效果——基准回归

	(1)	(2)	(3)	(4)
	所有数据		±6 周	
	主方程设定	加控制变量	主方程设定	加控制变量
Number of Words × *Post*	0.010 6***	0.014***	0.007 9***	0.012 3***
	(0.001 4)	(0.002 5)	(0.002 1)	(0.004 3)
调整后 R^2	0.97	0.97	0.97	0.97
观测值数	3 024	3 024	2 592	2 592

注:稳健性标准误聚类在国家层面。***、** 和 * 分别表示 1%、5%和 10%水平上显著。

异质性分析。首先是产品性质中的差异化和同质化产品差别。Brnjolfsson 等(2019)以产品是否被平台分配"Product ID"作为划分同质、异质产品的依据。产品 ID 体现 eBay 平台定义和区分同质化产品的最细维度。① 该回归结果展示在表 8-24 中,此时被解释变量变更为进口国—标题长度—产品类别(同质/异质)—时间维度。第(1)列的结果表示对于差异化的产品,标题每多一个单词,出口量多增长 1.85%,而对于同质化产品只有 0.65%。增加了控制变量和缩短回归窗口期的结果类似。

从消费者的角度划分,有经验的消费者花费了更多时间在平台购物上,由于了解和熟悉,标题翻译的困难对他们而言较小,因此从 eMT 工具中获益较小,相对引发的出口效应较低。以消费者前一年在平台上的消费金额为准,将花费超过 2 500 美元的消费者视为有经验的消费者。表 8-24 展示了加入有经验消费者虚拟变量交互项的回归结果,该结果表明出口给有经验消费者的边际出口量增长为 1.24%,出口给无经验消费者的为 0.69%。最后是关于产品本身价值高低的影响,当标题长度相同

① 比如平台会给出产品 ID 为"Apple iPhone 8-256 GB-Space Gray-AT&T-GSM",以区别其他型号的苹果手机。

时，翻译成本的存在会更大程度地降低对便宜商品的消费意愿。从理论上可以预计，eMT 的积极作用应该在便宜商品上更大。这里将产品价值分为四档：0～10 美元、10～50 美元、50～200 美元和 200 美元以上。① 表 8-24 的结果表明，便宜商品受到 eMT 影响后，边际出口量增长 1.44%，而该效应在昂贵商品上只有 0.92%。综合来看，表 8-24 的结果完整证实了 eMT 的出口促进作用。

表 8-24 政策效果的异质性分析

	(1)	(2)	(3)	(4)
	所有数据		±6 周	
	主方程设定	加控制变量	主方程设定	加控制变量
差异化产品与同质产品				
Number of Words × *Post*	0.018 5***	0.022 4***	0.014***	0.015 5***
	(0.002 2)	(0.003 5)	(0.002 4)	(0.003 6)
Number of Words × *Post*×*Homogenous*	−0.012***	−0.016 5***	−0.01**	−0.009 8**
	(0.003 1)	0.004 8)	(0.004 4)	(0.004 9)
调整后 R^2	0.97	0.98	0.97	0.98
观测值数	6 048	6 048	5 184	5 184
产品价值的异质性				
Number of Words × *Post*	0.014 4 ***	0.016 9***	0.009 1**	0.013 4***
	(0.001 1)	(0.001 3)	(0.001 3)	(0.002 4)
Number of Words × *Post* × *Value* ∈ [10,50)	−0.000 2	−0.001 8	−0.000 9	−0.001 3
	(0.001 6)	(0.002 1)	(0.002 5)	(0.003 4)
Number of Words × *Post* × *Value* ∈ [50,200)	−0.002 5	−0.003 9**	−0.002 6	−0.004 4
	(0.001 6)	(0.002 1)	(0.003 2)	(−0.003 2)
Number of Words × *Post* × *Value* ⩾200	−0.005 2**	−0.006 3***	−0.004 6**	−0.005 3*
	(0.001 9)	(0.002 2)	(0.002 2)	(0.003 1)
调整后 R^2	0.98	0.98	0.99	0.99
观测数	12 096	12 096	10 368	10 368

① 产品价值是以项目实施前 6 个月的平均销售价格计算的。

续表

	(1)	(2)	(3)	(4)
	所有数据		±6 周	
	主方程设定	加控制变量	主方程设定	加控制变量
	买方经验的异质性			
Number of Words × *Post*	0.012 4***	0.014 4***	0.008 3***	0.013 3***
	(0.001 1)	(0.002 1)	(0.001 6)	(0.002)
Number of Words × *Post* × *Experienced*	-0.005 5***	-0.006 3**	-0.005 5**	-0.005 6**
	(0.002)	(0.002 9)	(0.002 2)	(0.002 7)
调整后 R^2	0.96	0.98	0.97	0.98
观测数	6 048	6 048	5 184	5 184

注:在差异化产品回归中额外控制了同质产品的虚拟变量,以及其分别与单词数量及 *Post* 的交互项。在产品价值回归中额外控制四个价值范围的虚拟变量,以及它们与单词数量的交互项、与 *Post* 的交互项。在买方经验的回归中额外控制了区别买方经验的虚拟变量,以及其分别与单词数量及 *Post* 的交互项。稳健性标准误聚类在国家水平。***、**和*分别表示 1%、5%和 10%水平上显著。

综上所述,Brnjolfsson 等(2019)的研究证实了语言障碍是阻碍国际贸易的关键因素,而且产生的影响是具有一定规模的。同时,该研究还为 AI 技术如何影响经济运行提供了重要的启示,机器翻译技术可以增进国家之间的贸易往来,从而加深国际产品专业化分工生产,提升全球福利水平。

(四)3D 打印技术与贸易流量

1. 3D 打印技术对国际贸易影响的理论分析

3D 打印技术又被称为增材制造,其使用 3D 打印设备、数字模型文件、3D 打印材料(主要是粉末状金属或者塑料等可黏合材料),通过逐层打印的方式来构造物体。3D 打印与传统的制造技术有很大的区别。一方面用 3D 打印制造,只需要有 3D 打印机、数字模型文件和 3D 打印材料就能完成从原材料到完整产品的一体化生产过程。在使用这种生产技术的情形下,传统的生产链分工不再被需要。这减少了供应链中断带来的生产风险,也减少了企业为了管理供应链、上游零部件采购储存而花费的成本。另一方面,传统制造需要提前根据需求制定模具,然后进行规模化和标准化的生产。而在 3D 打印技术的支持下,产品可以依据客户要求进行定制化生产。这减少了企业的存货管理,最大限度地减轻了大规模生产的管理负担,也能够扩大产品需求量。3D 打印技术更适用于生产少量但是复杂的物件。传统制造存在规模经济效应,即产品的单位成本随着产量的提升而呈现明显下降的趋势。3D 打印的产品则不存在规模经济效应,虽然产量较低时,3D 打印的单位成本要低于传统制造的,但是随着产量的增加,其单位成本基本保持不变(见图 8-4)。

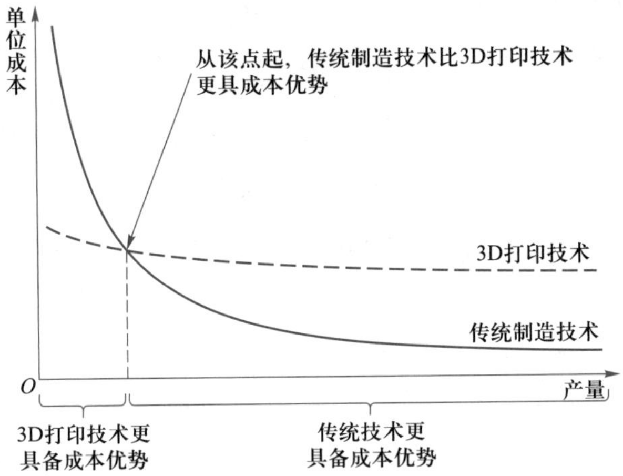

图 8-4 3D 打印技术不存在规模经济效应

注：该图显示了使用 3D 打印技术和传统的制造技术（如注塑）生产的特定产品的假设成本曲线的近似值。向下倾斜的传统制造技术曲线反映了规模经济的存在，即生产的单位越多，单位成本就越低，这在 3D 打印中并不明显。

资料来源：Andrea Andrenelli Javier Lopez Gonzalez，"3D printing and International Trade：What is the Evidence to Date?" OECD Trade Policy Paper，2021，N256.

3D 打印技术在生产组织、管理、分工、产品特性、成本等方面都与传统的制造模式有很大的区别，可以说极大地改变了制造业的生产模式。3D 打印技术发明于 1983 年，1988 年开始商业化使用。但是由于打印机的费用高昂，导致该项技术最初仅有极少的企业使用。而到了 2008 年左右，3D 打印技术有了大幅度的改进，打印机成本下降使得很多产业开始采用 3D 打印技术。目前，医疗保健和制药行业、食品制造业、建筑业、日用消费品行业等都逐渐开始使用 3D 打印技术生产。

3D 打印技术在生产中的广泛应用对国际贸易的影响，它的两种生产模式可能影响国际贸易。一是集中式生产，即产品集中在一个地点生产完毕，然后运输到最终目的地，在这种模式下，集中、专业化的制造可能造成更多供应链上的贸易。二是分散化生产，即生产地点靠近最终目的地，能够节约运输时间，这种模式可能造成国际贸易量降低。这种模式出现在国际贸易成本很大但是本地化生产成本较小的条件下。

另外，根据标准的 H-O 理论框架，3D 打印技术的使用将会降低生产的劳动力密集度，使得资本丰裕型国家获得更多的出口，也就是出现了贸易模式的变化。这种情况下，显然首先获得技术升级的国家，在规模经济的作用下，会获得出口优势。综合来看，采用了 3D 打印技术的国家，因为技术上的优势可能扩大出口。并且对于复杂度较高的产品，其生产技术的扩散相对较为困难，率先采用 3D 打印技术产生的优势不易消失，其引发的贸易效应在这类产品中更为明显。同时，轻小件产品的贸易成本较低，也会起到促进该技术贸易效应发挥的作用。所以早期采用 3D 打印技术的国家可能因此扩大出口，并且该效应在更复杂和更轻的产品中更大。

2. 3D 打印技术对国际贸易影响的经验研究①

Freund 等(2022)以助听器行业为例,对 3D 打印技术产生的国际贸易作用展开经验研究。助听器制造行业是唯一完成从传统制造转向 3D 打印制造的行业。该转变发生在 2006—2007 年。全世界的助听器市场中,98%的市场份额由 6 家公司占有。通过收集 6 家公司的财务报表和上市公开信息可以确定 6 家公司的产品生产地。另外,以公司相关 3D 打印技术的专利申请信息确定技术使用年份。以上两个信息可以确定出该国家开始使用 3D 打印技术的准确时间,具体信息如表 8-25 所示。

表 8-25 各公司和国家对 3D 打印技术的采用情况

公司	运营国家	3D 打印技术采用年份
GN ReSound	中国、丹麦、马来西亚、西班牙、英国、美国	2005
Other	澳大利亚	2011
Oticon	丹麦、墨西哥、波兰、瑞士	2003
Phonak	中国、瑞士	2007
Siemens	德国、波兰、新加坡	2005
Starkey	墨西哥、美国	2012
Widex	丹麦、爱沙尼亚	2004

这里使用 DID 和合成控制法的识别策略。在 DID 的识别策略中,其识别的思路是如果 3D 打印技术的采用会提升出口贸易,那么应该可以观察到采用 3D 打印技术后助听器产品的出口显著高于其他产品。为此借鉴事件研究法(Event Study)框架,设置如下回归方程:

$$X_{ikt}^{P}=\gamma_{ik}+\delta_{it}+\omega_{kt}+\sum_{j=-5}^{5}\beta_{j}*i(Event_{it}=j)*H_{ik}+\varepsilon_{ikt} \tag{8.45}$$

式中:X_{ikt}^{P}是 t 年国家 i 对产品 k 的出口额对数值,产品 k 定义在 HS 6 分位上;H_{ik}是虚拟变量,当国家 i 生产的产品 k 是助听器时,该变量取值为 1,对其他产品取值为 0;$Event_{it}$是反映事件发生的指示变量,当国家 i 在 t 年采用了 3D 打印技术时,该变量取值为 1,未采用时,该变量取值为 0;γ_{ik}、δ_{it}、ω_{kt}分别是国家—产品、国家—年份和产品—年份的固定效应(国家—产品固定效应控制了不随时间变化但是影响出口的国家—产品维度上的因素,比如生产率和影响贸易模式的禀赋差异。国家—年份固定效应控制了国家层面影响所有产品出口的因素,比如宏观经济条件。产品—年份固定效应则控制了对全球产品出口都有影响的冲击,比如特定产品的供给和需求冲击)。

式(8.45)使用了事件研究法的框架,可以考察 3D 打印技术发生前后每一期内助听

① 本部分来自 Freund et al."Is 3D Printing a Threat to Global Trade? The Trade Effects You Didn't Hear About," *Journal of International Economics*, vol.138, 2022, pp.103646.

器产品和其他产品出口上的差别。依据使用的样本时间跨度，将事件的窗口期以年度为单位划分为 11 个时期，分别为事件发生前 5 年（$t-5$ 至 $t-1$）、事件发生当年（t）、事件发生后 5 年（$t+1$ 至 $t+5$）。[①] 同时这里选择将 $t-5$ 作为基期，那么回归式（8.45）可以得到 $\beta_j(j\in[-4,5])$，该估计系数反映出 $t-4$ 至 $t+5$ 的每一期，助听器产品和其他产品的出口额差别是否和基期的差别相同。按照这一思路，如果 3D 打印技术发挥了贸易增进的效应，可以预计，事件发生之前（t 期之前），助听器产品和其他产品出口额之间的差别和基期相同，没有明显差异，即估计系数不显著；事件发生之后，3D 打印技术助力于助听器产品的出口，那么助听器产品和其他产品之间的出口额差异与基期相比，会正向增加，估计系数显著为正。

图 8-5 展示了式（8.45）的估计结果。该图对应的控制组产品是 HS 编码体系（简称 HS）中第 90 章根据 OECD 标准划分的高技术产品。图中的结果显示，在 3D 打印技术采用后，助听器和其他产品之间的出口额明显拉开了差距，和其他产品相比，助听器产品的出口额在显著增加。这与前面预计的结果一致，说明 3D 打印技术确实促进了出口贸易，提升了相关产品的出口竞争力。这里还更换了控制组产品为 HS 中第 90 章的产品和高技术产品、HS 中第 90 章的产品和高技术产品、HS 编码开头为 9021 的产品，以及将产品限定为助听器产品考察国家层面的技术采用的影响。所有的结果均显示了 3D 打印技术推动出口贸易的显著作用。

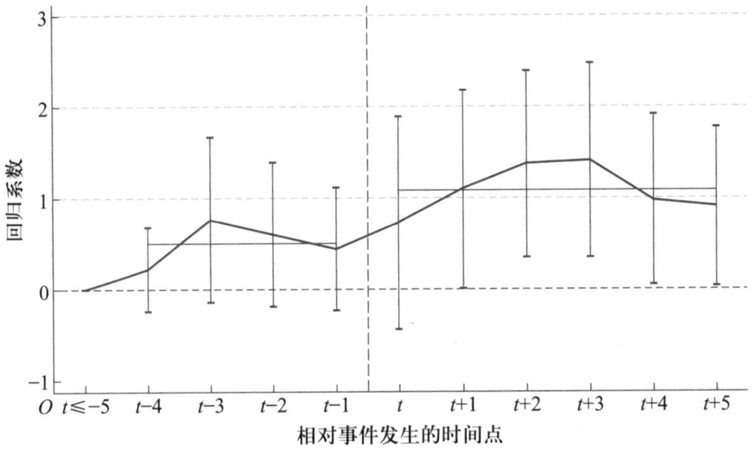

图 8-5 以高技术产品为对照组的回归结果

注：该图绘制了使用标准助听器获得的个体事件年虚拟变量之间的交互系数，对照组是 HS 中第 90 章的高技术产品，回归包括对国家—产品、国家—年份和产品—年份固定效应的控制。

---

① 文中指出为了获得平衡样本，其排除了事件时间 $<t-8$ 与 $>t+5$。同时考虑到与 γi_k 固定效应的共线性，将 $-8\leq t\leq -5$ 时期的事件放在一起，都归到 $t-5$ 期中。

DID 的识别下，从回归结果可以看到，虽然事件发生前的回归系数并不显著，但是回归系数也是正向的。这表明可能存在潜在的时间趋势，也就是助听器产品出口相比于其他产品出口，本来就存在差距随时间逐渐拉大的倾向。为了消除这种倾向导致的显著回归结果，Freund 等（2022）还使用合成控制法进行研究。合成控制法和 DID 方法相比有两个明显优势：一是其可以由数据驱动选择合适的控制组；二是当混杂因素对被解释变量的影响会随着时间变化时，用合成控制法还是可以得到有效的估计结果。所以怀疑存在随时间变化的因素对 DID 的结果造成影响时，选择使用合成控制法进行研究是合理的。

简单而言，合成控制法的识别策略是对每一个受到事件影响的对象，使用其他未受到影响的个体加权平均得到对照组。然后考察两者在被解释变量上是否因事件发生而存在差别。其中最为关键的步骤在于确定加权平均使用的权重。权重是以事件发生之前，加权平均对照组得到的被解释变量和控制组之间的差异最小化原则所得到，参照 Cavallo 等（2013）的步骤进行。处理组是采用 3D 打印技术国家出口的助听器产品，其选择相同国家里 HS 中第 90 章节下高技术产品合成控制组。确定权重时使用 1995 年、2000 年和 2005 年的出口额对数值。假设对于 t 年采用 3D 打印技术的 i 国，通过上述方法合成了对照组，就可以计算出 t 年到 t+5 年中，每一年下 i 国助听器产品和对照组产品出口额的差，记为 $\hat{\alpha}_{i,l}$（$l \in [t,t+1,t+2,t+3,t+4,t+5]$）。对于所有采用 3D 打印技术的国家，重复上述步骤都可以得到 $\hat{\alpha}_{i,l}$。然后在 l 下，对 $\hat{\alpha}_{i,l}$ 在 i 上取平均，即可得到 $\bar{\alpha}_l$，该数值代表 3D 打印技术在 l 期的平均贸易效应。

那么，该效应是否具有统计显著性呢？根据 Cavallo 等（2013）和 Acemoglu 等（2016）的做法，这里使用置换法（Permutation Method）来计算显著性的 p 值。该方法是从对照组中随机选择一个产品作为虚假的处置组，对该虚假处置组按照上述步骤计算出 $\hat{\alpha}_{i,l}^{PL}$。类似地，可以计算出 $\bar{\alpha}_l^{PL}$。借鉴 Acemoglu 等（2016）的方法，通过随机分配处置的方式，重复 5 000 次，得到 5 000 个 $\bar{\alpha}_l^{PL}$。最后，以下面公式计算出 p 值：

$$p-value_i = Pr(\mid \bar{\alpha}_l^{PL} \mid \geqslant \mid \bar{\alpha}_l \mid) = \frac{\sum_{np=1}^{N_{PL}} I(\mid \bar{\alpha}_l^{PL(np)} \mid \geqslant \mid \bar{\alpha}_l \mid)}{N_{\frac{1}{PL}}} \tag{8.46}$$

式中：N_{PL}＝5 000；$\bar{\alpha}_l$ 为计算出的真实效应；$\bar{\alpha}_l^{PL(np)}$ 为每次随机选择处置对象得到的虚假效应。

图 8-6 展示了使用 11 个持续出口助听器产品的国家[①]作为样本，经过合成控制法汇总得到的处置组和对照组出口额（对数值）随时间变化的趋势图。可以看到，在 3D 打印技术使用前，助听器产品和对照组产品的出口额变化趋势基本一致；而在使用后，助听器产品的出口额明显出现更大幅度的上升趋势。显著性系数显示，该贸易促进效应在事件发生两年之后开始显著，因此从合成控制法的结果来看，3D 打印技术推动出口上升的作用也能够被证实。

① 11 个国家为：澳大利亚、中国、丹麦、德国、新加坡、西班牙、马来西亚、墨西哥、瑞士、英国、美国。

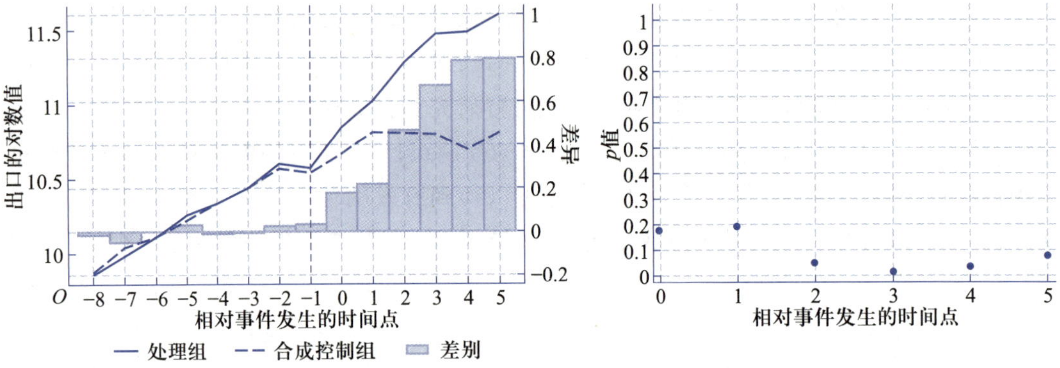

面板 A:影响效应　　　　面板 B:统计学显著性

图 8-6　3D 打印技术对助听器出口的影响(合成控制法)

注:面板 B 借鉴了 Cavallo 等(2013),描绘了使用 5 000 次安慰剂效应计算得到的显著性水平(p 值)。结果变量的预测因子是 $t-2$、$t-5$ 和 $t-8$ 的出口对数,其中 $t=0$ 是采用 3D 打印技术的年份。

助听器行业是最早实现 3D 打印技术改进的行业,通过对其考察,可以认识到 3D 打印技术确实对该行业的出口贸易有较大幅度的拉动作用。但是这个作用是否仅仅在助听器行业中显著？为了考察该问题,就 3D 打印技术如何影响 3D 可打印产品的出口进行经验分析。首先,选用 Arvis 等(2017)对可 3D 打印产品的划分,在 HS 编码下识别了 3D 可打印产品。其次,假设 3D 打印技术的使用年份为 2007 年,因为 2007 年是助听器主要制造商使用 3D 打印的年份。基于以上内容,设置了如下 DID 回归方程:

$$X_{ikt}^{P}=\gamma_{ik}+\delta_{it}+\beta I(k=3D\ Printable)*I(t\geqslant 2007)+\varepsilon_{ikt} \tag{8.47}$$

式中:X_{ikt}^{P}是产品类别 P 中国家 i 的 HS 6 位产品 k 在 t 年出口的对数;$I(k=3D\ Printable)$是一个指标变量,如果产品是 3D 可打印的则值为 1;$I(t\geqslant 2007)$是一个指标变量,从 2007 年之后都为 1。

指标变量的交互项上的系数 β,捕捉了因为 3D 打印技术的引入而导致的 3D 可打印产品出口变化的差异。表 8-26 给出了依据式(8.47)回归得到的结果。可以看到,和其他产品相比,无论是助听器产品还是其他 3D 打印产品,在 3D 打印技术采用之后,各国的出口额都有显著的上升。不仅如此,对产品进口额回归同样显示显著的正向效应,这说明 3D 打印这类新技术的使用增加了一国的进口量,给消费者也带来了好处。

依据上述理论分析,3D 打印技术的采用对产品贸易的影响可能因产品性质不同而产生差异。第一是产品复杂度的作用。复杂度高的产品受制于特殊的、不可流动的要素投入(比如高技能劳动力、研发中心等),通常采用在地理上分散化的生产模式。当引进 3D 打印技术后,产品质量提高、价格降低,在促进生产的同时起到了贸易提升的效果。而构造简单的产品由于使用了 3D 打印技术,可以实现在消费地生产,这种生产模式的改变将导致国际贸易减少。这里使用 Hausmann 等(2007)的方法计算出了产品 k 复杂度指数,将其对数值与上述两个指标变量进行交互,回归得到如图 8-7 所示的结果。该结果显示,

3D 打印技术对相关产品的贸易促进效应随着产品复杂度的提高而增大。对于产品复杂度较低的产品,3D 打印技术确实产生了减少贸易的效应。

表 8-26 助听器和 3D 打印产品汇集

变量	(1)	(2)	(3)	(4)
	助听器		可打印部门	
	log(*Exports*)	log(*Imports*)	log(*Exports*)	log(*Imports*)
(助听器 2007 年—)	0.580***	0.841***		
	(0.158)	(0.069)		
(3D 可打印 2007 年—)			0.059***	0.033***
			(0.019)	(0.012)
观测值个数	476 248	571 252	1 945 693	1 965 467
R 平方	0.847	0.887	0.869	0.908
样本时期	1995—2016	1995—2016	1995—2016	1995—2016
国家—年份固定效应	有	有	有	有
国家—产品固定效应	有	有	有	有

注:括号内是在国家—产品层面聚类的稳健标准误差。*** 、** 和 * 分别表示在 1%、5%和 10%水平上显著。样本仅限于人口超过 500 万的国家。在第(1)列与第(2)列中,样本限于高技术产品或 HS 第 90 章的产品。

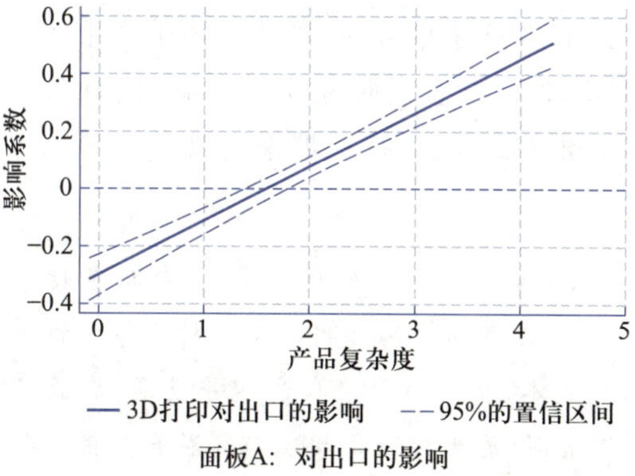

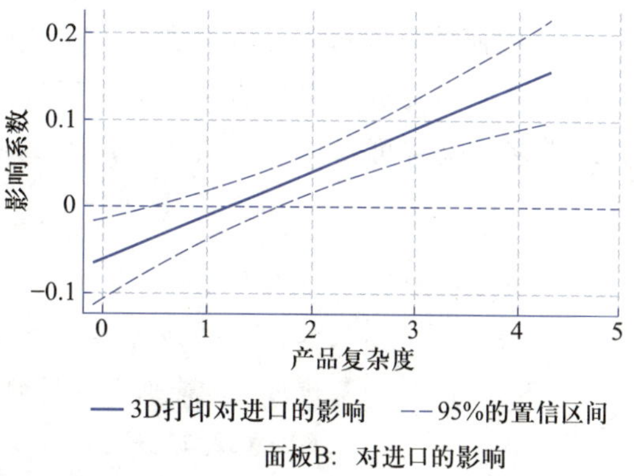

图 8-7 3D 打印技术的采用对贸易的影响取决于产品的复杂性

注:图中绘制的结果来自 DID 模型回归,其中展示了不同产品精密度(*PRODY*)对数值下,2007—2016 年以后 3D 可打印部门指标变量的估计系数及其置信区间。

第二,产品的重量也可能产生影响。越重的产品,运费占产品价值的比重越大,那么会越倾向于在本地化生产。3D 打印技术的使用可能促使这一过程的实现,导致生产本地化和国际贸易的减少。可以预计的是,3D 打印技术的贸易促进效应会在重量轻的产品表现得更大。产品 k 的重量为 SITC 分类下,HS 6 分位维度上重量的中位数。同样将其与指标变量交互回归得到了图 8-8 所示的结果。无论是出口还是进口,3D 打印技术的采用对贸易的正向作用在重量轻的产品中更大,甚至对于飞行器这类产品,3D 打印对其出口没有显著作用、对进口有负向影响。所以,该结果表明 3D 打印技术会使得轻型产品的生产分工国际化,而使得运输成本相对高的重型产品生产本地化。

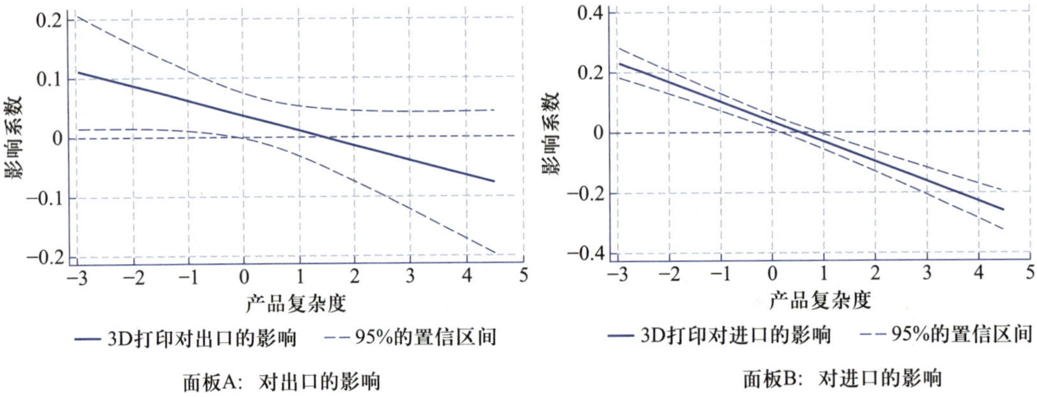

图 8-8 3D 打印技术的采用对贸易的影响取决于产品的重量

注:图中绘制的结果来自 DID 模型回归,其中展示了不同产品重量中位数(Weight)对数值下,2007—2016 年以后 3D 可打印部门指标变量的估计系数及其置信区间。

3D 打印技术是数字时代具有代表性的新兴生产技术。在专业化生产和国际化分工的全球化背景下,3D 打印技术的使用会给全球贸易带来什么样的影响? Freund 等(2022)的研究首次揭示了这项新技术使用带来的贸易流量效应,给有关 3D 打印技术的采用可能引发贸易缩减的猜想提供了重要的经验证据。该研究证实了应用 3D 打印技术带来的优势可以扩大一国相关产业的出口和进口,这与技术带来贸易优势的观点一致。

本章小结

关于贸易流量的问题,本章先从重力方程的估计出发,分析了数字技术、数字交易平台的介入对地理距离的减弱作用。互联网贸易中的普及使用通过降低出口商的固定成本、扩大消费者信息搜寻范围,降低了距离对双边贸易流量的负面作用,但是地理距离效应仍然显著存在。在利用线上平台完成的贸易活动,以及数字产品中,地理距离也仍然是解释贸易流量的重要因素,但是这背后的原因不再与信息摩擦有关,而是声誉信任、产品偏好在发挥作用。

本章还关注了数字贸易在促进贸易流量方面展现出的不同渠道。从企业角度出发,互联网作为企业生产、出口贸易中的重要投入,互联网发展将有利于企业出口贸易和生产发展,并且在密集使用互联网的行业企业中,这种促进效应更大。作为信息中介的线上平台,能有效地增加企业信息的曝光度,为其带来出口机会,尤其能推动企业与不熟悉的目的地进口商建立贸易关系。对于直接连接出口商与消费者的数字交易平台,Ebay平台实施的贸易便利化举措帮助小型企业从中相对获得更大收益,推动了贸易包容性增长的实现。数字交易平台可以借助高质量的机器翻译技术降低国际贸易中的语言壁垒,这将有利于平台上低值商品的销售增长,以及让缺少经验的消费者参与跨境消费,扩大消费群体。3D打印技术作为降本增效的数字生产技术,给出口产品的生产带来了技术优势,促进了出口,并且对复杂度高、贸易成本低的轻型产品有更大的出口贸易拉动效果。

关键术语

引力方程　距离效应　比较优势　贸易便利化　机器翻译　3D打印

思考题

1. 为什么信息摩擦可以很大程度上解释引力方程中出现的国际贸易距离效应?

2. 考虑互联网降低出口商信息摩擦的模型,在古诺竞争的市场结构下,请证明在利润最大化条件下,i国生产商出口到j国的最优出口量为:

$$q_{ij}=\frac{K_j-c-n_jwd_{ij}+w\sum_{k\neq i}d_{kj}}{n_j+1}=\frac{(K_j-c-w\bar{d}_j)}{n_j+1}+\frac{n_jw(\bar{d}_j-d_{ij})}{n_j+1}$$

3. 请基于Bernard等(2007)的理论框架,阐述互联网发展促进企业出口的机理。

4. 请结合eBay推出的GSP,分析数字交易平台中推出的为货物清关和办理运输的便利化措施是如何促进出口的。

5. 3D打印技术在生产中的作用会对国际贸易产生什么样的影响?为什么?

即测即评

第九章

数字贸易的动态分析

本章基于第八章的静态分析阐述数字贸易的动态理论。静态模型中对市场均衡的考察以当期的状态为准，消费者、企业等市场参与者的行为决策都从当前的角度出发而不考虑过去和将来。动态分析是对静态模型分析的延伸，其主要在市场需求、生产供给等行为决策中加入过去变量的影响、当前行为对未来的作用、对未来的预测变量等，即将这类随时间变化的变量囊括在分析中，去研究时间动态变化下的市场运行规律。传统国际贸易理论中的动态模型主要是在微观和宏观层面，将贸易行为与经济增长、创新和经济周期的动态变化联系起来，探究贸易与增长的关系。而在数字贸易的环境下，我们首先要关注于数字信息技术发展和商用后，历史信息得以有效保存和利用，市场信息得到更为有效及时的传递，使得对未来市场变化的预测更加准确，在这些与时间相关的变量作用下，国际贸易市场活动所呈现出的动态变化特征和结果。除此之外，本章的动态分析还涉及空间层面，研究数字信息技术在市场一体化形成过程中的作用，以及数字贸易市场中的整合特点。

第一节　数字交易平台上的贸易动态变化①

一、数字交易平台上的贸易动态变化特征

数字信息技术的发展极大地促进了国际贸易的规模扩张。数字交易平台正在国际贸易和世界零售部门中扮演着越来越重要的角色。数字交易平台极大地降低了传统线下贸易壁垒，包括在进口国建立贸易关系和分销渠道过程中，出口商所花费的搜寻成本、营销成本、管理成本等都在大幅度下降。因地理距离造成的信息交流不便，不再成为出口商特别是中小型出口商开展贸易活动的重要阻碍。大量的出口商进入全球数字交易平台活动，这使得线上平台已经发展成为国际贸易的活跃场所。近年来，电子商务销售额大幅增

---

① 本节内容来自 Bai et al. “Stand out from the Millions: Market Congestion and Information Friction on Global E-Commerce Platforms,” 2020 以及 Maggie X. Chen, Min Wu, “The Value of Reputation in Trade: Evidence from Alibaba,” *The Review of Economics and Statistics*, vol.103, no.5, 2021, pp.857-873.

长,2018 年达到 2.9 万亿美元,占全球零售总额的 12%(Lipsman,2019),其规模以每年 25%的速度增长。在电子商务中,跨境销售的增长速度是境内销售的两倍,2016 年有 40%的在线买家完成了跨境交易。在这高速增长的背后,数字交易平台参与者活动呈现出什么样的增长模式和动态变化?和线下市场相比,数字交易平台上贸易的动态增长模式有什么独特之处?数字交易平台上的什么因素触发了这种动态变化?

Chen 和 Wu(2021)和 Bai 等(2020)均以世界规模最大的数字交易平台之一的速卖通为例,考察了这一平台上国际贸易活动展现出来的动态变化。速卖通是阿里巴巴旗下专门从事国际贸易的平台,于 2010 年 4 月成立。其交易个体来自全球 190 个国家和地区,接纳超过 1.5 亿消费者,每月访问量超过 2 亿次。

Chen 和 Wu(2021)选择其作为研究对象,研究了该平台上 T 恤市场的贸易情况;Bai 等(2020)使用平台上儿童 T 恤的供给和销售数据。他们均发现了平台国际交易的典型特征。

(1) 市场集中于头部商家。速卖通的卖家全部来自中国。和中国海关数据相比较后发现,速卖通上出口商贸易的集中度更高。并且进一步分析还发现,进口者的经验越多,集中购买“明星产品”的现象会越少。这说明缺乏经验的进口者可能更多地依赖于卖家的历史业绩作出购买决策,于是倾向从销售规模大的明星卖家处进口。

(2) 明星卖家(产品)不一定是高质量的。就交易质量而言,明星产品并不显著高于尾部产品,甚至一定数量的品类中,明星产品的质量更低。这一现象说明市场可能存在资源误置,高质量的产品反而更难获得市场份额。

(3) 对卖家的积极评价会带来销量。Chen 和 Wu(2021)研究了卖家收到的评分如何作用于其出口集约边际、出口目的地和买家数量。结果发现,即使产品之间的真实评分差异可能非常小,买家依然会对网站提供的可参考的卖家信誉作出显著的差别反应,更青睐于购买高评分的商品。除此之外,买家在购买产品后,会在平台上留下其购物体验的文字,包括对产品质量、配送和退货服务的评价。研究也表明买家对负面评价的反应大于正面评价;对具体信息的反应大于一般的正面评价。

(4) 累计成交量高的商品销量增长更显著。Bai 等(2020)的研究表明累计下单量高的产品更容易获得新订单。从供给方面看,过去业绩好的卖家有更大的意愿和资本投入到广告宣传、参与平台促销活动,因而更容易产生新订单;从需求方面解释,根据速卖通平台对产品搜索排序的规则,累计销量和历史评价多的产品在买家搜索页的排序靠前,被买家浏览的概率更大,从而能吸引更多的新订单。

对该问题,Bai 等(2020)在速卖通平台上进行了一次实验。数据样本包括 133 个产品组,共 1 258 件产品,在其中挑选出 784 件订单数小于 5 的产品开展实验。将 784 件商品随机分为三组①:第一组为对照组(C 组);第二组的产品会收到随机生成的 1 个订单和

① 文中指出在品类组下随机产生实验分组;对于有两个小型卖家销售同一产品,则 C 组和处理组随机分 1 个卖家,再从处理组中随机区分出 T1 和 T2 组;对于多个小型卖家销售同一产品,随机平分到 C、T1 和 T2 组中。最后的分组情况是 C 组含 300 个上架产品,T1 组含 258 个,T2 组含 226 个,该分组通过了平衡性检验。

星级评价,被称为 T1 组;第三组产品除了订单和星级评价之外,还会收到关于产品和运输质量的文字详细评论,被称为 T2 组。除了明显存在质量缺陷和运输问题,T1 组和 T2 组的产品都收到 5 星评价。[①] 在这样的实验下,T1 产品和 C 组产品表现的差异反映了历史订单量增加的影响。相应的回归方程如下:

$$WeeklyOrders_{it}=\beta_0+\beta_1 Order_i+\beta_2 Review_i\times PostReview_t+\lambda_t+\nu_{g(i)}+\varepsilon_{il} \tag{9.1}$$

式中:因变量是第 t 周产品 i 的订单总数(除去发送的订单),样本中一共有其下单后 13 周的产品订单数;*Order* 是接受订单处理的虚拟变量(对于 T1 和 T2,*Order* = 1);*Review* 是接受额外的运输和产品评论的虚拟变量(对于 T2,*Review* = 1);*PostReview* 是一个时间虚拟变量,在提供评论后的时间段内等于 1;λ_t 和 $\nu_{g(i)}$ 是周产品类固定效应。

此外,所有回归都控制了产品的初始销售水平。

表 9-1 中的回归结果显示,无论对所有目的地还是对英语国家的销售,产品下单都对后续订单产生了明显的促进效应。这表明线上市场存在需求强化机制,订单增加会促进未来订单的增长。即使是有显著促进效应的需求增长,其对小型卖家的作用幅度也很有限,根据结果计算可得,1 个订单只能增加 0.1~0.25 个后续订单。

表 9-1 订单的需求强化效果

	所有目的地		英语国家		美国	
	(1)	(2)	(3)	(4)	(5)	(6)
Order	0.023	0.028**	0.015***	0.017**	0.017**	0.018***
	(0.020)	(0.014)	(0.005)	(0.005)	(0.003)	(0.003)
Review×*PostReview*	0.003	−0.018	0.021	0.015	0.017	0.014
	(0.023)	(0.028)	(0.019)	(0.018)	(0.017)	(0.016)
观察值	10 192	10 192	10 192	10 192	10 192	10 192
Group FE	No	Yes	No	Yes	No	Yes
Week FE	Yes	Yes	Yes	Yes	Yes	Yes
基线控制	Yes	Yes	Yes	Yes	Yes	Yes

注:被解释变量是使用交易数据计算的每周向不同目的地发出的订单数量,在 13 周的实验样本中,共有 784 个清单。回归控制包括商店和特定产品列表的累计订单总数的初始水平。*Order* 是一个虚拟变量,对于处理组(T1 和 T2)中的所有产品等于 1,对于控制组等于 0。*Review* 是一个虚拟变量,对于 T2 组中的所有产品等于 1,表示下了一个订单并留下关于运输和产品质量的书面评论。*PostReview* 是一个虚拟变量,对于改变评论的那些星期等于 1。括号内为分组的标准误差。***、**、* 分别表示 1%、5%、10%水平上显著。

---

① 文中指出对没质量问题的产品给予 5 星评价是为了贴合现实中买家倾向于给 5 星好评的事实。对于文字评论的内容,使用了自然语言处理系统分析过去的评论,并根据识别的关键字构建评论内容。

另外的检验结果表明需求强化效应对于不同质量的产品作用相同,这说明需求强化效应并不会帮助高质量的小型卖家获得市场份额,因此,实验结果说明了这样一个事实:在线平台对产品搜索和评论排序的机制设计并不能使得新进入的小规模卖家快速地成长,从而进一步可能导致市场份额不能有效地配置到高质量的卖家中。

二、声誉和学习的动态贸易模型

以卖家的历史评分和文字评价会显著影响买家需求的事实为基础,Chen 和 Wu(2021)将数字交易平台的国际贸易活动中,买家的学习过程以及平台传递的卖家声誉模型化,用以解释声誉机制在国际贸易及其动态变化中的影响作用。

模型设定全球范围内有一个出口国和 N 个进口国。出口国国内的卖家可以通过线上平台达成交易,然后将他们的产品卖给进口国的消费者。所有卖方只销售一种产品 i,产品质量 θ_i 服从分布 $N(\theta,\sigma_\theta^2)$。卖方可以观察到商品真正的质量水平,但买方不能。

当来自 j 国的买家看到商品 i 时,其将从商品 i 的质量分布 $N(\theta_i,\sigma_{uj}^2)$ 中获取一个对商品 i 质量的初始信念 θ_{ij}^a。其中,σ_{uj}^2 随买家的来源地国家的变化而变化,反映着中国卖家和 j 国买家之间的信息摩擦水平。该国买家对中国卖家的了解越多,买家对质量形成的信念越准确,θ_{ij}^a 越接近真实的商品质量 θ_i,σ_{uj}^2 越小。在买家购买了产品 i 后,他可能留下一个包含噪声的反馈,用 $\tilde{\theta}_i^b \sim N(\theta_i,\sigma_\varepsilon^2)$ 表示。买家的反馈有助于提高卖家的声誉,并使未来买家据此更新对质量的信念。

每个买家都会购买一单位的商品。假设买家并非一拥而上,而是按顺序依次而来(买家之前不存在竞争关系,第 $m+1$ 个买家最多可以观测到前 m 个买家的反馈评价),且在每个时期内会作出是否向卖家购买的决策。作为消费者的买家具有离散选择偏好,且 j 国的买家对产品 i 的间接效用函数为:

$$U_{ijtm}=\rho E(\theta_{im}\mid\theta_{ij}^a,\theta_{im}^b)-p_{ijtm}+\varepsilon_i \tag{9.2}$$

式中:$E(\theta_{im}\mid\theta_{ij}^a,\theta_{im}^b)$ 是买者基于 m 个比自己更早的买家留下的反馈(评论和打分),而对产品质量产生的信念①;ρ 是消费者对商品质量的喜好权重;θ_{ij}^a 是买者对商品质量的最初信念;θ_{im}^b 是前 m 个买家的评论所展示出的卖家声誉;p_{ijtm} 是包含“冰山贸易成本”τ_j 的配送价格;ε_i 是服从 I 型极值分布、带有方差 σ^2 的随机项。

来自 j 国的一个买家购买商品 i 的概率 d_{ijtm} 可写为下式:

$$d_{ijtm}=\frac{\exp\left[\dfrac{1}{\sigma}\left(\rho E(\theta_{im}\mid\theta_{ij}^a,\theta_{im}^b)-p_{ijtm}\right)\right]}{\sum_{k=1}^{K}\exp\left[\dfrac{1}{\sigma}\left(\rho E(\theta_{km}\mid\theta_{kj}^a,\theta_{km}^b)-p_{kjtm}\right)\right]} \tag{9.3}$$

---

① 不论新买家的到达时间 t 如何,他们都只能根据先前买家留下的反馈来推断产品质量。因此 θ_{im}^b 只与 m 有关,与时间区间 t 无关。

式中：K 是商品的数量总数。

买家对产品质量的信念被卖家不断变化的声誉影响。假设买家对商品质量信念的更新遵循贝叶斯准则。在没有反馈的情况下，来自 j 国的新买家对 i 产品质量的最初信念为：

$$\bar{\theta}_{ij0} \equiv E(\theta_{i0} \mid \theta_{ij}^{a}) = \frac{\omega_{\theta}\theta + \omega_{uj}\theta_{ij}^{a}}{\omega_{\theta} + \omega_{uj}} \tag{9.4}$$

式中：$\omega_{\theta} \equiv 1/\sigma_{\theta}^{2}$；$\omega_{uj} \equiv 1/\sigma_{uj}^{2}$。

每当别的买家给了一个新的反馈时，该买家的信念就会更新。当在第 t 期，商品有 m 个买家的反馈时，新买家的信念为：

$$\bar{\theta}_{ijm} \equiv E(\theta_{im} \mid \theta_{ij}^{a}, \theta_{im}^{b}) = \frac{\omega_{\theta}\theta + \omega_{u}\theta_{ij}^{a} + m\omega_{\varepsilon}\theta_{im}^{b}}{\omega_{\theta} + \omega_{u} + m\omega_{\varepsilon}} \tag{9.5}$$

式中：$\omega_{\varepsilon} \equiv 1/\sigma_{\varepsilon}^{2}$；$\theta_{im}^{b} \equiv (\sum_{k=1}^{m} \widetilde{\theta}_{ik}^{b})/m$ 是过去的买家给出的卖家声誉。

买家更新后的信念是真实质量和买家认为的质量的加权平均。且权重与相应分布的变化（方差）成反比。同时，声誉的权重还会随着反馈数量的增加而增加。[①]

买家信念的更新过程呈现出三个重要特点：第一，反馈的边际影响随时间递减。对一个可以看到 m 条商品反馈的买家来说，他赋予第 n 条反馈（$n<m$）θ_{in}^{b} 的权重是 $\frac{\omega_{\varepsilon}}{\omega_{\theta}+\omega_{u}+m\omega_{\varepsilon}}$，且该值随 m 递减。当卖家声誉随着反馈数量的增加而得以积累，早期反馈的贡献就逐渐消散了。第二，声誉的构建需要时间。在长期交易过程中，当反馈的数量足够多时，声誉评价会逐渐趋近商品的真实质量。第三，声誉的边际影响随着进口国与出口国（如中国）之间的信息摩擦增加而增加，即 $\frac{\partial \bar{\theta}_{im}}{\partial \omega_{u}}<0$。当买家对中国卖家相对不熟悉的时候，他们就会更加依赖其他买家提供的信息来作出购买决策。

市场结构是垄断竞争，假设相比整体市场，每个卖家的规模是小的，以至于可以认为个体卖家的定价对整体市场情况没有影响。假设生产的边际成本为 $c(\theta_i)=\tau_j+c\theta_i$，$\tau_j$ 是向 j 国出口的贸易成本。卖家每期的利润为：

$$\pi_{ijtm} = (p_{ijtm} - \tau_j - c\theta_i)\, d_{ijtm} \tag{9.6}$$

式中：d_{ijtm} 是需求函数，用新买家购买商品的概率衡量。

假设在每一期，j 国有 1 位买家进入平台，这位买家搜寻到卖家的概率为 q_j，对每位卖家而言满足 $\sum_{j\in N} q_j = 1$。那么第 t 期卖家的预期利润为：

$$\pi_{itm} = \sum_{j\in N} q_j (p_{ijtm} - \tau_j - c\theta_i)\, d_{ijtm} \tag{9.7}$$

当每个卖家在第一期进入市场之后，退出市场的概率都外生设定为 δ。每期卖家都

---

① 这个设定和事实分析相一致。虽然买家的反馈会影响其他买家的质量信念，但可以认为他们不会影响产品的真实质量。“卖家无法通过调整产品质量来对买家的反馈作出反应”的假设与速卖通的现实情况是一致的。在速卖通中，一旦发布了商品，卖家就没有多少调整商品质量的空间。而卖方可以调整的主要余地是定价。

要对 j 国作出价格决策，其利润最大化问题可表示为：

$$\max_{p_{ijtm}{}_{t,m=1}^{\infty}} E_{\theta_{ij}^{a},\theta_{im}^{b}{}_{m=1}^{\infty}} \sum_{t=1}^{\infty} \left\{ [\beta(1-\delta)]^{t} \sum_{j\in N} q_j[(p_{ijtm}-\tau_j-c\theta_i)d_{ijtm}] \right\} \tag{9.8}$$

式中：β 是卖家的折现因子。

对 j 国，卖者根据以下贝尔曼方程设定价格：

$$V_{itjm}(\theta_i,\bar{\theta}_{ijm}) = \max_{p_{ijtm_{j\in N}}} \frac{d_{ijtm}}{1-\beta(1-\delta)(1-d_{ijtm})} \left[p_{ijtm}-\tau_j-c\theta_i+\beta(1-\delta)E(V_{ij(t+1)(m+1)}(\theta_i,\bar{\theta}_{ijm})) \right] \tag{9.9}$$

根据声誉是否可被买家观察，可以给出不同情况下每一期的厂商最优定价。

在不完全信息且声誉不可观察假设下①，买家不能观察到每个商品的真实质量 θ_i，或是直接了解卖家的声誉。因此，买家对产品质量的信念仅仅基于商品的真实质量分布和买家的初始信念。并且该信念在所有期内保持不变。在此假设下，式(9.9)的解为：

$$p_{ijt}^{I} = \tau_j + c\theta_i + \sigma$$

$$d_{ijt}^{I} = \frac{1}{D_j^{I}} \cdot \exp\left[\frac{1}{\sigma}(\rho\bar{\theta}_{ijt}-\tau_j-c\theta_i-\sigma) \right] \tag{9.10}$$

式中：$D_j^{I} \equiv \sum_{k=1}^{K} \exp\left[\frac{1}{\sigma}(\bar{\theta}_{kjt}-p_{kjt}) \right]$。

最优出口价格和最优出口数量在所有时期内保持不变。

在不完全信息但声誉可观察的假设下，买家可以根据其他买家提供的声誉信息，来更新自己对商品质量的信念。在此假设下，(9.10)式的解为：

$$p_{ijtm}^{*}(\tau_j,\theta_i) = \tau_j + c\theta_i + \sigma - \beta(1-\delta)E(V_{i(t+1)(m+1)}(\theta_i,\bar{\theta}_{ijm+1},\omega_u^{*})) \tag{9.11}$$

对比以上两种情况，可以发现：$p_{ijtm}^{*}<p_{ict}^{C}$。这意味着，卖家声誉可观察情况下的最优定价比不可观察情况下的更低。在买家可以观察到声誉时，卖家愿意在最初时将价格定得相对较低，以此吸引买家购买、留下评论，从而促进未来买家学习效应的发挥。当评论数增多，卖家的声誉逐步建立，卖家就可以依据自身的质量水平提升价格，弥补低价时的损失。存在对未来高定价的期望，促使卖家愿意在开始时低价销售，形成对买家学习的激励。而高质量卖家会更倾向于采取这种定价策略，这是因为买家逐渐了解真实质量水平时，高质量卖家预期定价将高于低质量卖家。最终，当买家已经可以完全观察到商品的真实价值后，这些高质量卖家的定价将与不完全信息但声誉不可观察情形下的最优价格相同。以上分析可以总结为命题 1。

命题 1：当存在信息摩擦且卖家声誉可观察时，卖家尤其是高质量的卖家最初会将价格定得相对较低，以补贴声誉的建立；随着时间的推移，当他们收到更多订单时，会提高价格。

在得到定价的条件下，商品 i 在市场 j 中的销售总量为：

---

① 原文中还考查了完全信息情况下的均衡特征，此处省略，感兴趣的读者可以阅读原文。

$$d_{ijtm}^{*}=\frac{1}{D_{j}^{*}}\cdot\exp\left[\frac{1}{\sigma}\left(\rho\bar{\theta}_{ijm}-\tau_{j}-c\theta_{i}-\sigma+\beta(1-\delta)E\left(V_{i(t+1)(m+1)}\left(\theta_{i},\bar{\theta}_{ijm+1},\omega_{u}^{*}\right)\right)\right)\right] \tag{9.12}$$

式中：$D_{j}^{*}\equiv\sum_{k=1}^{K}\exp\left[\frac{1}{\sigma}\left(\bar{\theta}_{ijm}-\tau_{k}-c\theta_{i}-\sigma+\beta(1-\delta)E\left(V_{i(t+1)(m+1)}\left(\bar{\theta}_{ijm+1},\omega_{u}^{*}\right)\right)\right)\right]$。

通过对比以上两种情形下的 d_{ijtm}，可知：当真实质量的离差足够大时，高质量卖方与低质量卖家的出口数量之比（高质量卖家的出口质量）在可观察声誉的情况下更大。这一发现总结为如下命题：

命题 2：当存在信息摩擦且真实质量的离差足够大时，高质量卖方的出口溢价在有可观察声誉时更大。

命题 2 的结果来自：一方面，当买家可以很容易地相互分享关于卖方质量的信息时，高质量的出口商就更有可能获得更大的市场份额。另一方面，高质量的出口商也有动机在最初将价格定得相对较低，以补贴自己的声誉建设，这反过来又提高了他们长期中的出口数量。

作为数字贸易时代下开展国际贸易的主要场所，数字交易平台给国际贸易活动加入了新的信息技术支持，得以在很大程度上缓解买卖双方之间的信息摩擦。Chen 和 Wu（2021）从平台评论区功能入手，刻画出原有线下贸易中不存在的过程：先前的买家留下评论供后来的消费者参考，形成对卖家声誉的判断，并引发需求的改变。在动态模型的设定下，Chen 和 Wu（2021）详细地分析了平台的商品评论是降低买方对卖方信息摩擦程度的有效途径，并且指出在声誉机制和学习效应的作用下，卖家会采取降低初始定价策略，以利用声誉形成过程获取更大的市场份额。高质量卖家更倾向于采取这种策略，所以声誉机制的存在解释了数字交易平台上观察到的出口高度集中模式。Chen 和 Wu（2021）的研究揭示了数字交易平台上出口市场动态变化的特征和形成机理，这为认识数字交易平台中国际交易活动规律提供了重要的理论分析。

三、需求强化机制下的平台动态分析

Bai 等（2020）则是在数字交易平台存在信息摩擦的条件下，进一步将“累计成交量高的商家销量增长更快”的需求强化机制加入模型中，进行动态的市场分析。

设定在平台上有 $N\geqslant2$ 个卖家，卖家的真实质量为 $\{q^{i}\}_{i=1}^{N}$。不过消费者需要一段时间对历史订单和评论进行学习以认知其真实品质。消费者在学习前，对质量持有先验的信念，该信念显示卖家质量是独立同分布的，均服从标准正态分布 $q^{i}\sim N(0,1)$，先验平均值 $\widehat{q_{0}^{i}}=0$。每个时期，一名消费者进入市场从卖家 i 购买产品，并且留下评论。该评论反映了质量水平，但是也混杂了其他噪声信息。

在经过搜寻和选择之后，消费者才会下购买的决定。搜寻过程中，历史销售业绩决定了某个卖家被消费者看见的可能性；搜寻过后，消费者会在对各个卖家质量的信念进行比较后选择购买的产品。完成购买之后，该消费者留下评论。

假设在 $t \geqslant 0$ 期末,每个卖家 i 的累计销售额为 s_t^i,消费者对 q^i 共同的后验均值为 $\widehat{q_0^i}$。那么在 $t+1$ 期中,会发生以下情况:

消费者登录平台,有放回地采样 K 个卖家 $i_1, \cdots, i_K$。① 对于卖家 i,其被消费者搜寻到的概率为:

$$\frac{(v_t^i)^{\lambda}}{\sum_{j=1}^{N}(v_t^j)^{\lambda}} \tag{9.13}$$

式中:$v_t^i = v_0 + s_t^i$ 为卖家 i 的可见度;$\lambda > 0$ 为代表所有卖方初始可见度水平的参数。

该式反映了需求强化机制。指数 $\lambda > 0$ 则是调节需求强化机制强度的关键参数。②

消费者在搜寻到 K 个卖家之后,从中选择一名卖家交易。对于样本中的卖家 i_k,被选中的概率为:

$$\frac{e^{\widehat{q_t^{i_k}}}}{\sum_{l=1}^{K}\widehat{q_t^{i_l}}} \tag{9.14}$$

上式是根据样本中卖家的预期质量计算得出的 Logit 选择概率。对于被选定的卖家 i_k,其累计销售额 $s_{t+1}^{i_k}$ 和可见度水平 $v_{t+1}^{i_k}$ 均比其时期 t 的值增加 1。而其他卖家的销售额和知名度均保持不变。

在 $t+1$ 期间从卖方 i_k 购买的消费者对其质量进行公开评论。该评论/信号的形式 $z_{t+1} = q^{i_k} + \zeta_{t+1}$,具有独立的正态噪声项 $\zeta_{t+1} \sim N(0, \sigma^2)$,其中参数 $\sigma \geqslant 0$ 反映了市场中信息摩擦的程度。令 $\bar{z}_{t+1}^{i_k}$ 为截至 $t+1$ 时关于质量 q^{i_k} 的过去 $s_{t+1}^{i_k}$ 条评论的平均值,$t+1$ 结束时 q^{i_k} 的后验均值为:

$$\widehat{q_{t+1}^{i_k}} = \frac{\bar{z}_{t+1}^{i_k} \cdot s_{t+1}^{i_k} / \sigma^2}{1 + s_{t+1}^{i_k} / \sigma^2} \tag{9.15}$$

该贝叶斯更新公式是先验质量均值 0 和过去平均评论 $\bar{z}_{t+1}^{i_k}$ 的加权平均值,权重由它们各自的精度级别 1 和 $s_{t+1}^{i_k} / \sigma^2$ 给出。

以上充分描述了需求强化机制模型的作用方式,其原始参数为 $N, K, v_0, \lambda, \sigma$。

从短期市场角度来看,在市场动态变化中,平台的机制设计使得买家在搜寻卖家时,卖家的可见度与历史业绩相关,而买家搜寻后的购买决定则取决于卖家的历史评价。当期的购买评价完成后,买家留下质量评价,改变了下一期消费者关于卖家质量的先验信念。每期搜寻、购买、评价过程完成,进入下一期,展开相同环节,如此动态变化。包括速卖通在内的大部分数字交易平台,卖家注册开店上架商品的时间、费用成本几乎不存在,对卖家的资质要求也很低,如此低的市场准入门槛,导致大量卖家入驻平台。由于买家能

---

① 这里假设有放回抽样。在该模型的经验应用中,卖家的数量 N 远大于 K。即使变为无放回抽样,估计结果并无显著差异。

② 较小的 v_0 和较大的 λ 都意味着历史业绩对卖家进入未来消费者搜索样本的概率的影响更大。然而,较小的 v_0 对早期销售的影响最为显著,而较大的 λ 的影响更为持久,决定长期市场结果的是 λ 的值。

搜寻到的卖家有限,显然卖家数量会加剧搜寻的拥堵。遵循这一思路,可以发现,卖家数量的增加在短期内对市场动态造成的影响是:

命题 1:给定任意一组参数 K, v_0, λ, σ,那么,对于每一个正整数 T,存在 $N(T)$ 使得当 $N \geqslant N(T)$ 时,在每个周期 $2 \sim T$ 中消费者的期望质量严格地随着 N 下降。[①]

该命题背后的原因来自两个方面:一是当市场拥挤时,卖家被消费者看见的概率下降,导致历史业绩提高可见度的作用幅度被削弱。那么相较之前,高质量的卖家此时需要花费更多的时间来实现从累积订单到脱颖而出的过程。二是更多卖家的存在减少了每个卖家平均可以获得的订单数量和评论信号。因此,解决信息不确定性和发现高质量卖家也需要更长的时间。在短期内,高质量卖家被准确识别出来的难度因市场拥挤而增加,消费者的期望质量也随之下降。因此,当市场中已经存在很多的卖家时,卖家数量的进一步扩大会恶化市场配置情况,高质量卖家难以获得对应的市场份额。

从长期市场角度来看,搜寻和质量信息摩擦的存在,能否实现市场有效?为了分析该问题,这里设定 N 个卖家的质量水平遵循 $q^1 > q^2 > \cdots > q^N$,那么最高质量卖家 1 的市场份额,即可反映市场配置情况。如果市场在长期内是有效的,卖家 1 在总销售额 $\frac{s_t^1}{t}$ 中的比例随着 $t \to \infty$ 依概率收敛到 1。在调节需求强化机制强度的关键参数 λ 取不同值时,长期市场结果表现不同。

命题 2:以卖家 1 具有唯一的最高质量为条件,长期市场结果为:

(1) 如果 $\lambda = 1$,则市场有效。在这种情况下,收敛 $\frac{s_t^1}{t} \to 1$ 几乎肯定成立。

(2) 如果 $\lambda > 1$,则市场效率低下。在这种情况下,每个卖家 i 拥有所有销售额的概率为正,因此卖家 1 从长远来看可能拥有零市场份额。

(3) 如果 $\lambda < 1$,则市场效率低下。在这种情况下,每个卖家 i 的市场份额远离 0,因此卖家 1 无法占据整个市场。

当 $\lambda > 1$ 时,需求强化机制的作用非常强,以至于每个卖家不一定是最高质量的卖家,可能凭运气得到了早期的订单,并且在每个时期继续被买家搜寻和选择,从而导致持续性的错配。当 $\lambda < 1$ 时,需求强化机制的作用太弱,以至于无法使得任何一个卖方持续地主导市场,也就是即使存在某个卖方的市场份额接近于 1,下个时期其再被搜寻到的概率不高,使其无法继续扩大市场份额。而当 $\lambda = 1$ 时,需求强化机制的作用刚好使得最高质量的卖家避免运气的影响,并且可以持续地扩大市场份额,直到实现市场的有效配置。

信息摩擦是市场失灵的原因之一,特别是在国际贸易的情况下,信息阻碍成为影响市场充分有效运行的主要因素。依托于网络技术建立的数字交易平台,被认为是解决信息传导壁垒,以及未来开展和促进国际贸易活动的重要场所。因为进入成本低,数字交易平台聚集了大量出口商,进口方在平台上通过搜索引擎选取有限的商品进行详细浏览,并且

---

① 第 1 期的预期质量始终为零。

很大程度上会参考其他消费者留下的历史评论，而后作出购买决策。Bai 等（2020）指出由于平台上搜索排序的依据是卖家的历史销量、消费者对卖家的品质认知来自历史评论，当卖家整体规模较大时，高质量的卖家被搜寻到的概率降低，同时评论区的信息也无法准确地传递真实的产品质量水平，于是在搜寻拥挤和信息摩擦的双重作用下，高质量的卖家无法利用历史业绩、评论拓展市场份额，最终导致市场资源分配给了低质量卖家的结果，出现资源错配的无效率情况。Bai 等（2020）的分析首次解释了数字交易平台上市场效率损失的原因，表明即使在数字技术发挥作用的条件下，仍然存在其他形式的信息摩擦阻碍市场机制的有效发挥。

第二节 数字技术与市场整合

一、数字技术、信息摩擦与市场整合①

国家之间开展产品贸易说明国际市场已经形成。衡量市场运行有效性的重要特征是市场一体化程度，即相同商品在不同国家出售，以相同货币计价的话，价格是否相等且同步变化，也可以认为是一价定律是否充分实现。但是针对现实情况的经验分析显示，在大多数情况下，国际货物贸易中市场一体化程度都很低。关于这一现象产生的原因，相关研究指出，运输成本、关税等直接贸易壁垒并非关键因素，国际信息摩擦可能是影响国际市场整合的重要因素。

关于信息技术是否促进了区域间产品市场整合，代表性的研究有：Jensen（2007）分析了手机通信后印度一个州内渔业市场的价格整合、渔民生产、福利变化；Aker（2010）则关注了尼日尔国内农产品价格分散度随手机通信的开通而下降；Allen（2014）聚焦在菲律宾的农产品市场，分析了信息摩擦下价格和贸易流量的特征，并且从生产者利用信息搜寻买家的机制出发，剖析信息摩擦在贸易中发挥的效应。虽然同样是从信息摩擦的角度、从通信技术发展出发展开的研究，但是 Steinwender（2018）和既有研究有较大不同：一是其研究的对象是耐用商品——棉花，研究的市场是英美之间的国际贸易市场；二是选用历史上电报开通作为外生冲击，来分析信息摩擦程度下降时市场整合和贸易的变化，这一事件不仅具有很好的外生性和非预期性，也可以通过报纸内容直接观察到由其引发的信息变化；三是在机制分析方面，信息摩擦影响了出口商的预期需求，继而引发贸易的波动和市场整合，以此建立了局部均衡模型，刻画了信息摩擦和信息技术的作用，并就信息技术带来市场效率增进幅度进行了估计。

Steinwender（2018）所阐述的数字技术作用，重点强调了信息摩擦程度降低后预期的

① 本部分内容主要来自 Steinwender，"Real Effects of Information Frictions：When the States and the Kingdom Became United，" *American Economic Review*，vol.103.no.3，2018，pp.657-696.

作用。这个设定较符合国际贸易的市场交易特点。对于传统的国际货物贸易而言，运输时间较长。在运输的间隔时间内，可能进口国的市场已经发生变化。那么对于买家、卖家而言，需要对市场情况进行预期，然后再作出贸易决策。预期准确与否，由信息的及时性决定。当一方市场信息可以通过数字技术传送时，显然依据最新信息得出的市场预期是更准确的。

Steinwender(2018)基于棉花这种重要的世界贸易产品，具体考察了在信息技术作用下市场运行发生的变化。19 世纪中叶，大规模的棉花贸易发生在英美之间。所有进口棉花到达英国的利物浦港口，在利物浦交易所卖给纺织工厂。美国 1/3 的出口棉花是通过纽约港完成的，外贸批发商在纽约交易所从农民处购买棉花，然后运往利物浦。在这个国际贸易过程中，纽约的外贸批发商首先要预估发到利物浦时的棉花需求，然后再在纽约交易所中购买。而从根源上讲，利物浦交易所中棉花的需求主要来自欧洲大陆，实际需求因战事等因素变化很快且难以预测。那么对于批发商而言，信息就起到了重要的作用，因为预估需求依赖于准确及时的信息。每个交易所都设有新闻室，免费提供报纸、通告、电报信息给批发商，其中披露了棉花的价格信息，价格信息可被认为是公开的。英美两国的跨洋电报于 1866 年 7 月正式开通。在开通之前，棉花的商业信息是通过轮船承载跨洋传输，通常花费 10 天时间。而开通后，信息通过电报传输最多延迟 1 天。

（一）数字技术出现后的市场变化

Steinwender(2018)首先基于收集到的从 1865 年 7 月 29 日到 1867 年 7 月 27 日期间每个工作日两地棉花市场价格、贸易流量的每日信息、外国棉花价格（可用于构建信息流）、运费、每日邮船和电报到达情况及其商业信息内容、能够用于判断跨大西洋信息延迟时间的信息起源日期和到达日期的样本信息，对电报开通后两个市场的整合情况展开经验研究。得到了以下几个重要事实。

(1) 事实 1：电报开通显著提高了商品市场一体化程度。

这里以利物浦和纽约棉花价格差($p_t^{LIV}-p_t^{NY}$)作为被解释变量、电报开通作为解释变量进行回归，结果发现开通电报之后，同期价格差距显著缩小。将被解释变量替换为价差的离差平方值①，发现电报时期价差方差以 90%的降幅急剧下降。

(2) 事实 2：电报开通前，更快的船载信息传输有助于市场整合。而电报开通后，信息的延误（比如电报连接的暂时性技术故障）会降低市场一体化程度。

报纸上记载了从利物浦传递到纽约的棉花市场信息，以及该信息的起源日期和到达日期，两个日期的差距定义为信息延误天数。将其作为解释变量回归价差的离差平方，得到的结果显示：较长的信息滞后增加了价差方差，并且这一影响在电报时代之前和之后都

---

① 使用价差的方差作为因变量：在电报开通之前 $\widehat{var}(pdiff_t)=\frac{N_{\text{before}}}{N_{\text{before}}-1}(pdiff_t-\overline{pdiff}_{\text{before}})^2$；在电报开通之后 $\widehat{var}(pdiff_t)=\frac{N_{\text{after}}}{N_{\text{after}}-1}(pdiff_t-\overline{pdiff}_{\text{after}})^2$。

显著存在。

(3) 事实 3:纽约价格对来自利物浦的消息反应强烈,利物浦的棉花价格对来自纽约的消息反应不那么强烈。

从现实来看,英国进口商可以通过在纽约的分支机构或者代理人,及时依据当地市场信息作出采购调整,所以英国市场对纽约信息的反应较小。另外,棉花库存所有者也会根据纽约的市场信息调整库存。比如当纽约市场传来供给上升的信息,持有者预计未来利物浦价格可能因此下跌,于是纽约价格信息会影响利物浦价格。还有可能存在因为棉花市场信息变化太快,买家或卖家自知无法准确预判,于是延长等待时间再作买进或者卖出的决策,在这种情况下,就会出现棉花价格对信息的反应较小。

(4) 事实 4:电报减小了纽约棉花价格和利物浦最近价格信息之间的差异。

以 $p_{t-l_t}^{LIV}-p_t^{NY}-\tau$ 回归电报开通变量,结果说明电报开通会产生影响,电报开通显著减小了棉花价格差异。这说明当得到利物浦的消息时,纽约商家不会立刻以此调整价格。纽约商家知道当他们的货物到达利物浦时,价格又会发生变化。但是电报减小价格差异的显著作用又提示:纽约商家会用利物浦的价格信息作出预期。电报开通后,利物浦信息的时效性加强,纽约棉花价格与其差距明显缩小。还有一种可能的解释是:电报的开通与信息交流的及时性导致不确定性下降,纽约商家的风险溢价降低。

(5) 事实 5:纽约出口对利物浦的棉花价格信息有显著反应。

(6) 事实 6:电报开通之后,纽约的棉花平均出口额更高,波动更大。

以棉花出口额作为因变量、利物浦的市场信息(电报和船载跨洋传输)分别作为自变量的回归结果显示,在电报开通前,船载跨洋传输的利物浦棉花价格信息对出口有显著的正向作用;电报开通后,电报信息也有类似的正向作用,但是不再显著。利物浦的棉花价格上升表示需求增加,那么纽约棉花市场会相应增加出口。就出口额和出口波动对开通变量的回归结果说明电报开通后,从纽约到利物浦的棉花日平均出口增加了 37%;电报开通后出口波动在提升,棉花出口的方差增加了 114%。

基于以上 6 个事实发现,可以看到信息在国际贸易市场中发挥了重要的作用。出口方以目的地信息作为预期的依据,调整行为后影响了出口规模和本地市场价格。从 19 世纪棉花市场的事实出发,建立了包含生产者、贸易中介的两国局部均衡贸易模型,刻画出仓储、信息决策的行为机制,详细地分析了信息摩擦在棉花国际贸易中的作用机制,同时还衡量了电报开通对该市场的效率增进幅度。

(二) 数字技术影响市场整合的理论分析

在出口国中,棉花总供给函数为 $p^S(q_t)=\bar{a}_S+b_Sq_t$。贸易中间商在纽约购买棉花,然后运往英国,卖给当地消费者。假设海运需要 1 期时间,每单位棉花的运输成本为 τ。贸易中间商是风险中性的,相互之间为完全竞争状态。目的地消费者总需求为 $p_t^D(q_t)=a_{Dt}-b_Dq_t$,其中包含随机、自相关的截距项 a_{Dt},a_{Dt}遵循围绕均值$\bar{a}_D$:$a_{Dt}-\bar{a}_D=\rho_D(a_{D,t-1}-\bar{a}_D)+\varepsilon_t$的一阶平稳自回归过程,$\varepsilon_t\sim N(0,\sigma^2)$且 $0<\rho<1$。在目的地市场中存在棉花的贮存商,他

们可以买进棉花,储存1期,然后在下一时期卖出。实际上,贮存商每期都会重新决策和调整库存。即使棉花贮存了1期以上,也可以认为是在第1期结束后,卖出的同时买进相同数量。每期每单位棉花的库存成本是 θ。贮存商也是风险中性且完全竞争的。

在上述局部均衡设定下,市场中需要进行决策的主体有中间商和贮存商。首先来看中间商的利润最大化问题。代表性商人 i 根据其信息集 I_t^M,选择使得期望利润最大化的出口量 x_{it}:

$$\max_{x_i \geqslant 0} E[(p_{t+1}^{LIV}-p_t^{NY}-\tau)x_{it} \mid I_t^M] \tag{9.16}$$

考虑到由于运输耗时,负出口相当于未来的进口,这是不可能的,所以此处的出口一定为非负。由于商人是价格接受者,该最大化问题的一阶条件(FOC)为:若 $x_{it}>0$,则 $E[p_{t+1}^{LIV} \mid I_t^M]-p_t^{NY}-\tau=0$;若 $x_{it}=0$,则 $E[p_{t+1}^{LIV} \mid I_t^M]-p_t^{NY}-\tau\leqslant 0$。总出口量为 $x_t=\sum x_{it}$。行业层面的无套利条件是①:

$$E[p_{t+1}^{LIV} \mid I_t^M] \leqslant p_t^{NY}+\tau \perp x_t \geqslant 0 \tag{9.17}$$

除非预期利物浦价格太低且根本不是最佳出口时期时,否则商人会选择出口直到使下一个时期的预期利物浦价格与纽约当前价格加运输成本相等。无论哪种情况,商家的预期利润都是零,但实际利润都可能是正的或负的。

其次,贮存商的最大化问题类似。代表性贮存商 j 已知相关信息的条件下,选择每期棉花的贮存量以使得预期利润最大化:

$$\max_{s_{ji} \geqslant 0} E[(p_{t+1}^{LIV}-p_t^{LIV}-\theta)s_{jt} \mid I_t^S] \tag{9.18}$$

贮存商也是价格接受者,一阶条件为:若 $s_{jt}>0$,则 $E[p_{t+1}^{LIV} \mid I_t^S]-p_t^{LIV}-\theta=0$;若 $s_{jt}=0$,则 $E[p_{t+1}^{LIV} \mid I_t^S]-p_t^{LIV}-\theta\leqslant 0$。总库存为 $s_t=\sum s_{jt}$。无套利条件是

$$E[p_{t+1}^{LIV} \mid I_t^s] \leqslant p_t^{LIV}+\theta \perp s_t \geqslant 0 \tag{9.19}$$

除非预期价格太低而无法从库存中获利,否则贮存商会增加库存量,直到下一个时期利物浦中的预期价格等于利物浦中的当前价格加上库存成本。贮存商的预期利润为零,但和商人一样,贮存商在任何特定时期都可能实现盈利或亏损。

库存和出口的决策基于贮存商和中间商的信息集下对利物浦价格的预期。这里考虑有两种不同的信息机制。

延迟信息(DI):假设中间商位于纽约,他们需要作出出口量的决策,并从棉花生产商处购买以供出口。中间商掌握的是截至 $t-1$ 期的利物浦市场中所有冲击信息。以此他们预测 $t+1$ 期时利物浦的价格。贮存商位于利物浦,需要做的是存货决策。他们掌握的是截至 t 期的所有利物浦市场需求冲击的信息,以此预测 $t+1$ 期的利物浦价格。同时他们还掌握截至 $t-1$ 期的纽约市场信息。这种情况定义为存在信息摩擦。

即时信息(II):在预测 $t+1$ 期的预期价格时,所有市场参与者都接收了截至 t 期的利物浦市场中的需求冲击。

---

① 符号 $\perp$ 表示混合互补问题,它等价于两个条件:要么 $E[p_{t+1}^{LIV} \mid I_t^M]-p_t^{NY}$ 且 $x_t>0$,要么 $E[p_{t+1}^{LIV} \mid I_t^M]-p_t^{NY}$ 和 $x_t=0$。如果 $E[p_{t+1}^{LIV} \mid I_t^M]-p_t^{NY}>\tau$,意味着商人想出口无限量,但这不是一个均衡。如果 $E[p_{t+1}^{LIV} \mid I_t^M]-p_t^{NY}=\tau$,个体商人对出口多少不关心,在均衡状态下,总出口由市场出清条件决定。

上述市场主体和行为机制的设定下，市场均衡可以定义为在中间商和贮存商利润最大化的行为机制下，两国的市场均出清。在纽约市场上，弹性供给等于中间商的出口需求量：

$$p_t^{NY}=\bar{a}_S+b_S x_t \tag{9.20}$$

在利物浦市场上，消费者和贮存商的需求等于进口量（等于上一期纽约的出口量）加上库存的释出量：

$$p_t^{LIV}=a_{Dt}-b_D(x_{t-1}+s_{t-1}-s_t) \tag{9.21}$$

在上述市场环境中，贮存商的高卖低买行为会在一定程度上降低信息摩擦的影响。并且在需求冲击来临时，贮存平滑了冲击的影响并降低了价格波动。但是值得注意的是，贮存并不会完全抚平需求冲击导致的价格差异。当正向的需求冲击来临时，进口量因为运输延迟无法及时满足需求，利物浦市场供不应求，价格上升。此时贮存商因高价卖出棉花，但是卖出量不会完全填满需求，所以不会使得价格完全回落。假设在这次冲击下，价格上升使得贮存商释放出足够的棉花，使得利物浦市场即使遭受需求冲击，价格也没有上升。但是此时的库存水平在该价格下不是最优的，贮存商有弥补库存的需求。所以在下一期中，出口会增加，以供贮存商增加库存。出口的增加会引发纽约市场价格的上升。当且仅当利物浦市场下一期预期价格增加时，纽约市场价格才会上涨。既然存在预期价格上涨，理性的贮存商就不会在当期将棉花卖出，而应该等到下期价格上涨时卖出。这个行为与开始假设的贮存商卖出棉花的行为矛盾。所以，可以推理出贮存商并不会在高需求冲击时卖出棉花，以平息市场变化。文中还提到一种机制，那就是即使贮存商抚平市场需求波动后，也不会引起出口增加。进入到下一期后，库存没有达到最优。并且如果下一期又出现了高需求冲击，库存进一步释出减少。出口又不增加，那么再下一期又会如此变化，直到库存完全卖出，市场价格会大大提升。贮存商预测到市场价格上升，那么其还是不会作出完全抚平市场波动的卖出决策。这里同样出现矛盾。综合以上两种情况，很显然在均衡时，库存只会被卖出一部分，需求冲击的影响只是部分被库存弥补，而且出口会在一段时间内缓慢上升以补充库存到均衡水平，所以价格差异仍然存在。

在信息摩擦时，均衡的库存水平更高。在同样的高需求冲击下，卖出库存的行为相同，但是信息摩擦导致出口要更晚一期才能调整上升。所以信息摩擦导致连续两期的库存卖出，并且价格差异调整下降的时间也多了 1 期。所以存在库存和电报开通后，出口均值和方差都在上升，价格差的均值和方差都在下降的情况。

（三）数字技术带来的效率增进

这里将任何时期的福利定义为当期消费者剩余 CS_t、当前生产者剩余 PS_t、商家当期损益 MS_t 和贮存商当期损益 SS_t，以及来自当期存量的社会净剩余的预期现值 $ESS(s_t)$。其中，$ESS(s_t)$ 表示当前棉花存量在将来被消费带来的消费者剩余和将来卖出存货、市场价格降低导致的生产者福利损失。故目前的福利是：

$$W_t=\int_0^{x_{t-1}+s_{t-1}}p^M(q)dq-\int_0^{x_{t-1}}p^S(q)dq-p_{t-1}^{LIV}s_{t-1} \tag{9.22}$$

在保持其他条件不变的情况下，该福利水平取决于特定的出口量水平 x_{t-1}。① 考虑一个基准情况，商家可以准确预测市场需求情况并且调整存货，这时存在最优效率的出口量 x_{t-1}^{*} 使得福利最大化，此时福利为最有效率福利 W_t^{*}。其他条件不变时，偏离 x_{t-1}^{*} 的出口量，都会导致福利下降。于是定义无谓损失为：$DWL_t = W_t^{*} - W_t$。通过对无谓损失的积分性质分析，可得到关于其下限的性质：特定出口交易 $x_{t-1}>0$ 的福利，与当商人可以预见市场需求基准情况下的福利差额，在保持其他一切不变时，下限以 DWL 为界。

$$DWL(x_{t-1}) = W_t^{*} - W_t \geqslant \frac{(p_t^{LIV} - p_{t-1}^{NY})^2}{2(b_D + b_S)} = DWL \tag{9.23}$$

式中：p_t^{LIV} 和 p_{t-1}^{NY} 表示与出口 x_{t-1} 相关的均衡价格。

该公式表明，可观察到的空间价格差异 $p_t^{LIV} - p_{t-1}^{NY}$、需求曲线的斜率 b_D 和供给曲线的斜率 b_S 是信息摩擦时无谓损失下限的决定变量。② 从现实数据特征出发，将上述公式拓展到以天为周期、加入运输成本：

$$\frac{(p_t^{LIV} - p_{t-k}^{NY} - \tau_{t-k})^2}{2(b_D + b_S)} \tag{9.24}$$

式中：k 表示实际的运输天数。

数据显示 $p_t^{LIV} - p_{t-1}^{NY} - \tau_{t-k}$ 在电报开通之后急剧下降。电报开通后价格扭曲的下降平均相当于大约 7%的从价关税。电报开通前期间最大的价格扭曲相当于高达 55%的从价关税。

这里使用数据估计出需求曲线和供给曲线斜率，以及从数据计算得到的价格差。根据无谓损失下限的计算公式，可以求出每天和基准状态相比的无谓损失大小。表 9-2 展示了电报开通前后年度加总的无谓损失量。电报开通后，福利增进的幅度相当于每年棉花出口总值的 8%左右（或美国总出口的 3%）。

表 9-2　电报开通的效率增进估计

	年净重量损失	95%置信区间
电报开通之前	837 703 磅	[394 854；1 277 383]
电报开通之后	109 314 磅	[51 135；167 477]
变化值	-728 389 磅	[-343 719；-1 109 906]
变化的百分比	-87%	
出口额百分比	-8.4%	[-4.0；-12,8]

注：表中的结果是使用增量法在需求函数和供给函数的估计斜率的基础上计算的年净重量损失和 95%置信区间。

① 计算福利时，不需要有关出口量如何得到的信息。

② 该福利计算方式的假设条件是除非通过参与存货活动，消费者不能跨期平滑消费；需求函数与收入无关，不存在收入效应；仅仅考虑出口量的影响，而不考虑存货的作用。这是因为无法观察到最有效率的存货水平。而最有效率的出口可被定义，是使得市场整合发生的出口水平。

当国际贸易发生之后,原本分割两地区的市场开始有了相互之间的商品交换,即使这样,我们仍然从现实的经验数据观察到市场间的商品价格存在差异。Steinwender(2018)提出的观点是:信息摩擦可能是导致国际贸易下市场一体化无法实现的重要原因。对此,Steinwender(2018)选取重要的国际贸易商品——棉花作为研究对象,以1866年英美跨洋电报开通为事件冲击,就信息摩擦程度下降带来的市场整合和贸易活动变化展开经验分析。该研究的创新之处体现在:其采集的英美两地棉花市场的每日价格数据,可以直接分析出通信手段的应用对降低市场间价格差的实际作用;利用价格信息,可以识别出信息沟通对贸易双方行为的影响,弥补了以往的研究对信息作用的直接考察的缺失;通过经验和理论模型的分析,还可以指出信息摩擦程度下降导致的贸易结果,在同时存在需求冲击、出口地中间商和生产商、目的地贮存商和消费者的贸易环境下,信息的及时有效性引起更高水平且波动性更大的需求预期,最后形成平均出口量的上升,以及出口量波动性的上涨;该文计算了市场整合度提高后,给整体市场带来的效率增进幅度。

二、数字交易平台上的国际市场整合①

随着数字交易平台在零售中的地位越来越高、高速发展且有可能超越传统线下市场,人们开始关注并研究数字交易平台上国际市场整合。国际市场整合问题一直是国际经济学中的核心问题。Obstfeld 和 Rogoff(2000)提出了国际经济学领域的六个难题,其中包括为什么在国际市场中汇率传递有波动性,一价定律难以成立。对于该问题,学者认为价格调整的摩擦、搜寻成本、地理距离、国家行政边界等因素都是造成市场无法高效整合的原因。

但是,在数字交易平台出现后,上述原因基本上都不再存在了。网络交易允许商家依据供给和需求情况立即调整价格,甚至实现实时响应、调整价格。线下价格调整成本(比如菜单成本)对网店经营而言不再重要。对消费者而言,即使要进行跨境购物,通过平台可以迅速搜寻到想要的商品,不再支付旅行成本、搜寻成本。比价网站的存在,使得商品价格信息在网络中是几乎透明化的。所以对于数字交易平台而言,地理位置、行政边界、价格调整成本、搜寻摩擦等阻碍市场整合的因素不复存在。

那么,这是否意味着数字交易平台能够有效实现一价定律?当原有的解释因素都不存在时,是否可以从平台上的价格和市场整合特征中发现更本质的规律?Gorodnichenko 和 Talavera(2017)详细研究了线上国际市场的价格运行特征,为国际市场一价定律的偏离提出了新的经验证据和来源解释。

(一)数字交易平台上的国际市场价格差异

Gorodnichenko 和 Talavera(2017)通过每周六从一个比价网站(Price Comparison Web-

① 本部分内容来自 Yuriy Gorodnichenko, Oleksandr Talavera, "Price Setting in Online Markets: Basic Facts, International Comparisons, and Cross-Border Integration," *American Economic Review*, vol.107, no.1, 2017, pp.249-282.

site)中收集美国和加拿大的价格信息网页,一共获得从 2008 年 11 月 16 日到 2013 年 9 月期间观测值高达 2 000 万条的商品—周—国家报价数据,[①][②]涵盖商品 115 000 种,归属于计算机(如便携式计算机,共 20 类)、电子产品(如 GPS,共 13 类)、软件(如计算机游戏,共 12 类)和相机(如数码相机,共 10 类)。[③] 总体来讲,这些商品具备可识别、交易成本小、耐用、标准化、在两国均有销售、大部分在其他国家生产的特征。[④]

这里主要关注两个衡量国际市场价格差异的变量:相对兑换率 $\log\left(\frac{p_{it}^{CA}}{p_{it}^{US}}\right)$ 和实际兑换率 $\log\left(EX_t^{-1}\times\frac{p_{it}^{CA}}{p_{it}^{US}}\right)$。其中下标 t 和 i 分别表示时间和商品。商品 i 在加拿大的价格为 p_{it}^{CA},在美国的价格为 p_{it}^{US},EX 是加元/美元的名义汇率。考虑到数据的特征是一种商品同时有多个卖家报价,为了获得 p_{it}^{CA} 和 p_{it}^{US},这里分别使用卖家的平均价格、卖家的中位数价格和卖方的最低价格来衡量。

使用这三种方式计算出的国际价格差异(价格差、价差),其统计学特征展示在表 9-3 中。第(1)列的结果显示,相对兑换率和实际兑换率平均值在 0.051~0.123,说明国际价格差异相当大。第一种可能的解释是税收差异,如加拿大的增值税约为 13%,美国各州的销售税差异很大。如果税收差异能完全解释的话,那么应该可以看到不同商品之间的价格差基本相同,不同时期的价格差也变化不大。但是第(4)列和第(5)列的结果显示,价格差的 25 分位数和 75 分位数在数值上差距很大,体现出不同的性质。另外,这里还对价格差做了 $AR(1)$ 的拟合,发现半衰期在 3~6 周,比线下店铺价格的半衰期更短。并且使用包含税收和运输成本的价格信息分析后,也能明显观察到类似的国际价格差异。所以,税收并不能全部解释。

第二种可能的解释是名义汇率波动。与早期文献结果相同,国家间价格差异的标准差比国家内价格差异的标准差大得多。然而,剔除汇率影响的实际汇率,其标准差和名义汇率相似,因此名义汇率的波动不太可能是跨境价格差异的主要因素。从统计性描述的结果来看,线上市场的国际价格差表现出和线下市场类似的性质,只是线上价格差的幅度更小、持续的时间更短。初步可以判定,线上市场也存在市场摩擦,但是明显比线下市场小。

---

① 文中提到,之所以选择美国和加拿大,是因为两国间有强的贸易联系,而且不存在跨洋运输、语言差异的影响,最后是两国之间网站的链接使得商品配对比较更容易实现。

② 数据收集的是不含税和物流成本的净价。

③ 商品类别局限在这些中解释有:两个国家里的商品卖家是相同的(衣物、家具等品类具有本地化销售的特征,不满足该条件);具有可以跨期、跨国匹配的商品编码(食品、玩具、家具存在编码缺失的情况);不包含书籍和 CD 是因为这些商品市场被大型卖家主导,在价格制定上有独特性,比如价格长时间不改变。

④ 交易成本高加大了消费者进行套利的难度,从而会增加市场间的价格偏离;产品生产国的边际成本冲击会直接影响价格,对不在美、加生产的产品而言,当取相对价格分析时,可以将边际成本冲击的影响排除在外。并且这些商品报价的商店大多数只在网上经营,部分商店同时线上线下经营。这也能有效排除商家兼顾和协调线上线下价格,或者因线下价格黏性,而延迟调整线上价格的情况。

表 9-3 国际价差统计分析

		平均值	标准差	中位数	25 分位数	75 分位数
平均价格	相对汇率	0.074	0.225	0.050	-0.035	0.183
	实际汇率	0.051	0.218	0.034	-0.048	0.142
中间价格	相对汇率	0.081	0.227	0.056	-0.028	0.189
	实际汇率	0.058	0.221	0.038	-0.039	0.148
最低价格	相对汇率	0.123	0.272	0.085	-0.007	0.234
	实际汇率	0.100	0.268	0.069	-0.025	0.196

注：第(4)列和第(5)列展示了统计数据的前 25%和前 75%。

(二)汇率传递和价格调整的速度

经济学家通常使用两个指标：汇率传递，即名义汇率的变动会引起多大的商品价格变化；价格调整到均衡水平的速度，用以衡量国际市场价格差的动态变化性质。这里通过回归估计出这两个指标，回归方程设定为：

$$\alpha:\log\left(\frac{p_{it}^{CA}}{p_{it}^{US}}\right)=\alpha EX_t+Controls+Error_{it} \tag{9.25}$$

$$\beta:\mathrm{dlog}\left(\frac{p_{it}^{CA}}{p_{it}^{US}}\right)=\beta\left(\log\left(\frac{p_{i,t-1}^{CA}}{p_{i,t-1}^{US}}\right)-\alpha EX_{t-1}\right)+\phi_1\mathrm{dlog}\left(\frac{p_{i,t-1}^{CA}}{p_{i,t-1}^{US}}\right)+\lambda_1\mathrm{d}EX_{t-1}+Controls+Error_{it} \tag{9.26}$$

式中：$dx_t\equiv x_t-x_{t-1}$表示取一阶差分。①

Controls 包含商品固定效应。式(9.25)用于估计长期汇率传递程度。一价定律预测 α 应该等于 1，故 α 的值越接近 1，则说明对一价定律的偏离越小。式(9.26)设定为误差修正形式，β 量化了均衡偏离消除的速度。β 的负值越大，意味着调整越快。在式(9.26)中，相对兑换率与汇率 EX 之间的均衡关系 α 根据式(9.25)确定。

表 9-4 展示了使用混合样本数据对上述两个方程的估计结果。估计出的汇率传递率在 60%～75%。这大大高于以往文献估计出的 20%～40%的传递率。这说明相比于线下市场，线上市场对一价定律偏离程度明显更低。这与线上市场的特征相一致：价格更加灵活，竞争激烈，消费者可以很容易地从美国或者加拿大购买商品，分销和非贸易成本很小，大多数商品在海外生产，在不同国家销售的成本相似。

对 β 的估计结果表明，价格朝着长期均衡快速修正。回归结果显示，长期均衡中的缺口有 7%会在一周内闭合，这表示 25%的缺口在一个月内闭合，60%的缺口在一个季度内

---

① 这里使 BIC 来选择 $d\log\left(\frac{P_{i,t-1}^{CA}}{P_{i,t-1}^{US}}\right)$ 和 dEX_{t-1} 的滞后数。

闭合。价格调整的半衰期在 2～2.5 个月或者更短。这种调整速度大大快于线下市场调整速度。线上市场价格调整加速可能源于以下三个原因：第一，网上顾客比较相同商品之间的价格，而不是商店内部的价格；第二，卖家的数量和价格经常变化；第三，企业需要经常监控竞争对手的价格。

该研究数据中的调整速度远远高于过去学者对图书线上市场价格（Boivin 等，2012）和对苹果产品线上市场价格（Cavallo 等，2014）的估计速度。对于图书线上市场价格，可能是由于图书市场往往有更高的价格和更大的卖家市场势力，而图书结果的差异反映了图书市场的具体情况。对于苹果产品线上市场价格，可能是因为苹果拥有相当大的市场力量，可以限制卖家和自己的苹果商店之间的价格竞争。因此，苹果产品的价格更具黏性，销量更少、更小，横截面价格离差更低，价格调整的传递率更低、速度更慢。更一般地说，人们可能认为同时出现在两个线上市场（Amazon.com 和 Amazon.ca）的卖家可以对加拿大和美国的消费者进行价格歧视，并减少他们在不同国家的分支机构之间的竞争，这种行为会降低传递效应和价格调整的速度。表 9-4 面板 C 展示了对这类样本估计的结果，确实存在上述现象。

表 9-4 汇率传递和价格调整的速度

	无固定效应 (1)	类别固定效应 (2)	产品固定效应 (3)	观测值 (4)
		面板 A：汇率传递		
平均价格	0.765 (0.100)	0.727 (0.091)	0.670 (0.086)	1 739 845
中位数价格	0.747 (0.101)	0.710 (0.092)	0.666 (0.089)	1 739 845
最低价格	0.706 (0.071)	0.695 (0.061)	0.620 (0.045)	1 739 845
		面板 B：价格调整的速度		
平均价格	-0.062 (0.004)	-0.067 (0.004)	-0.154 (0.007)	1 400 705
中位数价格	-0.070 (0.004)	-0.075 (0.004)	-0.168 (0.007)	1 399 840
最低价格	-0.069 (0.004)	-0.075 (0.004)	-0.162 (0.007)	1 399 055

续表

	无固定效应 (1)	类别固定效应 (2)	产品固定效应 (3)	观测值 (4)
面板 C:商家内部价格				
汇率传递	0.553 (0.069)	0.240 (0.060)	0.206 (0.060)	84 143
调整速度	0.005 (0.017)	-0.055 (0.013)	-0.100 (0.027)	63 496

注:面板 A 展示了依据式(9.25)估计出的 α 值;面板 B 展示了依据式(9.26)估计出的 β 值;面板 C 使用同一卖家在美国和加拿大的定价样本展开估计。括号内为 Driscoll 和 Kraay(1998)的标准误。

(三)可解释汇率传递和价格调整速度的因素

当对每种商品都进行式(9.25)和式(9.26)的估计后,可以发现 α 和 β 值在商品之间的差异巨大。为什么不同商品在汇率传递幅度和价格调整速度上有如此大的差别? 这里通过详细的商品层面数据探究了和国际价格差异相关的几个因素。①

第一,商品价格水平。这与搜寻行为的理论解释有关。Head 等(2010)、Richards 等(2014)的研究指出,汇率传递程度与搜寻成本负相关。搜寻成本越小或者收益越大,搜寻行为越多,给卖家和国家之间的价格趋同带来的压力将越大。对于昂贵的商品,消费者搜寻的回报更高,搜寻的意愿更强。因此,可以认为昂贵的商品应该表现出更大的传递幅度和更快的价格调整速度。具体来讲,这里使用商品取对数的中位数价格来代表搜寻回报。

第二,许多研究(如 Rogoff(1996)等)表明,价格黏性是影响一价定律实现的重要因素。价格灵活时,调整可以快速而深入。相反,黏性价格会延迟价格调整,并导致调整不完全。更频繁的价格变化应该与更大的传递幅度和更快的价格调整相关联。这里可以使用商品价格变动的平均频率来衡量价格黏性的程度。此外,可以使用方便价格(如 199 美元、99 美元、39.99 美元等价格)和销售频率来更完整地捕捉价格刚性。直观上看,方便价格对价格调整造成障碍,因为类似于 9 结尾的定价点间通常相距很远。因此,即使有相对较大的冲击,企业可能还是选择方便价格。Knotek(2011)过去的研究表明,方便价格的高发生率确实与价格刚性的增加有关。除此之外,Kehoe 和 Midrigan(2015)的研究指出销售可以被解释为一种价格灵活性的体现,当企业不能改变其正常价格时,企业使用销售来应对冲击。

第三,价格变化的同步程度很重要。由于价格调整的传递和速度不仅会受到单个卖方的价格黏性程度的影响,还会受到价格设定的交错程度影响(Neiman,2010)。如果卖家间价格是同时设定的(同步性高),价格对冲击的反应就更强,偏离均衡水平的情况就会很快消除(Bhaskar,2002)。

① 接下去的经验分析只能反映相关关系,而不是因果关系。

第四,市场力量可以影响传递的大小(Feenstra 等,1996;Atkeson 和 Burstein,2008)。随着卖家越来越多,市场竞争程度更高,应该会有更大的传递和更快调整速度。本研究没有关于单个商店销售的信息,故使用卖家数量作为代表市场势力程度的指标。

第五,企业进入可以增加汇率传递(Gust 等,2010)。原本不销售某商品的企业越容易开始销售该商品,市场竞争越激烈,这导致了汇率传递幅度更大,价格调整更快。市场上卖家变动大、不稳定,表示市场进入壁垒更低。所以,这里使用稳定性指标来代表市场进入(一组更稳定的卖家意味着更低的市场进入)。如果该理论成立,那么稳定性和汇率传递幅度以及稳定性和价格调整速度之间将呈现负相关性。

为了考察上述的理论预测,这里分别估计了每种商品的 $\widehat{\alpha}$ 和 $\widehat{\beta}$,然后根据上述因素建立如下的回归估计:

$$\begin{aligned}Outcome_i = &\gamma_1 \log(\bar{P}_i)+\gamma_2[\log(\bar{P}_i)]^2+\gamma_3 Frequency_i+\gamma_4\log(Sellers_i)+\\&\gamma_5[\log(Sellers_i)]^2+\gamma_6 StabilitySellers_i+\gamma_7 Synchronization_i+\\&\gamma_8 Reputation_i+\gamma_9 Sales_i+\gamma_{10} Convenient_i+T_i+C_i+Error_i\end{aligned} \tag{9.27}$$

式中:i 是商品;$\bar{P}_i$ 是商品 i 在美国的价格中值;$Frequency_i$ 是加拿大和美国价格变化的平均频率;$Sellers_i$ 是美国和加拿大的卖家数量;$StabilitySellers_i$ 是美国和加拿大卖家的平均稳定性①;$Synchronization_i$ 是美国和加拿大价格变化的平均同步率;$Reputation_i$ 是美国和加拿大卖家的平均星级;$Sales_i$ 是美国和加拿大的平均销售频率;$Convenient_i$ 是美国和加拿大方便价格的平均份额②;T_i 是 $\widehat{\alpha}_i$ 和 $\widehat{\beta}_i$ 估计期间的固定效应;C_i 是商品类别固定效应;右侧的每个变量都被计算为时间序列平均值。

价格变化的同步率是给定商品和时期内(以周计),价格变化的比重:

$$Synchronization_{itc}=\frac{\sum_{s\in\delta_{itc}}1\{P_{itsc}\neq P_{i,t-1,sc}\}-1}{\sum_{s\in\delta_{itc}}1\{P_{itsc}\neq Missing\cap P_{i,t-1,sc}\neq Missing\}-1} \tag{9.28}$$

式中:下标 i、t、c 表示商品、时间和国家。

在至少存在两个卖家和价格变化不低于 1 次的条件下,才可用上式计算。如果 $\sum_{s\in\delta_{itc}}1\{P_{itsc}\neq P_{i,t-1,sc}\}<1$,则将 $Synchronization_i$ 标记为缺失(Missing)。

表 9-5 显示了通过最小二乘法对式(9.27)的各种价格测量的估计系数。得出了以下结论。

第一,汇率传递水平和以商品价格为代表的搜寻回报之间存在一种非线性关系。对于价格低于 150 美元左右的商品(这接近本研究数据中商品的中值价格)这种关系是正的,但对于更贵的商品,这种关系是负的。这种倒 U 形关系表明,传递和搜寻之间的相互作用比通常认为的要更复杂。实际上,传递和搜寻是在均衡中同时确定的。企业知道消费者的搜寻行为,那么其可以依此调节对商品的定价方式。例如,制造商可以要求在线商

---

① 稳定性定义为在给定一周内销售某种商品的商店数量与在给定周内当月销售该商品的商店数量之比。

② 方便价格定义为 1 美元到 100 美元之间以 9 结尾的价格(例如,39 美元、59.99 美元、79.50 美元),或在 100 美元以上以 99、98、97、96 或 95 结尾的价格(例如,199 美元、399.99 美元、999.50 美元)。需要注意的是,在定义方便的价格时,忽略美分位置上的数字而只关注美元位置上的数字金额。因此,像 30.99 美元这样的价格被认为是不方便的。

店以制造商而非零售商设定的价格销售其商品，从而限制价格分散和商店之间的竞争。此外，虽然无法直接通过数据证明，但是有现实事例显示，与低价商品相比，制造商更有可能将高价商品直接销售给客户，也可能通过限制价格差异来维持网站销售。所以在上述的定价方式下，消费者反而对特别昂贵的商品减少了搜寻，从而使得汇率传递规模下降。

第二，结果还显示商品价格与价格调整（调价）速度之间也存在倒 U 形关系，其中价格在 150 美元左右的商品价格调整速度最慢。需要注意的是，$\widehat{\alpha}_i$ 和 $\widehat{\beta}_i$ 基本上是不相关的，因此，这种模式不太可能由计算和估计的方法造成，而更有可能反映了价格调整的动机。直观地说，如果传递率接近 100%，几乎没有套利的收益了，市场接近完全整合，价格调整的速度很慢。相反，当传递率低时，套利收益高，因此价格调整的速度快。

第三，卖家数量和价格动态之间也存在非线性关系。卖家数量从两个（最小数量）增加到 4~5 个（卖家的平均数量）时，汇率传递是上升的。卖方数量进一步增加，汇率传递规模则在减少。但调价速度与卖家数量没有显著相关性。

第四，汇率传递的规模和价格变动的频率之间有很强的正相关关系。价格变动频率增加一个标准差（约 0.17）时，传递率随之提高 34 个百分点。高频率的价格变化与快速的价格调整相关。同样，对价格黏性（方便价格的流行）和价格灵活性（销售频率）的指标的估计也出现了类似的结果。所有这些结果都与理论预测一致，价格黏性较大的商品价格调整速度较慢。

第五，价格变化的同步性越强，传递率就越低。同时，结果显示同步性减缓价格调整的弱证据。表 9-5 的结果表明，价格同步性反映了使价格变化协调一致，并限制了在线卖家消除套利机会的市场势力。

表 9-5 汇率传递和价格调整速度的决定因素

	汇率传递 $\widehat{\alpha}$			价格调整速度 $\widehat{\beta}$		
	平均价格	中间价格	最低价格	平均价格	中间价格	最低价格
	(1)	(2)	(3)	(4)	(5)	(6)
log(*Median Price*)	0. 227 (0. 088)	0. 338 (0. 087)	0. 566 (0. 122)	0. 051 (0. 008)	0. 048 (0. 009)	0. 022 (0. 009)
log(*Median Price*)^2	-0. 024 (0. 008)	-0. 033 (0. 008)	-0. 053 (0. 011)	-0. 004 (0. 001)	-0. 004 (0. 001)	-0. 002 (0. 001)
价格变化频率	1. 947 (0. 194)	1. 964 (0. 183)	2. 062 (0. 224)	-0. 126 (0. 017)	-0. 132 (0. 017)	-0. 143 (0. 025)
log(*Sellers*)	1. 287 (0. 282)	1. 262 (0. 299)	1. 498 (0. 279)	-0. 025 (0. 030)	-0. 016 (0. 033)	0. 000 (0. 037)
log(*Sellers*)^2	-0. 421 (0. 084)	-0. 404 (0. 091)	-0. 486 (0. 087)	0. 010 (0. 008)	0. 006 (0. 009)	-0. 000 (0. 010)

续表

	汇率传递 $\widehat{\alpha}$			价格调整速度 $\widehat{\beta}$		
	平均价格	中间价格	最低价格	平均价格	中间价格	最低价格
	(1)	(2)	(3)	(4)	(5)	(6)
卖家稳定性	0.296	0.548	−0.969	0.871	0.966	1.014
	(0.658)	(0.586)	(0.643)	(0.074)	(0.082)	(0.082)
同步	−0.342	−0.366	−0.356	0.035	0.013	−0.017
	(0.157)	(0.152)	(0.160)	(0.017)	(0.016)	(0.015)
平均声誉	−0.120	−0.127	0.011	−0.015	−0.018	−0.025
	(0.057)	(0.055)	(0.064)	(0.005)	(0.006)	(0.007)
销售频率	1.040	1.157	0.635	−0.402	−0.388	−0.400
	(0.756)	(0.798)	(0.616)	(0.054)	(0.056)	(0.065)
方便价格频率	0.111	0.178	0.028	0.024	0.030	−0.018
	(0.101)	(0.097)	(0.161)	(0.011)	(0.014)	(0.014)
观察	21 734	21 667	21 750	22 068	22 118	22 072
R^2	0.15	0.15	0.25	0.16	0.16	0.18
因变量的描述性数据						
平均数	0.636	0.639	0.904	−0.347	−0.365	−0.491
标准差	1.908	1.951	2.380	0.342	0.347	0.856
中位数	0.616	0.608	0.860	−0.223	−0.244	−0.231
*P*25	−0.091	−0.101	−0.039	−0.472	−0.495	−0.467
*P*75	1.407	1.406	1.881	−0.106	−0.118	−0.105

注：第(1)至(3)列和第(4)至(6)列分别报告了汇率传递和价格调整速度的估计规格。类别固定效应 C_i 和时间固定效应 T_i 包括在内但未报告。回归是在样本的基础上运行的，其中估计 $\widehat{\alpha}$ 和 $\widehat{\beta}$ 的前 1%和后 1%进行了缩尾处理。标准误差按货物种类聚类。最后两行展示了前 25%和前 75%，货物的数量为 24 129。

第六，卖家稳定性与价格调整速度呈显著负相关关系。卖家稳定性越高，价格调整速度越慢（$\widehat{\beta}$ 变得越大，越接近零）。这一发现证明了以下观点：进入市场的容易性和卖方有限的时间范围限制了合谋的范围，可能更快地消除套利机会和商品的错误定价。卖家稳定性的数量效应很大，稳定性增加一个标准偏差（约 0.05）与价格速度减少 0.05 相关。不过，没有发现汇率传递和卖家稳定性之间的显著关系。

（四）价格调整的边际

这部分主要通过分解的方式来看当汇率变化时，有哪些边际价格调整。这里使用式（9.25）估计出的结果，构造衡量价格均衡偏离程度 EC：

$$\widehat{EC}_{it}=\log\left(\frac{p_{i,t-1}^{CA}}{p_{i,t-1}^{US}}\right)-\widehat{\alpha}EX_t \tag{9.29}$$

价格调整的集约边际是:对时间 t(以周计)、国家 c 的商品 i,将所有卖家考虑在内,计算出的平均价格变化率(只针对有价格变化的商品)。

$$\overline{dP}_{ict}=\frac{\sum_{s=1}^{\delta_{itc}}\log\left(\frac{P_{isct}}{P_{isc,t-1}}\right)\times 1\left\{\left|\log\left(\frac{P_{isct}}{P_{isc,t-1}}\right)\right|>0.01\right\}}{\sum_{s=1}^{\delta_{itc}}1\left\{\left|\log\left(\frac{P_{isct}}{P_{isc,t-1}}\right)\right|>0.01\right\}} \tag{9.30}$$

此外,还分别计算出加价和降价的平均规模:

$$\overline{dP}_{ict}^{decrease}=\frac{\sum_{s=1}^{\delta_{itc}}\log\left(\frac{P_{isct}}{P_{isc,t-1}}\right)\times 1\left\{\log\left(\frac{P_{isct}}{P_{isc,t-1}}\right)<-0.01\right\}}{\sum_{s=1}^{\delta_{itc}}1\left\{\log\left(\frac{P_{isct}}{P_{isc,t-1}}\right)<-0.01\right\}} \tag{9.31}$$

$$\overline{dP}_{ict}^{increase}=\frac{\sum_{s=1}^{\delta_{itc}}\log\left(\frac{P_{isct}}{P_{isc,t-1}}\right)\times 1\left\{\log\left(\frac{P_{isct}}{P_{isc,t-1}}\right)>0.01\right\}}{\sum_{s=1}^{\delta_{itc}}1\left\{\log\left(\frac{P_{isct}}{P_{isc,t-1}}\right)>0.01\right\}} \tag{9.32}$$

价格调整的扩展边际是指价格调整、加价和降价分别占的份额。

$$Pr(dP\neq 0)_{ict}=\frac{\sum_{s=1}^{\delta_{itc}}1\left\{\left|\log\left(\frac{P_{isct}}{P_{isc,t-1}}\right)\right|>0.01\right\}}{\sum_{s=1}^{\delta_{itc}}1\left\{\left|\log\left(\frac{P_{isct}}{P_{isc,t-1}}\right)\right| is\ not\ missing\right\}} \tag{9.33}$$

$$Pr(dP>0)_{ict}=\frac{\sum_{s=1}^{\delta_{itc}}1\left\{\log\left(\frac{P_{isct}}{P_{isc,t-1}}\right)>0.01\right\}}{\sum_{s=1}^{\delta_{itc}}1\left\{\left|\log\left(\frac{P_{isct}}{P_{isc,t-1}}\right)\right| is\ not\ missing\right\}} \tag{9.34}$$

$$Pr(dP<0)_{ict}=\frac{\sum_{s=1}^{\delta_{itc}}1\left\{\log\left(\frac{P_{isct}}{P_{isc,t-1}}\right)<-0.01\right\}}{\sum_{s=1}^{\delta_{itc}}1\left\{\left|\log\left(\frac{P_{isct}}{P_{isc,t-1}}\right)\right| is\ not\ missing\right\}} \tag{9.35}$$

另外,还计算出了退出市场的概率:

$$Pr(Exit)_{ict}=\frac{\sum_{s=1}^{\delta_{ic,t-1}}1\{P_{isct}is\ missing\cap P_{isc,t-1}is\ not\ missing\}}{\sum_{s=1}^{\delta_{ic,t-1}}1\{P_{isc,t-1}is\ not\ missing\}} \tag{9.36}$$

计算了以上价格调整边际的变量之后估计了下列方程：

$$Moment_{ict}=\gamma_c+\psi_c\widehat{EC}_{i,t-1}+\kappa_{c1}EX_{t-1}+\kappa_{c2}Moment_{ic,t-1}+\lambda_{ic}+Error_{ict} \quad (9.37)$$

表 9-6 展示了上述方程的估计结果。表中的结果显示，如果加拿大的价格比均衡水平多 10%，那么会引起加拿大价格下调 0.8%~1.3%，美国价格上调 0.4%~0.7%。这个和估计方程式(9.26)得到的结果一致，说明当出现价格偏离均衡时，价格会快速地调整，以回到长期均衡水平。此外，对$\overline{dP}_{ict}^{decrease}$和$\overline{dP}_{ict}^{increase}$的回归结果也是一致的。当出现正向偏离 EC 时，加拿大价格的平均上调幅度降低，平均下调幅度变大。美国的价格上调和下调的边际变化也出现了不对称的效应。除此之外，该结果还反映出加拿大市场价格的调整幅度大于美国，这与价格调整幅度通常在小规模市场中更大的观点相符合。

表 9-6　价格调整边际

	平均价格		中间价格		最低价格	
	CA	*US*	*CA*	*US*	*CA*	*US*
	(1)	(2)	(3)	(4)	(5)	(6)
平均价格变动						
Any, $\overline{dP}_{ict}$	−0.128	0.066	−0.109	0.059	−0.081	0.039
	(0.014)	(0.006)	(0.013)	(0.006)	(0.008)	(0.003)
Increase, $\overline{dP}_{ict}^{increase}$	−0.046	0.031	−0.031	0.019	−0.037	0.052
	(0.011)	(0.008)	(0.010)	(0.006)	(0.005)	(0.003)
Decrease, $\overline{dP}_{ict}^{decrease}$	−0.088	0.051	−0.073	0.047	−0.055	0.002
	(0.011)	(0.006)	(0.009)	(0.005)	(0.008)	(0.002)
价格调整概率						
Any, $Pr(dP\neq0)$	−0.008	0.009	−0.006	0.005	−0.019	0.010
	(0.015)	(0.006)	(0.015)	(0.005)	(0.013)	(0.003)
Increase, $Pr(dP>0)$	−0.085	0.029	−0.079	0.027	−0.061	0.023
	(0.010)	(0.005)	(0.009)	(0.005)	(0.007)	(0.003)
Decrease, $Pr(dP<0)$	0.076	−0.020	0.072	−0.022	0.042	−0.013
	(0.011)	(0.004)	(0.011)	(0.004)	(0.010)	(0.002)
退出概率						
$Pr(Exit)$	−0.015	−0.001	−0.015	0.004	−0.045	0.034
	(0.009)	(0.007)	(0.008)	(0.007)	(0.005)	(0.005)

注：表格报告了式(9.37)估计的 ψ，回归包含了商品固定效应，括号内为 Newey-West 标准误。

对价格调整频率的回归结果显示，其与均衡价格偏离之间并没有显著的关系。但是对上调频率和下调频率分别回归的结果却显示出了显著的关系。如果 10%的正向偏离出现，加拿大市场中价格上调的频率下降 0.85 个百分点，而美国市场中价格上调的频率上升了 0.29 个百分点。同时，加拿大市场中价格下调的频率上升 0.76 个百分点，美国市场中价格下调的频率下降 0.20 个百分点。可以看到，在同一个国家内，出现价格偏离均衡的情况时,价格上调频率和下调频率的变化幅度基本相同,但是变化方向相反,这是导致价格总体频率对均衡偏离没有显著反应的原因。最后是对价格退出市场的影响,回归的结果并没有显示出很强的关系。只有使用最低价格计算的退出概率的结果,可以说明若价格与均衡水平相比发生了向上的偏离,那么加拿大市场中卖家退出的概率比较低,而美国市场中的卖家更有可能退出市场。其他价格计算出的退出概率对均衡偏离没有明显的反应。市场中出现价格差异时,价格低的商家可以获得好的销量,从而快速清空库存退出市场。但是当国家间的价格差距太大时,这种套利机会反而难以被精确识别。

Gorodnichenko 和 Talavera(2017)聚焦于线上市场价格变化的特征,并且使用美国和加拿大两国的商品级别数据,详细分析了两国线上市场价格整合的程度、速度及其影响因素。可以发现,线上市场因为不再具有信息摩擦等影响,其市场整合程度明显高于线下市场,价格偏离均衡后调整的速度也更快。进一步对该现象的原因进行探究后,Gorodnichenko 和 Talavera(2017)指出厂商掌握产品的定价权、价格黏性、价格同步性、卖家稳定性与线上市场价格整合程度和调整速度有密切的关系。总体而言,该研究利用目前最为详尽的线上商品数据,展现了线上平台价格动态变化和整合调整的特征,可以明确的是当数字网络技术对市场贸易活动的影响深入,国际上的价格差异将逐步消除,全球市场整合度的提高将带来国际贸易的效率提升。

本章小结

本章从时间维度和空间维度,探讨了数字贸易的动态变化效应。第一,数字交易平台的信息具有累积效应并体现在两个方面。第一方面是消费者判断。消费者依据历史评论形成对卖家产品质量的判断,历史评论数越多,卖家的声誉会越准确。为了发挥声誉的累积效应,卖家会初始定低价,积累销量和评论,而后在未来抬高价格。显然,高质量的卖家更愿意采取初始低价策略建立自己的声誉,以获得更大的市场份额。这种声誉的累积作用最终产生了"明星"模式的市场结果。第二方面是数字交易平台的作用。搭建买卖双方沟通桥梁的是平台和搜索引擎,搜索引擎根据历史销量来制定产品排序,历史销量越高的产品越有机会被买方浏览,同时历史评论无法传递真实的品质,那么在充斥大量卖家的情况下,高质量的卖家难以被获得浏览机会,市场动态的结果是需求的累积效应被低质量的卖家获取,市场资源最终被分类到这类商家和产品中,导致了市场资源错配。

第二,从市场变化的空间维度来看,信息与通信技术的商用显著增加有效市场信息传递的时效性,这使得市场参与者对需求、供给情况都有了更及时准确的预测,这引发了他们行为决策的调整,降低了因信息时滞产生的市场分割程度,促进了国家间市场的一体化,对国际贸易而言,信息及时通畅也带来了贸易流量的增加和贸易波动性的上升。相比于线下市场,线上跨国市场的整合程度和价格调整灵活性明显更大,商品的定价模式、价格黏性、卖家稳定性、价格同步性影响了线上市场套利,成为阻碍线上市场一体化的相关因素。

关键术语

动态贸易模型　声誉机制　需求强化机制　市场整合效应　市场预期　一价定律　汇率传递

思考题

1. 基于声誉和学习的动态贸易模型，请解释为什么数字交易平台中的高质量卖家会选择低价策略？

2. 请尝试分析在信息摩擦和需求强化机制同时存在的数字交易平台上，短期市场运行过程和结果。

3. 请阐述在有贮存商的国际棉花交易市场环境下，信息摩擦下降时，出口均值和方差下降、价格差的均值和方差下降的逻辑。

4. 请说明为什么数字交易平台上的市场整合程度会更高。

5. 为什么价格水平可以用来解释不同商品在价格调整速度上的差异表现？

即测即评

第十章

数字贸易保护理论及其政策主张

传统的国际贸易保护政策理论,如幼稚产业保护理论、战略性贸易保护政策等,解释了一国实施贸易保护的目的、保护的措施及其影响效应。为达到贸易保护目的而采取的贸易保护措施,通常是从关境是否采取贸易保护措施的角度分为关税保护措施和非关税保护措施。发展到当今的数字贸易,既具备传统贸易理论的特点,又出现了依托信息技术和数字技术发展背景的新的形态和特征。所以,数字贸易是自由的还是保护的,是一个相对的概念。而数字贸易是否是自由的则有赖于全球对数字贸易规则、规范和新惯例的统一和共同认知,并在实践中通过多边和区域数字贸易协定提升与完善全球数字贸易治理水平与制度,从而促进各国和地区数字产品和服务贸易的开展,实现各国的互利共赢。同时,由于各国的数字技术发展不平衡,又会产生新的、有别于传统贸易保护理论所解释的政策的目标和影响效果。本章重点分析数字贸易发展中的贸易保护政策的理论,特别是数字贸易下各国采取贸易保护的原因、实施的态度,以及采取的贸易保护措施及其影响。

第一节　数字贸易保护的理论基础

一、传统贸易保护理论

数字贸易保护问题可以部分地用传统的贸易保护理论来解释,但也面临数字经济条件下不同国家政府的政策目标和保护目的新发展、新变化带来的挑战。因此,也必然引发对数字贸易保护的目的和措施及其影响效应等问题的探讨。

(一)幼稚产业保护论及其适用性

1. 幼稚产业保护依据和判断标准

幼稚产业保护论最早由美国经济学家亚历山大·汉密尔顿(Alexander Hamilton)在1791年的《制造业经济报告》中提出。此后,德国经济学家李斯特(Friedrich List)在1841年出版的《政治经济学的国民体系》一书中对幼稚产业保护论进行了详尽论述,并指出一国选用对外贸易政策的基础在于贸易政策须与本国工业发展的进程和阶段相适应。而一国的经济发展历史要经过原始未开化时期、畜牧时期、农业时期、农工业时期和农工商业时期,在不同阶段采取不同的对外贸易政策。在农工业时期,要对本国发展有潜力的工业实行贸易保护措施,避免外国工业品的竞争,促进本国民族工业的形成与发展;在农工商业时期,本国的工业已经有了相当的基础后可采取自由贸易,用先进的工业品进入别国市场,以获取最大的贸易利益机会。因此,幼稚产业保护论主张的核心是对处于成长阶段尚未成熟但具有潜在优势的产业实行暂时性的保护。其中最主要的保护手段为关税和非关税措施。

目前学界普遍认可的幼稚产业的判定标准包括:穆勒标准(Mill's Test)、巴斯塔布尔标准(Bastable's Test)和肯普标准(Kemp's Test)。

(1) 穆勒标准(Mill's Test)。英国经济学家约翰·穆勒提出幼稚产业是具有规模经济的产业。穆勒认为,幼稚产业应该是规模较小,与其他国家同类产业相比,其向下倾斜的平均成本曲线更为陡峭,即其生产成本高于国际市场价格,此时该国若参与自由贸易,则会面临损失。如果政府通过关税和非关税政策给予该产业一定时间的贸易保护,该产业能够在国内市场的发展中**降低生产成本**、产业规模不断扩大,直到发展到可以同外国同行业竞争,此时幼稚产业便不再需要保护。

(2) 巴斯塔布尔标准(Bastable's Test)。经济学家巴斯塔布尔将现值概念引入了幼稚产业的判定中,指出要判断幼稚产业不仅要看将来其是否具备竞争优势,还要确定为了保护幼稚产业所需要耗费的社会成本不能超过该产业未来利润的贴现总值。如果**未来预期利润的贴现值**大于目前投入的保护成本,那么对该产业进行保护才是值得的,才可确立该产业为被保护的幼稚产业,反之则不能被称为幼稚产业。

(3) 肯普标准(Kemp's Test)。经济学家肯普在综合参考穆勒和巴斯塔布尔的标准后,又将**产业的外部经济效应**引入到幼稚产业的判定内。认为仅符合穆勒标准和巴斯塔布尔标准的产业被政府当作幼稚产业进行保护未必是正确的或必要的:在内部规模经济的情况下,保护某一产业的社会成本大于预期收益时,在无政府保护的情况下即使会出现暂时亏损,理智的投资者或厂商为了自身的经济利益也会继续生产或投资。而如果某一产业能够产生正的外部经济效应,那么该产业的发展就会对其他产业或社会带来额外的好处。肯普认为,存在正外部性的产业即使不符合巴斯塔布尔标准,从社会总体福利角度看,政府进行保护也是必要的。

综上所述,对是否为幼稚产业的判断可以概括为:发展初期并不成熟,相较于外国同类产业不具备竞争优势,但具备规模经济特征和潜在的比较优势、一定的正外部性;经过保护性政策扶持后,能够实现成长并具备竞争优势。

2. 对数字贸易保护的适用性

首先,随着互联网技术的发展,数字经济的发展拓展了国际贸易的深度与广度,贸易数字化的进程不断加快,数字贸易逐渐成长为不同于传统贸易的一种新贸易形态,也成为世界经济增长的新引擎。但是,由于各国数字经济发展阶段的差异,特别是由于发达国家信息化发展较早,数字产业化的步伐始终处于领先地位,而发展中国家由于自身数字基础设施建设和数字技术应用能力不足,导致其数字化的步伐落后于发达国家,数字产业处于发展的初期阶段。因此,为促进国家数字贸易发展及提升其在国际市场的竞争力,必然产生对数字产业的保护,从其保护目的与对象来说,与幼稚产业保护论不谋而合。

其次,数字平台作为数字贸易交易新形式,具有显著的规模经济效应和一定的正外部性。一是数字平台提供的信息产品往往具有高固定成本、低边际成本的特点,开发、建立和维护系统需要大额固定成本且与交易量无关,当交易数量超出一定的范围,则会产生规模经济;二是基于低成本优势和高品牌效应,数字平台可以不断拓展产品和服务,形成范围经济和长尾效应;三是数字产品可复制性强,且产品数量不受自然能力限制,因此,规模经济效应巨大。即数字经济本身具有极为显著的规模经济特征且往往具备正外部性,但其在部分互联网技术相对较弱但具备发展潜力的国家内发展仍不成熟,故基本符合上文对幼稚产业的定义。

最后,数字贸易作为一种新兴贸易领域在各国的发展还不够成熟,而其对新技术、平台、网络以及监管的依赖性较强,各国为了避免国际市场的冲击则以幼稚产业保护论为指导,保护本国的数字产业发展,在国内形成有效的扶持环境,包括竞争、数字素养和基础设施政策等。以数据资源限制政策为例,发达国家凭借先进的数字技术和全面的数据资源迅速实现了数字产业化发展,在数据跨境流动方面掌握着主动权。发展中国家由于缺乏相应的数字化产业基础,并且数字贸易法规不够完善,往往被动地接受发达国家所提供的数字服务,而无法占据主动权的国家在国际竞争中处于不利地位,容易沦为数据信息的净输出国。因此,发展中国家更倾向于对数字贸易采取保护措施,以保障自身利益和国内数字经济产业的发展。

因此,各国为了扶持本国处于发展初级阶段的数字产业,纷纷采取差别对待来自国外的市场参与者的措施,对数字产品或服务实施贸易保护,希望通过保护来发展本国数字产业部门,使其具备充分的国际竞争力。当前数字贸易的主要保护措施包括数据本地化措施、跨境数据流动限制以及知识产权保护等非关税保护措施(非关境措施)。

(二)战略性贸易政策及其适用性

在20世纪80年代中期,以布兰德和斯潘塞、克鲁格曼等为代表的经济学家针对寡头垄断市场结构提出了战略性贸易政策。主张在规模经济和不完全竞争的情况下,一国政府可以借助出口补贴或对进口征税等干预手段来保护国内企业出口,改变市场结构或环境,达到扶植本国战略性产业的发展,提高企业的国际竞争力,从而夺取国际竞争对手的市场份额,谋取更多的垄断利润或租金。规模经济以及不完全竞争是战略性贸易政策理论的两个前提假设。

如前所述,数字经济具备规模经济的特征,且数字平台产业呈现出不完全竞争结构。一方面,发达经济体在全球数字贸易中占据主导地位。按照联合国贸发会议的统计数据,

2021年,发达经济体、发展中经济体在全球数字贸易出口中占比分别为77.9%、22.1%[①],加之产业发展实力较为悬殊,尤其美国在全球数字贸易中有绝对主导权。另一方面,数字平台是数字贸易的关键组织形态,这一新的产业组织形态和新的特点,使得其在市场的垄断特征更为显著。体现在:一是正间接网络效应。双边或多边数字平台之间的间接网络效应推动平台规模更大、数量更少,拥有更多客户一边的数字平台对于另一边而言更有价值,效应会随着数字平台规模的扩大而增强,并且先行者优势明显。二是正反馈效应,使得强者更强、弱者更弱,逐步形成"赢者通吃"的市场局面。而正反馈效应与正间接网络效应结合,可以推动数字平台用户数量的增长,强化垄断效应。

(三)贸易保护的政治经济学分析

上述有关贸易保护的幼稚产业保护论或战略性贸易政策的依据,都是假定一国政府对政策制定的目标在于实现本国整体福利的改善,而这种国际经济学的规范分析方法并不能很好地解释实际中的贸易保护主义,故从20世纪80年代以来,吸收了公共选择理论思想的实证分析方法被广泛采用,其中贸易保护政策的政治经济学分析,较好地解释了现实中的一些贸易保护主义现象。贸易政策的政治经济学认为是一国的利益集团的交织力量决定了一国的经济政策选择。一项经济政策必然会影响一国的收入分配,因而不同的社会阶层或利益集团对此便会有不同的态度,力量交织中更为强大的一方将会更大程度地影响贸易政策制定者的选择。

为了便于分析,通常将利益集团简化分为三种:进口替代部门、出口部门以及消费者群体。为了使贸易政策制定有利于自己,各个利益集团通过"院外活动"的方式游说政策制定者,而最终影响贸易政策决定的因素有很多,如利益集团的经济实力、游说动力(成本收入比)、与政府的密切程度等。

目前世界各国的数字经济发展程度不一,美国等发达国家的数字经济产业具备显著优势,本国的相关IT产业(出口部门)积极游说政府推动自由贸易,扫除世界范围内的贸易壁垒,故美国主导推动数字贸易的自由政策,进一步强化本国竞争优势。发展中国家则由于技术优势不足,数字经济发展的基础设施建设尚处于起步阶段,数字经济发展较慢,不具备显著的比较优势,因此,若完全放开,国内的相关产业就会失去发展机会,故进口替代部门会游说政府设置进口壁垒或者是推动出口的补贴。

二、新兴贸易保护的理论依据

通过互联网和相关技术提供商品和服务的数字贸易会涉及国家的数据安全、个人隐私保护以及知识产权保护等问题,故各国在考虑贸易政策是自由的或保护的,不免会从这些出发点来进行衡量。而过于自由的数字贸易可能对本国的数据安全、个人隐私以及知

① 数据来自联合国贸易和发展会议数据库。

识产权造成威胁;反之,如果一国十分重视知识产权的保护、个人隐私安全等问题,则可能在数据安全、隐私保护以及知识产权方面提出限制性的要求,从而成为实施数字贸易保护政策的基础。

(一)维护国家安全的贸易保护依据——数据安全与隐私保护

随着社会信息化的深入,数字信息价值不断增强。跨境交付的数字产品和服务不可避免地包含大量经济动态、统计数据甚至国家安全信息。如今,数据信息的应用已经涉及国家政府部门,如果完全不考虑对信息和数据流动的保护和限制,一旦遭到恶意攻击或信息泄露可能对国家安全造成重大影响。尤其是涉及国家机密的通信、金融以及能源等部门的公共基础信息需要更加严密地防范和保护。因此,为了保障国家信息安全和防止国民财产不受侵犯,国家会对相关数字贸易实行一定的限制措施。

数字贸易的蓬勃发展导致了无处不在的跨境数据交换,造成了人们对数据安全以及隐私保护的担忧。而当数据跨越法域时,确保隐私和数据安全、保护知识产权等问题可能变得更加复杂。各国对隐私保护有不同的监管方法和偏好,导致了数据流动监管的增加,如部分国家对数据的跨境传输设置了条件,要求数据存储的本地化等;一些限制数据流动的措施旨在确保为监管控制或审计目的获取信息;与国家安全有关的措施往往要求在当地储存和处理数据,以便保护被认为敏感的信息,或确保国家安全部门获取和审查数据的能力。因此,本地化要求以及对数据跨境流动的限制会构成数字贸易壁垒。

(二)与数字贸易有关的知识产权保护

数字知识产权的保护条款大致包括数字内容版权保护、源代码的非强制本地化、商业秘密保护、网络服务提供者责任、电子商标系统、互联网域名、卫星和有线电视信号、电子工业设计系统等规则。

美国虽然在整体上对于数字贸易政策持自由态度,但其很大一部分的产业依赖于知识产权的保护,因此,在数字知识产权的保护方面较为积极和具有代表性,主要原因可以归结为国内利益集团推动和保护本国竞争优势。第一,从国内利益集团来看,美国国内具备强大影响力的利益集团推动着数字知识产权的保护,故推动数字内容的产权保护符合美国利益;美国拥有世界上最强大的互联网科技公司,其主张源代码的非强制本地化以及商业秘密保护,能够充分保护其知识产权,降低技术外溢风险。第二,从竞争优势角度来看,利益集团所主张的该类保护主要是对本国产业竞争优势的保护。比如美国作为数字技术发展程度较高的国家,主张加强数字知识产权保护能够有效延长其数字产品的比较优势、生命周期,获得最大化的利润。

美国贸易代表办公室(USTR)在 2017 年发布的关于《北美自由贸易协定》(NAFTA)重新谈判的目标报告中较为系统地阐释了美国在数字知识产权保护上的主要立场,其中包括:① 确保知识产权的规制条款与美国国内法保持一致;② 确保权利人拥有法律和技术手段,通过互联网和其他全球传播媒介控制对其作品的使用,并防止未经授权使用其作品;③ 防止或消除政府参与侵犯知识产权的活动,包括网络盗窃和盗版现象。

第二节 全球主要经济体的数字贸易政策主张

无论数字自由贸易还是保护贸易,与传统贸易的理解一样,往往取决于实施贸易政策国家的经济发展阶段和水平,特别是数字经济发展的水平和数字贸易发展的速度。第一,一国在经济复苏和繁荣时期必然提倡自由贸易,反之由于经济衰退或不景气,必然导致更多国家贸易保护主义抬头。第二,数字经济发展不平衡。数字经济和数字技术发达的国家可通过数字贸易在国际市场处于竞争优势地位,因此从数据政策、知识产权保护等方面都会表现出支持自由贸易的态度;数字经济发展落后或刚刚起步的国家,在数字技术和数字产品方面处于劣势,数字自由贸易会不利于本国数字经济基础的建立,以及导致本国企业生存环境的恶化,因而会实施一定的保护政策。而如何正确选择和建立系统的数字贸易政策体系,成为当前如何推动数字贸易快速、规范和稳定发展的关键。

美国由于其数字贸易发展较为成熟,其政策较为积极开放,对于跨境数据自由流动、非歧视性原则等核心议题持积极态度,通过自由的主张为本国的数字经济在全球发展扫除障碍。相较于美国来说,欧盟数字经济实力略弱且同盟内各国的利益诉求不同,故在政策的自由主张性与美国相比也较弱,其在积极寻求数字贸易的自由化与保护主义的平衡点。目前中国是全球的电子商务发展大国,但数字贸易还处于起步阶段,与发达国家相比,数字贸易政策的制定较为审慎,对跨境数据自由流动、非歧视性原则等核心议题态度保守。总之,各个国家的数字贸易发展水平参差不齐,在数字贸易政策上的利益诉求也有所不同,由此,各国主张的数字贸易政策也大不相同。

一、美国数字贸易政策体系

(一)美国数字贸易政策的确立

美国作为世界数字贸易的巨头,在数字贸易领域比较优势显著,因而主要提倡贸易自由政策。美国拥有众多 IT 巨头公司,这些公司在海外发展时经常会遭遇当地的不恰当的互联网审查和隐私保护要求等贸易壁垒,在相关利益集团的积极游说下,美国为促进本国优势产业在全球的扩张,其数字贸易政策的主要制定立场是支持数字贸易的自由发展。体现在 1997 年推出的《全球电子商务框架》、2002 年的《贸易促进授权(TPA)法案》,以及美国签订的多边、双边协定中,形成了“美式规则”,其基本原则是推动数字贸易的自由化并保护知识产权。

1. 美国数字贸易政策自由发展的基本原则

1997 年生效的《全球电子商务框架》(见表 10-1),奠定了美国数字贸易发展的基本原则。该法案确立了五大原则:① 电子商务应由民营企业主导;② 政府应避免过度干涉电子商务发展;③ 政府参与的重点是提供合理和简明的商务法规环境;④ 政府相关电子商务立法与规定应充分体现互联网的发展特征(如互联网的分散性和由下至上特性);⑤ 应以全球化作为发展电子商务的基础。具体的数字贸易政策包括金融、法律和市场准入三方面共九条措施,其中涉及不主张征收数字税、推动电子签名等电子化形式、保护数字知识产权以及消除电子商务贸易壁垒等内容。

表 10-1　美国《全球电子商务框架》主要内容

措施类型	措施内容
金融方面	(1) 海关与数字税:主张不对数字内容产品征收关税; (2) 电子支付管理:主张不建立僵化和高度说明性的规章法律,在短期内对电子支付实验进行逐案监视而非监管
法律方面	(1) 电子商务统一商业法规:支持制定国际统一的商业法规以促进电子商务,包括认可电子合同、电子签名和其他认证程序;促进发展国际商业交易的替代性争端解决机制等; (2) 知识产权:政府将解决数字贸易带来的新的知识产权冲突等法律问题; (3) 隐私:政府支持由私营部门主导、自我调节的隐私制度; (4) 信息安全:通过政府与产业界合作加快基础设施的建设发展,使人们对信息加密技术产生信任,并提供用户个人和社会所需的保障措施
市场准入方面	(1) 电信基础设施和信息技术:美国将在国际上努力消除贸易壁垒; (2) 内容:政府鼓励行业自我监管,采用竞争性内容分级系统以及开发有效的、用户友好的技术工具(例如过滤和阻止技术),以使父母、教师和其他人有权阻止不适合自己孩子的内容;美国政府还将寻求与贸易伙伴达成协议,以消除构成非关税贸易壁垒的内容法规; (3) 技术标准:市场而非政府,应该确定技术标准和其他互操作性机制

资料来源:根据公开资料整理。

2. 明确提出数字贸易政策的实施对象

2002 年美国国会通过《贸易促进授权(TPA)法案》,明确提出了包括 IT 产品贸易、数字服务贸易、数字产品的电子商务和数字时代的知识产权保护四个方面的数字贸易政策。《全球电子商务框架》主要着眼于国内产业发展,《贸易促进授权(TPA)法案》通过提出具体贸易规则(见表 10-2),强调了数字贸易的自由化。

表 10-2　《贸易促进授权(TPA)法案》的数字贸易政策

政策分类	政策内容
产品贸易	(1) 确保贸易伙伴加入世贸组织的《信息技术协议》(ITA),扩大 ITA 产品覆盖范围,**减少或消除对 IT 产品的非关税贸易壁垒;** (2) 对于在实体载体上交付的数字产品,贸易伙伴应同意根据承载媒介的价值而非内容征收关税

续表

政策分类	政策内容
数字服务贸易	确保使用最自由的形式来安排贸易承诺(负面清单法),以便新的服务自动被旧的承诺覆盖,并确保不出现对数字服务歧视
数字产品的电子商务	(1) 确保世贸组织规定的当前义务、规则、纪律和承诺适用于电子商务; (2) 确保以电子方式交付的货物和服务在贸易规则和承诺下得到的优惠待遇不低于以实物形式交付的同类产品。确保此类商品和服务的分类,确保尽可能提供最自由的贸易待遇; (3) **确保各国政府不采取妨碍电子商务的贸易措施**。如果合法的政策目标要求制定电子商务的国内条例,则应承诺贸易限制最少、不歧视和透明与促进开放市场环境的原则; (4) 延长世贸组织对电子交易关税的暂停期; (5) 应明确承认保持信息自由流动的重要性
数字时代的知识产权保护	(1) 确保《与贸易有关的知识产权协定》的加速、全面实施和执行; (2) 确保美国签订的任何有关知识产权的贸易协定都反映出与美国法律类似的保护标准

资料来源:根据公开资料整理。

3. 主要依靠多边或双边贸易协定的推动

由于各国数字经济发展阶段差异大、对数字贸易规则的立场不同以及数字贸易研究不足导致分歧大等原因,美国发现通过世贸组织机制推动自身的数字贸易规则谈判目标的难度极大,故美国逐渐把目标转向双边以及多边贸易协定(见表 10-3)。

表 10-3 美国推动的代表性双边以及多边贸易协定中的数字贸易规则

生效年份	协定名称	相关数字贸易规则	地位/意义
2012 年	美韩自由贸易协定	**不鼓励设置跨境数据流动的障碍,但并未明确谈及本地化要求等议题**。同时,该协议明确了接触和使用互联网的原则,强调了互联网自由开放原则	美韩协定是美日双边协定生效前对数字贸易规定最严格的双边协定,并且是**第一个包含关于跨境数据流条款的协议**
2018 年	美墨加三国协议(USMCA)	核心要点包括“**跨境数据自由流动**”“**数据存储非强制本地化**”“**源代码非强制本地化**”“保护加密的完整性”,对数字产品实施“**非歧视性待遇**”和“豁免互联网服务提供商的第三方侵权责任”	USMCA 在承袭以 TPP 为代表的数字贸易规则“美式模板”的基础上实现了规则升级,是较能体现美国数字贸易核心诉求的区域贸易协定
2018 年	全面与进步跨太平洋伙伴关系协定(CPTPP)	核心要点包括“数据非本地化”“跨境数据流动”“源代码保护”等。数据流动方面,旗帜鲜明地表达了允许跨境数据流动的态度,又不限制任一缔约国为实现公共政策目的而对跨境数据流动采取一定限制	CPTPP 数字贸易规则,既对传统贸易规则相关议题予以继承,又创新地引入了数据跨境流动、数据本地化、源代码条款等具有争议性的议题,极大地丰富了数字贸易国际规则的理论和实践

资料来源:根据公开资料整理。

2016年生效的跨太平洋伙伴关系协定(TPP)相较于之前的多边协议,在数字贸易板块增加了个人信息保护、数据跨境流动、数据本地化、网络安全、源代码等核心条款。TPP被视为区域多边规则的模板。USMCA在继承以TPP为代表的数字贸易规则"美式模板"的基础上,增加了"保护加密的完整性""非歧视性待遇"和"豁免互联网服务提供商的第三方侵权责任"等来提升数字产品实现自由交易。USMCA的数字贸易规则新特点对美式规则的延伸如表10-4所示。

表10-4 USMCA的数字贸易规则新特点对美式规则的延伸

USMCA的数字贸易规则新特点	具体规则内容
第一次采用以"数字贸易"为名的章节	这种语义上的变化是从美国自2003年新加坡协定以来的重大变化。"电子商务"可能导致某些人仅想到在线销售的商品和数字产品,而"数字贸易"包括更广泛的经济活动,以反映其更广阔的前景
禁止公开源代码以及表达算法	与TPP一样,它禁止各国要求公开源代码,但又进一步禁止各国政府要求公开"该源代码中表达的算法",除非监管机构要求对该信息进行"特定调查、检查、检查执法行动或程序"
禁止数据本地化要求	USMCA比TPP中有关数据本地化的规定更为严格,甚至禁止有关金融服务的数据本地化
注重隐私保护	USMCA遵循TPP要求每个国家制定个人信息保护法律,尽管该法律的内容和执行方式由每个国家决定。虽然没有设置强制性的最低保护标准,但并不排除一个国家采用严格的隐私保护

资料来源:根据公开资料整理。

CPTPP的数字贸易规则明确规定"所有缔约方应当允许通过电子方式进行跨境数据流动,在数据跨境流动是为了对CPTPP涵盖的人开展商业行为时,还应包括个人信息",表达了允许跨境数据流动的态度;数据本地化方面,明确"任何缔约方不得要求CPTPP涵盖的使用人和位置设置其计算机设施在缔约国领土内,作为其在该领土内从事商业活动的前提条件",同时允许缔约方为实现合法公共政策目标而采取或维持的措施,但应当符合CPTPP要求,即不构成不合理的歧视待遇或变相的贸易限制,不得对计算机设施的使用和位置设置进行超出限度的限制;源代码方面,明确"任何缔约方不得将要求转移或获得另一缔约方的人所拥有的软件源代码作为在其领土内进口、分销、销售及使用该软件及含有该软件的产品的条件",但同时基于缔约国国家安全的考虑,增加了部分例外情形。

此外,美国对数字贸易自由化的支持态度还体现在积极进行数字贸易壁垒的识别,如美国国际贸易委员会(USITC)在《美国与全球经济中的数字贸易Ⅱ》报告中第一次识别了针对数字贸易的诸多贸易壁垒。

(二)美国数字贸易政策的基本特征

1. 注重数字贸易的外延性

美国初期政策主要是围绕电子商务,但随着时代的发展,美国政府开始将重点转移到支持数据跨境流动、个人信息保护、源代码开放(源代码转移和访问)以及禁止强制技术转移等方面。

2. 强调免征关税和数字产品的非歧视待遇

免征关税和数字产品的非歧视待遇是美国自由贸易协定(FTA)中最早提出的电子商务规则,也是接受度最高的规则,美国所有自2003年后签署的FTA都引入了这两条规则。对"电子传输"免征关税是1998年WTO提出的一项规则,是各国以部长宣言形式做出的一种政治性承诺,美国将其引用到其后来签署的所有FTA中。数字产品的非歧视待遇主要是明确数字产品和有形产品一样能够享受到国民待遇和最惠国待遇。

3. 为数字贸易扫除壁垒

针对美国企业在开展全球贸易过程中遇到的数字贸易壁垒,美国政府积极制定新的数字贸易政策为本国IT企业扩张扫清障碍。美国一贯倡导建立计算设施本地化、跨境数据流动、个人数据保护、接入和使用互联网原则等规则,且美国尤为关注计算设施本地化和跨境数据流动。美国较早关注到这些数字贸易壁垒并积极将扫除壁垒政策化。在2012年,美国与韩国签署的FTA中率先引入数字跨境流动和开放网络规则;在TPP中主张建立计算设施本地化、跨境数据流动、个人数据保护等规则政策。

4. 注重数字知识产权的保护

虽然美国一贯倡导数字贸易的自由化,但出于国家利益的考虑,其主张数字知识产权保护。数字知识产权保护的核心议题包括:禁止强制公开数字知识产权的"技术的非强制本地化"以及"源代码或算法的保护"等。美国主张提高数字知识产权保护水平,这在"美式模板"的数字知识产权保护规则中已有体现。比如美国在TPP中提出具有约束力的源代码保护条款,以规避自身企业对外输出技术密集型数字服务时被要求公开源代码;在USMCA的数字贸易规则谈判中,美国扩大了"源代码或算法保护"的范围,进一步规定禁止各国政府要求公开"该源代码中表达的算法"。

总之,美国模式的数字贸易政策有两个重要特点。一是维护数字贸易下的贸易自由化秩序,以便促进和推动国际数字贸易发展,维护美国利益为核心的数字经济发达国家的经济利益。二是在数字贸易发展的过程中,由于数字贸易本身的特征,隐私保护以及相关的知识产权保护非常重要。数字贸易的自由要以隐私的保护和知识产权的保护为界限。

二、欧盟数字贸易政策体系

(一)欧盟数字贸易政策

相较于美国的自由化主张,欧盟则选择在数字自由化和数字保护主义之间寻求恰当的平衡。将数据主权或数字主权(网络空间中的国家主权)及其监管作为合理的理由,利用对数据保护和人工智能等的担忧来采取一些限制性政策,成为欧洲一些国家贸易保护背后的动机。比如欧洲领导人明确呼吁数字主权和数字保护主义,以出于竞争需要以及内部成员国之间数字监管的需要,作为实施数字贸易保护的出发点,并试图打造数字单一市场,强调数字主权。

1.“打造数字单一市场”战略

早在世纪之交,欧盟理事会就提出“世界经济正从工业社会迈向信息社会”,为加快建设信息社会,欧盟先后出台 e-Europe 和 i2010 战略。e-Europe 和 i2010 战略的实施,使欧盟信息社会取得长足发展。2010 年随着《欧洲数字议程》的发布,欧盟数字战略进入第二个十年,打造数字单一市场(Digital Single Market,DSM)成为欧盟数字战略的首要目标,也是《欧洲数字议程》的最核心目标。2015 年又公布了《欧洲数字单一市场战略》,明确提出要打破数字市场壁垒,全力构建欧洲数字单一市场发展的三大支柱:为消费者和企业提供更好的数字产品和服务、为欧洲数字网络和服务繁荣发展创造良好的发展环境和使欧洲数字经济增长潜力实现最大化。

为推进数字单一市场建设,欧盟委员会还发布了《欧洲网络平台与数字单一市场的机遇与挑战》《建立欧洲数据经济》等一系列政策文件(见表 10-5)。

表 10-5 欧盟数字单一市场相关政策文件

序号	时间	政策文件
1	2014 年 7 月	《走向繁荣的数据驱动型经济》
2	2016 年 4 月	《欧洲工业数字化》
3	2016 年 5 月	《欧洲网络平台与数字单一市场的机遇与挑战》
4	2017 年 1 月	《建立欧洲数据经济》

资料来源:腾讯研究院,2018 年 6 月。

欧盟拥有欧洲最大的数字贸易市场。但是随着国际社会对数字贸易重视度的提高,在数字贸易规则方面美国对欧盟经济及文化的冲击逐渐增大。2017 年 12 月,欧洲议会议员、欧洲数字议程小组创始人玛丽珍·沙克(Marietje Schaake)起草的《迈向数字贸易战略报告》呼吁尽快出台数字贸易战略,获得欧洲议会高票通过。报告就电子商务、网络中立、保护在线消费者等议题向欧委会提出了建议,指出应打击新形式的数字贸易保护主义,发挥数字贸易的价值。提倡欧盟应对数字贸易的国际规则和协定设立标准,开放数字产品和服务,促进数字贸易尊重消费者基本权利,让贸易规则为消费者创造有形的利益。报告认为,欧盟应增加给予贸易伙伴“充分性认证”的数量,呼吁欧盟加快在贸易协定中设立对数据流动的要求,禁止强制性要求数据本地化。

2. 欧盟的数字主权立场

2019 年,欧盟开始关注数字主权战略问题。特别是欧盟委员会主席乌尔苏拉·冯德莱恩宣布了在其任职期间的六个工作目标之一就是要建立“适合数字时代的欧洲”,并承诺要在关键领域实现“技术主权”(Leyen,2019)。2020 年 7 月,欧盟议会研究服务机构发布了《欧洲的数字主权》(Digital Sovereignty for Europe)报告,首次将数字与主权联系在一起,标志着欧盟立法机构对数字主权的基本立场和政策倾向。报告阐述了需要“数字主权”的背景以及旨在增强其在数字领域自主性的一些问题和措施,并强调欧洲需要更新和调整现有的法律、监管措施和金融工具,将欧洲的价值观和原则融入数据保护、网络安全和人工智能等领域,建立“数字主权”,走属于欧洲自己的数字化转型道路。

欧盟主张利用保护机制和促进数字创新两个有力的工具来维护数字主权。前者是指个人隐私和数据安全保护;后者是指为实现欧洲的技术主权而营造值得信赖的安全环境、促进公平竞争和监督规则、加强技术投资和科研。因此,欧盟的数字主权立场与国家主权观密切相关,对数字经济背景下的国土、公民和政府权力等给予高度重视,具体表现在对跨境数据流动的限制和数据的本地化要求、公民个人隐私的保护,以及对数字行业的监管等。

3. 知识产权保护政策

欧盟对知识产权的保护较为严格。2018 年 9 月,欧盟议会通过了备受关注的版权改革法案《数字化单一市场版权指令》。2019 年 4 月对著作权进行了更新,新增了关于数字贸易方式下的新规定。其中新的第 15 条(原第 11 条)关注了在线平台的责任限制范围,并明确规定了“链接税”(Link Tax),要求互联网平台在抓取新闻全文时向原创者付费;新的第 17 条(原第 13 条)有关“上传过滤器”(Upload Filter)的内容,要求各互联网内容平台设置一种过滤器,提前审查上传文件,并阻止上传者上传受版权保护的内容。因此,“新版权法”强调了保护数字环境下内容创造者的合法权益,保护创造者的知识产权,规范数字产品的传播。但与此同时,在开放共享的互联网时代,该法案的实施也存在极大限制内容传播的可能性。如果对任何内容转载甚至是截取都披上付费的外衣,那么无异于给在互联网上的信息传播戴上了无形枷锁,互联网发展和创新也将受到限制。

4. 跨境数据流动政策

在对待跨境数据流的态度上,欧盟从数字主权的立场出发,基于统一主权和主权安全的政策目标,采取了管控数字流的政策手段。一方面,欧盟积极推动成员国内部数据的自由流动,并通过法规与政策消除欧盟内部数据自由流动的障碍。如 2017 年 11 月在《数字贸易战略》报告中明确表示反对各种形式的数字贸易保护,并禁止强制要求数据本地化的各种措施。2018 年 5 月,欧盟颁布《通用数据保护条例》(GDPR),制定了个人数据在欧盟内部自由流动的规则。2019 年 5 月的《非个人数据自由流动条例》强调消除非个人数据在欧洲各成员国和信息系统之间自由流动的障碍,使公司和公共管理部门可以在任何地方存储和处理非个人数据。2019 年,欧盟颁布《开放数据指令》,这是一个适用于公共部门信息的通用法律框架,推动欧盟成员国政府持有信息的开放和共享,塑造透明和公平竞争的市场环境。目前,欧盟正在就《数据治理法》征询意见,该法案旨在规范整个欧盟的数据共享,力争为整个欧盟以单一市场形式共享数据奠定法律基础。另一方面,欧盟从安全角度维护数字主权,采取对欧盟外数据流进行管理的政策手段。欧盟主张对来自欧盟外的数据进行管理,如依据数字主权要求数据本地化,典型案例为 Gaia-X 项目。目前,全球公共云市场主要由美国和中国等国公司主导,欧盟成员国担心对在其领土上产生的数据缺乏控制,为解决这一不利局面,德国和法国联合宣布了欧洲云计算倡议——Gaia-X

项目，建议从2020年起在欧洲层面建立一个联合数据基础设施，从而确保公民、企业和政府数据安全。

（二）欧盟数字贸易政策的特征

1. 体系较为零散

一是关于数字贸易的相关规定相对零散。因为欧盟内部成员国多且数字经济发展程度不一，这导致了欧盟内部难以达成一致的利益诉求。比如一直以来欧盟内部在"数字产品和服务的征税"议题上就存在异议。此外，欧盟所签的FTA中也没有专门的章节来涵盖数字贸易条款，体系比较零碎（见表10-6）。

表10-6　欧盟与其他国家/地区有关数字贸易规则的章节

自由贸易国家/地区	协定	涉及议题
瑞士	七项双边协定	服务贸易自由化
西巴尔干地区	稳定与联系协定	知识产权、服务贸易
土耳其	关税同盟	技术贸易壁垒、知识产权
南锥体国家	欧盟与南锥体联系协定	知识产权
智利	欧盟与智利联系协定	投资、知识产权
地中海地区	欧盟—地中海联系协定	服务贸易自由化、知识产权、投资自由化
韩国	韩国—欧盟自由贸易协定	贸易便利化、知识产权

资料来源：根据公开资料整理。

二是欧盟与不同国家、地区签订的FTA在内容上各有侧重，没有形成清晰完整的数字贸易谈判目标。如与哥伦比亚、秘鲁、厄瓜多尔签订的FTA中强调协定各方在个人数据保护、无纸化贸易、消费者保护方面的合作。与新加坡签订的FTA中强调双方致力于推进电子服务的发展和电子签名的互认。与格鲁吉亚、摩尔多瓦达成的FTA"电子商务"章节中，除一般条款外，增加了关于"中间服务提供商责任"的专门规定。其中明确了传输服务提供者不对其服务过程中传输的信息负责；缓存服务提供者不对信息的自动存储负责；信息存储服务提供者不对其应接收者请求存储的信息负责等责任原则。

2. 知识产权保护力度有所保留

欧盟通过《欧盟专利制度》《版权指令》和《数字单一市场版权指令》等政策增加数字知识产权保护力度，但对构建数字知识产权规则仍有所保留，构建规则时，在措辞和例外条款上与美国呈现出不一致的范式。比如欧盟—日本EPA承诺不得强制转移源代码，但其约束力比美国的承诺低，同时在法律监督等方面保留了例外条款。

3. 坚持"隐私保护"

一直以来，欧盟在"隐私保护"议题上坚持高标准。欧盟虽然努力推动跨境数据的自由流动，但同时十分注重规范数据行为，注重个人隐私的保护。欧盟于1995年颁布了《个人数据保护指令》,规定公民不可以将数据传输到数据得不到有效保护的欧盟以外的国家,特殊原因除外。2018 年,旨在改革和更新保护欧盟公民个人数据隐私条款指令的《通用数据保护条例》(GDPR)正式生效,GDPR 确定了数据处理的合法依据,并规定了数据保留、存储限制和记录保存的共同规则,标志着欧盟开启了极其严格的信息保护规则。GDPR 将更多的自身数据自主选择权给予了个体用户。由此欧盟形成了以 GDPR 为基础法、非常严格的隐私和数据保护框架。

三、中国数字贸易政策体系

随着数字经济和贸易飞速发展,我国政府加快了对数字贸易国内立法和参与双边和多边贸易协定的步伐。

(一)中国数字贸易的国内立法

从中国国内立法来看,在电子商务发展阶段,2004 年的《中华人民共和国电子签名法》确立了电子签名的法律效力,规范了电子签名的行为,明确了认证机构的法律地位和认证程序。十年后,随着数字贸易蓬勃发展,主要集中于数据安全、消费者保护、数据本地化和跨境数据流动、知识产权保护等方面,如表 10-7 所示。

2014 年的《中华人民共和国消费者权益保护法》增加了专门针对线上消费者保护的条款。同时值得注意的是,尽管中国在《中华人民共和国保守国家秘密法》《中国人民银行关于银行业金融机构做好个人金融信息保护工作的通知》《信息安全技术公共及商用服务信息系统个人信息保护指南》《关于加强党政部门云计算服务网络安全管理的意见》《互联网电子公告服务管理办法》等法律法规中都涉及了跨境数据流动的管理,但一直缺乏对跨境数据流动的概念界定和具体的管理模式,直到 2015 年中国颁布《中华人民共和国国家安全法》和 2017 年的《中华人民共和国网络安全法》,对数据本地化和跨境数据流动问题作了明确规定:“关键信息基础设施的运营者在中华人民共和国境内运营中收集和产生的个人信息和重要数据应当在境内存储。因业务需要,确需向境外提供的,应当按照国家网信部门会同国务院有关部门制定的办法进行安全评估;法律、行政法规另有规定的,依照其规定。”由此奠定了中国数据存储本地化原则,强调了数据跨境流动的安全评估,同时也体现了中国对于数据自由流动的保守和审慎态度。

表 10-7 中国数字贸易的相关国内立法

年份	关注议题	法规名称	具体内容
2017 年	跨境数据流动、隐私保护、数据本地化	《中华人民共和国网络安全法》	限制跨境信息的流动,关键信息设施运营方在中国境内收集和产生的信息数据必须存储在中国境内
2018 年	知识产权保护	《中华人民共和国电子商务法》	着重强调电商平台审核机制

续表

年份	关注议题	法规名称	具体内容
2021年	个人隐私保护	《中华人民共和国个人信息保护法》	旨在保护个人信息权益、规范个人信息处理活动、保障个人信息依法有序自由流动并促进个人信息合理利用
2021年	数据安全	《中华人民共和国数据安全法》	明确数据安全保护,规范数据行为,规定"非经中华人民共和国主管机关批准,境内的组织、个人不得向外国司法或者执法机构提供存储于中华人民共和国境内的数据"

资料来源:根据公开资料整理。

2019年,《中华人民共和国电子商务法》正式实施,法规主要涉及了对经营者、交易合同、争议解决、电子商务促进和法律责任五方面的规定(见表10-8)。在数据安全保护方面,在美国签署《澄清域外合法使用数据法》、欧盟正式实施《通用数据保护条例》(GDPR)后,2021年中国通过了《中华人民共和国数据安全法》。《中华人民共和国数据安全法》提出建立"数据分类分级保护制度",明确"国家核心数据"管理制度,对重要数据的出境安全的规则依据进行规定,并严格规制面向境外司法或者执法机构的数据出境活动。2021年《中华人民共和国个人信息保护法》出台,翻开了中国个人信息立法保护的历史新篇章,也是全球个人信息法治发展的重大里程碑。个人信息保护法以"告知—同意"机制为核心逻辑构建覆盖个人信息处理全生命周期的规则框架,内容包括了个人信息处理的一般规则、敏感个人信息处理的特殊规则以及个人信息跨境提供的单独规则,切实贯彻保护个人信息权益与促进个人信息合理利用的双重立法目的。

表10-8 《中华人民共和国电子商务法》的主要内容

法规对象/议题	法规内容
电子商务经营者	从规范经营者的登记程序以及经营过程中的行为,到保护经营者知识产权、建立完善的信用评价等方面都做出了具体规定
交易合同	从合同订立程序到合同履行的各个环节作出了详细说明
争议解决	充分保障消费者的权益并建立健全纠纷解决机制
电子商务促进	完善基础设施和政策环境,促进电子商务的发展
法律责任	规定了严格的处罚条款

资料来源:根据公开资料整理。

(二)中国双边及多边数字贸易政策体系的建立

中国数字贸易政策的实施尽管起步较晚,但伴随着中国国内电子商务和数字经济共同发展以及庞大的市场规模,中国的数字贸易发展势头迅猛。但出于对国家安全的考虑,中国对于数字贸易规则制定态度总体较为保守,强调在数字贸易治理中重视尊重各主权国家的互联网及数据主权等。

1. 中国在双边协定中的数字贸易规则

中国早期的数字贸易条款重在降低贸易成本，从2002年至2013年中国所签订的自由贸易协定（FTA）条款中可以看出，规定多集中于贸易方式数字化，如数字签名、电子文本等议题，旨在提高双边贸易效率或降低贸易成本，如表10-9所示。同时，部分条款也出现了个人隐私保护等规定，如中国—东盟自贸协定。

表10-9 2002—2013年中国数字贸易条款

协定	签署时间	与数字贸易相关的主要条款
《中国与东南亚国家联盟关于修订“中国—东盟全面经济合作框架协议”的议定书》	2002年	提及“保护与个人信息处理和传播有关的个人隐私及保护个人记录和账户的机密性”
中国—智利自由贸易协定	2005年	提及“数字签名”“电子数据”
中国—巴基斯坦自由贸易协定	2006年	无相关内容
中国—新西兰自由贸易协定	2008年	原产地核查条款提及“开发电子核查系统”，便利化、透明度等条款涉及“电子受理点”“电子形式通知”“电子文本”，知识产权条款提及“新数字经济的重要性”
中国—新加坡自由贸易协定（升级）	2008年	透明度条款提及“电子渠道”，自然人移动条款提及“电子授权”
中国—秘鲁自由贸易协定	2009年	原产地证书条款提及“电子发证及核查系统的开发”，无纸贸易环境下自动化系统的应用条款，透明度条款提及“电子通报”，信息技术合作条款
中国—哥斯达黎加自由贸易协定	2010年	透明度条款提及“电子方式”
中国—冰岛自由贸易协定	2013年	在贸易便利化章节提及“电子申报并做信息处理”“无纸化贸易中，使用低成本、高效率的信息技术”；磋商条款提及“计算机以及电子数据交换系统的使用”；知识产权条款提及“新数字经济的重要性”

资料来源：根据公开资料整理。

此后，随着数字贸易的发展，中国数字贸易规则不断完善。如表10-10所示，2015年中韩FTA的签署标志着中国签订的自由贸易协定中首次出现独立的电子商务章节，规则包含“电子认证和电子签名”“电子商务中的个人信息保护”“电子商务合作”“无纸贸易”等条款，明确“不对双方之间电子交易征收关税”。中国—智利FTA升级协定也增加了电子商务章节，并提出加强跨境支付监管合作，寻求建立信息共享机制和监管合作机制。

表 10-10 2015—2019 年中国双边中的数字贸易规定

协定	时间	与数字贸易相关的主要条款
中国—韩国自由贸易协定	2015 年	独立的电子商务章节,贸易便利化条款提及“应用低成本、高效率的信息技术”;独立的电信章节,知识产权保护条款提及“电子商标的申请”
中国—澳大利亚自由贸易协定	2015 年	独立的电子商务章节,海关便利化规则提及“信息技术的应用”,原产地规则提及“开发原产地电子数据交换系统”
中国—格鲁吉亚自由贸易协定	2017 年	建立原产地电子数据交换系统
中国—智利升级协定	2017 年	贸易便利化条款提及“提供电子联系点”,独立的电子商务章节,跨境支付监管合作条款
中国—巴基斯坦第二阶段	2019 年	海关合作中提及电子数据交换条款
中国—毛里求斯自由贸易协定	2019 年	独立的电子商务章节,原产地规则提及“建立原产地电子数据交换系统”

资料来源:根据公开资料整理。

2. 中国多边协定中的数字贸易规则

RCEP 的数字贸易规则主要体现在电子商务章节,且条款覆盖面更广。相比之前 RTA 中的电子商务章节,增加了非应邀商业电子信息、计算设施本地化、通过电子方式跨境传输信息和网络安全四个条款。其中的计算设施本地化和通过电子方式跨境传输信息,在进一步促进数字贸易自由化的同时增加了跨境信息泄露的风险和监管难度,表明中国对接高水平数字贸易规则的决心和信心。

(三)中国数字贸易政策体系的特点

1. 核心议题上态度审慎

尽管中国已跻身于全球电子商务大国的行列,但中国的数字贸易发展仍处于发展的起步阶段。出于国家安全考虑,在“跨境信息流动”“数据本地化”以及“歧视性待遇”等数字贸易核心议题上仍比较谨慎,并严格规范跨境数据流动以及数据本地化,这一保守态度与美国的自由态度差异较大。如中国 2017 年颁布的《中华人民共和国网络安全法》第 37 条指出,“关键信息基础设施的运营者在中华人民共和国境内运营中收集和产生的个人信息和重要数据应当在境内存储。因业务需要确需向境外提供的,应当按照国家网信部门会同国务院有关部门制定的办法进行安全评估;法律、行政法规另有规定的,依照其规定。”2021 年的《中华人民共和国数据安全法》进一步规范数据流动行为等,都体现了中国的审慎态度。

2. 数字贸易政策广度不足

中国数字贸易的相关条款内容广度不足。对于美国主导的 FTA 中规定的数字产品的非歧视待遇,TPP 中新引入的数据跨境流动、计算设施本地化、源代码、接入和使用互联网的原则等条款,中国目前均尚未纳入。与现行数字贸易规则最高标准的 19 个核心条款相比较,中国签订的贸易协定已覆盖了其中的 13 个,剩余的 6 个条款,比如开放网络、网络访问和使用,源代码,互动计算机服务,政府数据开放,使用加密技术的信息和通信技术产品,税收(涉及税务公约)还是空白(见表 10-11)。

表 10-11 中国数字贸易规则广度不足

条款	中国	现行数字贸易规则最高标准	条款	中国	现行数字贸易规则最高标准
电子传输免关税	√	√	非应邀商业电子信息	√	√
数字产品的非歧视性待遇	√	√	合作	√	√
国内电子交易监管框架	√	√	网络安全	√	√
电子认证和电子签名	√	√	源代码	×	√
线上消费者保护	√	√	互动计算机服务	×	√
个人信息保护	√	√	政府数据开放	×	√
无纸贸易	√	√	使用加密技术的信息和通信技术产品	×	√
开放网络、网络访问和使用	×	√	税收(涉及税务公约)	×	√
通过电子方式跨境传输信息	√	√	争端解决	√	√
计算设施的位置	√	√			

资料来源:白洁,张达,王悦:《数字贸易规则的演进与中国应对》,《亚太经济》2021 年第 5 期.

本章小结

本章从传统贸易政策理论的思路出发,以贸易政策制定的目标为出发点,说明数字贸易政策的制定适应于传统贸易政策的理论的同时,各国面临数字技术带动的数字贸易发展中国家安全、数据安全和知识产权保护等问题时新的贸易保护动机。概括总结了世界各国数字贸易政策特别是贸易保护政策的体系及其实施的情况,从而了解当前主要发达国家对数字贸易发展的基本态度和依据,以及对比于我国数字贸易政策体系和特征,为今后我国对外数字贸易政策的制定提供参考。

关键术语

数字贸易壁垒 数据安全 知识产权保护 跨境数据流动限制 个人隐私保护 欧盟数字单一市场

思考题

1. 数字贸易发展面临的贸易保护政策的理论依据与传统贸易保护政策理论相比有何异同？

2. 当前国际数字贸易中面临哪些数字贸易保护的措施？

3. 各国实施贸易政策的动机是否相同？为什么？

4. 简述当前主要国家或地区贸易保护政策体系及其内容。

5. 欧盟单一数字市场是贸易保护还是贸易促进？

即测即评

第十一章

数字贸易保护措施及其影响

与传统贸易保护相比，数字贸易交易的数字产品和服务的特殊性也对国际贸易政策的实施以及全球经济的平稳运行带来了巨大挑战。由于不同国家在数字贸易中所处的地位和优势不同，所以实施不同程度的贸易保护，出现了一些新的贸易保护措施。本章归纳为主要的贸易关税和非关税壁垒两大类。首先，在对一般贸易壁垒和数字贸易壁垒进行比较和分析的基础上，重点分析关税壁垒中的数字产品税和数字服务税，以及数据流动限制和数据本地化等非关税贸易壁垒，最后，分析实施具体措施的经济影响效应。

第一节　数字贸易壁垒

一、数字贸易壁垒与传统贸易壁垒

由于数字贸易对基础设施、技术创新及法律法规等方面的要求较高，给国际贸易带来了巨大的冲击，加之尚未形成通用的国际数字贸易规则来规范数字贸易，各国针对数字贸易采取了不同程度的限制性政策，导致贸易保护主义频发，并且这一趋势正逐步演化为新的数字贸易壁垒。例如，美国为了稳固其国际霸权地位，对部分 ICT 产品贸易设置了较多限制，并存在严重的国别歧视；欧盟作为全球数字经济最为发达的经济体之一，对数字贸易的限制更注重个人权利的保护，实行数据本地化政策；中国则致力于保护个人信息及数据资源，采取较为严格的数据监管和本地化政策；等等。随着数字贸易在各国经济发展中地位日益提升，海量的数据流动导致各国政府对数据及背后隐含的个人信息安全越来越重视，设置数字贸易壁垒的趋势越来越明显，其后果对全球数字贸易的推进和发展造成了一定的阻碍。

（一）传统贸易壁垒的约束性有限

传统贸易壁垒主要是指一国在关境对国外商品和劳务进口所采取的各种限制措施，一般分为关税壁垒和非关税壁垒两类。关税壁垒（Tariff Barriers）是指进出口商品和劳务经过一国关境时，该国海关向进出口商品和劳务征收关税所形成的一种贸易障碍；非关税壁垒(Non-Tariff Barriers)是指一国或地区在限制商品和劳务进口时采取除关税以外的其他所有措施,主要通过国家法律、法令以及各种行政措施的形式来实现,形式多样且具有隐蔽性。

与传统的货物贸易相比,国际数字产品贸易的内容和形式更加丰富,特别是跨越国家关境发生的贸易交易是无形的,使得部分传统贸易壁垒的措施无法对数字贸易进行有效规制,且容易遭到对等报复,如关税、许可证和配额等措施。数字贸易发展带来的前所未有的新型贸易模式,拓宽和丰富了贸易渠道和贸易交割方式,传统意义上的贸易壁垒不再适用于新型贸易模式,贸易保护措施的局限性凸显。因此,在数字贸易形势下,为了保障本国产业经济利益和国民福利,部分国家开始设置数字贸易壁垒,从而对产品和服务制定有针对性的、更加有力的限制措施。

(二)数字贸易壁垒与传统贸易壁垒的比较

数字贸易壁垒与传统贸易壁垒既有区别又有相似之处,二者不是对立互斥的概念。理论上,数字贸易壁垒是对传统贸易壁垒的延伸与扩展:在传统理论基础之上,信息技术发展推动贸易方式发生变化后,传统贸易壁垒措施如关税等难以对数字贸易交易标的在关境上实施有效的保护,而产生了对新兴的数字产品和服务规制的新要求。

首先,在壁垒实施主体方面二者是相似的。一般是以国家为主体实施贸易限制措施,但是不同国家的限制程度有所不同。广义而言,凡是阻碍商品和服务正常贸易的人为限制措施均属传统贸易壁垒的范畴,如进口关税、价格歧视、进出口配额、出口补贴等措施。传统贸易壁垒自开始实施以来也不断演变,发达国家和发展中国家均存在着不同程度和不同范围的限制措施。同样,由于各国数字产业发达程度存在显著差异,发达国家与发展中国家存在着"数字鸿沟",导致各国对待数字贸易的态度和立场也不一致。发达国家凭借自身数字信息发展的优势提倡尽可能地减少国际数字贸易的限制,而发展中国家则希望通过实施限制政策防止国外优势企业对国内数字产业的冲击,也是当前数字贸易壁垒更多表现在以数字技术发展尚不成熟的发展中国家为主要实施主体的原因。因此,在全球数字贸易规则尚未完善的环境下,国际数字贸易规则的政策主张也不尽相同。

其次,在壁垒实施对象方面二者则存在较大差异。传统贸易壁垒的政策实施对象为货物贸易和劳务服务,比如对货物征收进口关税或起同等作用的其他赋税,在生产者之间、购买者之间以及使用者之间实行价格歧视或数量限制等。数字贸易壁垒的实施对象则主要是数字产品和数字服务,并且随着科技进步和社会发展,数字行业所包含的内容会不断更新。数字贸易产品不仅包括数码相机、数码摄像机等基于数字技术的电子产品,也包括通过数字网络传输的无形数字化产品,比如音频、视频、数据信息等。数字服务则更加多元化,包括提供在线服务和网络平台应用等。因此,数字贸易比传统的国际货物和劳务贸易更加广泛、复杂和不确定。更重要的是,目前数字贸易产品形态只是数字技术发展初级阶段的产物,随着数字技术不断发展和应用,数字贸易所包含的内容会不断丰富。

再次，在实施的具体措施方面，传统贸易与数字贸易首先都会面临关税壁垒和非关税壁垒。关税壁垒常分为关税高峰、关税升级、关税配额、从量税和从价税①等。非关税壁垒可以分为直接限制和间接限制措施。前者是指由海关直接对进口商品的数量、品种加以限制，主要措施有进口配额、进口许可证、"自动"出口限制和出口许可证等；后者是指通过对进口商品制定严格的海关手续或外汇管制等间接地限制商品的进口，其主要措施有外汇管制、对进口征收国内税、制定购买国内产品和限制外国产品的条例、复杂的海关手续、烦琐的卫生安全质量标准以及检验检疫标准等。关于数字贸易面临的贸易壁垒问题，除了数字贸易中的实体数字产品沿用传统贸易的关税壁垒措施外，根据 2018 年 4 月欧洲国际政治经济中心(ECIPE)发布的"数字贸易限制指数"(DTRI)，数字贸易关税壁垒包括数字产品税和数字服务税；根据美国国际贸易委员会(USITC)在 2014 年发布报告对数字贸易非关税壁垒进行的明确分类，则主要有本地化要求、市场准入限制、数据隐私和保护要求、知识产权保护、不确定的法律责任规则、审查和海关措施等。可见与传统贸易非关税壁垒的措施存在较大差别。

最后，从壁垒实施目的和效果来看，传统贸易壁垒与数字贸易壁垒基本一致。一方面是为了增加国家财政收入，另一方面则是保护国内相关产业发展。另外，不管是传统国际贸易还是数字贸易，非关税壁垒比关税壁垒具有更大的灵活性和隐蔽性，在多边合作和全球自由贸易推动的浪潮下，更多的国家选择用非关税壁垒代替关税壁垒来限制进口。而由于新一代信息技术的发展和应用，数字贸易发展中产生了以往传统货物贸易中未曾出现的问题，从而产生如用户隐私问题、数据安全问题、知识产权保护问题等新的保护措施。

二、数字贸易壁垒的类型

如前文所述，由于数字技术带动新兴贸易模式发展以及各国在贸易中的地位差异，引发了不同国家采取新的贸易保护措施对数字贸易进行限制。发展中国家往往是数字产品的净输入国，所以会设置较高的数字贸易关税壁垒，而发达国家作为数字产品的净输出国，则大多主张减免数字贸易关税，因此，发展中国家和发达国家在关税方面不同的利益诉求使得国际上对数字贸易关税议题的谈判陷入僵局。这也引起了对有关国际数字贸易规则的谈判和制定的关注。根据当前数字贸易规则谈判中的主要议题，我们仍将其归纳为数字贸易关税壁垒和数字贸易非关税壁垒两类。

（一）数字贸易关税壁垒

目前，由于国际数字产品贸易与传统货物贸易有着不同的内容和形式，因此数字产品

---

① 关税高峰(Tariff Peaks)是指在总体关税水平较低的情况下针对少数产品维持的高关税。关税升级(Tariff Escalation)是指对某一特定产业的进口原材料设置较低的关税，甚至是零税率，而随着加工深度的拓展，相应地提高半成品、制成品的关税税率。关税配额(Tariff Quotas)是指对一定数量(配额量)内的进口产品适用较低的税率，对超过该配额量的进口产品则适用较高的税率。从量税(Specific Duty)是指以商品的重量、数量、容量、长度和面积等计量单位为标准计征的关税。从价税(Ad Valorem Duty)是指以进口商品的价格为标准计征的关税。

关税壁垒与传统关税壁垒的针对性存在一定的差异。国际数字贸易中更多地针对数据流和信息流的互联网中产品和服务实行的关税壁垒，主要包括数字产品税和数字服务税。

1. 数字产品税

数字产品税是指对有形或无形的数字产品所征收的一种税款。有形的数字产品仍然按照各国海关对进出境货物制定的关税规则来实施；无形的数字产品的载体是数据流，而不是有形载体，例如电子书、音乐播放软件等。其关税的征收政策有所不同。美国作为数字产品贸易最发达的国家，多次在跨境数字贸易规则谈判中表明免征电子传输关税，主张建立永久免征电子传输关税的贸易规则，并在多个双边或多边协议提倡对数字产品减税、免税。客观上来讲，欧盟与其他发达国家数字产品贸易程度落后于美国，在数字产品贸易上的关税制度和政策相较于美国更加严格。欧盟在 1998 年对通过互联网销售的数字产品归入劳务销售，不征收关税，但为了保护自身数字经济产业的发展，欧盟始终没有同意对数字产品永久性免征关税。发展中国家则考虑到自身在国际数字产品贸易中本就处于劣势，一旦免除关税不仅会降低关税收入，更无法对本国数字贸易的发展实现有效监管，因此，发展中国家对数字贸易征收关税的主张是必然的。印度、南非等国家在 WTO 电子商务谈判中的提案明确表示暂停征收电子传输关税会给发展中国家造成重大的损失。因此，数字产品净进口国维护本国产业发展和税收利益的意愿愈发强烈，越来越多的国家开始征收数字产品税。截至 2021 年 4 月，已有 46 个国家开征或拟征直接数字税，关税壁垒在国际数字产品贸易中越来越明显。

2. 数字服务税

数字服务税简称“数字税”，是指以提供某些数字化服务所获得的收入为课征对象的新税种，实质是对大型跨国互联网企业在本地境内发生的在线服务活动征税。“数字化服务”指的是可通过网络传输提供的服务，例如视频和音乐的网络播放服务，或者交友软件提供社交服务等。而由于互联网平台的产品和服务大多在线上提供，在设计传统税制时，没有考虑数字企业盈利模式。现阶段数字企业与传统企业相比实际税负较低，存在税负不公的问题。例如，欧盟传统企业的平均税率大概是 23.2%，而欧盟数字企业的平均税率只有 9.5%，其税负远低于传统企业。因此，弥补互联网企业税收漏洞是推动数字互联网行业健康发展的当务之急，也是缩小收入差距的必由之路。数字税的实施有利于解决数字企业与传统企业税负不公的问题，促进企业的发展。

数字经济规模日益扩大，各国税收主权和利益受到较大影响，特别是净进口国为了维护本国税收利益，单边开征数字税的国家逐步增多。为了应对数字经济对税收的挑战，经合组织（OECD）提出数字税双支柱方案，英国、法国、意大利等国家率先开征数字税。目前已有法国、意大利、英国、西班牙、奥地利、马来西亚、捷克、土耳其以及印度等 30 多个国家就数字界面、互联网广告、社交媒体、线上购物、搜索引擎等平台服务征收数字税，其中捷克、土耳其的税率甚至高达 7%。由于信息和数据等数字产品具有非竞争性和几乎零边际成本的特点，具有海量数据信息的数字垄断企业可以不断强化自身优势，扩大与一般企业竞争力的差距。因此，征收数字税在一定程度上促进了数字贸易公平，使得弱势国家数字经济产业不再掣肘于他国垄断企业,维护了本国产业的发展。然而不可否认的是,数字税会提高数字技术和电子商务的使用成本,限制了国外数字产业输入,不利于本国短期内企业的数字化转型,进而又会阻碍经济增长。

由于数字税存在上述的双重效应,其在全球化中的角色依然模棱两可,不同国家持有不同的态度。美国拥有众多跨国数字巨头企业,产业优势明显且利益巨大,在数字税议题上秉持反对数字税的立场。2018 年 3 月,欧盟委员会发布立法提案,拟调整对大型互联网企业的征税规则,任何一个欧盟成员国均可对境内发生的互联网业务所产生的利润征税。2020 年 3 月 11 日,英国政府宣布将从 4 月 1 日开始对包括亚马逊、脸书、谷歌在内的众多美国科技巨头征收 2%的数字税。印度于 2016 年对提供广告及其衍生业务的外国数字企业额外征收 6%的数字税,之后又在 2020 年 4 月对在该国境内提供数字服务且本地年销售额超过 2 000 万卢比的外国企业征收 2%的数字税。中国对数字税的讨论刚刚开始,尚未形成法律法规体系,但未来中国的跨国科技企业可能受到欧盟等发达国家数字税的影响,率先被纳入征税范围中。

(二)数字贸易非关税壁垒

与传统非关税壁垒针对货物或劳务等有形贸易在关境采取人为的数量或质量的限制相比,数字贸易的非关税壁垒更多是对数据和信息的限制。2014 年美国国际贸易委员会(USITC)在《美国与全球经济中的数字贸易Ⅱ》中定义了包括跨境数据流动限制、数据本地化、市场准入限制、与数字贸易有关的知识产权保护、网络安全审查等数字贸易壁垒形式,其中跨境数据自由流动与数据本地化措施的问题最受各国关注。

1. 跨境数据流动限制

跨境数据流动限制通常是指政府对跨境数据流动采取措施监管,防止信息暴露,保护信息安全。实施数据流动限制措施的主要对象包括个人信息数据、金融数据、电信运营数据、企业数据以及国防数据等。数字经济快速发展,加速了个人数据的全球流通和融合,也使其作为重要的生产要素的价值得以凸显。因此,各个国家由最早的个人数据的跨境自由流动,变得越来越开始重视数据安全问题,进而对个人数据传输进行监管。特别是由于关系到国家安全和个人隐私,越来越多的国家将数据流动纳入政治议题当中,国家之间关于数据信息的竞争博弈悄然加剧。

影响各国数据跨境流动政策的因素多元且复杂,比如地缘政治、国家政策偏向以及市场产业发达程度等。从长远的趋势来看,个人数据的全球快速融合导致的隐性风险越来越被各国重视。政府通过对数据控制者在数据管理上的安全责任作出相关的规定,要求企业对其进行跨境数据流动的全过程安全负责,一旦出现了不符合管理规定的个人数据泄露等情况时,政府会对相关企业进行严厉处罚。美国在信息通信产业和数字经济上具有全球领先优势,因而主导着全球跨境数据的流向,在与各国的新一轮贸易谈判中都主张将“数据跨境自由流动”纳入协议条款,以破除许多国家利用数据跨境流动设置的市场准入壁垒。欧盟通过“充分性认定”确定数据跨境自由流动白名单国家推广数据保护立法,

“充分性认定”规则在一定程度上对其他国家改革个人数据保护法产生了重大影响，提升了欧盟个人数据保护规则对全球的示范效应。目前欧洲委员会确认的白名单国家共有13个，包括安道尔、阿根廷、加拿大（商业组织）、法罗群岛、根西岛、以色列、马恩岛、泽西岛、新西兰、瑞士、乌拉圭、日本和美国。虽然中国没有提出明确的数据跨境流动的方案，但在2020年9月发起了《全球数据安全倡议》，反对利用信息技术窃取企业或个人的重要数据。

2. 数据本地化

数据本地化是指国家对在本国产生的数据施以控制监管，将这些数据储存在国境内的云服务器中，从而限制本国数据向境外流动。数据本地化的具体措施有：要求数据服务器或其他基础设施位于本国、要求企业使用一定数量的当地技术，以及与本国数据服务公司合作外包数据储存和处理业务等。目前，数据本地化逐步形成了有条件流动的限制方式，即针对不同的数字信息采取不同严格程度的限制措施。一般来说，对于重要的数据禁止跨境流动，相关行业的技术数据以及公共部门的数据有条件限制流动，普通个人数据则在满足安全要求基础上允许流动。数据本地化措施的发展对全球数字经济的潜力构成越来越大的威胁，不仅使互联网的可访问性和安全性降低，同时使得数据访问成本增高、流程更复杂，从而导致创新性降低。

早在WTO“电子商务诸边谈判”中，各国对于数据本地化措施的态度和立场就不同。以美国为代表的发达经济体持反对立场，其在提案中提出了禁止数据本地化的要求，只是特别规定了金融业的数据存储问题。其原因在于美国数字产业最为发达，因此认为本地化措施会弱化数字企业的竞争优势，坚持反对数据本地化措施。欧盟也对数据本地化措施提出了反对意见，但同时提议规定“采取自认为合适的规定确保个人数据或隐私不受侵犯”的例外情形。2018年欧盟在《非个人数据自由流动条例》中强调除非公共安全理由，原则上不禁止数据的跨境流动。中国对于跨境数据流动中的安全问题较为重视，《中华人民共和国个人信息保护法》第四十条规定：“关键信息基础设施运营者和处理个人信息达到国家网信部门规定数量的个人信息处理者，应当将在中华人民共和国境内收集和产生的个人信息存储在境内。确需向境外提供的，应当通过国家网信部门组织的安全评估；法律、行政法规和国家网信部门规定的可以不进行安全评估的，从其规定。”

3. 市场准入限制

市场准入限制是指一国政府限制外国数字产品销售或企业投资参与国内市场的措施。市场准入限制的实质在于阻碍国外数字产业发展，尽力减少或消除数字贸易中的垄断经营，一般是通过限制购买数字产品，或通过限制大数据、云计算、人工智能等先进技术的使用等方式进行。此外，投资限制也是比较常见的市场准入限制壁垒，即一国政府对某个产业或某个企业的投资行为提出一定的限制条件。一般包括：投资企业规模、投资企业注册地、投资企业进货渠道和销售渠道、投资企业董事会成员中本国成员数量以及投资企业的本地服务器数量等。

发达国家经常采用限制外商直接投资的措施以遏制他国数字经济产业发展，从而维护本国产业霸权地位。自2018年以来，美国商务部(DOC)先后将科大讯飞、云从科技、商汤科技等中国数字企业列入“实体清单”。2021年6月，美国以国家安全为由通过《确保信息和通信技术及服务供应链安全》的行政命令宣布禁止联邦机构采购华为、中兴、海康威视等中国数字企业的产品。欧盟成员国处在经济转型和地缘政治不稳定时期，数字贸易政策趋向保守，加大了对外国企业在欧盟投资的审查力度。2019年4月，由欧洲议会与欧盟理事会通过的《欧盟外资审查条例》正式生效。截至2020年6月1日，共有13个欧盟成员国建立了外资安全审查机制，这严重限制了外资企业业务的开展与扩张。《欧盟外资审查条例》扩大了外资审查范围和政府自由裁量权利，降低了触发审查门槛，提高了外资企业的进入成本。同样地，其他国家，比如印度、俄罗斯，都有着比较严格的外商直接投资限制。中国对于外资准入一直秉持开放的态度，近年来一系列的重大开放举措显示了中国市场吸引外资的决心。从2017年至2020年，中国商务部连续四年修订负面清单，外资准入特别管理措施由93项减至33项，有效地促进了市场竞争的有序性和规范化。

4. 与数字贸易有关的知识产权保护

与数字贸易有关的知识产权保护是指各国为规范数字贸易中的知识产权、专利等侵权问题所提出的限制措施。国际贸易中知识产权壁垒的表现形式主要有：搭售行为、差异定价、商标抢注以及技术转让的内部化。[①] 在数字经济背景下，知识产权保护的新客体不断出现，数字技术的持续发展导致新的专利和研发不断出现，进而转化为各种形式的知识产权。比如，基因工程、信息通信以及计算机软件等领域往往会产生更多的专利。数字贸易使得知识产权保护的领域从有形市场拓展到了无形市场，专利产业从传统的机械工程、化学和医药领域拓展到了人工智能以及大数据领域。数字经济背景下知识产权保护壁垒中一项重要的议题是开放源代码，它是指软件的作者或著作权所有者将软件程序的原始码公开。目前不少国家会要求外国投资者和外国企业提供其数字产品的加密密钥，或者是公开商业源代码，以作为其进入本国市场的基础性条件。对于所有的跨国数字企业而言，这种要求都意味着企业的知识产权和商业机密的巨大风险。当前大部分国家有关知识产权的法律和市场监管机制都还有很大的不足，因此目前选择专有还是开放，国际上并未得出一致的结论。

随着数字贸易量的增加，知识产权侵权的问题逐渐突出，部分国家开始加强本国立法工作规制知识产权侵权现象。对美国而言，知识产权保护不仅是美国的国内经济政策，更是维护其技术霸权地位的重要工具。美国掌握着很大一部分核心科技，在知识产权保护的制定标准上具有优势，曾发布了一系列知识产权保护法规，比如专利法、著作权法、商标

---

① 搭售行为(Tying Behavior)是指购买者在购买知识产权产品时，被要求一并购买其他附带产品的行为。差异定价(Differential Pricing)是指知识产权产品销售者在不同的国家或地区针对同一产品实施与产品成本无关的不同价格。商标抢注(Trademark Preemptive Registration)是指知识产权产品垄断者将与产品有关的边缘产品或关系不紧密的产品同时申请注册商标，扩大了商标的使用范围。技术转让的内部化(Internalization of Technology Transfer)是指跨国公司通常选择与自己有关联的公司进行国际贸易，此行为阻断了知识产品的外部流转，大大限制了产品的自由流通。

法等,对新兴经济体的高新技术产业进行垄断和限制。2023 年 1 月 5 日,美国总统签署了《2022 年保护美国知识产权法案》,该法案赋予行政部门巨大的自由裁量权来确定竞争对手是否威胁其国内企业知识产权。欧盟的反垄断调查风波与版权制度改革推动了知识产权保护行动的步伐。2023 年 6 月 1 日,《统一专利法院协议》生效,欧洲统一专利法院(UPC)正式运行。欧洲统一专利法院是欧盟成员国共同建立的一种司法体系,用于在欧洲各国减少对专利诉讼的重叠和不一致性,提供高质量的、有效的、专一的专利司法保护。《统一专利法院协议》为专利系统的用户提供一个在欧洲范围内进行专利保护和争端解决的有效选择,其目的是使企业和创新者更容易在欧盟内保护其知识产权。2020 年 7 月,俄罗斯对《俄罗斯联邦民法典》关于发明和使用新型专利申请的审查进行了多项修订,通过联邦法律扩大政府强制许可的权利,并推动商标与专利申请方式电子化。为了保护人工智能创造的作品和技术,英国政府在 2021 年 7 月推出《创新战略:通过创造引领未来》决议,旨在确保英国的知识产权环境继续领先于世界。2021 年 10 月 25 日,法国国会通过了"关于数字时代文化作品获取的监管和保护"法案,该法案旨在建立一个全新的媒体监管机构 Arcom。① 中国自改革开放以来,大力推进知识产权制度改革,为了规范电子商务平台行业的知识产权保护,国家知识产权局于 2020 年 11 月 9 日发布《电子商务平台知识产权保护管理》国家标准,此标准有效地引导了商务平台和经营者对于电子商务平台知识产权保护制度的了解和利用,并推动电子商务行业健康有序发展。

5. 网络安全审查

网络安全审查是指一国政府对可能影响国家安全的网络信息技术产品和服务、涉及国家安全事项的建设项目,以及其他重大事项和活动进行审查,从而有效预防和化解国家安全风险。出于对产品的安全问题考虑,政府对进入本国市场的重要信息技术产品及其提供者进行审查的重点在于防止产品提供者利用所提供产品非法收集用户信息和危害国家网络安全,不符合安全要求的产品和服务将会被禁止使用。因此,网络安全审查是为保障关键信息基础设施供应链安全、维护国家安全而建立的一项重要制度,对保障国家安全具有重要意义。

美国的网络安全审查政策包括外国投资审查制度、关键基础设施保护制度、供应链安全管理制度。2018 年 8 月通过的《外国投资风险评估现代化法案》扩大了美国外国投资委员会(CFIUS)的审查权限和审查范围,赋予其快速审查特定交易的权利。2019 年 10 月 9 日,CFIUS 以非法收集美国公民数据、侵犯隐私权为由,对字节跳动收购美国短视频应用 Musical.ly 进行国家安全审查。欧盟为了进一步完善网络和信息通信安全保护框架,2019 年 6 月 27 日正式施行《网络安全法案》,这是继 2016 年《通用数据保护条例》、2018 年《非个人数据自由流动条例》之后又一部重磅网络安全法规。在网络风险不断增加的形势下,该条例对于欧盟各成员国网络和信息通信安全体系的构建、增强网络信息安全风险防控

① Arcom 由法国网络著作传播与权利保护高级公署和高级视听委员会合并而成,负责视听和数字通信的监管,于 2022 年 1 月 1 日起正式运行。

能力具有十分重要的意义。我国为维护国家网络安全、保障中国用户合法利益,依据《中华人民共和国国家安全法》和《中华人民共和国网络安全法》,于 2021 年 12 月 28 日修订后的《网络安全审查办法》发布,自 2022 年 2 月 15 日起施行。目的是通过建立网络安全审查制度,及早发现并避免采购产品和服务给关键信息基础设施运行带来风险和危害,保障关键信息基础设施供应链的稳步运行,维护国家安全。

三、数字贸易壁垒的演变趋势与展望

(一)数字贸易壁垒的演变趋势

数字技术的发展影响了国际分工与贸易体系,为全球数字贸易的迅猛发展贡献了重要的力量,与此同时,也产生了新的数字贸易壁垒措施,并成为全球数字经济合作与竞争的一个关键性障碍。随着数字经济产业的战略地位日益提升和国际形势不断变化,未来数字贸易壁垒的演变将呈现以下三个方面的趋势。

第一,数字产品和服务形式的丰富将使数字贸易壁垒呈现出多样化的趋势。与传统贸易不同,数字贸易的交易对象包括数字货物、数字服务和数据信息。数字产品和服务具有更加丰富的属性及性质,并且在不同贸易分工环节中的特点也存在差异性,因此各国政府在原有传统贸易壁垒的基础上扩展了针对数字货物、数字服务以及数据信息的新型数字贸易壁垒。比如上述提到的,针对数字产品设置的数字产品税、针对数字服务设置的数字服务税、针对信息数据设置的跨境数据流动限制、数据本地化政策以及网络安全审查等数字贸易的非关税壁垒。

第二,贸易保护主义抬头和霸权主义的存在将使数字贸易壁垒呈现出政治化的趋势。数字产业已经成为未来经济发展的重要支柱,数字贸易也会成为未来国际贸易的重要形式,因此为促进本国数字产业发展,遏制他国的科技发展与产业升级,各国政府存在实施贸易保护主义政策的动机。当前,以美国为首的西方国家为了扭转贸易逆差,保持在全球贸易格局中的优势地位,开始阻挠新兴国家高科技和数字产业进入国际市场,并对其实施打压围堵。比如,2022 年 12 月,美国国会禁止在联邦政府设备上使用视频应用 TikTok,认为该软件可能向中国提供用户数据,从而导致国家安全问题。2023 年 3 月 1 日,美国国会众议院外委会提出法案,计划禁止美国民众使用 TikTok,并对部分企业施加制裁。然而,所谓维护"国家安全"的理由,只是阻挠他国数字产品和服务进入美国市场的幌子,贸易保护主义和政治体制需求才是其背后真正的驱动力。

第三,人们需求的提升和各类多边协议的签订使得未来数字贸易壁垒在区域层面呈现出减弱的趋势。随着数字经济产业对人们生活质量的提升,全球数字贸易极大程度地满足了消费者对数字产品和服务的日常需求。为了更好地满足消费者需求和促进全球数字产业发展,各国开始了区域性多边框架内的谈判。对于数字贸易政策的诉求和区域性贸易规则的制定加速了国家之间构建制度联盟的步伐。截至 2020 年 6 月,全球共有 89 个区域和双边贸易协定中包含数字贸易规则。《美墨加协定》(USMCA)是以数字经济为重点的自由贸易协定，实现了部分贸易伙伴间的数据自由流动。2020 年 6 月，新加坡、智利、新西兰签署了数字经济伙伴关系协定（DEPA），协定帮助缔约国在跨境数据流动、个人隐私保护、数字科技、金融等领域达成了较为一致的方案，加速了各国企业的数字产品和服务的贸易往来。

（二）我国数字贸易规则的展望

近年来，数字经济带动了传统产业转型，我国数字经济规模不断扩张，逐渐成为国民经济中最为核心的增长极之一。然而，我国数字贸易规则制定与建设等方面还相对滞后，长远来看不利于我国数字贸易的发展。

首先，作为发展中国家，我国在国际数字贸易上的看法和做法与发达国家不同。数字技术成熟的发达国家具有较大的产业优势，主张不设置或设置较宽松的贸易限制，而发展中国家基于保护自身数字经济产业和国家安全的考虑则希望对数字贸易采取强有力的管控。在加强我国数字贸易规则制度的建设方面，只有重点研究当前数字贸易壁垒表现形式和发展方向，熟悉并参与数字贸易规则的制定，才能在面临壁垒时及时并有效地提出应对方案，防止出现数字贸易摩擦与冲突时应对不足的情况。

其次，我国电子商务的发展在国际上具有一定的优势，但是相应法律法规的建设却明显落后于发展速度。我国应当发挥电子商务的发展优势，围绕其构建涉及个人信息保护、消费者权益保护、电子商务的平台监管以及明确法律责任等相关规则。在逐步完善电子商务相关法律规则的同时，加强数字化服务平台的建设和完善跨境电商发展的支持政策。目前国际尚未有多边协议重点讨论全球电子商务规则的合作建设，因此，我国应当在双边或多边区域贸易协定中加强关于电子商务相关规则的协调。

最后，作为国际上数字经济产业最为发达的几个国家之一，我国应当积极参与全球数字贸易规则制定，构建以中国为主导的数字贸易规则体系。在国际数字贸易的谈判与合作中，主动调整策略并表明自己的合作立场，以积极主动的姿态展示合作诚意。此外，特别是要注意团结广大发展中国家，力求为发展中国家发声，携手应对国际数字贸易中发达国家霸权主义带来的风险与挑战，提高我国在国际数字贸易规则制定中的话语权，扩大中国规则的适用性与影响力，更好地保护自身利益。

第二节 数字贸易壁垒的经济影响

一、需求侧分析

随着数字技术不断发展，商品、服务、资金和信息的跨区域流通效率极大提高，这无疑促进了全球经济增长，提高了市场供需匹配效率，降低了国际贸易的交易门槛。然而，由于当前 WTO 多边规制体系对新型数字贸易壁垒缺乏约束力，对全球数字贸易发展产生了影响。虽然新型数字贸易壁垒与传统贸易壁垒在形式和措施上有所不同,但都会降低市场的均衡效率,阻碍国际数字贸易的发展。

(一)消费者的福利分析

数字贸易通过降低消费者的信息搜寻成本和交易成本,改善消费者原本在市场中处于信息劣势地位的状况,使市场能够更加有效匹配商品供求,进而提高消费者福利。然而,为保护国内数字经济产业而设立的贸易限制措施往往会对进口国消费者的福利产生不利影响。最初,数字贸易中数字产品和服务税的征收是为了应对数字经济高速发展对现有税制的副作用。然而,政府向有害行为征税无法有效地内化外部性。由于外部性是相互的,在交易成本为零的情况下,初始的产权分配不会影响效率,但是在现实情况下却无法忽视相关交易成本,直接针对数字经济的不利影响进行征税,可见对数字产品和服务征税难以有效遏制这些问题。

一般来说,对进口产品加征关税的不利效应会转嫁给消费者,而消费者在被征税后是否会继续保持和减少对产品的需求则取决于产品的需求价格弹性和消费者对产品的偏好。例如,法国数字服务税法案通过后,亚马逊法国网站于 2019 年 8 月即宣布将销售佣金费率提高 3%,而其中一部分收费会转嫁给最终消费者。由于数字贸易非关税壁垒更具隐蔽性,对消费者福利的不利影响往往没那么直接,但也不容忽视。为了协助相关机构打击国外企业侵犯知识产权的行为,美国每年会发布“恶名市场名单”①,此类名单虽然没有直接影响到消费者的购买行为,但是会使消费者对该类商品或服务产生排斥和否定心理。这类新型数字贸易壁垒虽然具有单边性,但是效果明显且针对性较强。

(二)产品层面的分析

受行业出口门槛和自身生产率的限制,部分企业难以顺利开展传统国际贸易,而数字技术的发展使数字信息手段为这部分企业开创跨境数字贸易渠道带来了极大的便利。无形数字产品的特点在于通过互联网传输给最终消费者,比如音乐、视频等产品。随着各类数字产品跨境交易平台的增加,消费者对于数字产品的需求也更加趋于多元化。数字贸易的发展不仅改变了商品的贸易方式,而且丰富和扩大了进出口产品的种类和范围,满足了消费者日益多样性的物质文化需求。然而,数字产品关税壁垒的实施增加了本国消费者消费数字产品的难度,抑制了数字产品贸易的发展,降低了数字贸易带来的扩展边际优势。本地化措施和市场准入限制等非关税壁垒同样增加了外国数字服务企业向本国消费者提供数字服务的难度,严重时甚至使得企业直接丧失在本国市场提供数字服务的可能性。自 2020 年 6 月以来,印度政府以所谓“国家安全”的理由,封禁了超过 200 个中国手机应用程序,其中不乏 TikTok、WeChat 等在印度热销的软件。中国是印度第一大贸易伙

① 恶名市场名单(Notorious Market Lists)是指美国贸易代表办公室(USTR)每年针对美国之外市场发布的侵权知识产权或知识产权保护不力的企业和市场名录。

伴,双边贸易往来使两国消费者受益匪浅,然而印度对数字服务软件的限制打击了国内消费者和国外投资商的积极性。可见,制定影响跨境数字服务贸易的经营要求和限制措施会显著增加外国数字服务提供者的经营负担,增加外国企业开展数字服务贸易的商业经营风险,降低外国企业进入的积极性。

二、供给侧分析

(一)对生产成本的影响

数字贸易壁垒措施实施的主要影响在于厂商生产数字产品和企业开展数字服务过程中的成本问题。一方面,随着中国传统制造业的数字化程度不断加深,数据要素俨然成为企业重要的中间投入,数字技术的投入降低了下游企业的生产成本并提高其产品竞争优势,而数字贸易壁垒限制会增加企业的生产成本而弱化企业生产优势,降低产品竞争力;另一方面,数字贸易的发展使生产者和消费者可以直接进行货物或服务贸易,减少了很多不必要的中间流转环节,交易流程的简化有利于降低企业的贸易成本,提高企业的贸易效率,进而提升企业出口,而数字贸易壁垒同样会增加企业的贸易限制,降低企业贸易效率。因此,数字贸易壁垒会通过提高企业生产和贸易成本、降低企业贸易效率等方式减弱企业优势,降低数字产品竞争力。

从目前多国开征数字产品税和数字服务税的模式可以看出,数字贸易关税壁垒将提高数字贸易企业的税收负担和纳税成本,降低企业收益。从具体措施来看,限制数据的跨境自由流动显著提升了数字服务企业的跨国运营成本,同时也导致基于数据的跨境自由流动形成的数字服务贸易无法继续开展。数据本地化存储的相关要求使得本可以采用全球分散分布的数据中心来提供跨境数字服务的企业不得不新设本土化的数据中心,提高了其访问和使用数据的成本。在电子商务许可证的获取方面采取歧视性措施或设定烦琐的评估程序会增加外国数字服务贸易企业的进入成本,不利于跨境电子商务贸易正常发展。在商标或版权保护领域针对外国公司采取歧视性措施会引发外国数字服务公司在知识产权领域内受到不公平对待,增加进入与经营的隐性成本,从而造成其利益损失。尽管数字贸易壁垒的形式不同、种类纷繁,但其本质都是通过提高数字企业提供跨境数字产品和服务的成本对数字贸易构成不利的消极影响,阻碍数字贸易的正常发展。

(二)对收入分配的影响

数字贸易在改变传统国际贸易方式的同时也在一定程度上影响了社会的收入分配,其衍生的数字分工对传统国际贸易利益分配体系产生了巨大冲击。一方面,数字技术的应用极大地降低了交易成本,提高了贸易效率,缩短了供应链,为一些传统弱势企业开拓了跨境贸易的新渠道,从而改善了企业间的收入不平等现象;另一方面,数字贸易作为一种新生业态,为人们利用闲暇开展副业提供了新方向,增加了劳动就业和创业的机会,为个人、家庭和社会创造了新的财富。

虽然数字贸易加速了商品在全球的自由流动,但是对进口国企业的国内贸易存在一定程度的挤出效应,因此进口国为了保护本国数字经济产业的发展而设立数字贸易壁垒措施。数字贸易壁垒显著增加了企业的经营负担,降低了企业生产力和产品竞争力,结果很有可能使实力不足的企业被迫退出市场,最终导致企业人员失业。一般来讲,企业收入与其员工收入之间存在明显的正相关关系,数字贸易壁垒提高了企业的贸易成本,压缩了企业利润收入,同时会降低企业员工收入。由此可见,数字贸易壁垒会使得收入不均等化问题变得更加严重。

三、国际市场的分析

(一)传统贸易壁垒依然存在

当今国际市场贸易保护主义盛行,数字贸易壁垒的种类不断增加,很大程度制约了数字贸易的良性发展。对于关税壁垒,各国没有对数字产品和服务是否征收关税达成一致意见。关税壁垒提高了数字贸易企业的生产和贸易成本,降低了企业价格优势和产品竞争力,阻碍贸易正常发展,导致贸易扭曲。单边碎片化和缺乏协调的关税壁垒措施存在不公平性和歧视性,易遭到数字贸易出口企业所属母国的反制,进而引起两国之间的贸易摩擦,甚至可能影响两国之间未来跨境数字贸易的开展。例如,一国政府对进口企业征收数字服务税,会导致企业成本上升、利润降低,被征税企业会综合权衡利润变化后是否继续开发该国市场,而尚未进入该国市场的数字企业也会重新审视是否投资于该国市场,最终有可能形成贸易转移。数字贸易非关税壁垒通过提高对应市场的准入壁垒,增加国外企业进入本国市场的门槛成本,对贸易产生抑制效应。但从市场竞争的视角来看,非关税壁垒会倒逼数字型企业增加研发支出,不断提升自身的数字技术水平,而行业整体技术水平进步会导致国际市场数字贸易标准的上升,从而对贸易产生促进效应。总的来看,非关税壁垒对数字贸易发展的影响是正向还是负向,取决于壁垒的严厉程度以及企业自身数字产业的发展水平。

(二)数字贸易壁垒不断变化

数字贸易正成为全球数字经济开放与合作的重要纽带,数字贸易壁垒的国际博弈直接关系到各国数字经济产业的发展。由于层出的壁垒措施对数字贸易的限制,各国之间跨境数字贸易治理的平衡被不断打破,全球数字贸易的发展不平等加剧。一方面,美国、欧盟等数字经济发达经济体之间因各自的数据保护措施而导致的市场割裂势态持续蔓延;另一方面,数字经济先发经济体与后发经济体之间的“数字鸿沟”不断加深。例如,为维系自身对国际数字产业的主导权,美国外交关系协会(CFR)发布《美国和盟国创建数字贸易区对抗中俄互联网愿景报告》,呼吁美国与盟国之间建立一个开放的互联网治理体系,针对中俄形成国际统一战线,抑制中俄数字贸易的发展。这对形成一个协同多方、公正有效的国际数字贸易规制体系带来了挑战,也对全球数字贸易正常发展带来了威胁。

关于国际数字贸易壁垒的博弈仍在继续,虽然数字贸易壁垒的国际体系建设无法轻易达成全球一致的方案,但构建多边体系的概率在不断提高。在大国互相博弈背景下,中小经济体通常会采取“抱团取暖”的策略,通过共建数字化基础设施和平台,形成规模经济效应,进而达到发展本国的数字经济产业的目的。比如,东盟国家于 2021 年 1 月发布了《东盟数据管理框架》《东盟跨境数据流动示范合同条款》等一系列文件,通过借助区域协同发展探索本国数字贸易规制措施的发展方式或将加速新的区域贸易合作机制的形成,进而推动全球性数字贸易规制框架逐步成型。

四、经济效应分析

上文从需求侧和供给侧定性分析了数字贸易壁垒的经济影响。由于当前对数字贸易壁垒的经济效应从理论上并未形成体系且需要进一步研究探讨,下面借鉴技术性贸易壁垒的影响机理,尝试从经济模型上探究新型数字贸易壁垒的作用机制。第一,从静态和最直观的影响来看,一方面,数字贸易壁垒具有控制进口商品价格的作用,即通过增加进口商品的成本提高进口商品价格;另一方面,数字贸易壁垒也具有控制进口商品数量的作用,即通过设置数字流通限制或是数字产品高标准使满足要求的产品得以进口。第二,数字贸易壁垒的设置又具有动态的抑制效果,以及数字贸易平台的独特交易方式对双边市场产生新的影响。

(一)价格效应

类似于传统贸易壁垒,数字贸易壁垒会导致出口商增加一些不必要的成本从而影响到出口价格。出于对自身经济利益的考虑,数字产品出口商通过提高数字技术或改进自身数字产品质量达到进口国的相应技术标准,往往这些做法会直接增加厂商生产成本,从而使产品价格提高。如图 11-1 所示,产品的价格或成本用 P 来表示,Q 代表的是某家特定出口厂商生产的产品数量,产品的单位平均成本用 AC 来表示。由于规模经济递减规律的存在,所以 AC 是凸向原点并逐渐递减的,即产品产量规模越大,单位产品成本越低。在没有设置数字贸易壁垒的情况下,产品市场出清时的均衡价格为 P_1,均衡数量为 Q_1,出口厂商可以获得的利润为 W_1。当进口国开始设置数字贸易壁垒时,出口厂商对生产方式进行调整,提高生产成本以便使出口产品能够符合进口国对该产品的具体要求,假设额外支付的费用为 ΔC,经过调整后,原来的单位平均成本曲线 AC_1 移动到 AC_2($AC_2=AC_1+\Delta C$),此时在产量仍为 Q_1 的情况下,产品的价格只有从原来的价格 P_1 提高到 P_2 才能使得出口厂商获取利润,不然会出现亏损局面。然而,提高产品的价格会降低该出口产品的市场竞争力,出口厂商如果想突破数字贸易壁垒对产品的限制,则需利用规模经济效应,将该产品的生产规模由 Q_1 提高到 Q_2 以上的水平,通过尽可能降低产品的单位平均成本赢得产品的市场竞争优势,以保证企业利润。

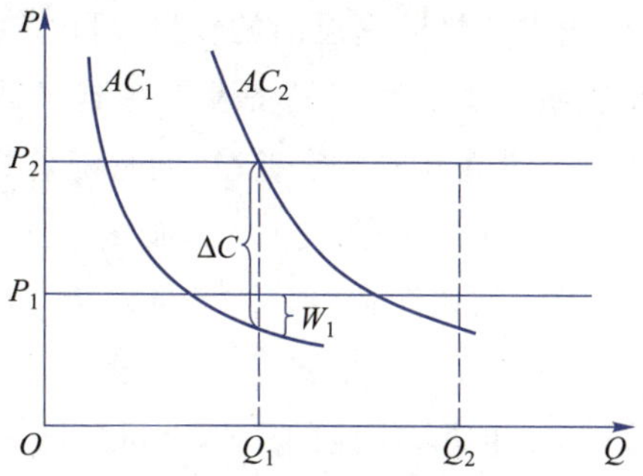

图 11-1　数字贸易壁垒对贸易价格的影响

（二）数量效应

种类繁多的数字贸易壁垒的根本目的是试图在一定程度上限制进口，以保护国内数字经济产业的发展。在进口国不存在数字贸易壁垒的情况下，进口的商品可以自由进入该国市场。当进口国设置数字贸易壁垒之后，阻碍商品顺利进入国内市场，贸易的阻碍作用显而易见，对进口商品的数量会产生明显的抑制作用。图 11-2 表明了数字贸易壁垒的数量抑制效应。假定进口国为大国，图中 S_f 表示设立数字贸易壁垒之前进口国市场上的国外供给函数，S_f' 表示设立数字贸易壁垒之后进口国市场上的国外供给函数，而 S_{h+f} 和 S_{h+f}' 分别表示国内外供给加总后的总供给函数（相对于外国供给曲线，斜率更低），D 表示进口国的总需求函数。可以发现，设置数字贸易壁垒以后的供给曲线 S_f 和 S_f' 向上移动，即外国供给曲线和总供给曲线同时上移，进口国的供求均衡点由 E 变为 E'，而进口量则由设立数字贸易壁垒之前的 Q_1 降到 Q_1' 的水平，即数字贸易壁垒降低了产品进口数量。

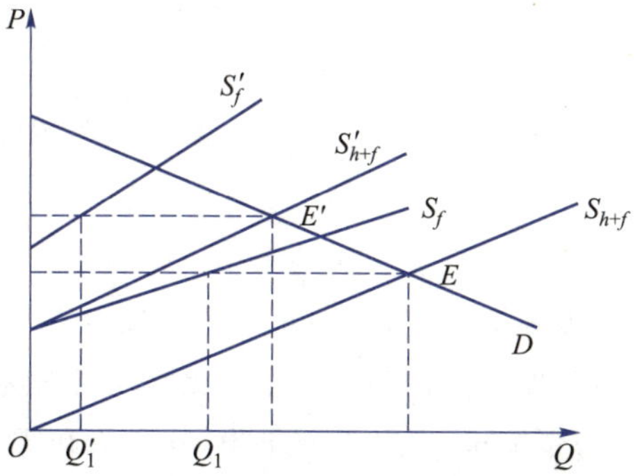

图 11-2　数字贸易壁垒对贸易数量的影响

（三）动态抑制效应

上述内容是从静态角度探讨数字贸易壁垒对贸易价格和贸易数量的抑制效应。与传统贸易壁垒不同，数字贸易壁垒具有伴随各国数字技术发展而不断调整的特点。从动态的角度考虑，进口国会在自身数字技术发展现状的基础上设立相应的数字贸易壁垒，但这仅仅代表了进口国相对出口国的暂时性的"数字领先",并非永久设置的标准限制。因此,进口国与出口国之间关于数字贸易壁垒层面的较量,可以看作国际贸易利益再分配的动态博弈过程。当出口厂商依靠自身的数字经济发展跨越了数字壁垒之后,进口国为维护自身产业所保持的竞争优势会设立新的数字壁垒,而且随着数字技术发展创新的深入,新的数字贸易壁垒会不断出现。如图 11-3 所示,纵轴表示进口国所设立的数字限制标准 T,横轴代表产品的出口量 Q。初始阶段,技术标准为 T_0 时,只有满足或优于进口国限制标准的数字产品才被允许进口,对应的产品出口量为 Q_0;随着各国数字技术的发展,进口国把标准逐渐提高到 T_1 和 T_2,相应的产品出口量随之减少至 Q_1 和 Q_2。可见,当数字贸易壁垒一旦形成或发生变动时,就会对进口产品产生数量控制作用和价格抑制作用,进而对双边国家的消费、生产造成影响。此类动态分析方法更多地运用于数字技术水平相对成熟的发达国家针对数字技术落后的发展中国家实施的数字贸易壁垒效应研究。从上述分析可以看出,发展中国家如果想在应对发达国家的数字贸易壁垒时占据有利地位,关键在于提高自身的数字发展水平,进而提升产品的竞争优势以突破封锁。

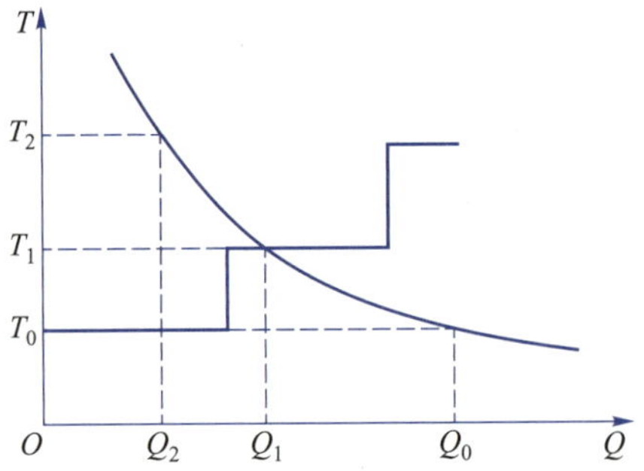

图 11-3 数字贸易壁垒的动态抑制效应

(四)福利分析

本部分通过小国和大国模型,分析进口国设立数字贸易壁垒对生产和消费的负外部性,以及双边市场的福利效应。

1. 小国模型

假设进口国为小国。在国际贸易中,小国作为价格接受者,其进口量的变化不会对国际市场的价格产生影响。出于保护国内数字产业目的的数字贸易壁垒会使得国外出口企业的成本升高,国内商品消费量减少,最终导致该国经济福利受损。如图 11-4 所示,D_d 表示国内需求曲线,S_d 表示国内供给曲线,S_w 表示未实行数字贸易壁垒时该国所面临的市场供给曲线,也是该国的国内市场供给曲线,S_w+C 表示实行数字贸易壁垒之后该国所面临的世界供给曲线,即该国的国内市场供给曲线。可见,当进口国设立壁垒之后,该国面临的价格从原来的 P_w 提高至 P_w+C,其中 C 表示出口企业为了达到该国数字贸易壁垒标准所付出的成本。此时,国内消费数量由原来的 Q_4 变为 Q_3,其中国内供给为 Q_2,国外进口为 Q_3-Q_2,国内消费者剩余为 ACH,生产者剩余为 HIF,总福利为 $ACH+HIF$,并且进口国消费者的福利损失为 *HIEG*+*EIJ*+*JICK*+*CKD*。其中，*HIEG* 是消费者剩余向国内生产商转移的福利损失部分；*EIJ* 是所增加的单位成本造成的福利损失部分；*JICK* 则代表由于设置壁垒，如海关征收关税后的政府财政收入部分；*CKD* 是设置数字贸易壁垒之后，商品价格上涨，国内消费量下降造成的福利损失部分。最后，*EIJ*+*CKD* 是数字贸易壁垒造成的无谓损失，表示进口国总福利的减少。

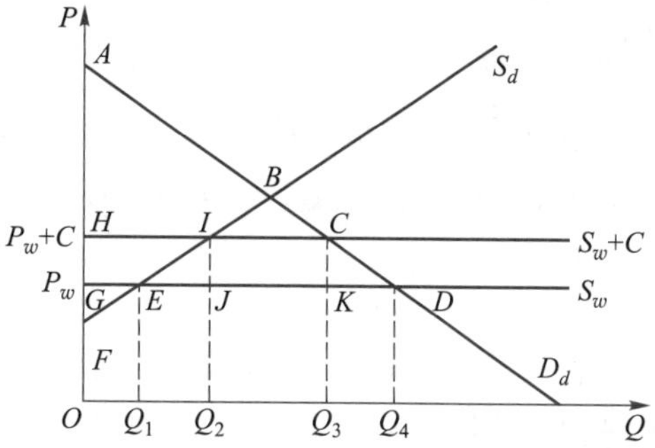

图 11-4 小国模型中数字贸易壁垒对进口国福利的影响

2. 大国模型

假设进口国为大国。在国际贸易中，大国实施数字贸易壁垒可以通过对进口量的调整影响国际市场价格，改善本国所面临的贸易条件。如图 11-5 所示，S_d 表示国内生产者的供给曲线，D_d 表示国内需求曲线，S_w 表示未实行数字贸易壁垒时该国所面临的国内供给与国外进口总和的市场供给曲线，此时均衡价格为 P_w，均衡数量为 Q_w，国内生产量为 Q_1，进口量为 Q_w-Q_1。在进口国设置数字贸易壁垒之后，国内市场的总和供给曲线向左上方移动至 S_w+C，此时均衡价格为 P_w+C'（$C'<C$，原因在于大国通过价格或数量调整使得壁垒成本在进口国与出口国之间进行分配），均衡数量为 Q_3，国内供给为 Q_2（由于国内供给的影响因素未发生变化，因此国内供给曲线不变），国外进口为 Q_3-Q_2。大国具有市场调节的能力，壁垒成本在进口国与出口国之间进行分配，因此出口国所得到的实际价格为 $P_w+C'-C$，且该价格小于设置数字贸易壁垒之前的均衡价格 P_w。我们令 P'_w表示外国生产者所得到的实际价格（$P'_w=P_w+C'-C$），由于 $P'_w<P_w$，所以出口国所面临的贸易条件下降。在小国假设下，P_w+C 为设置数字贸易壁垒后的均衡价格，P_w 为设置数字贸易壁垒之前的均衡价格，此时均衡数量为 Q'_3，国内供给为 Q'_2，国外进口量为 $Q'_3-Q'_2$。显然，$Q_3-Q_2>Q'_3-Q'_2$，大国假设下的国外进口量高于小国假设下的水平。因此，在大国假设下，设置数字贸易壁垒之后国际市场价格降低会使进口国的贸易条件改善，进口国将一部分壁垒成本转嫁给出口国使其数字产业保护的代价降低，但是该国的福利也会随之减少。从图 11-5 中可以看出，设置数字贸易壁垒之前的进口国的消费者剩余为 *CEF*，生产者剩余为 *DFG*，社会福利水平总和为 *CEF*+*DFG*；在设置数字贸易壁垒之后，该国的福利水平为 *BEH*（消费者剩余）与 *AHG*（生产者剩余）的总和，进口国的福利损失为 *ABCD* 部分。与小国模型相比，大国模型的主要特点是可以形成成本分摊机制，这一机制有利于进口大国改善贸易条件，减少福利损失。

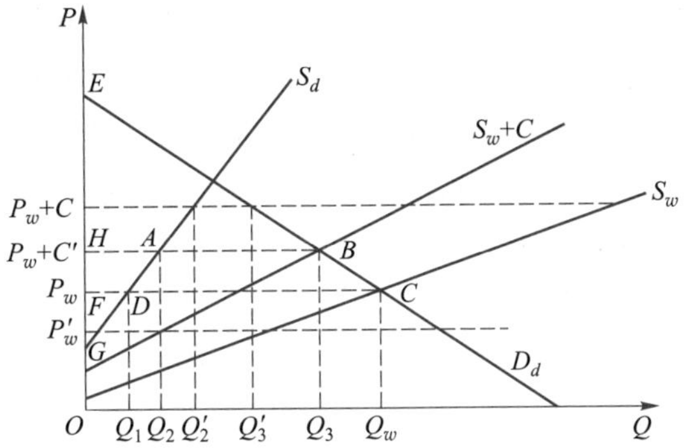

图 11-5 大国模型中数字贸易壁垒对进口国福利的影响

3. 双边市场模型①

数字经济推动下的数字平台经济快速发展,并成为当前数字经济时代的重要特征。数字平台的形式也各有差异,从主体上来看,有:生产者平台,直接连接用户或消费者;作为中间商的销售平台,连接了生产商、广告商、用户或消费者;以搜索引擎和社交媒体为代表的社交平台;跨境贸易中连接两个国家端客户进行互动的双边平台,拓展了人们消费的新渠道,也为相关企业提供了很大的盈利空间。目前,全球的平台经济主要呈现出三个特点:一是垄断,全球的搜索引擎业务和社交媒体业务都由极少数的公司提供,所以这类服务具有国际贸易的性质;二是免费,全球的消费者可以免费使用社交平台提供的服务,而平台的收入来源之一是将消费者的相关信息贩售给第三方广告商;三是国家可以出台个人隐私保护政策和对第三方广告来源收入征税来影响数字平台行为,比如欧盟出台了《通用数据保护条例》规范数据使用,美国对脸书和谷歌公司发起调查。但是,政府相关的针对数字平台的贸易政策常常受到质疑,也导致国际贸易协定中数字贸易政策制定问题难以有明显进展。因此,有必要就数字平台及其相关贸易政策制定的问题进行分析。

McCalman(2023)从数字平台垄断的性质出发,构建了包含平台信息共享和服务质量决策的双边市场模型(Two-sided Business Model),分析针对社交平台的政策设定问题。

该模型考虑数字平台的市场经济活动包含三类参与主体:平台、消费者和第三方广告商,平台的类型是搜索引擎或者社交媒体,为消费者和广告商之间的交易提供网络服务。假设平台是访问该平台所需的软件的垄断提供商,消费者使用平台服务时,会得到一个基本的效用水平 b。在此基础上,消费者的效用还取决于平台的服务质量 q。为了使用平台服务,消费者必须透露个人信息。平台通过利用和分享这些个人信息,给第三方广告商提供服务。但这种模式会引起消费者的反感,从而降低了消费者的效用,下降的幅度为 s。假设 b、q 和 s 对所有消费者是相同的。

① 本部分内容来自 P., McCalman E-Globalization and Trade Agreements,2023.

除此之外，消费者使用平台的机会成本为 c。机会成本在消费者之间是异质性的，在 $[0,\bar{c}]$ 上的分布形式为 $F(c)$ 且 $F(c)>0$。给定消费者的数量 L，则机会成本小于 c 的消费者数量为 $x=F(c)L$，同时这类消费者所占的份额为 $n\equiv F(c)=\frac{x}{L}$。这里假设分布函数的形式为：

$$F(c)=c^{\varepsilon}\quad 其中,\varepsilon>0 \tag{11.1}$$

假设消费者的支付意愿是线性函数形式，其中包括 b、s、q、c 和平台的定价 p。当平台消费者占比 n 给定时，假设平台的定价为 $p\gtreqless 0$，那么边际买家的定义为：

$$b+q-s-c-p=0 \tag{11.2}$$

同时 n 满足 $n=\int_{0}^{b+q-s-p}f(c)\,\mathrm{d}c=(b+q-s-p)^{\varepsilon}$。由上式可以求解出平台定价满足：

$$p(n,s,q)=b+q-s-n^{\frac{1}{\varepsilon}} \tag{11.3}$$

现实中存在的税收政策是平台收费需要支付消费税，当平台补贴消费者，消费者要支付所得税。假设消费税税率为 0，所得税税率为 $\tau>0$，那么在式(11.3)的价格结构下，得到支付意愿函数为：

$$\begin{aligned}&p(n,s,q)\quad \text{if } p\geqslant 0\\&p(n,s,q)(1+\tau)\quad \text{if } p<0\end{aligned} \tag{11.4}$$

向消费者收费是平台收入的来源之一。第二个收入来源是第三方广告商。从第三方广告商处得到的收入取决于平台的用户数量 n，以及按用户人头收取的广告费 $r(s,q)$。按人头收取的广告费 $r(s,q)$ 与平台服务质量 q 和平台向广告商提供用户信息 s 有关，因为这两者决定了广告商投放的广告能否精准被用户看到。假设 $r(s,q)$ 是严格凹的，分别随着 s 和 q 递增，满足 $r_s>0$，$r_{ss}<0$，$r_q>0$，$r_{qq}<0$ 和 $r_{ss}r_{qq}-r_{sq}^2>0$，但是 r_{sq} 可正可负。为了简化分析，假设该平台捕获了市场上广告技术方面的所有租金。在平台的成本方面，假设用户和广告投放不需要边际成本，但是维持平台服务质量水平需要耗费资源，其成本假设是 $C(q)\geqslant 0$，其中 $C_q>0$ 和 $C_{qq}>0$。在上述设定下，可以得到平台的最大化问题为：

$$\begin{aligned}&\max_{n,q,s}\pi=p(n,s,q)n+r(s,q)n-C(q)\\&\pi_n=p+p_n n+r=0\\&\pi_q=p_q(n,s,q)n+r_q(s,q)n-C_q=0\\&\pi_s=p_s(n,s,q)+r_s(s,q)=0\end{aligned} \tag{11.5}$$

考虑到消费税税率为 0，所得税税率为 $\tau>0$ 的情形，也就是说平台对消费者收取的价格是负数的话，即补贴了平台用户，那么用户将被收取所得税。平台的边际收益此时为：

$$p+n\frac{\mathrm{d}p}{\mathrm{d}n}\quad \text{if } p\geqslant 0 \tag{11.6}$$

$$\left(p+n\frac{\mathrm{d}p}{\mathrm{d}n}\right)(1+\tau)\quad \text{if } p<0 \tag{11.7}$$

市场均衡可以用图 11-6 表示。

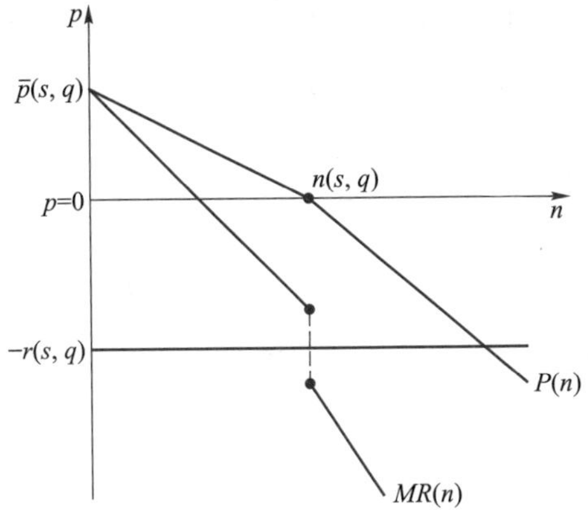

图 11-6 由于所得税导致的 $p(n)$ 扭结引发 $MR(n)$ 的跳跃

在 $p=0$ 处,边际收益曲线出现了跳跃。可以证明,该跳跃点即是市场均衡点,这说明存在向平台补贴征收的所得税时,免费的平台供给是市场均衡达到的结果。在免费的市场均衡下,平台对 s 和 q 的选择变为:

$$\max_{\{s,q\}} \pi = n(s,q)r(s,q) - C(q) \tag{11.8}$$

即:

$$\pi_s = n(s,q)r_s(s,q) + n_s(s,q)r(s,q) = 0$$
$$\pi_q = n(s,q)r_q(s,q) + n_q(s,q)r(s,q) - C_q = 0 \tag{11.9}$$

同时,当平台免费时,社会福利由消费者剩余和生产者剩余加总得到:

$$W(s,q) = \pi(s,q) + CS(s,q)$$
$$W_s = \pi_s(s,q) + CS_s(s,q) = \Big|_{\{s^P,q^P\}} \pi_s \underbrace{(s^P,q^P)}_{=0} - n(s^P,q^P) < 0$$
$$W_q = \pi_q(s,q) + CS_q(s,q) = \Big|_{\{s^P,q^P\}} \pi_q \underbrace{(s^P,q^P)}_{=0} + n(s^P,q^P) > 0 \tag{11.10}$$

免费平台选择的 s 和 q 使得社会总福利未达到最优水平,表现在此时 s 的水平上,边际福利小于 0,说明 s 高于有效率的水平;在 q 的水平上,边际福利小于 0,说明 q 低于有效率的水平。该结果可以表述为命题 1。

命题 1:当一个平台在免费模式下最大化利润时,个人信息被过度利用(s 太高),提供的质量不足(q 太低)。

(1) 存在个人隐私保护政策时的市场均衡。上述模型推演的结果显示,当平台免费提供给消费者服务的时候,与之相伴的是平台会过度利用消费者个人信息,并且降低服务质量,整体上降低了社会福利。为了修正这一扭曲,政策制定者可以设计相应的规制,约束平台对个人信息的过度利用,即出台规范平台行为的个人隐私保护政策。①

---

① 由于信息技术处在不断变革之中,平台的服务质量及质量评判标准也处在跟进变化之中,所以规范质量的政策制定并不现实。

假设政策制定者要求平台的信息共享程度为 $\bar{s}$。同时，由平台自主决定的服务质量水平为 $q^P(\bar{s})$。在有个人隐私保护政策的约束下，平台的质量会因此进行调整。所以政策实施后，是否能增进福利，取决于质量调整的幅度。如果政策实施，使得质量下调，可能导致福利下降的结果。为了考察个人隐私保护政策实施的效果，首先考虑政策制定者要解决的问题是：

$$\max_{\bar{s}} W(\bar{s},q^P(\bar{s}))=\pi(\bar{s},q^P(\bar{s}))+CS(\bar{s},q^P(\bar{s})) \tag{11.11}$$

就 $\bar{s}$ 求一阶导的结果是：

$$W_{\bar{s}}(\bar{s},q^P(\bar{s}))=\pi_{\bar{s}}(\bar{s},q^P(\bar{s}))+CS_{\bar{s}}(\bar{s},q^P(\bar{s})) \tag{11.12}$$

解决个人隐私保护政策是否能改善福利这一问题，可以讨论一种情形：假设不存在个人隐私保护政策下平台决策的结果为 $\bar{s}=s^P$ 和 $q^P(s^P)$。这种情形下，一阶求导的结果变换为：

$$\begin{aligned}-W_{\bar{s}}(\bar{s},q^P(\bar{s}))\big|_{\{s^P,q^P\}}&=-\left(\pi_{\bar{s}}\underbrace{(s^P,q^P)}_{=0}+CS_{\bar{s}}(s^P,q^P)\right)\\&=n(s^P,q^P)\left(1-\frac{\mathrm{d}q}{\mathrm{d}\bar{s}}\right)\end{aligned} \tag{11.13}$$

上式的正负性质与$\frac{\mathrm{d}q}{\mathrm{d}\bar{s}}$息息相关。通过对式(11.9)的全微分，可得：

$$\frac{\mathrm{d}q}{\mathrm{d}\bar{s}}=-\frac{\pi_{q\bar{s}}}{\pi_{qq}} \tag{11.14}$$

因为 $\pi_{qq}<0$，主要看 $\pi_{q\bar{s}}$ 的符号：

$$\begin{aligned}\pi_{q\bar{s}}&=n_{q\bar{s}}r+n_q r_{\bar{s}}+n_{\bar{s}}r_q+nr_{q\bar{s}}\\&=-n_{qq}r-n_q(r_q-r_{\bar{s}})+nr_{q\bar{s}}\end{aligned} \tag{11.15}$$

显然，该二阶求导的符号是不明确的，可以为正，也可以为负。这说明可能存在一个重要的结果：平台在个人隐私和质量之间也许不会进行权衡，即可能不会出现因为个人隐私保护政策的限制导致平台下调产品质量。那么，个人隐私保护政策的实施就可以改善社会福利。

（2）存在个人隐私保护政策时的双边市场福利。接下来考虑国际贸易的情况。平台有垄断特征，通常在一个国家里，为全球来自不同国家的消费者提供服务。个人隐私保护政策由国家政府制定，旨在提升本国公民的福利。假设两个国家的情形，一个是本国，另一个是平台所在国——外国。本国和外国在消费者、第三方广告商的特征上是相同的，本国和外国各具备一半的人口规模。但是第三方广告商的利润为平台所有，所以本国的福利仅仅包含消费者剩余。外国的社会福利包括平台利润和消费者剩余。并且这里假设消费者和第三方广告商之间仅在国家边界内互动，不会出现跨国互动。①

延续平台免费的特性，此时平台的问题变为选择产品质量 q、对本国和外国的信息共

① 原文解释这个假设是符合现实情况的，根据 Facebook 数据，2017 年国内和国外联系的概率小于 1%。

享度 s_h 和 s_f,使得利润最大化:

$$\max_{\{s_h,s_f,q\}} \pi=\frac{1}{2}n_h(s_h,q)r_h(s_h,q)+\frac{1}{2}n_f(s_f,q)r_f(s_f,q)-C(q)$$

$$\pi_{s_h}=n_h\frac{\partial r_h}{\partial s_h}+\frac{\partial n_h}{\partial s_h}r_h=0$$

$$\pi_{s_f}=n_f\frac{\partial r_f}{\partial s_f}+\frac{\partial n_f}{\partial s_f}r_f=0$$

$$\pi_q=\frac{1}{2}\left(n_h\frac{\partial r_h}{\partial q}+\frac{\partial n_h}{\partial q}r_h\right)+\frac{1}{2}\left(n_f\frac{\partial r_f}{\partial s_f}+\frac{\partial n_f}{\partial s_f}r_f\right)-C_q=0 \tag{11.16}$$

全球的总福利水平为:

$$W(s_h,s_f,q)=CS_h(s_h,q)+CS_f(s_f,q)+\pi(s_h,s_f,q) \tag{11.17}$$

同样,可以得到下列式子成立:

$$W_{s_h}\big|_{\{s_h^P,s_f^P,q^P\}}=-\frac{1}{2}n_h(s_h^P,q^P)<0 \tag{11.18}$$

$$W_{s_f}\big|_{\{s_h^P,s_f^P,q^P\}}=-\frac{1}{2}n_f(s_f^P,q^P)<0 \tag{11.19}$$

$$W_q\big|_{\{s_h^P,s_f^P,q^P\}}=\frac{1}{2}n_h(s_h^P,q^P)+\frac{1}{2}n_f(s_f^P,q^P)>0 \tag{11.20}$$

从式(11.18)至式(11.20)可以看到,在两国的假设下,平台免费时设置的信息共享水平过高、质量过低。那么对国家而言,其有动机制定个人隐私保护政策来提高本国消费者的福利水平。这里考虑本国政府设立政策的影响。

假设本国政府对本国消费者隐私共享水平限制在 $\bar{s}_h$,相应的本国福利水平为:

$$W_h(\bar{s}_h)=CS_h(\bar{s}_h,q(\bar{s}_h)) \tag{11.21}$$

和上文的分析类似,如果从没有政策约束的情形出发,根据福利最大化问题,需要得到 $\bar{s}_h$ 对福利的一阶求导,来确定是否要制定政策:

$$-\frac{\partial W_h}{\partial \bar{s}_h}=\frac{1}{2}n_h\left(1-\frac{\mathrm{d}q}{\mathrm{d}\bar{s}_h}\right) \tag{11.22}$$

当式(11.22)为正时,显然本国有动力制定个人隐私保护政策,达到提升本国消费者福利的目的。在这种情况下,为了确定 $\bar{s}_h$ 对 q 和 s_f 的影响,需要全微分平台的一阶条件 π_{s_f} 和 π_q:

$$\underbrace{\begin{bmatrix}\pi_{s_fs_f} & \pi_{s_fq}\\ \pi_{qs_f} & \pi_{qq}\end{bmatrix}}_{A}\begin{bmatrix}\mathrm{d}s_f\\ \mathrm{d}q\end{bmatrix}=\mathrm{d}\bar{s}_h\begin{bmatrix}0\\ -\pi_{q\bar{s}_h}\end{bmatrix} \tag{11.23}$$

$$\mathrm{d}s_f\pi_{s_fs_f}+\mathrm{d}q\pi_{s_fq}=-\mathrm{d}s_h\pi_{s_f\bar{s}_h}(=0)$$

$$\mathrm{d}s_f\pi_{qs_f}+\mathrm{d}q\pi_{qq}=-\mathrm{d}s_h\pi_{q\bar{s}_h}$$

由式(11.23)可以解得:

$$\frac{ds_f}{d\bar{s}_h}=\frac{\pi_{s_fq}\pi_{q\bar{s}_h}}{|A|} \tag{11.24}$$

$$\frac{dq}{d\bar{s}_h}=\frac{-\pi_{s_fs_f}\pi_{q\bar{s}_h}}{|A|} \tag{11.25}$$

从没有政策约束的情形出发讨论，一定有 $\pi_{s_fq}=\pi_{q\bar{s}_h}$ 成立。结合 $|A|>0$，可以得到 $\frac{ds_f}{d\bar{s}_h}\geqslant 0$。这个结果说明，一旦本国实施个人隐私保护政策之后，平台也会相应地调整其对外国的信息共享程度，表现为加强对外国市场的个人隐私保护。

命题 2：布鲁塞尔效应，即当一个大国单方面增加个人隐私保护（降低 $\bar{s}_h$）时，该平台也会加强其他市场的个人隐私保护。

布鲁塞尔效应起源于平台对两国提供的质量是相同的，这使得平台在遭遇一国的个人隐私保护政策后，调整了平台质量的同时，也引发对其他国家市场的信息共享度的调整。具体的调整路径为：$\bar{s}_h$ 的出现改变了 q，其效应的性质由 $\pi_{q\bar{s}_h}$ 的大小和符号决定。s_f 和 $\bar{s}_h$ 之间没有直接的联系，是由于 q 的变化引发了 s_f 的变化。这种间接的联系是由 π_{s_fq} 传导的。由于上述分析是以没有政策约束的均衡为出发点分析的，该初始结果有对称性质，即 $\pi_{s_fq}=\pi_{q\bar{s}_h}$ 成立，所以可以得到的结果是外生隐私标准和内生隐私保护必须朝着相同的方向发展。

单边隐私保护政策的设立是从单边国家利益出发，这引起人们担忧一个问题：单边隐私保护政策的实施可能不符合全球利益。那么在个人隐私保护政策上，单边激励和全球多边激励之间是否具有兼容性和一致性？从初始无规制的均衡出发，当 $\frac{dq}{ds}=0$ 时，则有设置隐私保护政策的多边激励。而初始均衡下，有 $\pi_{qs}=\pi_{sq}$，以及 $\pi_{s_fq}=\pi_{s_hq}=\pi_{sq}$ 成立，所以 $\frac{dq}{ds}=0$ 和 $\pi_{s_fq}=\pi_{s_hq}=\pi_{sq}=0$ 成立时，就有 $\frac{dq}{ds_h}=0$ 同时成立。这说明单边激励和全球多边激励保持一致。因此，该性质可以概括为：

命题 3：如果 $\frac{dq}{ds}=0$，那么也有 $\frac{dq}{ds_h}=0$，同时布鲁塞尔效应成为了增加外国福利的机制。

还有另外一种情况是 $\frac{dq}{ds}=1$，此时从全球视角出发，理性的选择是不增加个人隐私保护政策。从单边角度来看，如果考虑初始的均衡性质是 $\frac{dq}{ds_h}=1$，单边不存在政策制定的激励。结合全球市场和分割为两个对称国家均衡之间的同构性质，可以得到 $\pi_{s_fs_f}=\pi_{ss}$ 和 $\pi_{qs_f}=\pi_{qs}$ 存在。并且初始均衡还满足 $\pi_{s_fs_f}\pi_{qq}-(\pi_{qs_f})^2=-\pi_{s_fs_f}\pi_{qs_f}>0$。利用这些属性，可以找到 $\pi_{qq}=-\frac{(\pi_{qs})^2}{\pi_{ss}}+\pi_{qs}$，或 $\frac{dq}{ds}=-\frac{\pi_{qs}}{\pi_{qq}}<1$ 成立。这说明单边激励消失的情况下，全球多边激励

还是存在的。该性质概括为命题4。

命题4：如果$\frac{dq}{ds_h}=1$，那么$\frac{dq}{ds}<1$，增加个人隐私保护的单边激励不超过全球多边激励。

命题3和命题4的结果说明，在初始阶段，单边激励和全球多边激励之间没有冲突，不存在单边国家意图增加个人隐私保护而全球视角下不偏好个人隐私保护的情况出现。所以至少在最初阶段，人们对个人隐私保护政策应该改变的方向达成了共识。

综上所述，McCalman（2023）从社交平台双边市场、寡头垄断的市场特征出发，构建了理论模型分析社交平台的定价特征、产品质量决策。具体而言，该研究首先重点分析关于用户隐私保护政策制定的问题。以福利变化为基准，McCalman（2023）指出用户隐私保护政策的实施能够限制平台向第三方贩售用户信息，又不会因此降低使用质量，所以会增加福利，这证明了该政策制定的合理性。其次，在跨国使用的情况下，大国单边提高用户隐私标准，会使得平台调整增加对其他国家的用户隐私保护，从而提高其他国家的福利水平，符合全球利益。

本章小结

本章重点说明为达到贸易保护的政策目标通常采取的贸易保护措施及其影响。首先，说明数字贸易保护与传统贸易保护的区别与联系，适用于传统贸易壁垒采取的数字产品税和数字服务税等关税措施，以及数据本地化要求、数据跨境流动限制和知识产权保护等新的非关税壁垒。其次，从国际市场、需求侧和供给侧来分析数字贸易保护措施的影响，力图从理论和模型构建上分析数字贸易保护措施的价格效应、数量效应和动态抑制效应，以及双边平台经济的福利效应等经济影响。最后，探索通过传统贸易措施影响效应的思路以及结合新型数字贸易壁垒的特征，分析新的保护措施和手段对数字经济的影响效果。

关键术语

数字产品税　数字服务税　数据本地化　数据跨境流动　双边平台与市场　价格效应　数字效应　动态抑制效应　福利效应

思考题

1. 归纳数字贸易壁垒与传统贸易壁垒之间的相似性。
2. 简要叙述数字贸易壁垒的未来演变趋势。
3. 利用图形分析数字贸易壁垒的价格效应和数量效应。
4. 请解释为什么平台免费时社会总福利未达到最优水平。
5. 现考虑社交平台所在国设定个人隐私保护政策，请分析该政策实施对社会福利的影响。

即测即评

第十二章

数字贸易管理

国家的贸易政策如何有效实施，需要国家政府相关管理部门的具体应用和落地。贸易管理是指国家管理机构就贸易措施或手段（如传统贸易中的出入境商品检验管理、进出口许可管理等；数字贸易中的跨境数据流动限制、个人隐私保护等）的实施从贸易主体行为、商品流动及贸易规范运行等方面进行监督管理，从而达到贸易政策的实施目的以及保障贸易的平稳运行的效果。目前对数字贸易管理尚未形成统一认知体系，本章根据当前数字经济发展和数字贸易的运行特点，针对数字技术手段应用于跨境贸易，特别是跨境电商的发展，重点从平台管理、跨境支付管理和进出口管理三方面，阐述与传统贸易不同的数字贸易管理方式和手段。

第一节　平台管理

一、平台监管问题

平台经济是基于移动互联网、大数据、云计算等新兴技术，以数字平台企业为支撑演化出的新经济形态。21 世纪以来，这一经济形态迅速发展，并成为数字贸易最主要的载体和最典型的商业模式。目前，中国和美国是世界上最大的两个平台经济体，拥有谷歌、脸书、腾讯和阿里巴巴等典型的大型数字平台企业。而与传统贸易相比，平台企业的迅速发展给监管部门相应政策的制定和规范的管理带来巨大的挑战。

相比于传统的经济形态，平台经济存在着一些突出特征，这些特征使得传统的监管手段难以直接应用到平台经济上，具体监管问题主要表现在以下三个方面。

（一）消费者与商户的权益问题

在平台经济中，数字平台是以交易中介的身份出现的，同时，它又具有多边市场的属性。平台的市场准入、内部的交易实现、交易规则和交易质量等都要受到平台的统一管理。因此，消费者与商户权益的保护很大程度上要依赖于数字平台。如果平台采取歧视性措施，就会使其中一方受到损害。同时，数字平台也可能利用自身市场主体的身份，在促成交易的过程中获取交易各方的数据，由于交易前合同约定的复杂性，用什么服务换取哪些数据，多数消费者无法清晰知情。此外，平台经济本身也在快速发展，在发展中会出现许多新业态，如网红直播带货等，对于这些新业态中各方的权益如何界定也是重要的问题。

（二）反垄断问题

以移动互联网等为载体的跨境贸易平台企业依靠先发优势，在市场上形成垄断势力，从而对市场竞争与消费者福利造成损害。这也是由于数字经济具有明显的网络外部性，即一个主体对另一主体带来的收益（正外部性）或损失（负外部性），而后者对该收益或损失的产生并无选择权。网络外部性可以表示为，当一个网络使用者数量增加时，市场出现更多的互补产品，即使用某个数字平台的用户越多，愿意为这个平台提供应用程序的开发者就越多，这又会吸引更多的用户。这些用户一旦习惯了其所选择的数字产品，则被锁定在固定平台上，进而提高市场进入壁垒。如此，更早进入市场或因为通过颠覆性创新而获得更多资金支持和技术优势的数字平台，会因为先发优势而在竞争中占据更有利的位置。通过数据垄断、扼杀新创企业的“杀手并购”等手段，市场集中度会进一步提高，最终形成数字平台市场的寡头竞争格局（如大数据与算法下产生的大型平台共谋问题）。

（三）数据安全及个人隐私保护问题

数字经济时代，数据是最重要的生产要素和社会基本元素，具有重要的战略价值。数据安全涉及商业机密、国家敏感数据等，与一国利益紧密相关；个人隐私也是公民的重要权利之一。在数字平台的经营活动中通常会出现数据跨境流动，其中如果包含一些重要数据，会引发数据安全问题。数字平台为了利润最大化常常会收集用户的个人隐私数据，有时这种行为用户并不知情，也不符合法律规定，如果收集到的数据遭到泄露或被非法出售，就会对用户隐私造成威胁。

除此之外，数字平台的监管还面临着数据权属、互联网内容管理、知识产权保护等问题。

二、美国、欧盟与中国的数字贸易管理措施

（一）美国的数字贸易管理

美国是世界上平台经济发展最早的国家之一。早期，美国对数字平台的监管较为宽松，仅就可能威胁到创新的平台并购行为进行干预，例如对微软展开的反垄断调查，要求其将计算机操作系统和软件应用系统拆分为两个公司。得益于宽松的政策，美国的数字平台快速发展，因而拥有了世界上最大的几个数字平台企业。

近年来，在反垄断问题上，美国对数字平台的监管力度明显加大。2020 年 10 月，美国众议院发布《数字市场竞争调查报告》，针对谷歌、亚马逊、脸书和苹果在相邻市场的业

务经营、平台数据可移植性、初创企业并购等六类竞争行为提出了监管举措的建议。随后，司法部和联邦贸易委员会先后对谷歌和脸书分别发起反垄断诉讼。2021 年 6 月，美国众议院表决通过了《终止平台垄断法案》《美国选择和创新在线法案》《通过启用服务交换法案》《平台竞争和机会法案》和《收购兼并申请费现代化法案》五项法案。其中，《终止平台垄断法案》和《美国选择和创新在线法案》旨在消除“主导平台”滥用优势地位侵害平台内经营者利益的行为，《平台竞争和机会法案》旨在打击“主导平台”的扼杀创新式收购行为，《通过启用服务交换法案》旨在通过强化数据可携带和互操作性降低数字市场进入壁垒，《收购兼并申请费现代化法案》旨在增加反垄断审查费用和反垄断机构执法预算。这标志着美国对反垄断对象和目标的进一步明确，并着力提高反垄断机构执法能力。在数据安全、个人隐私保护等方面，美国到目前为止仍实施相对宽松的监管举措。

（二）欧盟数字贸易管理

长期以来，欧盟对数字平台实行较为严格的管理措施。2000 年，欧洲议会及欧盟理事会便推出《欧盟电子商务指令》，要求在欧盟成员国设立的信息服务企业既遵循注册国的法规又同时接受区域协调，试图通过确保成员国之间信息社会服务的自由流动，来促成内部市场的正常运行。这体现了欧盟对数字经济中协同性与共享性的重视。之后，欧盟针对大型数字平台开展多次反垄断调查，且手段比美国同期强硬许多。如 2004 年欧盟委员会要求微软提供不带自身媒体播放器的操作系统版本，向竞争对手开放相关技术信息，以实现不同平台的互操作性，并处以近 5 亿欧元的罚款；2017 年 6 月，欧盟委员会裁定，谷歌滥用其在欧盟经济区 13 个国家的搜索引擎市场的支配地位，非法操纵购物广告搜索，并对其处以 24.2 亿欧元的罚款。值得注意的是，欧洲缺乏本土的大型数字平台，搜索、新闻、广告等服务长期被美国互联网巨头垄断，欧盟的反垄断调查也一直以美国为目标。

2020 年 12 月，欧盟公布了《数字服务法案》和《数字市场法案》。这两项提案是近 20 年来欧盟对数字经济的重大立法尝试。其中，《数字市场法案》将位于市场头部的大型数字平台界定为“守门人”，针对其提出了一套新的监管工具，并要求其履行限制数据集中、强制数据开放、限制排他性行为等义务。《数字服务法案》则对数字平台的服务内容提出了监管要求，旨在提供一个不存在非法内容的安全的数字环境、提高透明度、加强问责制，以及加强对消费者和欧洲基本权利的保护。违反该法案的行为可能面临高达其全球营业额 6%的罚款。

（三）中国数字贸易管理

中国在平台经济发展的早期管理相对宽松，在促进本土平台企业快速发展的同时也引发了一系列行业乱象及市场垄断问题。2018 年，第十三届人大常务委员会第五次会议通过了《中华人民共和国电子商务法》，其中第 22 条和第 35 条规定了经营者滥用市场支配地位的条款，标志着中国平台经济反垄断新阶段的开始。随后在 2019 年，中国分别出台了反垄断领域的四部指南和三部规章，并于 2020 年就《中华人民共和国反垄断法》修订草案向社会公开征求意见，强化了竞争政策的基础性地位，对互联网领域经营者市场支配地位的认定提出了建议。

2021年，国家在平台经济反垄断问题上进一步加大力度。2021年2月7日，国务院反垄断委员会印发《国务院反垄断委员会关于平台经济领域的反垄断指南》，细化了反垄断规则，对平台经济可能涉及的要求商家"二选一"、大数据杀熟、数据封禁等问题予以明确，对确定垄断标准这一难题做出积极回应，在相关市场界定、市场支配地位的认定标准和滥用行为的认定上进行了适应性考量，填补了此前政策上的空白。此外，2021年3月15日，国家市场监督管理总局颁布《网络交易监督管理办法》，对网络交易经营者、网络交易平台经营者、平台内经营者等类型在《电子商务法》界定的基础上又作出了进一步的说明。2021年11月18日，国家反垄断局正式挂牌成立。

第二节 跨境支付管理

一、跨境支付模式与系统

跨境支付指的是两个或两个以上国家或地区因国际贸易、国际投资以及其他方面所发生的国际债权债务，借助一定的结算工具和支付系统实现的资金跨国和跨地区转移的行为。

（一）跨境支付模式

目前，跨境支付模式按照电子商务中基本的B2B、B2C和C2C模式划分为三种。

B2B模式（Business to Business）即企业与企业间的交易，这种交易的跨境支付往往金额较大，目前占跨境支付的主要部分。传统的B2B跨境支付方式有汇付、托收、信用证等。近年来，一些机构推出了更加数字化的B2B支付业务，如Payoneer、PingPong等。

B2C模式（Business to Customer）即企业与个人间的交易，这种交易单笔金额较小，但交易量更大。相比于B2B模式，B2C环节更简单，更具有灵活性，在数字化方面也更加成熟。目前，数字贸易中的B2C交易以第三方支付机构收款为主，如国内的支付宝、微信支付，国外的PayPal等。此外，传统的银行间直接支付也占有一定的比例。

C2C模式（Customer to Customer）即个人间的跨境支付行为，如基于银行卡的汇款。在国际数字贸易中，这种模式应用则相对较少。

（二）跨境支付系统

在贸易中，由于各国使用的货币、金融机构的标准不同等原因，跨境支付结算过程相对复杂。早期国际贸易支付手段，是以电报和电传形式实现的。随着国际经济活动日益增多，特别是跨境电商迅猛发展，其难以满足日益增长的贸易结算需求。这就要求建立一个能够快速实现国际转账结算和资金清算的系统，即跨境支付系统。目前，世界上最主要的跨境支付系统为环球银行金融电信协会(SWIFT)和纽约清算所银行同业支付系统(CHIPS),都属于美元国际清算系统。

SWIFT成立于1973年,是银行间国际支付和电信网络系统,为全球用户提供报文传输、网络连接、标准和业务应用服务。截至2021年,SWIFT已连接超过200个国家和地区的11 000多家银行、证券机构、市场基础设施和公司客户,与众多的国际银行建立SWIFT密押关系,各种贸易支付业务通常应用SWIFT标准格式,通过SWIFT系统直接把各种支付报文发往全世界各地,在支付基础设施支持、跨境支付创新等领域发挥着重要作用。CHIPS于1970年建立,由纽约清算所协会(NYCHA)经营,包括成员银行140家,各成员银行与纽约清算所CHIPS中心计算机连接,每天发送和接收各种收付款电文,每营业日终了后,通过FEDWIRE进行当天收付款差额清算。它也是全球最大的私营支付清算系统之一,主要进行跨国美元交易的清算。

除此以外,国际上还有人民币跨境支付系统(CIPS)、欧洲间实时全额自动清算系统(TARGET)、伦敦自动清算支付系统(CHAPS)等。这些系统规模相对较小,而且其作用的发挥往往还需要SWIFT的配合才能实现。

二、跨境支付的主要管理措施

(一)提高跨境支付服务水平

跨境支付服务的问题可概括为以下几个方面:费用过高;交易速度慢;对象受限;缺乏透明度及安全风险。其中,费用过高和交易速度慢往往是跨境支付的流程过长造成的。资金在从一个国家向另一个国家转移的过程中会通过多家中介机构,每次中转都需要消耗一定的时间,并产生服务和监管费用。此外,将一种货币兑换为另一种货币也会产生外汇费用。对象受限则是由于跨境支付服务的覆盖面不足,可能是因为货币不被识别,或者银行没有参与SWIFT等跨境支付系统,导致某一地区的企业无法参与跨境支付。缺乏透明度及安全风险同样发生在跨境支付的流程之中。资金在支付流程中到达各个中介的时间及发生的费用是难以追踪的,并且,如果流程中存在高级别的安全漏洞,就有可能受到攻击造成资金损失。

跨境支付服务水平的提高主要依赖于支付机构的改革及技术进步,但政府也能在其中发挥一定的作用。以欧盟为例,在2021年8月19日生效的跨境支付法规中,欧盟要求适用于欧元跨境支付的佣金需与适用于每个成员国类似支付的佣金相同,货币兑换服务提供商需将货币兑换佣金的总额以"利于获取和理解的电子格式"公开,并在在线转账中以中立和可理解的方式向付款人通报适用于转账的货币转换服务的佣金估计数。这一法规还规定了成员国的相关义务,如建立充分有效的庭外索赔和上诉程序,以维护消费者和中小企业的利益。

除此之外,中央银行数字货币(CBDC)也被视为跨境支付发展的新突破口。CBDC由中央银行承担债务,以现有的记账单位计价,既可以作为交换媒介,也可以作为价值储存,能实现支付即结算，减少流程中涉及的成本、时间和复杂性，提高货币流通速度和货币政策执行效率。同时，它也能避免与现金相关的伪造支付风险，使支付过程更安全。中央银行数字货币正在全球各大经济体展开实践。比如中国于2019年提出数字人民币的概念，并在2021年5月首次将其用于跨境进口电商支付。加拿大、新加坡、法国等国中央银行也在开展合作，探索CBDC跨境支付的系统连接问题。

（二）第三方支付机构业务监管

第三方支付机构是跨境支付的重要参与者，也是监管的难点所在。由于交易审核规则不完善，机构合规意识不足，可能为跨境赌博、洗钱、逃税及非法融资等行为提供可乘之机。同时，第三方支付机构与境外机构开展业务合作需要进行交易主体信息和支付数据交互，发生客户资金境外沉淀，会增加信息数据保护风险和客户备付金存管风险。

对于第三方支付机构运行中的问题，各国也在加大审查力度。以中国为例，2019年4月，国家外汇管理局发布了《支付机构外汇业务管理办法》，主要从登记管理、市场交易主体管理、交易审核、账户管理、信息采集与报送、监督与管理六大方向规范了跨境支付的监管，为跨境支付的行业发展提供了明确的准则。2021年1月，中国人民银行发布的《非银行支付机构条例（征求意见稿）》明确提出，非银行支付机构未按规定履行反洗钱和反恐怖融资义务的，由中国人民银行及其分支机构进行处罚。2021年8月1日施行的《金融机构反洗钱和反恐怖融资监督管理办法》完善了反洗钱义务主体范围，正式将非银行支付机构纳入适用范围。

（三）建立自主的跨境支付系统

作为全球最主要的跨境支付系统，SWIFT名义上保持中立地位，但实际完全由美国等西方发达国家主导，并在特定情况下可能成为其政治工具。切断SWIFT会造成一国机构无法通过SWIFT传输跨境支付指令，无法实现美元、欧元等国际货币跨境支付与最终清算，严重影响国家对外贸易、海外资产及对外融资能力。

对于可能的切断SWIFT的风险，应对措施是建立自主的跨境支付系统。目前，这一领域表现最为突出的是中国的人民币跨境支付系统（CIPS）。这一系统建立于2015年，旨在为中国境内外金融机构人民币跨境和离岸业务提供资金清算与结算服务。截至2022年，该系统已有76家直接参与者及1 304家间接参与者，付款和直接参与者的账户均以人民币计价。虽然取得了一定的成就，但CIPS与SWIFT和CHIPS两大支付系统间还存在着一定的差距。2022年，CIPS的参与者数为CHIPS的1/10，交易量仅为CHIPS的1/40；中国的金融报文传送系统只有少数直接参与者使用，CIPS的大部分交易仍依赖于SWIFT。在能完全实现对SWIFT的替代之前，CIPS还有很长一段路要走。

第三节 数字贸易进出口管理

一、数字贸易进出口管理问题

数字贸易中贸易的数字化影响,主要体现在跨境电商的规模日益扩大。与传统贸易相比,跨境电商进出口交易涉及物流、平台、支付等环节。与传统贸易相比,除了 B2B 模式与传统贸易具有环节多的相同的特点外,跨境电商还具有"碎片化""小额化"和"高频次"的特点,并且比传统贸易更强调方便、快捷和共生共存。由于我国跨境电商自下而上强势崛起,数字贸易监管滞后于贸易发展且难以形成统一的管理机制。因此,对海关的进出口管理提出了新的要求,进出口管理面临新的问题和挑战。

(一)数字贸易便利化

海关管理一般包括政策法规体系、通关监管流程、税收征管模式、海关统计以及后续管理手段等诸多方面的内容。而跨境电商有别于传统的货物贸易,对贸易交易的效率要求更高,在全球电商交易量不断增长的情况下,通关清算流程过于复杂必然会对效率造成影响。此外,跨境电商交易的物品既有少量大型散装货件,也有大量低值小型货件,针对不同类型的货物进行不同形式的管理也是提升效率的重要着力点。

贸易便利化基本反映在简化贸易交易流程、改善贸易条件、降低交易成本和提升通关效率等方面。对于跨境电商而言,当前研究贸易便利化的影响主要从口岸效率、海关环境、制度环境、电子商务发展水平以及金融服务五个方面进行分析。其中,进出口的海关监管方面,根据跨境电商特点构建新型电子商务监管模式的总体框架;建立跨境电商企业信用评价体系;针对监管的不同属性,统一物品和货物的综合税负;发挥数字技术和大数据的作用,建立分散集成的海关监管模式。一方面,可以在信用评价体系基础上,对跨境电商企业实施差别化的分类管理;针对 B2B 企业通过电子贸易管理技术平台和流程改造,解决海关监管的实践风险,同时加强国际交流,培养新形势下相关的专业人才,有效开展对电子贸易的海关监管。另一方面,对 B2C 等其他跨境电商模式,对企业进行批量化管理以及事前和事后监管;提高跨境电子商务邮递或快件出口货品限值,实施适度宽松的监管办法;明确跨境电子商务个人小额进口商品的征税标准和方法与出口退货报关方法及个人小额进口商品退换货免税政策;借力特殊监管区域,探索做大 B2B2C 进口;以"清单放行,集中申报"模式做好 B2C 一般出口;以"整进、散出、集报"方式探索 B2B2C 保税出口模式。

总之,新的数字贸易模式下调整新的监管方式,简化和优化跨国贸易各环节,提高跨境贸易整体效率,从而推进贸易便利化水平成为监管部门面临的现实问题。

（二）征税管理

跨境电商的征税管理涉及两个方向：一是通过优惠政策支持行业发展；二是打击偷税漏税等违法行为。这两个方向同时也是相互关联的：偷税漏税往往会借助优惠政策和监管漏洞实现，如在进口环节通过拆分商品分别报关以享受税收减免，在出口环节虚开发票或将同一批商品循环出口重复申请退税等。此类行为会严重影响市场秩序及国家税收，因此如何在实施优惠政策的同时做好监管工作也是海关对跨境电商进出境货物监管的重要课题。

对于有形商品而言，通过互联网进行订购后，对采用普通贸易方式交付的电子商务货物征税；对于无形商品，海关往往缺乏在线交易记录，同时由于其又具有无国界性等特征，难以运用本国法律执法。因此，海关应依托当前数字和网络技术，强化海关对电子交易的监控力度；加强同银行、外汇管理以及国外海关当局的合作，加强价格管理；探索并建立符合电子商务特点的新型海关税收征管体系。

我国对税收政策的关注点日益集中在有形商品上，即 B2B、B2C 模式上。根据不同类型的电子商务模式对海关税收政策，以及对归类、估价、原产地确定三大技术的影响，提出构建跨境电子商务征管体系的基本思路：通关改革要适应全程无纸化；加强对资金流的监控；重点开展对 B2B 模式的税后风险防控；对 B2C 及 C2C 模式重点提高通关效率，减轻现场通关压力，并据此提出以支付人为监管对象，征管系统与支付平台联网，取消专业报关代理制等。这些思路具有较高的实践指导价值。

（三）进出境商品检验检疫管理

对进出口商品的检验检疫一直是跨境贸易管理的重要环节。根据《中华人民共和国进出口商品检验法》以及《出入境检验检疫机构实施检验检疫的进出境商品目录》（简称《法检目录》）的规定，商检机构对进出境商品实施检验和出证工作，以维护国家主权，保障对外贸易公正、顺利进行。传统贸易中的商品检验与检疫多以抽检和抽查为主，经过化学或物理检验和鉴定，对符合法规或合同要求的进出境货物进行检验放行，但这种传统的方式很难适应跨境电商等新业态。尤其是跨境零售，产品种类多、来源广，许多商品可能未经核查就直接通关，这就会造成大量不符合质量标准、假冒及盗版商品流入境内，甚至可能包括毒品等违禁品，危害国家安全及消费者健康。

因此，对跨境电商这一新的贸易模式，尤其是对介于直邮和一般贸易之间的跨境电商网购保税贸易方式下进口商品的检验检疫监管，一直存在争议。一是认为产品安全关乎民生，必须通过进出口检验检疫监管为产品的质量安全、风险可控保驾护航；二是认为新型业态的发展需要更宽松的政策和管理环境，尤其是在实体经济动力不足的当下，一视同仁的监管难免会抑制新产业的发展，因此，平衡跨境电商等新贸易模式下的进出口商品的“扶持与监管”，明确相关法规和监管依据，成为政府和海关等管理机关必须面对和解决的客观问题。

二、主要国家数字贸易进出口管理手段

（一）完善监管策略

针对跨境电商进出口的新特征形成与之相对的监管策略是提升监管效率、促进行业健康发展、维护国家利益的关键。目前，中国、美国、欧盟国家都形成了具有各自特色的监管策略。

1. 中国的监管模式

中国的跨境电商进出口监管以海关为主体，实行不同业态的分类监管，不同的监管模式以不同的监管代码区分。现阶段海关对跨境电商的监管主要有五种模式，分别为9610、1210、1239、9710和9810。其中9610、1210和1239适用于B2C零售进出口，9710和9810适用于B2B出口。

9610跨境贸易电子商务，即“直邮模式”，适用于境内个人或电子商务企业通过电子商务交易平台实现交易，并采用“清单核放、汇总申报”模式办理通关手续的电子商务零售进出口商品。出口申报时，通过电子商务通关服务平台实时向电子商务通关管理平台传送交易、支付、仓储和物流等数据（“三单信息”：商品信息、物流信息、支付信息）推送到单一窗口，由海关统一对“清单”进行数据信息比对，核放出区。

1210保税跨境贸易电子商务，简称“保税电商”，适用于境内个人或电子商务企业在经海关认可的电子商务平台实现跨境交易，并通过海关特殊监管区域或保税监管场所进出的电子商务零售进出境商品。跨境电商平台商家通过国际物流将商品提前运至国内保税区，提供相应资料进行海关和国检备案，入保税仓储存。消费者下单时，商家向海关推送订单信息、运单信息、支付信息，经海关查验后放行。

1239保税跨境贸易电子商务A，简称“保税电商A”，适用于境内电子商务企业通过海关特殊监管区域或保税物流中心（B型）一线进境的跨境电子商务零售进口商品。

9710跨境电子商务企业对企业直接出口，简称“跨境电商B2B直接出口”，适用于跨境电商B2B直接出口的货物，即境内企业通过跨境电商平台与境外企业达成交易后，通过跨境物流将货物直接出口至境外企业，并向海关传输相关电子数据的模式。比如亚马逊、eBay、Wish、速卖通、阿里巴巴、敦煌等电商平台以及自建站上交易的订单。

9810跨境电子商务出口海外仓，简称“跨境电商B2B出口海外仓”，适用于跨境电商出口海外仓的货物，即境内企业将出口货物通过跨境物流送达海外仓，通过跨境电商平台实现交易后从海外仓送达购买者。该监管方式适用于跨境电商出口海外仓的货物，也就是亚马逊FBA、第三方海外仓或者自建海外仓都包含在内。

2. 美国的监管模式

美国的跨境电商进出口监管以海关和边境保护局（CBP）为主体，由其他部门进行协

作监管，如美国贸易代表办公室、商务部等。监管的内容包括违禁品、知识产权侵权、出口地管制等。

在监管实践中，CBP 制定了电子商务战略方针，这一方针包括：① 加强法律和监管权力，使 CBP 和机构间合作伙伴更好地应对新的挑战；② 加强和调整所有受到影响的 CBP 业务环节，以应对因电子商务业务迅速增长创造的新的供应链动态；③ 通过执法手段以及激励措施推动私营部门的合规性；④ 促进电子商务国际标准的提升，以支持经济的发展。

此外，CBP 发布了《电子商务合规指南》《电子商务中假货的识别》等文件，加强进口合规的宣传。

3. 欧盟的监管模式

欧盟的跨境电商进出口监管围绕《欧盟市场监管和商品合规条例》进行。该条例于 2021 年 7 月 16 日生效，其中界定了“经济运营商”（Economic Operators）的概念，即在欧盟设立的制造商、进口商、授权代表或配送服务提供商。该条例要求，进入欧盟市场的产品只有在欧盟成立的经济运营商对其负责的情况下，才能在市场上销售，这些产品包括线上销售的跨境电商产品。该条例同时要求，对于在欧盟提供的所有产品，经济运营商必须能够持有任何欧盟符合性声明、性能声明和技术文件，以确保在检查时可以将这些文件移交给市场监督机构。

（二）税收优惠

为了支持跨境电商企业的发展，提高国际竞争力，以及减轻海关的行政负担，各国普遍在跨境电商的进出口环节实施税收优惠。一般来说，进口环节的优惠倾向于零售领域。如中国规定，跨境电商零售进口商品单笔交易限额 5 000 元人民币，个人年度限额 26 000 元人民币，按商品分别征收关税、进口环节增值税和消费税；在限值以内，关税税率暂设为 0，进口环节增值税、消费税暂按法定应纳税额的 70% 征收。美国的 321 最低限额条款规定，一天内一个人进口的货物在装运国的零售价低于 800 美元时，这批货物不需要正式的入境申报和关税。

出口环节比较常用的是出口退税政策。在中国 B2B 出口企业满足一定资格并拥有相关交易凭证即可享受出口退税。以 9710/9810 模式为例，在符合以下基本条件时，可参照适用一般贸易（海关监管方式代码“0110”）出口货物相关政策办理出口退税：① 货物向海关报关后实际离境；② 在财务上做销售；③ 销售对象为境外单位和个人；④ 按期收汇。

本章小结

本章主要针对当前跨境电商发展中的主要管理问题:平台管理、跨境支付管理和进出口管理进行简要说明,并依据当前相关问题的研究给出一些解决问题的思路和方向。首先重点说明了平台上消费者与商户权益、平台反垄断问题以及数据安全与隐私问题;而数字贸易与传统贸易相比交易模式和交易程序更加复杂,各国政府和监管机构的政策处在发展中。其次,跨境支付依托传统贸易支付系统的同时,出现了数字化的支付模式和系统。最后,分别从贸易便利化、海关的征税和商检监管角度以及不同国家和地区监管手段方面说明了数字贸易的进出口管理。以期引起对监管问题的讨论和思考,并对我国不断出现的新型贸易模式的管理问题提出建议。

关键术语

平台经济　平台企业　反垄断　数据安全与隐私　电子商务法　跨境支付　SWIFT　CHIPS　贸易便利化　商品检验检疫　征税监管

思考题

1. 平台监管的主要问题有哪些?
2. 跨境支付服务存在哪些问题?
3. 第三方支付机构业务监管存在哪些风险?
4. 跨境电商模式下的进口商品的检验检疫监管存在哪两种观点?
5. 现阶段海关对跨境电商的监管主要有几种模式?并说明各模式具体适用情况。

即测即评

第十三章

数字贸易规则与治理

依托数字技术而诞生的数字贸易作为一种全新贸易形式正在全球蓬勃发展,成为国际贸易发展新的增长点,为全球的经济增长作出了重要贡献。与此同时,数字贸易发展中面临国与国之间发展不平衡带来的各国对数据的跨境流动、数据本地化安排、知识产权保护,以及数字产品和服务跨境交易中的关税征收管理等,引发了国家之间的贸易保护和贸易限制,影响到数字贸易的顺利、健康发展。因此,随着全球数字贸易发展水平不断提升,围绕数字贸易的国际经贸合作也在不断加深,各国基于自身利益诉求积极探索数字贸易治理体系,实现了数字贸易规则从无到有的发展历程,也不断丰富了数字贸易规则的理论内涵和数字贸易治理体系。本章在阐述数字贸易规则基本情况的基础上,分别从国际多边、区域与双边以及不同国家数字贸易规则制定与发展角度,分析数字贸易全球规则的制定和治理问题。

第一节　数字贸易规则及其发展概况

一、数字贸易规则国际体系的形成

目前,数字贸易规则的构建主要形成了两大体系:一是世界贸易组织(WTO)主导的多边数字贸易框架;二是自由贸易协定(FTA)或区域贸易协定(RTA)下的双边或区域数字贸易框架。

(一)WTO 主导的多边数字贸易框架

第一,从 WTO 现有协议的框架看,主要体现在三大传统贸易协定——《关税及贸易总协定》(GATT)、《服务贸易总协定》(GATS)、《与贸易有关的知识产权协定》(TRIPs)以及乌拉圭回合之后签署并生效的《贸易便利化协定》(TFA)与《信息技术协定》(ITA)等协定中,面临着如何在现有基础上或通过延展规则对数字贸易进行监管,并且面临着就传统货物贸易、服务贸易以及与贸易有关的知识产权保护的规则如何适应数字化产品与服务跨境贸易的问题。

第二,从 WTO 讨论议题来看,主要聚焦于电子商务谈判所涵盖的数字贸易规则。1998 年 5 月,在瑞士日内瓦召开的第二届 WTO 部长级会议首次提出 WTO 电子商务议题,并通过了《全球电子商务宣言》(简称《宣言》)。《宣言》主要敦促制定一项全面的电子商务“工作计划”,审查由电子商务引发的所有与贸易相关的问题,并倡议“成员方暂停对电子传输产品征收关税”。1998 年 9 月,WTO 总理事会通过了《电子商务工作计划》(简称《计划》),WTO 主导的多边数字贸易框架由此逐渐展开。而 2001 年,WTO 在卡塔尔多哈举行的第四届部长级会议上虽然通过了《多哈发展议程》,启动了新一轮多边贸易谈判,使电子商务作为新议题成为谈判内容之一,WTO 专门工作组据此继续开展关于电子商务的磋商与谈判,但是随着多哈回合谈判进程陷入僵局,电子商务谈判进展缓慢。

(二)FTA 或 RTA 下的双边或区域数字贸易框架

由于 WTO 电子商务多边协定框架的谈判中各成员国的核心利益诉求差异较大,在短期内难以达成一致(盛斌和陈丽雪,2022)。相比之下,双边与区域 FTA/RTA 框架下的数字贸易规则取得了较快的进展与成效(Azmeh 等,2020),不仅涵盖传统的电子商务规则,更涵盖新型的高标准数字贸易规则,成为构建全球数字贸易规则的主要框架体系。

FTA 或 RTA 下的双边或区域数字贸易框架主要是指双边或区域贸易协定中所涉及的数字贸易条款,其中多数数字贸易条款涵盖在协定中电子商务章节之下。2000 年美国和约旦签订的贸易协定中首次出现了电子商务条款,2003 年新加坡和澳大利亚签订的贸易协定中出现了电子商务章节,之后随着全球经贸合作水平不断提高、合作成果不断涌现,双边或区域贸易协定中的数字贸易条款内容不断得到丰富。

比较而言,两大体系下数字贸易规则发展进程存在一定的差异,WTO 主导的多边数字贸易框架发展相对缓慢,FTA 或 RTA 下的双边或区域数字贸易框架发展较快,并取得了相当的合作成果,是近年数字贸易规则体系发展的前沿阵地。两大体系发展进程存在差异的原因在于:一方面,WTO 中既有协定大多是针对传统贸易方式,对于数字贸易的管理作用比较有限;另一方面,WTO 所主导的数字贸易框架涉及国家众多,短期内难以就各国不同的利益诉求达成一致,也成为多边数字贸易框架达成的重要阻碍。

二、数字贸易规则体系的发展进程

数字贸易规则体系的发展始于对电子商务的讨论,无论是 WTO 主导的多边数字贸易框架,还是 FTA 或 RTA 下的双边或区域数字贸易框架,都离不开对电子商务的讨论。对于电子商务和数字贸易之间的区别与联系,一般而言广义的电子商务涵盖了数字贸易的概念,在 WTO 电子商务诸边谈判中多数成员的议案并未对“电子商务”和“数字贸易”概念进行严格区分,FTA 或 RTA 中对于数字贸易规则的讨论,也大多涵盖在电子商务章节之下。而狭义的电子商务则是指以数字订购的货物贸易为主。

（一）电子商务谈判下的贸易规则体系发展进程

对于 WTO 主导的多边数字贸易框架发展历程，上文已提到 1998 年 WTO 通过的《宣言》提出应敦促制定一项全面的电子商务“工作计划”，审查由电子商务引发的所有与贸易相关的问题，并倡议“成员方暂停对电子传输产品征收关税”。同年 9 月 WTO 通过的《计划》首次明确了电子商务的概念，涉及以电子方式生产、分销、营销、销售或交付商品和服务。

在《宣言》和《计划》相继通过后，WTO 电子商务议题分别由货物贸易理事会、服务贸易理事会、知识产权理事会、贸易和发展理事会四个常设机构负责推进，它们向总理事会进行专题汇报，并负责该计划的定期审查。至 1999 年 7 月，各方讨论基本完成。由于电子商务存在交叉属性，在 2001 年 6 月，WTO 总理事会开始就《计划》中的跨领域交叉问题进行专门讨论。2001 年 11 月，卡塔尔多哈举行的 WTO 第四届部长级会议上通过了《多哈发展议程》，决定启动新一轮多边贸易谈判，电子商务作为新议题成为谈判内容之一。但后续的多哈回合谈判陷入僵局，电子商务谈判同样进展缓慢，WTO 总理事会下的专门讨论也陷入停滞状态，并没有达成实质性成果。

近年，随着数字贸易在全球不断发展壮大，WTO 各成员国对于多边数字贸易规则讨论愈发热烈。从 2015 年 12 月在肯尼亚内罗毕举行的 WTO 第十届部长级会议起，到 2018 年年底各方共提交了超过 40 份提案，表明了各自对于数字贸易规则的观点看法。2017 年 12 月，在阿根廷布宜诺斯艾利斯举行了 WTO 第十一届部长级会议，71 个成员方达成了第一份《电子商务联合声明》（简称“2017 年《声明》”），重申全球电子商务的重要性及其为包容性贸易和发展所创造的机会，宣布将对“与贸易相关的电子商务”规则谈判开展探索性工作，明确以推动国际经贸规则的谈判为基本目标，号召各 WTO 成员积极参与到 WTO 电子商务谈判之中，协商制定数字贸易规则。2019 年 1 月，在瑞士达沃斯举行的电子商务非正式部长级会议上颁布了《关于电子商务的联合声明》（简称“2019 年《声明》”），包括中国在内共有 76 个 WTO 成员签署了此次声明，2019 年《声明》正式开启了电子商务谈判，提出将争取在世贸组织现有协定和框架的基础上，在尽可能多的世贸组织成员的参与下，取得高标准成果。自那时以来，又有其他 WTO 成员加入该倡议，使参与者总数达到 91 个。2024 年 7 月 26 日，在历经 5 年谈判后，WTO 电子商务谈判联合召集人澳大利亚、日本和新加坡宣布谈判达成了一个稳定的《电子商务协议》文本，这标志着全球数字贸易治理到达新的里程碑。

（二）数字贸易发展中贸易规则体系发展进程

按照发展的时间和划分标准可以将数字贸易规则划分为第一代数字贸易规则和第二代数字贸易规则（见表 13-1）：一是看规则是基于狭义的“电子商务”概念，即以数字订购的货物贸易为主，还是基于广义的“数字贸易”概念，即包括服务贸易，尤其是以数字交付的服务贸易为主；二是看规制是在既有贸易规则的基础上仅对数字贸易的拓展性应用，如非歧视待遇、数字市场准入、贸易便利化、知识产权保护等，还是完全新型的数字贸易措施，如跨境数据流动、数据本地化、消费者个人隐私保护等。

表 13-1 两代数字贸易规则的主要内容与措施

	依据的主要协定	第一代数字贸易规则	第二代数字贸易规则
WTO+	WTO 已有协定,包括 GATT、TFA、TBT、ITA、GATS、TRIPs	GATT 和 GATS 非歧视待遇的适用性;数字传输关税减让;服务贸易模式的再分类;信息技术产品市场准入;电信服务开放;技术性贸易壁垒;数字贸易便利化	
WTO-X	高标准 FTA/RTA	与电子商务有关的知识产权保护;竞争政策;人员临时入境;环境;劳工;国内监管与合作等	数字知识产权(源代码、专有算法、加密技术);数字竞争政策(互联网与数字平台反垄断);中小企业
WTO-E	WTO 电子商务诸边协定(谈判中);高标准 FTA/RTA;数字(贸易)区域协定	无纸化贸易;电子签名和电子认证;电子交易框架;电子合同;电子发票;未经许可的商业电子信息	互联网开放、数据跨境流动;跨境税收;技术中性;个人信息保护;线上消费者保护;中介平台服务商责任;数据本地化(计算设施的使用和位置);网络安全;数字包容性等

注:WTO+为已经存在于 WTO 框架下的贸易政策规则;WTO-X 为尚未包含在 WTO 框架下的贸易政策规则;WTO-E为全新的数字贸易政策规则。

资料来源:盛斌,陈丽雪.区域与双边视角下数字贸易规则的协定模板与核心议题[J].国际贸易问题,2023(1):19-35.

具体来看,第一代数字贸易规则产生于以数字订购为主要交易方式、以货物贸易和部分传统服务贸易为主要交易对象的电子商务盛行时代。一般涵盖 WTO 现行管理框架下的边境规制措施以及部分 WTO 框架之外的国内规制措施,其中包括已经得到了大多数 WTO 成员方认同的与货物贸易有关的传统电子商务规则,如电子传输免关税、信息技术产品与电信服务开放、数字贸易促进与便利化、在线知识产权保护、国内监管与合作等。而第二代数字贸易规则产生于以数字订购和数字交付为主要交易方式、以新型数字服务和数据信息流动为主要交易对象的数字贸易盛行时代。涵盖了部分 WTO-"边境后措施"以及新兴的 WTO-E 措施,包括:数字基础设施接入(互联网开放、政府数据开放);专有信息保护(源代码和算法、技术中性);跨境数据和信息流动(数据本地化、网络安全、个人隐私保护)等。

早期 FTA 或 RTA 下的双边或区域数字贸易框架多为第一代数字贸易规则。2012年,美国与韩国之前签署的《美韩自由贸易协定》经过再度磋商而最终达成新共识并正式生效,第一次将数据跨境流动引入双边自由贸易协定,数字贸易规则逐渐进入新的发展阶段。2018 年,亚太国家签署生效的《全面与进步跨太平洋伙伴关系协定》(CPTPP)是数字贸易规则发展的里程碑,其涵盖的数字贸易条款数量多、内容丰富,推动了全球数字贸易规则的进一步发展,数字贸易规则进入到高水平发展阶段。2020 年 6 月,智利、新西兰与新加坡正式签订了《数字经济伙伴关系协定》(DEPA),作为全球首个数字经济区域协定有效弥补了亚太区域,甚至全球范围内数字经济规则的缺失,特别是在推动全球快速发展的数字贸易治理与规则,促进各国在数字领域的经贸合作,助力建立新型跨境数字经济协定关系,并为全球数字治理规则发展等方面提供了新的路径。2020 年,由东盟发起的 15 国签署的《区域全面经济伙伴关系协定》(RCEP)则是中国参与高水平数字贸易规则制定的一次尝试,标志着中国正积极对接全球高水平数字贸易规则,以更加积极开放的姿态迎接全球贸易步入新的发展阶段。

目前,全球数字贸易规则的发展表现为以下几个方面。第一,从发展的数量来看,一方面,包含有数字贸易条款的贸易协定数量正不断增加,越来越多的区域和双边贸易协定包含数字贸易条款;另一方面,参与数字贸易规则讨论的国家或地区也不断增多,越来越多的国家或地区参与到全球数字贸易治理之中。第二,从区域的角度分析,亚洲是目前数字贸易规则发展的热点地区,CPTPP、RCEP、DEPA 等一系列数字贸易领域的合作成果不断涌现,亚洲地区对于数字贸易治理的观点和看法将深刻影响未来数字贸易规则发展。第三,从贸易条款分析,各国所缔结的数字贸易条款内容不断丰富、条款水平不断提高;数字贸易条款不再局限于贸易协定中的电子商务章节之下,而是专门围绕数字经贸合作的贸易协定不断涌现(例如 DEPA),成为数字经贸合作的新亮点。第四,从规则存在的分歧方面,各国对于数字贸易规则仍然存在不同的立场,美国、欧盟、中国等主要数字贸易发展国家对于数字贸易规则的核心观点仍有分歧,WTO 主导的电子商务谈判也依然面临巨大挑战。因此,化解分歧、合作共赢是未来数字贸易合作的必然发展方向。

第二节 国际多边组织的数字贸易规则与治理

一、WTO 多边协定下的数字贸易规则与治理

(一)WTO 现有协议适应于数字贸易规则的内容

1.《关税及贸易总协定》

广义的数字贸易涉及货物贸易领域,该部分的数字贸易产品可以通过线上订购、线下实物交付的方式来最终达成交易,因此,《关税及贸易总协定》(GATT)可以适用于数字贸易中的一部分货物贸易,但是对于另一部分数字产品,如视听产品,能否适用于 GATT 仍然存在一定的争议。以影片、音乐、游戏等为例,在信息技术和互联网发展与应用之前,上述产品需要以胶片、卡带、光碟等形式进行存储,而数字技术的发展使得上述产品能够以电子形式进行存储、传输。因此,此类数字产品归类于货物还是归类于服务产品存在争论。美国倾向将上述产品适用于 GATT,更有利于贸易自由化,但欧盟国家则认为视听等数字产品应适用于 GATS。

2.《服务贸易总协定》

无论是狭义的还是广义的数字贸易,其中很大一部分是以贸易服务的形式存在的,因此《服务贸易总协定》(GATS)能够在相当程度上规制数字贸易问题。具体而言,GATS 中

的具体条款、电信服务附件以及关于金融服务承诺的谅解等能够适用于数字贸易中贸易准入、数据本地化、公共电信网络的准入、跨境数据流动、个人信息保护等问题，能在一定程度上处理数字贸易中相关问题。但是 GATS 目前同样存在一定的不足。随着数字技术演进革新，涌现了许多可以跨境交付的新型数字服务产品，而 WTO 成员方做出的 GATS 承诺却无法涵盖这些新服务，影响 GATS 对于数字贸易的适用性。

3.《与贸易有关的知识产权协定》

《与贸易有关的知识产权协定》(TRIPs)的保护范围涵盖了版权及相关权、商标、地域标识、工业品外观设计、专利、集成电路布图设计、未公开的信息包括商业秘密七种知识产权，能够在一定程度上处理数字贸易中的知识产权问题。但是 TRIPs 对于数字贸易知识产权问题的处理依然存在不足。例如，对于数字产品侵权行为的界定存在不足，网络虚拟空间的存在使得对于侵权地的界定出现了模糊，数字贸易产品的层出不穷使得 TRIPs 适用性面对很大挑战。因此，围绕数字贸易形成一套行之有效的专门知识产权保护体系仍然是极其必要的。

4.《技术性贸易壁垒协议》

《技术性贸易壁垒协议》(TBT)规定了使用相关国际标准作为标准基础的义务，能够通过提升互操作性对数字贸易产生影响，包括宽带网络标准、隐私、加密和数据存储等，例如，提高全球范围内工厂设备的互操作性将有效推动智能制造的发展，统一的技术标准能够提高金融、教育、健康等领域的不同成员标准互操作性，促进数据流动。对于 TBT 的具体内容，以第 2.1 条(最惠国待遇和国民待遇义务)、第 2.2 条(技术法规不得影响国际贸易的正常运行)和第 2.4 条(承诺将国内技术法规建立在现有国际标准的基础上)最为重要。目前，CPTPP 和 USMCA[①] 均基于 TBT 作出了确保国内标准以国际标准为基础以及定期审查国内标准的承诺。但是，TBT 的局限性在于并未考虑特定标准是否受知识产权保护，尤其是在信息和通信技术领域可能引发争议。

5.《贸易便利化协定》

《贸易便利化协定》(TFA)是乌拉圭回合谈判之后达成的最重要的 WTO 协定，旨在促进贸易达成更加便利化，协定中第 1 条(信息的公布与可获性)、第 3 条(预裁定条款)以及第 8 条(快运货物)等条款对货物类型的数字贸易影响重大。TFA 的达成促进了通关流程更加快速高效，这对于低价值和小批量货物的数字贸易产品产生了重要影响，但是 TFA 没有设定免税的微量货值或应纳税额，并不利于小额跨境贸易。

6.《信息技术协定》

ICT 产品在数字贸易中占据相当的份额，《信息技术协定》(ITA)旨在减免 WTO 成员方之间 ICT 产品的关税，1996 年第一个 ITA 达成，后又经过扩大产品范围谈判，2015 年达成了第二个 ITA。新达成的 ITA 覆盖了全球 90%以上的 ICT 产品贸易，对于全球 ICT 产品贸易发展产生重要影响。但是 ITA 对于数字贸易治理存在不足，主要在于以下四点：第

---

① USMCA:《美墨加三国协议》。

一,ITA只对关税壁垒进行约束,对非关税壁垒影响有限;第二,基于海关协调编码(HS)六分位或八分位的ICT产品的分类无法适应快速发展的数字贸易;第三,个别初始缔约国未加入扩围后的ITA,但协定中最惠国待遇惠及所有WTO成员方,造成"搭便车"现象;第四,一些重要的新兴市场成员尚未加入ITA。

(二)WTO电子商务谈判中的数字贸易规则

自2019年1月WTO就数字贸易规则展开电子商务谈判,至2022年3月,WTO成员方共有40项有实质性内容的提案。根据2021年12月14日发布的联合声明,WTO电子商务谈判在电子签名和认证、在线消费者保护、未经请求的电子商业信息、开放政府数据、电子合同、透明度、无纸化交易以及互联网开放这8项条款的谈判中取得了积极进展。WTO电子商务诸边谈判在以下几个主题下开展小组会议讨论和全体会议讨论:电子商务能力、电子商务和开放、信任和数字贸易、交叉减让问题、电信和市场准入。在历经5年的磋商与谈判后,2024年7月26日WTO电子商务谈判宣布达成稳定的《电子商务协议》文本,共有八个章节与一个附件,涵盖了无纸化交易、在线消费者保护、电子认证和电子签名等多项内容,旨在推动全球数字贸易规则发展与完善,使得数字贸易能够惠及世界上更多国家,推进全球数字化发展进程。《电子商务协议》文本主要内容如表13-2所示。

表13-2　《电子商务协议》文本主要内容

章节名称	涵盖条款
适用范围与一般规则	适用范围;定义;与其他协定的关系
促进电子商务	电子交易框架;电子认证和电子签名;电子合同;电子发票;无纸化交易;单个窗口数据交换与系统互操作性;电子支付
开放与电子商务	电子传输免关税;公开政府数据;接入与使用互联网开展电子商务
信任与电子商务	在线消费者保护;非应邀电子商业信息;个人数据保护;网络安全
透明度、合作与发展	透明度;合作;发展
电信	电信
例外规定	一般例外;安全例外;审慎措施;个人数据保护例外;本地居民
制度安排和最后规定	争端解决;电子商务与贸易相关方面委员会;接受与生效;实施;保留;修订;撤回;特定方之间不适用本协议;审查;秘书处职责;协定交存;登记
附件	竞争保障;互联;普遍服务;许可标准的公开性;独立监管机构;稀缺资源的分配和使用

资料来源:根据2024年《电子商务协议》文本整理。

根据WTO电子商务谈判中各成员国不同利益诉求和谈判立场,可大致分为以下几类成员类型。

第一类是以美国、日本为代表的开放型成员国。开放型成员国旨在最大限度减少数字贸易领域中各种贸易壁垒，加快信息传输流动，推动全球数字贸易自由化，具体包括促进数据跨境自由流动、禁止数据本地化、禁止泄露源代码、实现电子传输永久免关税等。美国由于自身数字贸易实力雄厚，削减其他国家数字贸易壁垒能够帮助其扩大自身影响力。日本开放水平与美国接近，但同时日本主张对发展中成员尤其是最不发达成员进行技术援助。

第二类是以欧盟、加拿大、新加坡、新西兰等为代表的弱开放型成员国。弱开放型成员国支持电子传输免征关税和禁止数据本地化与公开源代码，允许数据流动，但同时强调保留合理的隐私保护与安全例外。欧盟关注重点在于将个人信息和隐私保护视为基本权利、扩大与电子商务关系最密切的服务贸易市场准入以及改革电信和互联网管理三个方面，坚持“个人信息和隐私保护”以及“视听例外”两个底线。加拿大、新加坡与日本同属CPTPP 成员国，对于数字贸易开放持较为积极态度，但同时它们也认可应在国内保留一定的数字监管政策空间。

第三类是以中国、俄罗斯为代表的审慎型成员国。中国和俄罗斯支持免征关税、改善贸易环境、无纸化贸易等数字贸易便利化规则，但是对于更高水平的贸易规则两国态度更加谨慎。具体而言，服务类型的数字贸易并不是中国数字贸易竞争力所在，中国数字贸易比较优势在于基于线上平台的跨境货物贸易，因此中国在参与规则制定时更多集中在贸易便利化讨论，对于涉及数据安全的规则，例如跨境数据流动、数据本地化、源代码等条款，中俄两国都十分强调国家安全的重要性，对开放持谨慎态度。

第四类是以印度、印度尼西亚和南非为代表的抵制型成员国。上述国家认为数字贸易高水平开放会对本国经济发展造成冲击，不利于本国相关产业发展和国家安全维护，因此在规则制定时倾向于更为保守的态度，以捍卫自身的国家利益。

二、其他国际组织的数字贸易规则

（一）经济合作与发展组织的相关规则体系

1980 年经济合作与发展组织（OECD）理事会通过了《关于隐私保护与个人资料跨国流通的指针的建议》（简称《隐私准则》），在国家层面提出了限制收集原则、完整正确原则、目的明确原则、限制利用原则、安全保护原则、公开原则、个人权利原则、责任原则八项原则，目的是解决个人数据使用增加所带来的担忧，以及限制信息跨境流动对全球经济带来的风险，它也被认为是第一套国际商定的隐私规则。2013 年，OECD 理事会对于《隐私准则》进行了修订，针对自全球互联网兴起以来个人数据收集方面的重大变化，以及在线数据收集和处理带来的危害和风险，提出了自由流通和合法限制原则，要求各成员国应避免以保护隐私为由对跨境数据流动设置超出其保护水平的障碍，旨在进一步对隐私和个人资料流通安全进行有序管控。2022 年，OECD 国家通过了《关于政府获取私营部门实体持有的个人数据的宣言》，旨在通过阐明国家安全和执法机构如何在现有法律框架下访问个人数据，提高对跨境数据流的信任，这是对 OECD《隐私准则》的重要补充。

（二）亚太经合组织的相关规则体系

2005 年，亚太经合组织（APEC）成员共同签署了《隐私框架》，为 APEC 各经济体建立个人数据保护的国内法规体系提供了指南，确定了包括防止伤害、通知、收集限制、个人信息使用、选择性原则、个人信息的完整性、安全保障措施、访问及更正、问责制九项的一整套基本原则。目的是为各成员国提供最低的隐私保护标准，促进亚太地区数据的跨境自由流动，同时保护消费者的隐私。2012 年 APEC 在《隐私框架》的基础上制定了《跨境隐私规则体系》（CBPRs），以促进 APEC 成员之间的个人数据流动。该体系通过数据隐私小组（Data Privacy Subgroup）的联合监督小组（Joint Oversight Panel，JOP）进行统一管理，建立了经济体、责任代理和申请组织三级认证制度，并通过经济体间隐私执法机关的合作提供强制效力保障。

《跨境隐私规则体系》是在亚太经合组织内部推行、各成员自愿加入的隐私跨境流动机制。其宗旨是通过特定的机制保障九大原则在成员经济体中得到实现，最终促使区域内个人信息在得到保护的基础上实现无障碍流动，从而实现数据在各经济体间安全有序流动、推动 APEC 成员经济体之间的数字经济合作。CBPRs 所规范的对象是涉及个人信息跨境传输业务的企业，个人数据在加入 CBPRs 的企业之间流动将不受阻碍。但 CBPRs 的适用对象为数据控制者，并不适用于数据处理者。2015 年，APEC 通过了《数据处理者隐私识别》（PRP）体系，即由问责代理机构认证数据处理器的机制，旨在确保处理过程至少符合CBPRs要求数据控制者遵守的数据处理要求，对于数据处理者作进一步的规范。

第三节 区域与双边数字贸易规则与治理

一、区域与双边的数字贸易协定

根据 TAPED 数据库和 WTO 的 RTA 数据库，目前全球已经签订 FTA 或 RTA 的数量为 354 个，其中涵盖电子商务或数字贸易专章的有 83 个，涉及 90 个国家或地区。自 2000 年美国—约旦 FTA 首次将电子商务问题纳入贸易协定以来，越来越多的贸易协定涵盖了电子商务相关条款，形成了复杂交错的数字贸易协定网络。其特点主要体现在四个方面：第一，形成了包含两个及以上大国在内的巨型 FTA/RTA，如 CPTPP、RCEP、USMCA 等；第二，数字 FTA/RTA 网络（见图 13-1）形成了洲际跨越，而不局限于有限的区域性地理范围；第三，美国、日本等大国成为数字 FTA/RTA 网络的中心，其签订的协定中数字贸易章节具有重要的示范效应和外溢作用；第四，新加坡、新西兰等小国在数字贸易相关协定方面表现非常活跃。

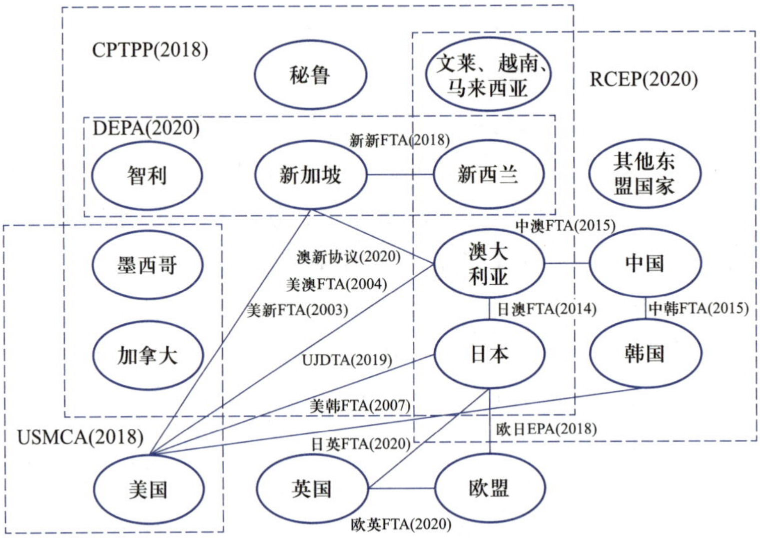

图 13-1 全球数字 FTA/RTA 网络

注:(1)虚线方框代表多边协议,其中 CPTPP 为《全面与进步跨太平洋伙伴关系协定》,RCEP 为《区域全面经济伙伴关系协定》,DEPA 为《数字经济伙伴关系协定》,USMCA 为《美墨加协定》。

(2)直线相连代表双边协议,其中 UJDTA 为《美日数字贸易协定》。

资料来源:盛斌,陈丽雪.区域与双边视角下数字贸易规则的协定模板与核心议题[J].国际贸易问题,2023(1):19-35.

进一步地,选取 USMCA、欧日 EPA、CPTPP、UJDTA、RCEP 和 DEPA 六项代表性贸易协定分析比较其中的数字贸易条款,对比结果如表 13-3 所示。

表 13-3 主要贸易协定中的数字贸易条款对比

主要数字贸易条款	区域贸易协定(签订时间)					
	USMCA(2018)	欧日 EPA(2018)	CPTPP(2018)	UJDTA(2019)	RCEP(2020)	DEPA(2020)
数字税收	√	√	√	√	√	√
国内监管	√	√	√	√	√	√
电子签名和电子认证	√	√	√	√	√	√
无纸化贸易	√	√	√		√	√
消费者保护	√	√	√	√	√	√
个人信息保护	√		√	√	√	√
非应邀商业电子信息	√	√	√	√	√	√
网络安全	√		√	√	√	√
计算设施位置	√		√	√	√	√

续表

主要数字贸易条款	区域贸易协定(签订时间)					
	USMCA (2018)	欧日 EPA (2018)	CPTPP (2018)	UJDTA (2019)	RCEP (2020)	DEPA (2020)
源代码	√	√	√	√		√
访问和使用互联网原则	√		√			√
数据跨境流动	√	√	√	√	√	√
互联网互通费用分摊			√			
未经事先授权的原则		√				
数字产品的非歧视待遇	√		√	√		√
使用密码技术的信息和通信技术产品				√		√
交互式计算机服务	√			√		
公开政府数据	√			√		√
修改、实施和终止				√		√

资料来源:根据 WTO 区域贸易协定数据库整理。

从贸易条款广度分析,USMCA、UJDTA 和 DEPA 三项贸易协定中所涵盖的数字贸易条款数目更多,对于数字贸易的讨论范围更加广泛,涉及的各类数字贸易合作问题更多。从贸易条款的签署国家数量分析,CPTPP 与 RCEP 影响范围更广,其中 CPTPP 共有 11 个国家签署协定,RCEP 共有 15 个国家签署协定,两项贸易协定聚焦于亚太地区的数字经贸合作,涉及数十亿人口的数字福祉,深刻影响着亚太地区数字贸易治理的未来走向。

进一步地,对于每项贸易协定的具体贸易条款内容进行分析,CPTPP、USMCA 和 UJDTA 基于美国数字贸易治理的观点看法,是美式数字贸易规则的典型代表,其中的数字贸易条款更多展现了美式数字贸易规则特点,条款旨在尽可能减少数字贸易壁垒、倡导数字贸易自由化。就条款水平而言,USMCA 的条款水平要高于 UJDTA,UJDTA 的条款水平要高于 CPTPP。具体地,首先比较 UJDTA 和 CPTPP,UJDTA 在“数据跨境流动”“计算设施位置”和“源代码”三项条款中剔除了缔约方监管要求及各种例外规定,并新增了“交互式计算机服务”“公开政府数据”“使用密码技术的信息和通信技术产品”等规则;其次比较 USMCA 和 CPTPP,USMCA 在“数字产品的非歧视待遇”条款剔除了“广播产品例外”条款,在“计算设施位置”条款剔除“监管例外”和“公共安全例外”条款,在“源代码”条款把源代码中的算法也添加进规则使用范畴,将保护范畴扩展至基础设施软件;最后比较 UJDTA 和 USMCA,UJDTA 中新增了“修改、实施和终止”条款,在“数字税收”条款强调数字国内税的征收需基于非歧视性原则,在“数字产品的非歧视待遇”条款新增了“知识产权例外”与“广播例外”规定。

欧日 EPA 是近年欧盟与日本签订的主要贸易协定，其中的数字贸易规则反映了欧盟参与数字贸易治理的诉求，对待数字贸易自由化更加谨慎。以“数据跨境流动”条款为例，欧盟《通用数据保护条例》(GDPR)要求数据进行跨境流动时，需要对于其他国家进行充分性认定，只有通过充分性认定的国家，才能获准与欧盟进行数据跨境流动。日本已在 2019 年通过了欧盟充分性认定，但欧日 EPA 针对数据跨境流动，依然要求在协定生效之日起的三年内重新评估是否需要包含有关数据自由流动的规定，这在一定程度上反映了欧盟对数字贸易自由化的谨慎态度。

RCEP 和 DEPA 是近年亚洲地区签订的主要贸易协定，反映了未来亚洲地区数字贸易规则的发展趋势。RCEP 中的数字贸易条款与 CPTPP、UJDTA 和 USMCA 相比，其数字贸易条款水平比较有限。具体地，RCEP 对于数据跨境流动和计算设施位置，提出禁止限制数据跨境流动和禁止强制计算设施本地化，但存在公共政策目标例外和基本安全例外，这一定程度上削减了条款约束力。此外，RCEP 对于当前讨论较多的源代码条款也暂未涉及。相比较而言，DEPA 的数字贸易条款水平也要高于 RCEP。具体地，一方面 DEPA 中增加了数字产品非歧视待遇、**源代码**、使用密码技术的信息和通信技术产品、公开政府数据等条款，数字贸易条款所涵盖的范围更广，另一方面，DEPA 中**数字税收**、数据跨境流动、计算设施位置等条款相较 RCEP 条款约束力有所上升，例如在**数字税收**条款中 DEPA 中提出电子传输免税应是永久性义务，RCEP 则认为电子传输免关税是可调整的临时性义务。

综合来看，当前各主要贸易协定中的数字贸易条款，体现了缔约国参与数字贸易治理的立场，但各国对于数字贸易规则看法并不一致、诉求存在差异，各贸易协定中的数字贸易条款也展现了不同特征。

二、诸边与区域的数字贸易规则模板

（一）以美国为代表的“美式模板”

美国是数字服务贸易大国和强国，在全球数字贸易发展中位居领导地位。根据贸发会议的统计，2022 年美国可数字化服务贸易出口额高达 6 461 亿美元，在全球可数字化服务贸易出口中占比为 16%。美国数字贸易的比较优势集中在服务贸易以及数据和信息领域，极力倡导跨境数据自由流动和削减数字贸易壁垒，以推动高新技术企业在全球范围的扩张。2000 年美国—约旦 FTA 是首个包含“电子商务”章节的 FTA，并首次提出“电子传输免关税”条款，对于区域和双边数字贸易规则进行了初步探索。2003 年美新 FTA 是第一个提出“数字产品的非歧视待遇”条款的 FTA，相较美国—约旦 FTA 进一步丰富了“电子传输免关税”条款内涵。此后，美国又陆续与智利、摩洛哥、澳大利亚等国缔结数字贸易条款，条款内容得到不断丰富。2007 年美韩 FTA 是首个包含“数据跨境流动”条款的 FTA，区域与双边数字贸易规则逐渐进入到蓬勃发展阶段。随着全球数字经贸合作加深，美式数字贸易规则成果不断涌现，CPTPP、USMCA 与 UJDTA 是其中典型代表。

从“美式模板”的主要内容与演进路径分析来看，其主要具有以下特征：第一，最早达成包含有电子商务或数字贸易专章的 FTA（2000 年），达成数量也最多（16 个）；第二，数字贸易规则体系最全面，涵盖第一代数字贸易规则，并对第二代数字贸易规则发展起到引领作用；第三，致力于实现数字贸易自由化，极力倡导削减不必要数字贸易壁垒，促进数据跨境自由流动，注重数字知识产权保护；第四，强调保持美国数字经济的全球领导力，联合盟友主导跨大西洋、印太地区以及美洲的数字贸易治理，致力于在全球数字贸易治理体系中占据领导地位。

（二）以欧盟为代表的“欧式模板”

欧盟国家同样是数字贸易强国。根据贸发会议的统计，2022 年欧盟可数字化服务贸易出口额为 14 659 亿美元，在全球可数字化服务贸易出口中占比高达 37%。

2010 年欧盟—韩国 FTA 是第一个含有电子商务专章的 FTA，但关于数字贸易规则的实质性条款仅有“电子传输免关税”条款一条。2016 年欧盟—加拿大 FTA 对“电子传输免关税”条款升级，提升了该条款约束力。此后，欧盟又与日本、墨西哥、英国签订 FTA，逐渐扩充了“电子传输免关税”“电子认证和电子签名”“在线消费者保护”“跨境数据流动”等条款，欧式数字贸易规则内容得到不断丰富。

欧盟所主导的欧式数字贸易规则并不同于美式数字贸易规则致力于实现数字贸易自由化，而是更加强调对于个人信息、个人隐私的保护，制定了一系列覆盖欧盟成员的区域性法案来实现维护公共利益的数据保护，展现了欧盟对于数据安全的高度重视。例如在个人数据保护方面欧盟出台了《通用数据保护条例》，在数字市场方面欧盟制定了《数字市场法案》和《数字服务法案》，在网络安全方面公布了《网络安全法案》和《网络安全战略》。在这种理念与背景下，数字贸易规则“欧式模板”呈现出以下特征：第一，欧式数字贸易规则出现时间较晚（2010 年），涉及涵盖电子商务或数字贸易专章的 FTA 的数量相对较少（11 个）；第二，欧式数字贸易规则所涵盖数字贸易条款较为零散，缺乏对于数字贸易的体系性建设；第三，强调基于个人隐私保护的跨境数据流动监管、视听产品例外和消费者保护模式；第四，规则以软性条款为主，缺少争端解决机制。

（三）以中国为代表的“中式模板”

中国目前是全球数字贸易大国，数字贸易竞争优势在于以跨境电商为主要形式的数字货物贸易，近年在数字服务贸易领域同样增长迅速。根据贸发会议的统计，2011 年到 2022 年，中国可数字化交付服务贸易出口从 728 亿美元增长至 2 053 亿美元，在全球可数字化交付服务贸易出口中占比从 3.5%增长至 5.2%。中式数字贸易规则的发展仍处于发展完善阶段，在 2020 年 RCEP 签订之前，中国同澳大利亚、新西兰等国签订的 FTAs 以“电子传输免关税”“无纸化贸易”“电子认证和电子签名”为主要内容，核心在于促进贸易便利化。RCEP 是中国首次同其他国家在数据问题上达成共识，具体包括了“促进数据跨境流动”“禁止数据本地化”等条款，表明中国正积极同贸易伙伴国达成高水平数字贸易条款。以 RCEP 为契机，中国正积极参与到全球数字贸易治理体系构建当中。但是 RCEP 在数据问题上设置了一定的例外条款，条款约束力相比 CPTPP、USMCA 等协定较为一般。此外，中国目前在国内数据治理体系构建中同样存在不足，一定程度上阻碍了中国同其他国家数据业务的开展，未来中式数字贸易规则仍然需要持续不断发展。

中国已经迈入了数字贸易大国的行列，但数字贸易整体竞争力还不足，在新型数字服务产品、数据和信息产业、软件等领域仍有较大的发展空间。出于数字经贸的现实基础以及政治、文化、社会制度等国情的综合考虑，中国在数字贸易规则构建中，一方面注重促进跨境电子商务的便利化与数字营商环境的改善，另一方面强调维护国家安全、网络安全和数据主权目标下的跨境数据有序流动。由此，数字贸易规则“中式模板”具有以下特征：第一，中国数字贸易规则开始形成时间较晚（2015 年），涵盖电子商务章节的 FTAs 数量较少（4 个）；第二，当前中国数字贸易规则核心在于促进跨境电子商务便利化，但对于数据跨境流动、计算设施位置、数字贸易市场准入等条款讨论较少，数字贸易条款设置存在不足，数字贸易规则体系构建仍有待继续加强；第三，中国格外重视跨境数据流动安全性，在计算设施位置、跨境数据流动规则下均设置了安全例外条款，以实现本国的数据安全目标以及保护国内的云存储等相关数字产业。

（四）以新加坡、澳大利亚为代表的“南太平洋模板”

根据贸发会议的统计，2022 年新加坡、澳大利亚、新西兰三国可数字化服务贸易出口额为 1 894 亿美元，在全球可数字化服务贸易出口中占比高达 4.8%，具备一定的数字贸易实力。2018 年之前，南太平洋国家涉及的数字贸易规则聚焦于促进电子商务便利化，具体包括了“电子认证和电子签名”“无纸化贸易”和“在线消费者保护”等条款。2018 年签订的新—新 FTA 和澳大利亚—秘鲁 FTA 与 CPTPP 条款水平较为接近，2020 年签订的智利—新西兰—新加坡数字经济伙伴关系协定（DEPA）与澳大利亚—新加坡数字经济协议（ASDEA）将南太平洋数字贸易规则水平提升到新高度。DEPA 是世界首个采用模块化方式的数字贸易协定，在跨境数据流动、计算设施位置、数字产品的非歧视待遇、电子传输免关税等方面几乎完全沿袭了 CPTPP 相关规则要求，并进一步增加了“跨境物流”“电子发票”“金融科技合作”“人工智能”“数据创新”等非强制性义务条款内容。ASDEA 借用了 DEPA 的模块化方法，但是在约束力和条款数量上超越了 DEPA。此外，ASDEA 还增加了金融服务计算设施的位置和源代码两项重要条款。2022 年签订的英国—新加坡数字经济协定（UKSDEA）和新加坡—韩国数字伙伴关系协定（KSDPA）是南太平洋数字贸易规则最新成果。UKSDEA 和 KSDPA 同 DEPA 相比，对“公开政府数据”“数据创新”“网络安全合作”等条款进行了深化明晰，条款水平进一步提升。同时，UKSDEA 和 KSDPA 相较 DEPA 增加了“标准”“技术法规及合格评定程序”“法律技术合作”“新金融服务”等条款，规则体系得到丰富扩充。

数字贸易规则的“南太平洋模板”的特征如下：第一，数字贸易规则构建时间早（2004年），涉及电子商务或数字贸易专章的 FTAs/RTAs 的数量居中（7 个）；第二，规则体系较为完整全面，同“美式模板”存在一定的相似之处；第三，首创模块式数字贸易协定，突破一般贸易协定下电子商务章节的局限性，方便谈判各方灵活选择，提高数字经贸合作洽谈效率；第四，规则前瞻性较强，随数字技术发展不断丰富更新，积极引领“新兴趋势与技术”规则制定。

第四节　中国在数字贸易治理中的地位与作用

一、中国积极加入并参与多边贸易框架下规则的制定

数字贸易在全球贸易发展中扮演着愈发重要的角色，各国围绕着全球数字治理领导权的争夺也日益激烈。面对着全球贸易发展新形势，作为世界贸易大国的中国，在持续壮大自身数字贸易竞争力的同时，也积极参与到全球与区域数字贸易治理之中，为数字贸易治理提出中国方案、贡献中国智慧。

在全球数字贸易治理领域，中国作为 WTO 的重要成员方，自 2001 年加入 WTO 以来，始终遵守 WTO 规则、履行 WTO 承诺，坚定维护多边贸易体制，为世界经济与全球贸易作出了重大贡献。自 2019 年 1 月 WTO 正式启动电子商务谈判以来，中国积极参与并提交了四份相关议案①，主要涉及中国对于电子商务谈判的立场以及在建立良好和安全可靠的电子商务交易环境和推动合作方面的建议，为多边贸易框架下数字贸易规则构建贡献了中国力量。

本章第二节分析了 WTO 贸易体系下的既有协议可以规制一部分数字贸易问题，电子商务谈判所达成的稳定的《电子商务协议》则进一步巩固了现有数字贸易规则成果，标志着全球数字贸易治理迈出坚实的一步。尽管取得了实质性成果，但是也要看到全球数字贸易治理仍然任重而道远。第一，共有 91 个国家和地区参与谈判，最终共计有 82 个成员方签署稳定的《电子商务协议》，包括美国在内的 9 个成员方并未签署该协议，这表明国家间数字贸易治理分歧继续存在，未来最终的《电子商务协议》的达成仍面临异议。第二，稳定的《电子商务协议》在具体条款上存在折中处理。例如对于电子传输免关税，原则上永久免关税，但需要以五年为期定期评估，这为条款实施带来不确定性。

中国应积极参与谈判，以包容性的提案融合多国利益，推动电子商务谈判达成高标准、平衡、包容的数字贸易规则。一方面，积极参与电子商务谈判中关键议题的讨论，围绕争议议题提出务实可行的解决方案，加强与各谈判方的沟通协调，主动弥合各方意见分

---

① 这四份提案分别是：World Trade Organization（WTO），Joint Statement on Electronic Commerce，INF/ECOM/19，24 April 2019；Joint Statement on Electronic Commerce，INF/ECOM/32，9 May 2019；Joint Statement on Electronic Commerce，INF/ECOM/40，23 September 2019；Joint Statement on Electronic Commerce，INF/ECOM/60，28 October 2020.

歧;另一方面,中国应作为发展中国家代表呼吁各方加强对于发展中国家的关注,促进形成有利于发展中国家的成果内容,推动数字贸易全球普惠性发展。

二、在区域与双边贸易规则协定中争取更多的话语权

近年来,中国在跨境货物贸易和跨境电商平台上呈现出明显的优势,并在全球数字贸易规则体系的构建中逐步形成了"中式模板"。包括:签订了包括电子认证和电子签名、无纸化贸易、在线消费者保护等在内的一系列促进数字贸易便利化与提升数字环境的措施;我国强调跨境数据安全与有序流动,注重对数字主权的把握;出于对国家安全以及国内数字产业保护的考虑,设置了较为严格的网络安全以及数据本地化等措施等。中国作为发展中的大国,代表发展中经济体争取在全球数字贸易规则构建中的利益与诉求,实现数字自由、效率、竞争与国家安全、公民隐私和公共利益之间的平衡。

在区域数字贸易治理领域,2022 年正式生效的 RCEP 是中国近年在该领域取得的重要成果,RCEP 中的电子商务章节由中国同各协定方共同参与构建,展现了当前亚洲各国对于区域数字贸易治理的观点立场。以 RCEP 为基础,中国正以积极的姿态参与到区域数字贸易治理之中。此外,持续推进加入 CPTPP 和 DEPA,为区域数字贸易治理贡献中国力量。

2021 年 11 月 1 日,我国向协议保存方新西兰正式提出申请加入 DEPA。2022 年 8 月 18 日,中国专门成立加入 DEPA 工作组,全面推进申请加入 DEPA 的谈判进程。截至 2024 年 5 月,中方与成员方举行了多轮各层级磋商,推动谈判取得积极的效果。中国作为亚太地区最大的数字经济体之一,参与 DEPA 对于国内数字企业、消费者以及亚太地区各国的数字经济发展具有重要的现实意义。

首先,加入 DEPA 的决定符合中国一贯坚持的全面深化改革、扩大高水平对外开放的基本发展策略。可以促进中国与亚太地区各国的数字经济合作,解决我国数字经济存在的"大而不强、快而不优"问题(孙晓,2021)。特别是借助 DEPA 所倡导的全新合作机制,中国可以最大限度地降低与亚太各国合作协商的沟通成本,进而促进中国与其他国家在数字经济领域的交流合作和共赢发展,彰显中方参与制定全球数字经济规则的期望与决心。

其次,中国加入 DEPA 有利于加强中国数字企业对外合作,增进人民福祉。商务部数据显示,截至 2020 年,中国与 APEC 成员的贸易额达 2.87 万亿美元,约占中国外贸总额的 62%,可见 APEC 国家是我国对外经贸合作的重要伙伴。截至 2021 年,数字经济产业对我国 GDP 的贡献率已超过 40%。[①] 中国加入 DEPA 可以为国内企业争取有利且稳定的外部发展环境,深化对外合作。同时,DEPA 的中小企业合作模块将有助于国内中小企业的数字化发展。不仅如此,中国加入 DEPA 将会为各缔约成员提供广阔的海外市场与潜在福利,有助于促进亚太地区乃至全球数字经济的开放融合与长期繁荣。

---

① 数据来源于商务部发布的《2021 年中国数字贸易发展报告》。

最后，加入 DEPA 有助于在国际数字经济规则协议谈判中贡献中国力量。由于各大数字经济体的规则立场和利益诉求不同，国际上至今尚未形成标准、公认的数字经济规则体系。而这种长期割裂式的局部合作会加剧数字经济规则的碎片化，会导致发展中国家面临着日益扩大的“数字鸿沟”以及加剧数字经济发展的不平衡。DEPA 的签订为各国提供了一套新的规则模板，并且其不带有国别倾向的协议原则更符合数字经济发展的时代潮流（文洋和王霞，2022）。中国积极推进加入 DEPA，有利于促成广泛的全球数字经济规则共识，从而为 DEPA 的发展贡献重要力量，也有助于打造全球数字经济规则的协议模板，增强我国在国际数字规则制定中的主动权和话语权，实现中国和 DEPA 双赢的局面。

三、中国在全球与区域数字贸易治理中的地位与作用

伴随中国在数字贸易治理领域取得的一系列成果，中国在数字贸易治理领域的话语权正在逐渐提升，中国声音受到越来越多国家的关注。具体而言，中国在全球与区域数字贸易治理中的地位与作用具有以下几个方面。

第一，引领亚洲数字贸易规则体系构建。根据（贸发会议）的统计，2022 年亚洲可数字化服务贸易出口额为 10 680 亿美元，占全球可数字化服务贸易出口的 27.1%。进一步地，在 2022 年中国可数字化服务贸易出口为 2 053 亿美元，占亚洲可数字化服务贸易出口的 20%，由此可见亚洲为全球数字贸易发展作出了重要贡献，而中国数字贸易发展在亚洲地区具有举足轻重的地位，因此中国有能力积极参与到亚洲数字贸易规则体系构建之中。尽管目前在亚洲地区已经涌现了一系列数字贸易合作成果，例如 CPTPP、RCEP、DEPA 等，上述成果的出现一定程度上完善了亚洲数字贸易规则体系构建，为全球数字贸易治理提供了借鉴和参考，但是仍存在诸多不足，所以中国有责任参与到亚洲数字贸易规则体系构建之中，为亚洲地区提出中国观点，引领亚洲数字贸易规则体系发展。

第二，中国是数字贸易规则网络中的重要一环。基于中国庞大的数字贸易市场规模和良好的数字贸易发展势头，无论是在 WTO 下多边数字贸易规则框架构建，还是 FTA/RTA 下双边或区域数字贸易规则框架构建，都离不开中国的参与，中国对于数字贸易治理的观点将会影响地区乃至全球各国未来数字贸易发展走向。不过也应当看到欧美等发达国家凭借数字贸易领域的强大技术实力以及较为完备的国内治理体系建设，主导了多边、区域和双边的数字贸易规则体系构建，许多数字贸易条款都是基于“美式模板”“欧式模板”发展而来。同欧美等发达国家相比，中国在数字技术水平、规则构建国际参与程度、国内治理体系建设等诸多方面仍存在诸多不足。但是中国目前正积极对标全球高水平数字贸易规则，不断丰富完善国内治理体系建设，提升自身数字技术水平，更好地融入全球数字贸易网络之中，成为规则网络中不可或缺的重要一环。

第三，立足发展中国家数字贸易治理观念，促进数字贸易普惠发展。在全球数字贸易蓬勃发展的同时，数字贸易鸿沟问题却日益突出。根据贸发会议的统计，2022 年发达国家贡献了全球 76%可数字化交付服务贸易出口，主导着全球数字贸易发展。在数字贸易

规则领域,发达国家同样是主导,全球多项包含数字贸易条款的贸易协定均是由发达国家推动构建的。发展中国家受自身发展水平所限,数字贸易发展水平一般,在全球数字贸易规则体系构建中声音式微。中国作为全球第一大发展中国家,中国声音在全球广大发展中国家中具有代表性,一定程度上反映了发展中国家对于数字贸易治理的立场,这有助于切实反映广大发展中国家数字贸易发展诉求,捍卫广大发展中国家数字贸易权益,缩小全球数字贸易鸿沟,实现数字贸易普惠发展,助力全球数字贸易发展进入更高水平。

综上所述,中国在全球与区域数字贸易治理中有着重要地位,中国对于数字贸易治理的立场观点,将深刻影响全球和区域数字贸易规则体系构建,但同时中国目前在参与数字贸易治理方面仍然存在诸多不足,中国在全球与区域数字贸易治理中仍然需要进一步提升自身地位,发挥更大作用。

第五节 国际数据保护协定的经济效应[①]

一、国际数据保护协定对国际贸易影响的理论分析

随着网络信息技术的普及,全球各国已经实现了数据跨境传输,并且跨境传输的数据信息已经成为提升生产效率和经济增长、促进贸易发展和创新活动、增加社会交流和知识传播的重要渠道(OECD,2016)。与此同时,跨境数据传输带来的数据安全和隐私保护的问题,引发越来越多的国家政府出台相应的数据、隐私保护条例,以保障跨境数据传输的安全,也引起了人们对其经济影响的讨论。在逐渐意识到单边的数字保护政策对贸易经济带来不利影响后,各国开始寻求建立国际协定,以期实现数据传输开放和保障安全性的兼顾。那么,国际上的数据传输协定或区域安排会给国家间的数字贸易活动带来什么样的影响?

传统的国际贸易协定虽然内容和目标不尽相同,但都是为了在降低关税或非关税壁垒上达成一致。国际数据保护协定有两个典型的目标:一是在各国既有的数据保护措施下,增加国际数据保护的协调性;二是帮助建立起充分的数据保护。跨境的数据传输有利于国际贸易的开展,但国家在各自的辖区内建立自己的数据保护框架,会给跨境数据传输造成困难。因此,国际数据保护协定的目标是增加协定缔约国间数据监管操作的互通性,减少因监管措施差异造成的阻碍,促进协定参与国之间数据传输顺利进行。从这个角度上看,国际数据保护协定降低了企业为遵守不同国家数据制度支付的成本,数据传输障碍减少,有助于国际贸易的开展。但同时也存在着协定缔约国和非缔约国之间因为数据政策差异可能产生跨境数据传输的障碍,导致国际贸易下降。所以,国际数据保护协定可能

① 本部分参考 Vincenzo Spiezia and Jan Tscheke, International Agreements on Cross-border Data Flows and International Trade: A Statistical Analysis,2020.

会起到促进缔约国之间贸易、降低缔约国和非缔约国贸易的作用。

从长期来看,数据保护政策的实施会增进跨境交易伙伴间的相互信任,从而有利于跨境交易,而且在与非缔约国之间的交易上,由于缔约国实行公开完善的国际数据保护协定,会给非缔约国的消费者带来信任感的增加,减少交易风险。但是从短期来看,一方面,遵守国际数据保护协定也需要缔约国的企业付出额外的调整成本。比如对于协定中新的规则,企业可能需要聘请专业律师、数据保护咨询师或者投资更新数据管理系统等相关软件设施。这些支出在短期内成为企业遵守国际数据保护协定、开展国际贸易的成本,不利于开展对外贸易。另一方面,这对于缔约国的企业影响可能更大,因为缔约国企业不仅要在国际贸易业务上遵守协定,也要在本地业务上适应这些新的规则。所以从适应性成本增加的效应上看,国际数据保护协定可能对缔约国之间的贸易有更大的负面影响,对于其他国家的贸易行为作用相对更小。

基于以上分析可以得知,国家之间签订遵守的数据保护协定对贸易产生影响。一方面,可能增加跨境数据传输、增进交易信任,实现对国际贸易的正面推动作用;另一方面,对新协定下的制度和政策的遵守和适应,需要企业在短期内付出成本,又会导致国际贸易下降。

二、国际数据保护协定对贸易影响的实证检验

Spiezia 和 Tscheke(2020)首先选择下述协定作为研究对象①:1995 年欧盟个人数据保护指令(1995 EU Data Protection Directive)、美国—欧盟安全港框架协议(EU-US Safe Harbor Framework)、瑞士—美国安全港框架协议(Switzerland-US Safe Harbor Framework)、欧盟—美国隐私护盾(EU-US Privacy Shield)、瑞士—美国隐私护盾(Switzerland -US Privacy Shield)、经合组织隐私准则(OECD Privacy Guidelines)、联合国计算机处理个人数据文件的指导纲领(UN Guidelines concerning Computerized Personal Files)、欧洲委员会保护自动化处理个人资料公约(Council of Europe Convention for the Protection of Individuals with Regard to Automatic Processing of Personal Data(Convention 108))和公约附加议定书(Additional Protocol to the Convention)、亚太经合组织跨境隐私规则系统(The APEC Cross-Border Privacy Rules System)。

其次,对上述协定进行文本分析,识别出两个国家间是否在同一时间适用于相同的数据协定,以此构建虚拟变量,利用引力模型考察国际数据保护协定对贸易流量的影响。引力方程是考察影响双边贸易流量因素的经典方程,被很多学者用来探究贸易政策的影响,如自由贸易区、货币联盟对国家间贸易流量的影响等。回归方程设定为:

$$\ln X_{odt}=\alpha+\beta DPA_{odt}+\gamma_1\rho_{ot}+\gamma_2\sigma_{dt}+\gamma_3\mu_{od}+\delta PC_{odt}+\varepsilon_{odt} \tag{13.1}$$

式中:$\ln X_{odt}$是从出口国 o 到目的地国家 d 在 t 年出口值的自然对数;α 是常数;DPA_{odt}是关

① 这里剔除了与跨境数据传输无关、还未生效、太新的还未产生影响的协定。

键指示变量，当出口国和目的国在 t 年同属于一个国际数据保护协定时，该变量取值为 1，否则取值为 0。

DPA_{odt}的估计系数 β 反映了对比于其他国家的双边贸易情况，两国在加入相同国际数据保护协定后平均的贸易流量变化率。$-0.5*\beta$ 表示对比其他情况，当两国中有一国加入国际数据保护协定时，这两国间贸易的平均变化率。如果 β 的值为正，那么表示两国中有一国加入而另一国未同时加入的话，会引起两国之间贸易减少。

关于 β 是否能准确反映国际数据保护协定的贸易效应，取决于对相关变量的控制。在方程中加入了引力方程中常出现的出口国—时间固定效应 ρ_{ot}，以及进口国—时间固定效应 σ_{dt}。这两个固定效应控制了各国随时间变化的因素对双边贸易的作用，例如 GDP、国内的数据政策等。方程中还有出口国—进口国固定效应 μ_{od}。该固定效应控制了不随时间变化的影响因素，比如两国的语言差异、地理距离、国土是否接壤、历史上是否有殖民关系、是否同属于欧盟、OECD 等经济组织。不仅如此，双边国家的固定效应还能在一定程度上解决内生性的问题。如果贸易流量大的贸易伙伴，为了维系好的贸易关系，而选择同时加入国际数据保护协定中，那么上式的回归存在双向因果的内生性问题。双边固定效应能够消除任意国家对贸易流量的平均差异，减少双向因果关系对结果的影响。

最后，引力方程中还加入了随时间变化的国家对层面的控制变量 PC_{odt}。一是考虑到 1998 年后，欧盟还不断有新成员加入，所以有两国是否在 t 年都是欧盟成员的虚拟变量控制该影响。二是既有文献指出，贸易成本呈现不断下降的趋势，而且这种趋势在不同的国家表现出异质性，由于难以准确衡量贸易成本，该研究选择加入国家对层面的时间趋势项。这样吸收了双边贸易随时间线性变化的趋势，使估计的结果能反映出相较于没有加入协定的国家对，加入同个国际数据保护协定后国家间的贸易流量是否有显著的变化。但是要注意的是，如果在国际数据保护协定生效的同年，有其他影响双边贸易流量的事件发生，国家对层面的时间趋势项无法控制这类事件的影响。这种情况下，可能存在结果的高估。另一种情况是，加入时间趋势项可能造成低估，因为国际数据保护协定从草拟到最终生效，中间通常经历较长时间。例如 EU GDPR 的商议和筹备阶段历经 4 年，被欧洲议会通过是在 2016 年，执行生效是在 2018 年 5 月。可以想象，在正式生效前，其实相关企业在经营活动中已经花费很长时间进行适应和调整。生效后一些变化也需要相应的时间来实现。如果出现国际数据保护协定是随着时间逐步起作用，也呈现出随时间线性变化的趋势，那么加入国家对的时间趋势项就会吸收这部分作用，使得估计结果出现低估。但可以肯定的是，方程中加入上述固定效应、控制变量以及时间趋势项后回归，得到的结果能够体现贸易国均加入国际数据保护协定产生的影响。

表 13-4 展示了根据上述引力方程回归得到的结果。第(1)列的回归中加入了表征 1995 年欧盟个人数据保护指令的指示变量(*EU DPD*)、美国—欧盟安全港框架协议和瑞士—美国安全港框架协议联合构建的指示变量(*SHA*)、欧洲议会保护自动化处理个人资料公约指示变量(*Conv108*)，这三个关键解释变量，还加入了固定效应。结果显示 *Conv108* 的估计系数显著为正，说明相比于双边都没有加入或者只有一个贸易国加入的

情形,两国都加入 1995 年欧盟个人数据保护指令这个协定后带来了服务贸易和货物贸易的显著增长。*EU DPD* 的估计系数均显著为负,说明相较于其他贸易关系,*EU DPD* 缔约国之间的贸易在 *EU DPD* 生效后显著下降。这说明适应 *EU DPD* 付出合规成本带来的负面影响,超过了数据传输的便利性和相互信任增进带来的正面作用。*SHA* 的估计系数并不显著。

表 13-4　基准回归:服务贸易

	(1) PoirFX	(2) PoirFX	(3) Trend	(4) PPML/Tr.	(5) PPML/Tr.
Conv108(*t*−1)					−0.057 5**
					(0.022 5)
Conv108	0.422***	0.303***	0.090 8***	0.098 4***	0.023 3*
	(0.014 9)	(0.016 4)	(0.022 9)	(0.025 8)	(0.014 2)
Conv108(*t*+1)					0.148***
					(0.028 1)
EU DPD(*t*−1)					−0.053 8***
					(0.014 2)
EU DPD	−0.117***	−0.107***	0.040 9	−0.032 9*	−0.010 1
	(0.025 9)	(0.026 9)	(0.035 0)	(0.018 9)	(0.011 5)
EU DPD(*t*+1)					−0.019 4
					(0.021 2)
SHA(*t*−1)					−0.006 25
					(0.023 1)
SHA	0.039 1	0.049 9	0.100	−0.037 0	−0.017 3
	(0.060 8)	(0.060 8)	(0.063 8)	(0.033 1)	(0.022 8)
SHA(*t*+1)					−0.040 0*
					(0.022 6)
国家对—时间控制变量	无	有	有	有	有
ρ_{ot}, σ_{dt}	是	是	是	是	是
μ_{od}	是	是	是	是	是
$Trend_{od}$	否	否	是	是	是
观测值	609 073	609 073	609 073	609 394	541 316
R^2	0.926	0.926	0.934	0.997	0.997
Conv108(*t*−1)					−0.038 8
					(0.024 7)
Conv108	0.304***	0.251***	0.009 69	0.035 0	0.016 0
	(0.031 4)	(0.034 2)	(0.047 8)	(0.022 6)	(0.016 7)

续表

	(1) PoirFX	(2) PoirFX	(3) Trend	(4) PPML/Tr.	(5) PPML/Tr.
Conv108(*t*+1)					0.061 2*** (0.020 2)
EU DPD(*t*−1)					−0.013 2 (0.017 4)
EU DPD	−0.210*** (0.053 1)	−0.213*** (0.053 9)	0.001 76 (0.069 5)	−0.022 8 (0.020 4)	−0.006 33 (0.014 6)
EU DPD(*t*+1)					−0.021 3 (0.020 6)
SHA(*t*−1)					0.072 1*** (0.027 2)
SHA	0.029 6 (0.123)	0.052 5 (0.122)	0.214* (0.128)	0.074 5* (0.043 3)	0.033 9 (0.025 4)
SHA(*t*+1)					−0.000 376 (0.028 7)
国家对—时间控制变量	无	有	有	有	有
ρ_{ot}, σ_{dt}	是	是	是	是	是
μ_{od}	是	是	是	是	是
$Trend_{od}$	否	否	是	是	是
观测值	479 393	471 171	471 171	689 773	468 962
R^2	0.840	0.840	0.859	0.996	0.996

注:*Conv108* 代表欧洲议会保护自动化处理个人资料公约。*EU DPD* 代表 1995 年欧盟个人数据保护指令。*SHA* 代表安全港协议(欧盟和瑞士)。国家对—时间控制变量 PC_{odt} 包括:*CBPR*、*OECD PG*、*EU*、*APEC*、*FTA*、*CU*。其中,*CBPR* 代表 APEC 跨境隐私规则体系,*OECD PG* 代表 OECD 隐私准则(1980)。*EU* 和 *APEC* 是欧盟或 APEC 成员的标志。*FTA* 和 *CU* 分别是自由贸易协定或货币联盟指标。国家对—时间控制变量均为虚拟变量,当两国同属一个组织时,对应变量取值为 1,否则为 0。OLS:第(1)至第(3)列。PPML:第(4)列与第(5)列。第(3)至第(5)列包含特定组合的线性趋势。括号内为稳健的标准误差。PPML:标准误差聚类在国家水平上。*** $p<0.01$, ** $p<0.05$, * $p<0.1$。

资料来源:Spiezia and Tscheke, International Agreements on Cross-border Data Flows and International Trade: A Statistical Analysis,2020.OECD-WTO BaTIS 的服务贸易数据;世界贸易流的货物贸易数据。研究时间为 1995 年至 2012 年。

第(2)列与第(3)列中,逐步加入了国家对—时间的控制变量、国家对—时间的线性趋势项。和第(1)列的结果对比来看,加入趋势项后,在对服务贸易的回归中,Conv*108* 估计系数的值下降了 2/3,但仍然保持显著为正,但是 *EU DPD* 的估计系数不再显著;在对货物贸易的回归中,*Conv108* 和 *EU DPD* 都没有显著影响,反而是 *SHA* 的估计系数变为显著为正。第(4)列与第(5)列中,该文更换估计方法为 PPML。前面使用 OLS 的方法存在两个缺陷:一是将贸易额取自然对数后进行 OLS 回归,并没有将零贸易额考虑在内。二是众所周知,贸易数据有异方差的性质,使用对数线性模型回归会导致偏误和非一致性。基于此,该文选择使用 PPML 方法回归。第(4)列展示了加入固定效应、国家对—时间维度的控制变量以及线性趋势项的结果。*Conv108* 对服务贸易回归的估计系数显著为正，与OLS 回归的结果差别不大，*EU DPD* 的估计系数显著为负。对货物贸易的回归上，只有 *SHA* 的估计系数显著为正，其他两个协定没有发挥出明显的作用。

与第(4)列相比，第(5)列的回归还考虑了国际数据保护协定的影响可能随着时间变化，同时加入了协定生效前一期($t-1$)、生效当期(t)和生效后一期($t+1$)的指示变量。鉴于协定正式生效前的流程较长，企业可能在之前就作出相应的调整，准备适应新的规则变化。而生效后的不同时期，其作用效果可能也发生改变。特别是当所有调整都完成了，可能有些渠道便不再起作用，国际数据保护协定对贸易的影响也随之变化。对服务贸易回归的第(5)列结果显示，*Conv108* 生效前一年，缔约国之间的服务贸易相对下降了 5.6%；生效当年，缔约国之间的贸易相对增长 2.4%；生效后一年，相比于其他国家之间的贸易，缔约国之间的贸易多出了 16%。*EU DPD* 在生效前一年有显著的贸易下降效应，*SHA* 在生效后一年产生了显著的负向作用。对货物贸易的回归结果显示，*Conv108* 在生效一年后产生了正向的贸易效应，*SHA* 在生效前一年有显著的积极作用，而 *EU DPD* 在 3 个时期上都没有显著的效果。

总结表 13-4 的结果：*Conv 108* 对服务贸易和货物贸易基本上有显著的促进作用，而 *EU DPD* 的签订却降低了缔约国之间的贸易，*SHA* 也一定程度上有负面影响。为什么国际数据保护协定对贸易的影响有如此大的差异？这需要结合 *EU DPD* 和 *SHA* 的具体内容展开分析。国际数据保护协定对贸易的促进作用来自增加跨境数据的互通性、增进贸易伙伴间的相互信任，而负面影响则来自适应新协定规则支付的成本。*EU DPD* 的缔约国是欧盟国家，其本意并非增进国家间的数据流动，而在于极大地改变欧洲地区数据保护制度，影响欧洲企业所有的经营活动。

首先，该协定的生效可能在很大程度上提升了欧洲企业的成本，导致一些企业在国际市场中不再具备竞争力，进而退出市场。其次，对于继续经营的企业而言，比起与其他国家之间贸易，要进行缔约国之间的贸易，需要支付的成本更大。所以，该协定提升了与缔约国之外、第三方国家贸易的吸引力，使得贸易流量发生方向性调整。成本增加带来的负面影响很可能超过了缔约国之间信任感增加的正面作用，阻碍跨境数据流动，导致缔约国之间贸易减少。最后，根据 Melitz(2003)的异质性企业理论，生产率水平相对低、规模小的企业更多地选择邻近国家出口。所以对于 *EU DPD* 的缔约国企业而言，小型企业更多地在欧盟内部也就是缔约国之间开展贸易，大型企业有能力出口其他国家。大型企业有能力支付必要的法律咨询或者技术顾问成本以保证遵守协定的基础上实现成本优化，反而小型企业受到复杂协定规则的影响更大。这样一来，该协定生效后对小型企业的出口影响更大，表现在缔约国之间的贸易相对减少更多。基于上述几点的分析，可以推测 *EU DPD* 生效给企业出口带来的成本增加效应，很可能大过跨境数据流动便利性增加带来的积极作用。

除此之外，在信任感的机制上，考虑到欧盟内部本身就是高度一体化的市场，国家间的经贸关系紧密、交流频繁，数据保护协定带来的信任感增加对贸易的加成作用不大。相反,对欧洲企业信任感的提升将更多地促使其他国家选择建立贸易关系、加深贸易联结。从这个角度分析,*EU DPD* 的建立会产生缔约国之间的贸易向其他国家转移的效果。综上,*EU DPD* 特定的作用范围,是对其产生负面贸易影响的解释。类似地,安全港协定(Safe Harbor Agreement)也并非为了促进跨境数据流动而专门设定的。该协定生效后对贸易的负面影响,也可能与当时发生的数据安全事件有关。

这里进一步区分不同服务行业,检验了国际数据保护协定对特定服务行业贸易行为的影响,结果展示在表 13-5 中。*Conv108* 的估计系数在建筑业、计算机和信息服务业、旅游业、通信服务业和特许权使用费行业中显著为正,其中对特许权使用费行业的正面作用最大。而且从动态角度来看,对这些行业的作用在生效前是负面的,在协定生效后的效果是正面的。对于保险行业,*Conv108* 呈现出显著的贸易减少作用,这说明在该行业中适应制度成本的效应发挥了主要作用。对于运输业、金融服务业和其他商务服务业,以及个人、文化和娱乐服务业,*Conv108* 生效后没有表现出显著的积极效应。欧盟数据保护指令(*EU DPD*)似乎对计算机和信息服务业的影响最大,且该影响是负面的;其次是建筑业,个人、文化和娱乐服务业,通信服务业,旅游业,金融服务业和其他商务服务业。特许权使用费是相对于其他国家之间的贸易有所增加的唯一服务类别。安全港协定似乎促进了美国和欧洲之间的贸易,特别是在保险行业以及个人、文化和娱乐服务业方面,其次是特许权使用费以及通信服务业方面。在该协定生效前,金融服务业和其他商务服务业(其中许多被排除在安全港协定之外)表现出了很强的负面效应,负面效应还体现在通信服务业上。

表 13-5 服务贸易:产业特定效应

变量	(1) 运输业	(2) 旅游业	(3) 通信服务业	(4) 建筑业	(5) 保险行业
Conv108(*t*-1)	-0.069 5*	0.056 0	0.003 96	-0.047 8	0.099 5
	(0.040 4)	(0.045 3)	(0.057 6)	(0.148)	(0.125)
Conv108	0.043 2	0.089 2***	-0.058 9	0.470***	-0.481***
	(0.033 5)	(0.035 3)	(0.060 0)	(0.137)	(0.164)
Conv108(*t*+1)	0.112	0.204***	0.216***	-0.133	-0.186
	(0.068 8)	(0.039 0)	(0.082 8)	(0.107)	(0.202)
EU DPD(*t*-1)	-0.052 5	-0.057 4	-0.054 0	-0.551***	-0.097 7
	(0.037 7)	(0.043 4)	(0.066 3)	(0.174)	(0.102)
EU DPD	-0.070 3**	-0.129***	-0.184***	0.065 1	0.023 3
	(0.031 7)	(0.028 8)	(0.054 7)	(0.093 0)	(0.117)
EU DPD(*t*+1)	-0.039 4	-0.075 7*	-0.037 6	0.121	0.139
	(0.032 6)	(0.043 4)	(0.057 9)	(0.104)	(0.108)
SHA(*t*-1)	-0.090 0	-0.059 8	-0.143*	0.167	0.246
	(0.069 4)	(0.046 9)	(0.085 0)	0(0.189)	(0.303)

续表

变量	(1) 运输业	(2) 旅游业	(3) 通信服务业	(4) 建筑业	(5) 保险行业
SHA	0. 016 5 (0. 040 5)	−0. 047 2 (0. 054 4)	0. 192* (0. 099 3)	0. 054 1 (0. 167)	−0. 140 (0. 337)
SHA(*t*+1)	0. 013 6 (0. 054 0)	−0. 130 (0. 104)	−0. 003 11 (0. 067 6)	−0. 016 6 (0. 187)	0. 572** (0. 222)
ρ_{ot}, σ_{dt}	是	是	是	是	是
μ_{od}	是	是	是	是	是
$Trend_{od}$	是	是	是	是	是
PC_{odt}	*OECD PG*, *EU*, *APEC*, *FTA*, *CU*(*t*+1;*t*−1)				
观测值	235 402	235 108	225 383	177 200	200 328
R^2	0. 993	0. 996	0. 986	0. 960	0. 996
变量	(6) 计算机和信息服务业	(7) 特许权使用费	(8) 金融服务业和其他商务服务业务	(9) 个人、文化和娱乐服务业	
Conv108(*t*−1)	0. 062 6 (0. 094 0)	0. 083 0 (0. 104)	0. 051 6 (0. 051 6)	−0. 217* (0. 124)	
Conv108	0. 237*** (0. 089 5)	0. 350*** (0. 105)	−0. 007 94 (0. 054 7)	0. 130 (0. 140)	
Conv108(*t*+1)	0. 146 (0. 088 9)	0. 290*** (0. 104)	0. 068 0 (0. 043 0)	0. 044 8 (0. 115)	
EU DPD(*t*−1)	−0. 374*** (0. 111)	−0. 114 (1. 119)	0. 0124 (0. 061 7)	−0. 138 (0. 151)	
EU DPD	0. 144* (0. 074 4)	0. 066 3 (0. 091 1)	0. 057 3 (0. 040 1)	−0. 368*** (0. 113)	
EU DPD(*t*+1)	−0. 128* (0. 069 9)	0. 236*** (0. 086 3)	−0. 001 08 (0. 054 7)	−0. 089 2 (0. 091 9)	
SHA(*t*−1)	0. 106 (0. 102)	−0. 079 1 (0. 072 0)	0. 069 5 (0. 046 7)	0. 713*** (0. 160)	
SHA	−0. 126 (0. 078 4)	0. 277*** (0. 094 9)	−0. 080 7 (0. 057 1)	−0. 078 2 (0. 098 1)	
SHA(*t*+1)	0. 013 3 (0. 096 9)	0. 058 1 (0. 076 7)	−0. 013 9 (0. 059 4)	0. 427*** (0. 115)	

续表

变量	(6) 计算机和信息服务业	(7) 特许权使用费	(8) 金融服务业和其他商务服务业务	(9) 个人、文化和娱乐服务业
ρ_{ot},σ_{dt}	是	是	是	是
μ_{od}	是	是	是	是
$Trend_{od}$	是	是	是	是
PC_{odt}	*OECD PG*,*EU*,*APEC*,*FTA*,*CU*(t+1;t−1)			
观测值	191 042	146 113	234 620	169 525
R^2	0.993	0.992	0.993	0.980

注:*Conv108* 代表欧洲议会保护自动化处理个人资料公约。*EU DPD* 代表 1995 年欧盟个人数据保护指令。*SHA* 代表安全港协议(欧盟和瑞士)。国家对—时间控制变量 PC_{odt}包括:*OECD PG*、*EU*、*APEC*、*FTA*、*CU*。其中,*OECD PG* 代表 OECD 隐私准则(1980)。*EU* 和 *APEC* 是欧盟或 APEC 成员的标志。*FTA* 和 *CU* 分别是自由贸易协定或货币联盟指标。国家对—时间控制变量均为虚拟变量,当两国同属一个组织时,对应变量取值为 1,否则为 0。表中所有回归使用 PPML 方法,标准误差聚类在国家水平上,回归中加入国家对的时间线性趋势项。$^{***}p<0.01$,$^{**}p<0.05$,$^{*}p<0.1$。

资料来源:Spiezia and Tscheke, International Agreements on Cross-border Data Flows and International Trade: A Statistical Analysis, 2020.OECD-WTO BaTIS 的服务贸易数据。样本时间为 1995 年至 2012 年。

综上所述,在数字经济时代下,数据是承载信息的主要形式,协议国家之间已经实现无障碍的数据流动。虽然数据在生产、贸易、创新、企业管理等经济活动方面发挥出关键作用,特别是在数字贸易时代下,数据的跨境传输是推动国际生产合作、拉动贸易增长的重要力量,但是数据跨国流动的安全问题和隐私侵权问题也逐渐显现出来。这种双重效应的存在,引发了各国政府和学界的关注,能否制定出有效的政策工具,既能发挥出数据跨国流动带来的贸易促进作用,又能有效地遏制其产生的风险? Spiezia 和 Tscheke(2020)就该问题提供了最新的经验研究证据,其选取目前具有代表性、影响力的国际数据保护协定,对双边货物和服务贸易流量回归,结果显示不同的国际数据保护协定对贸易的影响存在较大差异,该文选取的 *Conv108* 有显著的贸易促进效应,*EU DPD* 和 *SHA* 则呈现出一定的负面影响,而且对服务行业展现出明显的异质性。这说明国际数据保护协定对贸易存在多方面的影响,包括增进贸易双方的信任、降低贸易风险,但也增加了开展贸易支付的合规成本,对贸易活动造成负面影响。

本章小结

伴随数字贸易的蓬勃发展,数字贸易规则体系也在这一过程中不断丰富和完善,逐渐形成了以 WTO 为代表的多边规则体系和以贸易协定为代表的区域与双边规则体系。但各国对于数字贸易治理仍然存在立场分歧,这使得多边规则体系的达成存在困难,区域与双边规则体系是当下数字贸易合作的主流。本章主要阐述了数字贸易规则发展进程、国际多边组织下的数字贸易规则、区域与双边协定下数字贸易规则以及中国在参与全球数字贸易规则治理中的重要作用,并结合相关经济理论与实证研究,探究数字贸易规则的经济效应。

关键术语

《电子商务联合声明》 WTO电子商务谈判 美式模板 欧式模板 中式模板 南太平洋模板 RCEP DEPA CPTPP 跨境数据协定

思考题

1. 国际数据保护协定推动国际贸易发展的原因有哪些?

2. 为什么国际数据保护协定有可能阻碍国际贸易?

3. 比较第一代数字贸易规则与第二代数字贸易规则的主要内容与措施。

4. 数字贸易规则“美式模板”的典型特征是什么?

5. 数字贸易规则的两大国际体系发展进程差异及原因是什么?

即测即评

参考文献

[1] 李坤望.国际经济学[M]. 4 版.北京:高等教育出版社,2017.

[2] 冯宗宪,等.国际贸易理论与政策[M]. 西安:西安交通大学出版社,2004.

[3] 柯林汉.世界是数字的[M]. 李松峰,徐建刚,译.北京:人民邮电出版社,2013.

[4] 汪德荣,等.数字经济与中国:东盟供应链韧性管理[M]. 成都:西南财经大学出版社,2023.

[5] 戴慧.数字税对跨境数字贸易的影响及政策建议[J]. 中国发展观察,2021(14):27-30.

[6] 林创伟,白洁,何传添.高标准国际经贸规则解读、形成的挑战与中国应对:基于美式、欧式、亚太模板的比较分析[J]. 国际经贸探索,2022,38(11):95-112.

[7] 李佳倩,叶前林,刘雨辰,等.DEPA 关键数字贸易规则对中国的挑战与应对:基于 RCEP、CPTPP 的差异比较[J]. 国际贸易,2022(12):63-71.

[8] 李树,陈刚.技术性贸易壁垒的经济效应分析[J]. 经济问题,2009(5):8-13.

[9] 李墨丝.WTO 电子商务规则谈判:进展、分歧与进路[J]. 武大国际法评论,2020,4(6):55-77.

[10] 马述忠,濮方清.电子商务平台出口影响因素及其溢出效应:基于消费者关键词搜索视角的研究[J]. 国际贸易问题,2022(1):37-54.

[11] 盛斌,陈丽雪.区域与双边视角下数字贸易规则的协定模板与核心议题[J]. 国际贸易问题,2023(1):19-35.

[12] 盛斌,高疆.超越传统贸易:数字贸易的内涵、特征与影响[J]. 国外社会科学,2020(4):18-32.

[13] 石静霞.数字经济背景下的 WTO 电子商务诸边谈判:最新发展及焦点问题[J]. 东方法学,2020(2):170-184.

[14] 沈玉良,彭羽,高疆,等.是数字贸易规则,还是数字经济规则? 新一代贸易规则的中国取向[J]. 管理世界,2022,38(8):67-83.

[15] 孙益武.数字贸易与壁垒:文本解读与规则评析:以 USMCA 为对象[J]. 上海对外经贸大学学报,2019,26(6):85-96.

[16] 佟家栋、张千.数字经济内涵及其对未来经济发展的超常贡献[J].南开学报(哲学社会科学版),2022(3):19-33.

[17] 徐翔,赵墨非.数据资本与经济增长路径[J]. 经济研究,2020(10):38-54.

[18] 汪琦.WTO 框架下美日运用“合规性贸易壁垒”实行农业策略性保护的异同[J].国际

贸易问题,2005(11):50-54.

[19] 陈颖,高宇宁.数字贸易开放的战略选择:基于美欧中印的比较分析[J]. 国际贸易,2022, 485(5): 49-55.

[20] 夏友富.技术性贸易壁垒体系与当代国际贸易[J]. 中国工业经济,2001(5):14-20.

[21] 肖宛晴,刘传平.欧美数字主权与数字贸易政策比较分析[J]. 世界经济与政治论坛,2021(6):105-126.

[22] 熊鸿儒,马源,陈红娜,等.数字贸易规则:关键议题、现实挑战与构建策略[J]. 改革,2021(1):65-73.

[23] 张建国.跨境电子商务与海关管理研究综述及展望[J]. 海关与经贸研究,2016,37(1):34-51.

[24] 张建国,王浩.海关视角下跨境电子商务的税收政策选择[J]. 海关与经贸研究,2014,35(1):107-115.

[25] 徐程锦.WTO 电子商务规则谈判与中国的应对方案[J]. 国际经济评论,2020(3):29-57+4.

[26] 徐金海,周蓉蓉.数字贸易规则制定:发展趋势、国际经验与政策建议[J]. 国际贸易,2019(6):61-68.

[27] 李玉昊.RTAs 框架下美式数字知识产权规则及其数字贸易效应研究[D/oL].北京:对外经济贸易大学, 2021.

[28] BERNARD A B,REDDING S J,SCHOTT P K.Comparative advantage and heterogeneous firms[J].The Review of Economic Studies,2007,74(1):31-66.

[29] BHASKAR V.On endogenously staggered prices[J].The Review of Economic Studies,2002,69(1):97-116.

[30] BERNARDO S B,GOLDFARB A.Does the internet defy the law of gravity? [J].Journal of International Economics,2006,70(2):384.

[31] BRIN S,PAGE L. The anatomy of a large-scale hypertextual Web search engine[J]. Computer Networks and ISDN Systems,1998,30(1):107-117.

[32] BRYNJOLFSSON E ,HUI X, LIU, M.Does machine translation affect international trade? Evidence from a large digital platform[J].Management Science, 2019,65(12):5449-5460.

[33] BRYNJOLFSSON E, HITT L M. Beyond computation: information technology, organizational transformation and business performance[J]. Journal of Economic Perspectives, 2000,14(4):23-48.

[34] BRYNJOLFSSON E,MCELHERAN K.The rapid adoption of data-driven decision-making [J].American Economic Review,2016,106(5):133-139.

[35] CAI H,JIN G Z,LIU C,et al. Seller reputation: from word-of-mouth to centralized

feedback [J]. International Journal of Industrial Organization, 2014, 34 (1): 51-65.

[36] CARBALLO J,CHATRUC M R,SANTA C S,et al. Online business platforms and international trade[J].Journal of International Economics,2022,137(1):103599.